Franz Schubert

Universal Edition   Wien 1978

Liste der Leihgeber

Akademisches Gymnasium, Wien
Dr. Leopold Cornaro, Wien
Gesellschaft der Musikfreunde, Wien
Graphische Sammlung Albertina, Wien
Haus-, Hof- und Staatsarchiv, Wien
Historisches Museum der Stadt Wien
Pussy Mautner-Markhof, Wien
Dr. Albert Mitringer, Wien
Marianne Nechanski, Wien
Niederösterreichisches Landesarchiv, Wien
Österreichische Nationalbibliothek, Bildarchiv, Wien
Österreichische Nationalbibliothek, Musiksammlung, Wien
Pfarre Lichtenthal, Wien
Pfarre Maria Treu, Wien
Josef Pischlöger, Wien
Privatbesitz, Wien
Dr. Richard Rubinig, Voitsberg
Stadtmuseum, Graz
Stadtmuseum, Linz
Georg Strnad, Wien
Hermine Unger, Wien
Dr. Hans Urbanski, Wien
Dr. Gerheid Widrich, Salzburg
Wiener Männergesangverein
Wiener Schubertbund
Wiener Stadt- und Landesarchiv

Jene Exponate, die im Katalog ohne Besitzvermerk angeführt sind, kommen aus dem Bestand der Wiener Stadt- und Landesbibliothek.

Bestellnummer: UE 26 230
ISBN 3-7024-0128-8
© Copyright 1978 by Universal Edition A.G., Wien
Herstellung: Manz, Wien 9

Franz Schubert, dessen 150. Todestag in diesem Jahr die kulturellen Aktivitäten Wiens prägt, zählt zu den größten Meistern der Musikgeschichte, zu den fruchtbarsten Musikern unserer Stadt und zu den am häufigsten gespielten Komponisten der Welt.

Als Landeshauptmann und Bürgermeister von Wien begrüße ich es daher besonders, daß der Persönlichkeit und dem Schaffen Franz Schuberts in einer so umfassenden Ausstellung entsprochen wird. Leben und Werk kann auf diese Weise den Bürgern Wiens wie auch den Gästen aus den Bundesländern und dem Ausland nicht nur akustisch, sondern auch optisch nähergebracht werden.

Franz Schubert kommt als letztem Vertreter der großen Tradition der Wiener Klassik und zugleich als Repräsentanten romantischer Musik eine dominierende Stellung zu. Als Schöpfer zahlloser Lieder, vieler kammermusikalischer und symphonischer Werke sowie als vielseitiger Opernkomponist hat er das musikalische Bild dieser Stadt entscheidend geprägt.

Mein Dank gilt der Wiener Stadt- und Landesbibliothek, die sich der schwierigen Aufgabe unterzogen hat, jene Vielfalt des Schubertschen Lebens und Werkes in einer Ausstellung zu präsentieren, und die hier einen Katalog gestaltete, der als Bilddokument bleibenden Wert besitzen wird.

Franz Schubert, the 150th anniversary of whose death this year provides the central theme for the city's cultural life, was one of the great musical personalities, amongst the most prolific of Vienna's composers and a man whose name appears with undiminished frequency in concert programs throughout the world.

It is therefore a source of particular gratification to me as the mayor of this city and 'Landeshauptmann' that Schubert, the man and the composer, is the subject of so comprehensive an exhibition. It will enable the residents of Vienna, as also visitors from the rest of Austria and from abroad, to complete the acoustic picture of Schubert's life and work with an optical documentation.

As the last great exponent of the Viennese classical tradition and at the same time as the first great romantic, Schubert's supreme importance is undisputed. His countless Lieder, the rich store of chamber music and symphonies, but also his diverse operatic compositions have made an indispensable contribution to the musical character of this city.

I wish to take this opportunity of thanking the Wiener Stadt- und Landesbibliothek for undertaking the difficult task of bringing together the vast material pertaining to Schubert's life and work in this exhibition, and for producing this catalogue which, as a pictorial documentation, will be of enduring value.

Leopold Gratz
Landeshauptmann und Bürgermeister

Es darf mit Recht als eines der besonderen kulturellen Anliegen unserer Stadt bezeichnet werden, den großen Wiener Komponisten Franz Schubert, seine Biographie und sein umfangreiches Werk, in einer Ausstellung zu präsentieren.

Was im Palais Harrach von Ende Mai bis Anfang September 1978 gezeigt und im Katalog durch Bild und Text über diese Zeit hinaus dokumentiert wird, stellt mehr als einen repräsentativen Querschnitt aus den überlieferten Dokumenten dar. Neue Zusammenhänge zwischen Biographie, Werk und Umwelt erweitern das Schubert-Bild, neue Datierungen lassen ganze Werkgruppen in anderem Licht erscheinen. Ausstellung und Katalog zeigen auch neue, erst vor kurzer Zeit aufgefundene Kompositionen der Symphonik und der Klaviermusik–Arbeiten aus Schuberts Spätzeit, die noch nie öffentlich zu sehen gewesen sind.

Ich danke den Gestaltern und allen Mitarbeitern an dieser Ausstellung für ihren Einsatz. Mein Dank gilt den zahlreichen Leihgebern, die es ermöglicht haben, eine so große Anzahl originaler Werke und Bilder präsentieren zu können.

This exhibition, presenting as it does the life and work of Franz Schubert, Vienna's outstanding composer, has been one of the city's pre-eminent undertakings.

The exhibits which are on display in the Palais Harrach from the end of May to the beginning of September, and which find a more permanent place in the illustrations and texts of this catalogue, constitute not merely a representative survey of the existing documentary material. Our knowledge and understanding of Schubert have been extended by the new correlations established between biographical evidence, Schubert's music and his environment; while corrections in the dating of some of his compositions shed a new light on whole aspects of Schubert's work; and, finally, the exhibition and the catalogue include recently-discovered piano and symphonic compositions which date from the last years of Schubert's life and which have never previously been publically exhibited.

I should like to express my gratitude to the organisors of this exhibition and to all those who gave their assistance. My thanks are further due to the numerous people who generously loaned material and thus made it possible to put such a large number of original manuscripts and pictures on display.

Gertrude Fröhlich-Sandner
Landeshauptmann-Stellvertreter und Vizebürgermeister
Amtsführender Stadtrat für Kultur, Jugend und Bildung.

Ausstellung der Wiener Stadt- und Landesbibliothek
zum 150. Todestag des Komponisten

Katalog gedruckt mit Unterstützung der Stadt Wien

Herausgegeben von Ernst Hilmar und Otto Brusatti
mit einer Einleitung von Walter Obermaier

Die Wiener Stadt- und Landesbibliothek hat eine bedeutende Tradition zu wahren. Ludwig van Beethoven, Arnold Schönberg, Karl Kraus und Johann Strauß Sohn wurden in den vergangenen acht Jahren durch Großausstellungen gewürdigt, wodurch unser wissenschaftliches Institut den kulturellen und kulturhistorischen Gedenktagen dieser Meister der Musik und der Literatur in vielbeachteter Weise nachgekommen ist.

Das Vorhaben, das Leben und Werk Franz Schuberts in ebenso umfassender Weise darzustellen und in einem Bild-Katalog zu dokumentieren, leitet sich aber nicht nur aus dieser sehr erfreulichen Tradition ab. Die Wiener Stadt- und Landesbibliothek besitzt die größte Schubert-Sammlung der Welt, rund die Hälfte aller erhaltenen Autographen wird hier verwahrt, fast alle einschlägigen Musikdrucke von Werken Schuberts liegen in einer oder mehreren Ausgaben vor, bedeutende und historisch relevante Briefe und Aufzeichnungen ergänzen diesen großen Bestand. Die Bibliothek war somit dazu berufen, dieses Jubiläumsjahr durch eine Ausstellung würdig zu begehen.

Mein aufrichtiger Dank gilt Frau Kulturstadtrat, Vizebürgermeister und Landeshauptmannstellvertreter Gertrude Fröhlich-Sandner, die stets mit Engagement und Verständnis diese Aufgabe unterstützte.

Ich danke herzlich Herrn Finanzstadtrat Hans Mayr und Herrn Obersenatsrat Dr. Heinrich Horny für die beträchtlichen zur Verfügung gestellten Mittel, allen öffentlichen und privaten Leihgebern für die bereitwillige und kollegiale Zusammenarbeit, der Gesiba für ihr Entgegenkommen bei der Lösung von Raumfragen für diese Ausstellung, und dem Verlag Universal Edition, Wien, durch dessen Einsatz dieser schöne Katalog erst entstehen konnte. Vor allem aber danke ich meinen Mitarbeitern Bibliotheksrat Dr. Ernst Hilmar und Bibliothekskommissär Dr. Otto Brusatti, die weit über ihre dienstlichen Verpflichtungen hinaus hier eine Schubert-Dokumentation von bleibendem Wert vorgelegt haben. Ihre Arbeit wurde wesentlich unterstützt durch die Bibliotheksräte Dr. Walter Obermaier und abs. jur. Herwig Würtz, die Verwaltungsoberkommissäre Johann Ziegler und Ernst Hübsch sowie die Herren Karl Misar und Peter Peschek.

Hinsichtlich der künstlerischen Gestaltung danke ich dem Team des Pink House Studio, Wien, und allen Mitarbeitern der beteiligten Wiener Firmen.

Mögen alle guten Wünsche, die diese schöne und umfassende Ausstellung begleiten, in Erfüllung gehen und sie durch zahlreichen Besuch ausgezeichnet sein.

The Wiener Stadt- und Landesbibliothek has a distinguished tradition to maintain. Under its auspices the last eight years have seen large-scale exhibitions devoted to Ludwig van Beethoven, Arnold Schönberg, Karl Kraus and Johann Strauß the Younger – this institute's widely acclaimed contributions to the cultural and historical anniversary celebrations for these great figures from the worlds of music and literature.

It is not, however, merely from a sense of loyalty to this auspicious tradition that the decision was made to document Schubert's life and work on a similar large scale and to produce a pictorial catalogue. The Wiener Stadt- und Landesbibliothek houses the world's largest Schubert collection: it includes about half of the extant autograph manuscripts, virtually all the important editions of Schubert's works – often in several published versions – and letters and documentary material of historical and general significance. Thus, the library has an obligation to celebrate the Schubert anniversary year in a fitting manner.

My especial thanks are due to Frau Gertrude Fröhlich-Sandner, Kulturstadtrat, Vizebürgermeister and Landeshauptmann-Stellvertreter, who has supported our undertaking with much energy and understanding.

Further, I wish to acknowledge a debt of gratitude to Finanzstadtrat Hans Mayr and Obersenatsrat Dr. Heinrich Horny for the considerable funds which they placed at our disposal; to all those public institutions and private individuals who generously loaned exhibits; to the firm Gesiba for their help in the solving of special problems connected with the exhibition; and to the publishing house Universal Edition, Vienna, whose cooperation made this fine catalogue possible.

Above all, however, I would like to express my thanks to my colleagues Bibliotheksrat Dr. Ernst Hilmar and Bibliotheks-kommissär Dr. Otto Brusatti, who far exceeded the scope of their professional duties in the care which they have taken in preparing this documentation – a publication which will prove to be of lasting value. They were greatly assisted by Dr. Walter Obermaier and Herwig Würtz, Johann Ziegler and Ernst Hübsch, Karl Misar and Peter Peschek.

For the artistic lay-out of the exhibition my thanks are due to the team of the Pink House Studio, Vienna, and to the employees of the various Viennese firms involved.

It should like to conclude by expressing the hope that this ambitious and attractive exhibition enjoys the acclaim and popularity which it undoubtedly deserves.

Hofrat Mag. Dr. Franz Patzer
Direktor der Wiener Stadt- und Landesbibliothek

Inhaltsverzeichnis

Abgekürzte Literatur / Abbreviations

Dokumente Schubert. Die Dokumente seines Lebens, gesammelt und erläutert von Otto Erich Deutsch, Kassel 1964.

A documentary biography Schubert. A documentary biography by Otto Erich Deutsch. Translated by Eric Blom, London 1946.

Erinnerungen Schubert. Die Erinnerungen seiner Freunde, gesammelt und herausgegeben von Otto Erich Deutsch, Leipzig 1966.

Die politische und künstlerische Situation in Wien von 1797 bis 1828

1797 – Schuberts Geburtsjahr. In Österreich regiert seit wenigen Jahren der deutsche Kaiser Franz II., in Wien ist seit über zwanzig Jahren der – ebenso wie die gesamte Stadtverwaltung seiner Zeit – etwas farblose Josef Georg Hörl Bürgermeister. Der Aufstieg Napoleons wirft erste Schatten auf das Leben der Stadt. Die barocke Neugestaltung der Habsburgerresidenz ist bereits weitgehend abgeschlossen, wenn auch spätbarocke Tendenzen bis in die Jahrhundertwende herein wirken. Doch setzt sich immer mehr ein kühler Klassizismus durch, der – ohne völlig mit der Tradition zu brechen – schließlich wesentliche Elemente des französischen Empire-Stils aufgenommen hat. In der Malerei beherrscht der spätbarock-klassizistische Stil eines Friedrich Heinrich Füger unangefochten das Feld, in der Plastik sind es vor allem Johann Martin Fischer, Franz Anton Zauner und Antonio Canova, die bei der Ausstattung von repräsentativen Gebäuden, bei der Errichtung von Brunnenskulpturen und Denkmälern, den ersten Rang innehaben.

Eine profilierte Dichterpersönlichkeit von überregionaler Bedeutung ist in diesen Tagen, da in der Musik der alte Haydn und der aufsteigende Stern des jungen Beethoven alles andere überstrahlen, in Wien nicht zu finden. Zu den heute eher trocken und akademisch anmutenden, zudem wohl verdienter Vergessenheit anheimgefallenen Tagesschriftstellern, die vor allem die antike und historisierende Tragödie pflegen, gesellt sich aber die in zunehmendem Maße an Bedeutung gewinnende Volkskomödie. Sie ist es, die hinsichtlich ihrer Vitalität und des großen Publikumsinteresses dem von Joseph II. 1776 zum „deutschen Nationaltheater" erhobenen Burgtheater, das noch um seine Linie rang, ernsthaft Konkurrenz machte.

Als Schubert 1828 starb, waren seit dieser Situation erst dreißig Jahre verstrichen, ein Zeitraum allerdings, der einen teilweise sehr starken Wandel gebracht hatte. Zwar herrschte noch immer Kaiser Franz, der aber nun als Souverän des neu ins Leben gerufenen Österreichischen Kaiserstaates der erste seines Namens war; das „Heilige Römische Reich" hatte zu bestehen aufgehört. Mochten sich am Beginn seiner Regierung Hoffnungen an den jungen Monarchen geknüpft haben, so war der „gute Kaiser Franz" mit all seinem bürgerlichen und väterlichen Gehaben nun längst zum Synonym für ein konservatives, alles bevormundendes Regime geworden, vor dessen Polizeimethoden und Spitzelsystem vor allem das Wiener Bürgertum sich in eine Art „innere Emigration" zurückzog, solcherart jenen Stil persönlich kultivierter Lebensart pflegend, der heute unter dem Begriff „Biedermeier" zusammengefaßt wird. Als Bürgermeister führte in Wien der Hörl um nichts überragende Anton Lumpert ein politisches Schattendasein. Die eigentlichen Herren der Stadt aber waren Staatskanzler Clemens Lothar Fürst Metternich und der Polizeipräsident Joseph Graf Sedlnitzky.

Das architektonische Bild der Stadt hatte durch den Klassizismus neue – wenn auch nicht den Barockcharakter der Stadt überdek-kende – Akzente erhalten. Romantisierende und historisierende Tendenzen, die sich in den folgenden Jahrzehnten zu voller Blüte entfalten sollten, zeichneten sich bereits ab und waren in der Malerei sogar schon teilweise überwunden. Hier begann sich neben der Romantik eines Schwind und Kupelwieser ein im volkstümlichen Genre vorbereiteter und schließlich mit Waldmüller eine unangefochtene Höhe erreichender Realismus durchzusetzen. Im bildnerischen Bereich hatte sich sowohl in der Bauplastik wie in Denkmälern ein klassizistischer Zug im wesentlichen behaupten können, auch wenn die in Wien wirkenden Künstler nur regionale Bedeutung hatten und im Gedächtnis der Bevölkerung heute bestenfalls noch durch die nach ihnen benannten Straßen fortleben. Dafür hatte Wien – und Österreich – mit dem nunmehr siebenunddreißigjährigen Franz Grillparzer seinen Klassiker gefunden, der sich würdig – wenn auch mit gewissem Abstand – den Weimarer Dioskuren Schiller und Goethe zur Seite stellte. Das reformierte Burgtheater war auf dem Weg, die erste Bühne des deutschen Sprachraumes zu werden, und das Wiener Volksstück hatte mit Raimund seinen Dichter voller Poesie hervorgebracht und sollte mit dem bereits als Schauspieler wirksamen Nestroy, der eben dabei war, auch als Autor seine ersten Lorbeeren zu ernten, einen weit über die Mauern der Stadt und seine Zeit hinauswirkenden Satiriker gewinnen, der, vom Wiener Lokalkolorit ausgehend, neue sprachliche Ausdrucksmöglichkeiten schuf.

In diesem politischen und kulturellen Spannungsfeld verlief das kurze Leben Franz Schuberts. Der Hintergrund dieses Lebens, mag er nun von Schubert bewußt wahrgenommen und reflektiert oder eben „nur" miterlebt worden sein, soll im folgenden kurz skizziert und mit einigen Schlaglichtern aufgehellt werden.

1793 waren im Verlauf der Französischen Revolution in Paris zuerst Ludwig XVI. und später Marie Antoinette, die Tante des österreichischen Herrschers, hingerichtet worden. Dieses Ende von „Bürger" und „Witwe Capet" löste an allen europäischen Höfen und in ganz besonderem Maße am habsburgischen tiefe Beunruhigung aus. Mit dem bereits seit 1792 gegen Frankreich geführten ersten Koalitionskrieg sollte der Revolution eine militärische Niederlage bereitet werden, während ein immer strengeres Polizeiregime im Inneren Österreichs ein von Kaiser Franz weitaus überschätztes Übergreifen der „Jakobinergefahr" bannen sollte. Der mit ebenso grausamen wie sinnlosen Urteilen endende Jakobinerprozeß 1794 in Wien vermochte nicht einmal Beweise für eine staatsgefährdende Tätigkeit zu erbringen, wie auch eine auf politischen Umsturz gerichtete jakobinische Aktion weder in Wien noch sonstwo in Österreich auf ein nennenswertes Echo gestoßen wäre. Innenpolitisch wurde so wohl eine Einschüchterung, aber kein Erfolg erzielt. Die Haltung der Bevölkerung war reserviert und den diesbezüglichen Regierungsmaßnahmen gegenüber eher ablehnend.

Aber auch außerpolitisch war das Glück nicht mit Österreichs Fahnen. 1797 eroberten die französischen Truppen unter der Führung des jungen Generals Napoleon Bonaparte die Lombardei und Oberitalien und schickten sich an, über Kärnten und die Steiermark nach Wien vorzustoßen. Hier begann nun unter dem Eindruck unmittelbarer Bedrohung die ursprüngliche Teilnahmslosigkeit der Bevölkerung gegenüber dem Krieg einer Panik und Mutlosigkeit zu weichen, die durch die Fluchtvorbereitungen des Adels und der begüterten Stände noch angefacht wurde. Aus den Vorstädten flüchteten die Einwohner hinter die Mauern der Stadt, wo sich bald durch die ohnehin im Ansteigen begriffene Bevölkerungszahl ein großes Durcheinander und Lebensmittelknappheit bemerkbar machten. Überalterte Wehranlagen und das Fehlen einer schlagkräftigen Armee trugen auch nicht gerade zur Hebung der Stimmung bei. In letzter Minute gelang es dem niederösterreichischen Regierungspräsidenten Graf Franz Saurau, einen Umschwung herbeizuführen und ein Wiener Freiwilligenaufgebot gegen Napoleon zusammenzustellen, das am 17. April 1797 vereidigt wurde, auch noch seine Stellungen bezog, infolge des am 18. April abgeschlossenen Vorfriedens von Leoben aber nicht mehr zum Einsatz kam. Beethoven vertonte ein *Kriegslied der Österreicher,* in dem Bürgerwürde, Widerstandswille und Siegeszuversicht beschworen wurden: „Mann, Weib und Kind in Oesterreich fühlt tief den eignen Werth.“

Diesen „eigenen Werth“ und die allgemeine Begeisterung suchte kleinlicher franziseischer Bürokratismus, kaum daß die Gefahr vorüberschien, kräftig zu dämpfen. Was Wunder, wenn die Wiener Bevölkerung, als Napoleon 1800 nach den Siegen von Marengo und Hohenlinden abermals ihre Stadt zu bedrohen schien, bei einem neuerlichen Aufgebot nur sehr zögernd mittat und Spenden mehr unter Zwang denn aus nationaler Begeisterung gab. Der Jubel, der am 27. Dezember 1800 den in die Stadt einziehenden Erzherzog Carl, den Sieger von Amberg und Würzburg, umbrandete, galt wohl nicht zuletzt einem erhofften Frieden. Wien war abermals der Franzosengefahr entronnen.

Die folgenden Jahre brachten Wien eine verhältnismäßig ruhige Zeit und am 11. August 1804 sogar die Ankündigung der Annahme des Titels eines Kaisers von Österreich durch Franz II. (I.) War schon diese Erhöhung Österreichs eine Antwort auf die Kaiserproklamation Napoleons im Mai 1804, so ist der Zusammenhang zwischen der Krönung Napoleons am 2. Dezember 1804 in der Kathedrale Notre-Dame in Paris und der nur fünf Tage später, am 7. Dezember 1804, erfolgten feierlichen Verkündung des Patentes des Kaisers von Österreich von der Loggia der Kirche Am Hof in Wien noch deutlicher. Zwar kamen die schaulustigen Wiener in Scharen, doch machte das Ereignis keinen besonderen Eindruck auf sie – schließlich: Kaiserstadt war man ja eigentlich immer schon gewesen. Eine – vielleicht erhoffte – länger anhaltende patriotische Hochstimmung blieb aus.

Als Österreich 1805 im dritten Koalitionskrieg abermals gegen Napoleon antrat, erlitten seine Truppen bei Ulm eine entscheidende Niederlage durch die Franzosen, die auch durch einen wenige Tage später erfochtenen Sieg Erzherzog Carls am italienischen Kriegsschauplatz nicht ausgeglichen werden konnte. Napo-

leons Armee marschierte auf Wien und zog am 13. November in die Residenz ein. Die Wiener säumten in dichtgedrängtem Spalier die Straßen; diese bereits von den Zeitgenossen gerügte „übelangebrachte Neugierde“ sollte leider nicht das einzige diesbezügliche Beispiel in der Geschichte der Stadt bleiben. Nichtsdestoweniger lehnten die Wiener die Franzosenherrschaft entschieden ab, und das gespannte Verhältnis zwischen Einheimischen und Besatzung drohte zum offenen Bruch zu führen. Am 27. Dezember erließ der im Schloß Schönbrunn residierende Kaiser Napoleon I. eine Proklamation, in der er dennoch den Wienern dankte: „Ich habe mich eurem Ehrgefühl, eurer Redlichkeit, eurer Aufrichtigkeit anvertraut; ihr habt meinem Zutrauen entsprochen.“ Die Besatzungszeit war also ohne äußerlichen Eklat zu Ende gegangen, und der Korse schenkte den Wienern dafür großzügig ihr Zeughaus. Bis zum 12. Jänner 1806 hatte der letzte französische Soldat Wien verlassen.

Zum ersten Mal seit der zweiten Belagerung durch die Türken 1683 hatte Wien wieder fremde Truppen vor, und diesmal auch innerhalb seiner Mauern gesehen. Es war dies nicht das letzte Mal. Kaiser Franz, der sich nun aus der antinapoleonischen Koalition herauszuhalten und für sein Land den Frieden zu bewahren suchte, legte unter dem Druck Napoleons und der politischen Realität am 6. August 1806 die römisch-deutsche Kaiserkrone nieder. Die im Steigen begriffene antifranzösische Stimmung konnte in Wien nicht einmal mit so ungeschickten Maßnahmen der Regierung wie dem Entzug des Rechtes der Wahl des Vizebürgermeisters und der Magistratsräte durch die Wiener Bürgerschaft 1808 gemindert werden. Als sich Österreich 1809 abermals erhob, wurde auch Wien von einer Welle patriotischer Begeisterung erfaßt. Um so stärker war der Rückschlag, als die Meldungen von den ersten österreichischen Niederlagen eintrafen, und sich die Nachricht von Napoleons Marsch auf Wien in der Bevölkerung verbreitete. Ungeachtet der Warnungen seines jüngeren Bruders, Erzherzog Rainer, daß es der Stadt an allem mangle, was eine haltbare Festung ausmache, befahl Franz I. die Verteidigung Wiens. Napoleon, der zu dieser Zeit bereits wieder in Schönbrunn residierte, ordnete die Beschießung der Stadt an, und am Abend des 1. Mai 1809 eröffnete die französische Artillerie das Feuer. Unter den

Angehörigen eines auf der Kärntnertorbastei postierten Studentenkorps, das ziemlich planlos auf vermeintliche Franzosen schoß und dabei eigentlich nur die eigenen Landwehrsoldaten bedrohte, befand sich ein wenig mutiger Franz Grillparzer, der seine wahren Gefühle durch eine heldische Bemerkung in seiner Selbstbiographie wettzumachen suchte: „Ich machte das alles mit, mit Ausnahme der Furcht.“

Die Kapitulation erfolgte umgehend, und am 13. Mai zogen die ersten französischen Regimenter in die diesmal völlig menschenleeren Straßen ein. Der Widerwille gegen die Besatzung war noch stärker als 1805 und kam in zahlreichen kleineren und größeren Zusammenstößen, kursierenden Pamphleten und – etwa durch die Nachricht vom Sieg Erzherzog Carls bei Aspern am 21./22. Mai hervorgerufen – franzosenfeindlichen Kundgebungen zum Ausdruck. Grillparzer, der sich dennoch nur schwer einer Faszination durch Napoleon entziehen konnte, notierte über seinen Vater: „Die Stadt vom Feinde besetzt zu wissen, war ihm ein Gräuel und jeder ihm begegnende Franzose ein Dolchstich. Und doch ging er gegen seine Gewohnheit jeden Abend in den Straßen spazieren, aber nur um bei jedem Zwist zwischen Franzosen und Bürgern die Partei des Landsmannes zu nehmen und ihm gegen den Fremden beizustehen." Und Caroline Pichler, als Schriftstellerin nur mäßig begabt, aber Mittelpunkt eines bürgerlichen Salons und leidlich gute Beobachterin, schreibt in ihren *Denkwürdigkeiten* mit anderen Worten, was sie bereits 1805 formuliert hatte: „ . . . diese Blauen, die Kinder einer Nation, gegen welche ich von Kindheit an stets eine fast angeborene Abneigung empfunden hatte, waren nun unsere Sieger und Herren!" – Bis zum 20. November blieben die Besatzungstruppen in der Stadt, nach dem Schönbrunner Frieden vom 14. Oktober noch eine weitere Demütigung für Wien bereithaltend: vom 16. Oktober bis zum 10. November wurden die fortifikatorisch bereits völlig bedeutungslosen Vorwerke der Stadt gesprengt, was maßlose Verbitterung hervorrief.

Die folgenden Jahre waren nicht geeignet, die Stimmung in der Stadt zu heben. Zwar gab es Frieden, aber die Abhängigkeit von Napoleon und die territorialen Verluste waren zu demütigend. Dazu kam noch der durch die lange Kriegszeit mitverursachte Staatsbankrott des Jahres 1811, der auch in Wien die wirtschaftlichen Grundfesten erschütterte und zu einer die Bevölkerung schwer treffenden Teuerung führte. Als 1813 die Nachricht vom Sieg der Alliierten über Napoleon bei Leipzig kam, deutete dies eine Wendung zum Besseren an. Zumindest rein äußerlich bereitete sich ein Höhepunkt in der Geschichte Wiens jener Tage vor: der Kongreß 1814/15, der Diplomaten und Monarchen aus ganz Europa vereinigte, um den Kontinent neu zu ordnen und Napoleons Erbe zu liquidieren. Unter großem äußeren Gepränge, Redouten, Schlittenfahrten und Banketten versuchte jeder Diplomat, seinem Land den größten Anteil an der Beute zuzuführen, und es ist erstaunlich, daß ein von den Gedanken der Restauration, Legitimität und Solidarität getragenes Übereinkommen, hinter dem kaum verhüllter nationaler Eigennutz stand, über 30 Jahre die Basis für ein friedliches Gleichgewicht in Europa bot. Dem berühmten Wort des Prinzen de Ligne über den tanzenden, aber nicht vorwärtsschreitenden Kongreß stellt sich die Tagebuchnotiz Erzherzog Johanns als ernste Reflexion zur Seite: „Es ist ein jämmerlicher Handel mit Ländern und Menschen."

Für Wien und seine schaulustigen Bewohner stand anfangs sicherlich die glänzende Außenseite des Kongresses im Vordergrund. Für einen nicht unbeträchtlichen Bevölkerungsteil ließ sich auch ganz gut verdienen, da Dienstleistungskräfte jeder Art gefragt waren. Aber nach und nach – bei zunehmender Dauer und steuerlicher Belastung – mengten sich auch kritische Stimmen in den erst so festesfrohen Chor. Zu den auf die Bevölkerung übergewälzten Kongreßkosten trat nämlich eine besonders 1815 stark spürbare allgemeine Teuerung. Die gerühmte Gastfreundschaft des Wieners blieb zwar bis zum Ende des Kongresses bestehen, doch vereinte man damit auch Kritik. Vor allem der Lebensstil der hohen und höchsten Herrschaften war nicht immer dazu angetan, das Volk in Entzücken zu versetzen. Auch die rastlos tätige „geheime Polizeistelle" hatte ja mit manchen Delegierten ihre liebe Not. Als am 9. Juni 1815 die Schlußakte des Wiener Kongresses unterzeichnet wurde und Europa neu geordnet war, bedrohte noch einmal Napoleon diese Ordnung. Der Geschlagene und Verbannte hatte am 1. März 1815 sein Exil auf Elba verlassen und war im Triumph nach Paris gezogen. Sein Schatten lag in diesen letzten Wochen auch über Wien und der hier tagenden Versammlung. Erst am 18. Juni wurde er in Waterloo endgültig besiegt.

Die folgenden Jahre bis 1828, ja noch darüber hinaus, waren in politischer Hinsicht ruhig und von keinerlei wirklich bemerkenswerten Ereignissen bestimmt. Der Bürger im vormärzlichen Wien lebte in einer dem behördlichen Druck ausweichenden Atmosphäre ruhiger Innerlichkeit und Zurückgezogenheit. Allzu selbständige geistig-politische Regungen wurden schon im Keim erstickt. Der verklärende Schein von Häuslichkeit, stillem Glück, Geselligkeit, literarischer und musischer Betätigung, die Vorliebe für die „kleinen Freuden des Lebens" schien die Gesellschaft des Biedermeiers ausschließlich zu umgeben. Daß darunter sehr vitale und gesellschaftsverändernde Kräfte sich formierten, zeigte sich erst in der Revolution des Jahres 1848 für alle deutlich.

Das einschneidendste Ereignis der Schubert-Zeit, die Napoleonischen Kriege, blieben auch auf die bildende Kunst und Literatur nicht ohne Einfluß. Sogar die Architektur spiegelt dies wider. Klassizistische Tendenzen traten in der Wiener Architektur in den letzten Dezennien des 18. Jahrhunderts immer deutlicher zutage. Ausgehend von Thaddäus Karners „Waisenhauskirche" (Maria Geburt in Wien 3, Rennweg), zu deren Einweihung am 7. Dezember 1768 der erst zwölfjährige Mozart eine Messe komponiert hatte, führt eine Linie über verschiedene josephinische Vorstadtpfarren zu den bedeutenden klassizistisch-biedermeierlichen Architekten, die allerdings primär Profanbauten errichteten. Ferdinand von Hohenberg, der Schöpfer der Gloriette und des Palais Fries am Josephsplatz, schuf auch gotisierende Altäre, die eine Brücke vom Phänomen der maria-theresianischen Gotik zur Neugotik der Mitte des 19. Jahrhunderts schlugen. Von besonderem Interesse ist Isidoro Canevale, der mit dem „Narrenturm" für das Allgemeine Krankenhaus ein Gebäude schuf, das Einflüsse der sogenannten französischen Revolutionsarchitekten (vor allem von Claude-Nicolas Ledoux) zeigt und dessen Josephinum im 9. Bezirk einer der schönsten noch bestehenden Bauten jener Zeit ist. Auch der Niederländer Louis von Montoyer brachte französische Einflüsse nach Wien. Er erweiterte das Palais des Herzog Albert von Sachsen-Teschen (die Albertina) und erbaute den Zeremoniensaal der Hofburg und das Palais Rasumofsky im 3. Bezirk, in dem manches Werk Beethovens zum ersten Mal erklang. Mit ihm, Peter Nobile und Josef Kornhäusel erreichte der Klassizismus in Wien seinen Höhepunkt.

Peter Nobile, der seit 1818 an der Wiener Akademie wirkte, errichtete 1820 das Cortische Kaffeehaus im Volksgarten, 1820 bis 1823 den Theseustempel und vollendete 1824 das neue Burgtor. XI

Die beiden letztgenannten Bauten sind aufs engste mit Napoleon verknüpft. Die Neugestaltung des Vorfeldes der Burg war ja erst dadurch ermöglicht worden, daß Napoleon die Schleifung der Festungswerke befohlen hatte – „im bübischen Zorne, daß die Mauern Wiens sich nicht, gleich jenen Jerichos, seinen ersten Trompetenstößen gebeugt" (Joseph von Hormayr). Nun war der dem Athener Theseion nachgebildete Tempel zur Aufnahme von Canovas Theseusgruppe bestimmt, die Napoleon bei dem Künstler für den Mailänder Corso bestellt hatte und die nun zu so etwas wie einem „Gedenkmal" für den Fall des Korsen geworden waren.

Das neue Burgtor aber war nicht nur Festungstor, sondern gleichzeitig und vor allem Sieges- und Erinnerungszeichen für den österreichischen Soldaten und die über Napoleon siegreiche Armee. Damit steht das Bauwerk gedanklich dem von Josef Hardtmuth für den Fürsten Liechtenstein am Kleinen Anninger bei Mödling errichteten Husarentempel nahe, der als Grabmal für Gefallene aus den Napoleonischen Kriegen errichtet wurde und das Gedenken an den „unbekannten Soldaten" vorwegnimmt. Dem Husarentempel gab schließlich Josef Kornhäusel seine endgültige Gestalt. Dieser Architekt war es auch, der in Baden die heute nicht mehr bestehende Weilburg, den Sommersitz des „Helden von Aspern", Erzherzog Carl, errichtete. Von 1826 bis 1832 gestaltete Kornhäusel das Schottenkloster um, und wenige Jahre zuvor (1824 bis 1826) schuf er Wohnhaus und Synagoge in der Seitenstettengasse; nach Schuberts Tod erbaute er schließlich noch das Wiener Mechitaristenkloster. Vor allem im Wohnhausbau gab Kornhäusel den im allgemeinen noch den josephinischen Typus fortführenden Baustil neue Impulse: Sein Modell eines Zinshauses sollte für den großstädtischen Wohnhaustyp der Folgezeit von wesentlicher Bedeutung sein. Schließlich sei in diesem Zusammenhang noch der den bürgerlichen Stil beeinflussende Karl von Moreau genannt, der neben zwei Stadtpalästen auch das alte Dianabad errichtete.

Eine nicht zu unterschätzende, zumeist in die zweite Hälfte des 19. Jahrhunderts zurückreichende architektonische Leistung, die das Bild der Vororte und Umgebung der Stadt stark mitbestimmte und auf das Lebensgefühl ihrer Bewohner nicht ohne Einfluß blieb, war die Gartenarchitektur. Hier zeigte sich als Reaktion auf den höfisch-gezirkelten französischen Gartenstil nun der Einfluß „romantischer" Ideen. Gärten englischen Stils wurden geschaffen, die freilich die Natur neuerlich einer Idealvorstellung unterordneten: künstliche Wildnisse, Seen, Grotten, Ruinen und Statuen vereinigten sich zu einer „idealen Landschaft", die dem Gefühl der Zeitgenossen für eine Rückkehr zur Natur und zur eigenen romantisch verklärten Vergangenheit und dem zunehmenden Interesse zu „empfindsamen" Ausflügen entsprachen. Der Park von Neuwaldegg mit seinen Kopien antiker Statuen und einem „echten" Holländerdörfchen, dem Hameau, ist hier ebenso zu nennen wie der Park des Fürsten Galitzin in Ottakring, Geymüllers Park in Pötzleinsdorf, der Garten des Fürsten Rasumofsky in Erdberg, die Vöslauer Grotten, aber auch Teile des Schönbrunner Schloßparks mit der „Römischen Ruine".

Die Plastik der Zeit stellte sich in den Dienst solcher Konzeptionen, ebenso wie sie sich den Bauaufgaben oder der Ausschmückung der Stadt unterordnete. Der Allgäuer Johann Martin Fischer stand noch überwiegend in der Tradition des österreichischen Barock. Er dekorierte gegen Ende des 18. und am Beginn des 19. Jahrhunderts zahlreiche Wiener Plätze mit Brunnenfiguren, gestaltete Gartenplastiken – unter anderem im Neuwaldegger Park – schmückte Kirchen aus und beschäftigte sich auch mit der Grabplastik. Den Gipfelpunkt erreichte der Wiener Klassizismus aber mit dem Donner-Schüler Franz Anton Zauner. Er war eng mit Füger, dem alles dominierenden Direktor der Wiener Akademie, befreundet, dessen Nachfolger er schließlich 1806 wurde. Auch sein Tätigkeitsfeld deckt sich im wesentlichen mit dem Fischers, zu dessen Gegenspieler er wurde. Sein Hochgrab Kaiser Leopolds II. in der Georgskapelle der Augustinerkirche und das Grabmal des Feldmarschalls Ernst Gideon Freiherr von Laudon in Hadersdorf zählen zu den besten Leistungen ihrer Art. Den Höhepunkt seines Schaffens – wie überhaupt der klassizistischen Denkmalkunst in Wien – stellt aber unbestritten das Denkmal Kaiser Josephs II. am Josefsplatz dar. Die Enthüllung am 24. November 1807 war denn auch ein großes Ereignis, das geeignet war, mit der bereits verklärten Erinnerung an die Regierung des großen Herrschers (deren tatsächliche und vermeintliche Schattenseite die Wiener wohl einst beklagt, jetzt aber vergessen hatten) die unerfreulichen politischen Ereignisse der unmittelbaren Gegenwart zu verdrängen. Es war zugleich Zauners letztes großes Werk, da er sich in der Folge immer mehr auf die reine Lehrtätigkeit zurückzog.

Reiner Klassizist war auch Antonio Canova, der für Wien allerdings – abgesehen von einer Arbeit im Palais Liechtenstein – nur ein, dafür aber umso bedeutsameres Werk schuf: das Grabmal der Erzherzogin Maria Christine in der Augustinerkirche. Die den Gesamteindruck des Grabmales dominierende flache Wandpyramide hatte Canova schon für ein geplantes Grabdenkmal für Tizian in der Frarikirche in Venedig vorgesehen, das allerdings nicht zustande gekommen war. Man darf wohl annehmen, daß die Pyramide durch Napoleons Ägyptenfeldzug des Jahres 1798/99 in den Blickpunkt des Künstlers gerückt worden war. Die oft zitierten Jahrtausende blickten also nicht nur auf Napoleons Soldaten, sondern – freilich in veränderter Form – auch auf die Bürger Wiens herab.

Von den anderen zu jener Zeit in Wien wirksamen Bildhauern seien nur noch zwei genannt: Johann Nepomuk Schaller, der unter dem Einfluß Canovas vor allem Brunnenfiguren und Grabdenkmäler modellierte, und der außerordentlich fruchtbare Josef Klieber. Obwohl Klieber, der aus dem Atelier Fischers kam, nicht wie die meisten Künstler seiner Zeit in Italien war, ist der italienische Einfluß doch auch bei ihm spürbar. Er war auf allen Feldern, die sich dem Schaffen eines Bildhauers eröffneten, vertreten und mit seiner romantisch-klassizistischen Manier durchaus im Stadtbild präsent. Auch für Schuberts Taufkirche, die Pfarre Lichtenthal, schuf Klieber 1827 ein Kruzifix. Vor allem aber arbeitete er am Badener Rathaus und der Weilburg sowie an der Albertina mit. Von seiner Hand stammen auch die Giebelfiguren des Husarentempels. So steht auch sein Wirken mit manchen Bauaufgaben im Zusammenhang, die mit den historischen Zeitereignissen verknüpft sind.

Sehr stark sind die aktuellen Einflüsse aber auch in der Malerei. Hier gab an der Wende vom 18. zum 19. Jahrhundert in Wien Friedrich Heinrich Füger den Ton an. Seit 1783 Vizedirektor und seit 1795 Direktor der Akademie, beherrschte er das künstlerische Geschehen in der Stadt. Dies, obwohl Füger sein Bestes in seiner hohen, von starkem Realismus geprägten, ruhigen Klassizismus atmenden Porträtkunst gegeben hatte, die den Zeitgenossen geringer galt als das hochgeschätzte Historienbild. Zwar versuchte sich Füger, damals mit Erfolg, auch in diesem Genre, doch vermag etwa sein „Tod des Germanicus" heute nur mehr schwer neben seinen Porträts zu bestehen. Die Ausbildung an der Wiener Akademie, die der seit der Revolution ins Hintertreffen geratenen Pariser Schwesteranstalt international den Rang abgelaufen hatte, war handwerklich sicher einwandfrei: die Zeichnung nach der Natur und dem anatomischen Modell bildeten die Grundlage.

Dies wurde auch von den zahlreichen jungen Künstlern geschätzt, die ab 1804 an die – auch nach seinem Abgang als Direktor 1805 noch von Füger mitbestimmte – Wiener Akademie kamen: Ludwig Ferdinand und später auch Julius Schnorr von Carolsfeld, Franz Pforr, Friedrich Overbeck, Josef Wintergerst, Philipp Veit, Josef Sutter, Johann Konrad Hottinger und zahlreiche andere. Diese zumeist norddeutschen und protestantischen Künstler waren sehr stark von den Ideen der jungen Romantik geprägt und pflegten in Wien mit dem Romantikerkreis um Clemens Maria Hofbauer und Friedrich Schlegel Kontakt. Unter dem Einfluß einer als mittelalterlich verstandenen Religiosität – nahezu alle konvertierten zum Katholizismus –, in schwärmerischer Weise der Vergangenheit und dem „altdeutschen" Ideal verbunden, sahen diese Künstler in Wien und Österreich einen Hort der „wahren Religion", des Widerstandes gegen Napoleon und der Hoffnung auf die Wiederherstellung der alten Ideale. Die mittelalterlichen und altdeutschen Meister in der kaiserlichen Gemäldegalerie im Schloß Belvedere – allen voran Dürer – machten auf die jungen Maler einen nachhaltigen Eindruck. Daß diese Künstler, denen Gefühl mehr als Verstand und Inhalt mehr als Form bedeutete und deren extreme (und wohl auch einseitige) Religiosität mit dem doch noch josephinisch geprägten Wien scharf kontrastierte, mit der Wiener Akademie und deren stark formal und klassizistisch bezogener Lehrtätigkeit in Konflikt kommen mußten, war klar. „Man lernt . . . alles – und doch kommt kein Maler heraus. Es fehlt in allen neuern Gemälden . . . Herz, Seele und Empfindung", klagt Overbeck über die Akademie.

1809 begründeten die jungen Künstler um Pforr und Overbeck den „Lukasbund", dessen Mitglieder sich zu einem strengen sittlichen, religiösen und auf die Kunst ausgerichteten Leben verpflichteten. Das von Wackenroders 1797 erschiener Schrift „Herzensergiessungen eines kunstliebenden Klosterbruders" beeinflußte Ideal einer klösterlichen Künstlergemeinschaft schwebte ihnen vor Augen. Der junge Wiener Maler Johann Evangelist

Scheffer von Leonhardshoff erinnerte seine Gefährten 1815 in Rom an diese Zeit in Wien, dem „Ort, in welchem ihr von dem Heiligen Geist belebt, die so wichtige Laufbahn der neuwiedergeborenen Kunst in der Wahrheit für Gott ergriffen". Der Nachfolger Fügers, der mittlerweile Direktor an der kaiserlichen Gemäldegalerie geworden war, konnte diesem Kunstideal nichts abgewinnen, die Spannungen wuchsen, und 1810 verließen die Mitglieder des Lukasbundes Wien, um nach Rom zu ziehen. Hatten sie die – auch religiös – entscheidenden Eindrücke in Wien empfangen, so verwirklichten sie im römischen Kloster San Isidore die Idealvorstellung der klösterlichen Gemeinschaft, wobei sie in ihrer „idealen Wirklichkeit" an der römischen Realität ebenso vorbeilebten wie zuvor an der Wiener. Hatte man ihnen in Wien, das vor Extremen aller Art immer eine gewisse Scheu zeigte, auch nicht allzuviel Verständnis entgegengebracht, so wirkten ihre künstlerischen Vorstellungen doch weiter.

Eine mit dem Hofbauer-Kreis stark verbundene Gruppe romantischer Maler, unter ihnen Ferdinand Olivier, Julius Schnorr von Carolsfeld und Josef Sutter, arbeitete weiterhin in Wien – und blieb im Gegensatz zur Akademie. Weiteren Aufschwung erhielt dieser Kreis, als 1812 der Tiroler Maler Johann Anton Koch aus Rom nach Wien kam. Er bildete im Romantikerkreis ein wichtiges Element, teilte die Ablehnung des „kunstwidrigen" Füger und hielt die Verbindung zu den römischen Brüdern aufrecht. Die Wiener Romantiker wurden 1813 durch eine Welle nationaler Begeisterung aus der Welt des Mittelalters, aus altdeutscher Geschichte und Kultur, aus Liedern und Sagen in die unmittelbare Gegenwart versetzt: Viele von ihnen beteiligten sich an den Befreiungskriegen. Koch, ein glühender Hasser Napoleons, der sich bei der Nachricht vom Brand Moskaus 1812 vor Begeisterung im Schnee gewälzt hatte, trug während des napoleonischen Rückkehrversuches 1815 Trauerkleidung, da es dem „abscheulichen Ungeheuer" gelingen könnte, wiederum Fuß zu fassen.

Der Tiroler verließ noch 1815 endgültig Wien, doch hörte die Auseinandersetzung mit der Akademie, die in der romantischen Malerei „chinesischen und gotischen Geschmack" sah, nicht auf, und noch 1821 sprach der – allerdings im Sinne eines französischen Staatspragmatismus – vaterländische Historiker, Schriftsteller und Herausgeber von vielgelesenen Schriften, Joseph Freiherr von Hormayr, von den „wässrigen Sternschnuppen" der romantischen Maler.

Währenddessen bildeten sich, von der Romantik zwar mitbeeinflußt, aber wesentlich realitätsbezogener als etwa die Mitglieder des Lukasbundes, auch lebenslustiger, und den Freuden des irdischen Daseins durchaus aufgeschlossene Freundschaftsgruppen, Unsinn- und Lesegesellschaften, in denen nicht nur Maler, sondern auch Dichter, Musiker und andere interessierte Menschen verkehrten. Stellvertretend für alle anderen – es gab auch richtige Rittergesellschaften, wie etwa die „Wildensteiner"; was in einer Zeit der Revitalisierung von Burgen im romantischen Stil (etwa Laxenburg) durchaus verständlich ist – sei hier der Kreis genannt, dem neben Franz Schubert und dem Dichter Johann Mayrhofer auch Moritz von Schwind und Leopold Kupelwieser angehörten. XIII

Die beiden Maler waren ebenfalls Romantiker, aber in einer wienerisch gemilderten Weise: stärker dem Realismus in der Kunst zugewandt und von heiter-romantischem Empfinden, das sich mit Vorliebe der „heilen Welt" der Märchen und Sagen zuwandte. Kupelwieser konzentrierte sich – besonders nach seiner Romreise 1823 bis 1825 – stärker auf die religiöse Thematik und wurde neben Josef Führich, der ebenfalls unter römischem Einfluß eine allerdings von den Lukasbrüdern unterschiedliche Art der Religiosität entwickelte, zum wichtigsten Maler dieses Genres bis zur Jahrhundertmitte. Schwind, der in Wien zuerst an der Universität studierte, bevor er sich der Akademie und der Malkunst zuwandte, gab demgegenüber einer frühbiedermeierlichen Märchenwelt den Vorzug, die er in zahlreichen Zeichnungen und Skizzen, später auch in zyklischen Werken, Ölgemälden und Fresken festhielt. Er verließ 1828 Wien, um nach München zu gehen.

Ein Maler ist noch zu nennen, der nicht wie die Lukasbrüder und ihre Freunde der Wirklichkeit ein „Ideal", der teils als bedrohlich erfahrenen Gegenwart die Vergangenheit entgegensetzte, sondern der die Gegenwart unmittelbar in der Kunst wirksam werden ließ: Johann Peter Krafft. Mit seinen historischen Darstellungen, die aus der jüngsten Vergangenheit und Gegenwart geschöpft waren, gab er der realistischen Kunstrichtung, die die kommenden Jahrzehnte bestimmen sollte, wesentliche Impulse. Er ist in gewissem Sinne Österreichs David, der Begründer der vaterländischen Historienmalerei. Daneben bereitete er in Bildern, wie dem „Abschied des Landwehrmannes", unmittelbar von dieser Basis aus einen „poetischen Idealismus" vor, der schließlich in der Kunst Ferdinand Georg Waldmüllers mit einem naturzugewandten Realismus zusammenfloß und zu den größten Leistungen österreichischer Malerei im 19. Jahrhundert gehört. Zu Schuberts Lebzeiten bereits mit Blumenmalereien, Porträts von hoher Qualität, aber auch mit einzelnen Genreszenen hervorgetreten, entfaltete sich Waldmüllers Kunst allerdings erst ab den dreißiger Jahren des 19. Jahrhunderts zu vollster Blüte.

Die Dichtung war Ende des 19. Jahrhunderts in Wien und Österreich kaum mit eigenständigen Leistungen präsent. Die historischen Dramen, Balladen und Romane einer Caroline Pichler sind ebenso zahlreich wie bedeutungslos: 53 Bänden ihrer Werke stehen kaum einige Zeilen in der Literaturgeschichte gegenüber. Die Römerdramen Heinrich Joseph Collins überragen das Pichlersche Œuvre nur um ein geringes, und auch das Werk von Ladislaus Pyrker, des späteren Abtes von Lilienfeld und Erzbischofs von Erlau, lebt kaum noch im Gedächtnis selbst des einschlägig Gebildeten fort. Starke Impulse und eine breitere Volkstümlichkeit erhielt die österreichische Dichtung erst im Zusammenhang mit den Kriegen gegen Napoleon. Dazu kamen noch die befruchtenden Einflüsse, die das literarische Leben in Wien durch den starken Zuzug aus Deutschland erhielt. Wien wurde geradezu zu einem Zentrum der Romantik: August Wilhelm Schlegel, die Frau von Staël, Heinrich von Kleist, Theodor Körner, Joseph von Eichendorff, Clemens von Brentano und Justinus Kerner kamen im Jahre 1808 oder kurz darauf in die Stadt an der Donau. Zusammen mit den Bemühungen Joseph Hormayrs, die österreichische

Vergangenheit einer breiteren Bevölkerung wiederum ins Gedächtnis zu rufen, und dem damit parallellaufenden Hinweis Schlegels auf die österreichische Geschichte war der „vaterländischen Dichtung" der Boden bereitet.

Ignaz Franz Castellis *Wehrmannslieder* führten 1809 zur Ächtung des Dichters durch Napoleon; Collin schrieb nun ebenfalls Freiheitslyrik. Zu nennen sind ferner der Dichter der Volkshymne, Johann Gabriel Seidl, und der „Vater der österreichischen Ballade", Johann Nepomuk Vogl, deren Gedichte in aller Munde waren. Österreich war geradezu zum Symbol des Widerstandes gegen Napoleon geworden, dem Theodor Körner, der 1813 als Lützowscher Jäger im Kampf gegen den Korsen fiel, begeistert Ausdruck verlieh; in Eichendorffs Ruf „Vivat Östreich" mag die Erinnerung an diese Zeit nachklingen.

Neben dieser aus dem Tage geschriebenen, ihn aber überdauernden Dichtung der Freiheitskriege stand der eigentliche Kreis auch weiterhin in Wien wirkender Romantiker. 1808 war der Redemptoristenpater Clemens Maria Hofbauer nach Wien gekommen – ein begnadeter Prediger, der all seine Kraft in eine Erneuerung des Glaubens setzte, den er von josephinischer Aufklärung zu einer tiefen und einfachen Verwurzelung im Volk aus dem Geiste der Romantik führen wollte. Ihm zur Seite standen Friedrich Schlegel und dessen Frau Dorothea, die für das literarische Leben Wiens bedeutsam wurden. Insbesondere Schlegels Vorlesungen über Literatur (1810) machten auch über den Kreis der Romantiker hinaus großen Eindruck. Neben dem Staatswissenschaftler Adam Heinrich Müller, dessen katholisch-ständische Ideenwelt bis ins 20. Jahrhundert Nachwirkungen zeigte, war es vor allem der 1810 zum Katholizismus konvertierte Zacharias Werner, der sich literarischen Ruhm erwarb. Der später in den Redemptoristenorden eingetretene Dichter war der einzige namhafte Dramatiker der Romantik. Besonders sein Schicksalsdrama *Der 24. Februar* (1810) wurde zum Stammvater einer ganzen Reihe ähnlich gearteter schauriger Dramen. Selbst Grillparzers Frühwerk *Die Ahnfrau,* das 1817 uraufgeführt wurde, ist von Einflüssen dieser Art nicht frei. Grillparzers Talent war von Joseph Schreyvogel, der seit 1814 das Burgtheater leitete, erkannt und entscheidend gefördert worden. Vor Schreyvogels Direktionszeit war das Burgtheater, das erst seit 1810 reine Sprechbühne war, vor allem von historischen und klassizistischen Dramen, aber auch von der Schicksalstragödie und ihren Vorläufern beherrscht worden. Iffland, Kotzebue, Collin, Zacharias Werner und sein Nachahmer Adolf Müllner waren für den Spielplan ausschlaggebend. Mit dem Reformator Schreyvogel, dessen Ziel es war, mit deutschen und übersetzten fremdsprachigen Klassikern der Bühne des Burgtheaters einen europäischen Horizont zu geben, begann dieses Theater, sich den bleibenden Werken der Weltliteratur zu verpflichten und der Tagesdramatik nur mehr einen in diesem Konzept angemessenen Platz einzuräumen; daraus sollte sich in Zukunft die überragende Bedeutung dieses Hauses ableiten.

Hier wurde nun 1818 die *Sappho* des erst siebenundzwanzigjährigen Franz Grillparzer uraufgeführt. 1821 folgte seine Trilogie *Das goldene Vließ.* Beide Werke zeigen bereits Grillparzers dichterische Sprache und seine hohe Gestaltungskunst voll ausgereift. Auch die Zeitgenossen fühlten dies; Lord Byron notierte 1821: „Die Nachwelt wird ihn kennen." Das 1823 geschriebene Drama *König Ottokars Glück und Ende* verherrlicht nicht nur das Herrscherhaus, sondern vor allem die Sendung Österreichs, die sich im Kampf gegen Napoleon eben erst bewiesen hatte. Es ist für die engstirnige Zensur des franzceischen Zeitalters charakteristisch, daß das Stück erst 1825 zur Aufführung gebracht werden konnte. Sie war es ja schließlich auch, die durch groteske Eingriffe zahlreiche Werke verstümmelte, unkenntlich machte oder in oft lächerlicher Weise veränderte: Besonders Schillers Werke fielen ihr häufig zum Opfer. Grillparzer, der klassische Dichter Österreichs schlechthin, seiner Heimatstadt Wien trotz ablehnender Skepsis intensiv verbunden, sollte auch in Hinkunft durch Vorfälle solcher Art in seinem Pessimismus verstärkt werden. Manches davon schlug sich auch in seinem Schaffen nieder, mit dem er „für Österreich das gesamte klassisch-romantische Humanitäts- und Bildungsbewußtsein" erarbeitete (Fritz Martini).

Neben Grillparzer – und von diesem gefördert – steht noch der jüngere Eduard von Bauernfeld, der zu einem der beliebtesten Lustspieldichter wurde und ab 1828 auf dem Gebiet der Gesellschaftskomödie mit leicht satirischem Hintergrund zu den führenden Autoren des Burgtheaters gehörte. Er war mit Schwind und Schubert befreundet, für den er den Text zur Oper „Der Graf von Gleichen" schrieb, die aber wegen allzu positiver Zeichnung der Bigamie dem Rotstift des Zensors zum Opfer fiel.

Erreichte das klassische Drama in Österreich erst mit Grillparzer seine unbestrittene Höhe, so konnte die Volkskomödie auf eine – was ihre Qualität betraf – weiter zurückreichende Tradition verweisen. Seit der josephinischen „Spektakelfreiheit" von 1776 waren zahlreiche Volksbühnen entstanden, um dem großen Bevölkerungsinteresse am Theater entgegenzukommen. 1781 wurde das Theater in der Leopoldstadt eröffnet, das im volkstümlichen Genre die erfolgreichste Bühne war und blieb. Ihm folgte 1788 das Theater in der Josefstadt, das sich allerdings zeitweilig auf ziemlich niedrigem Niveau bewegte und endlich 1801 das Theater an der Wien, dessen Vorgänger das 1787 gegründete Freihaustheater war, an dem zahlreiche Opern Mozarts uraufgeführt worden waren. 1805 erlebte hier Beethovens *Fidelio* unmittelbar nach dem Einmarsch der Franzosen seine Uraufführung. Ob es allein die mangelnde Darbietung war oder musikalischer Unverstand, der das Werk gleich wieder vom Spielplan verschwinden ließ, mag dahingestellt bleiben. Vielleicht tat ein leichter Druck der Franzosen – welche Besatzungsmacht liebt schon Freiheitsopern? – ein übriges. In der Folgezeit wechselten an dieser Bühne Konzerte, Opern, Dramen und Volksstücke, bis das Theater mit der Übernahme durch Karl Carl 1825 zur ersten Pflegestätte der Volkskunst wurde.

Insgesamt soll es 1812 in Wien und den Vorstädten vierundachtzig Theater gegeben haben – darunter zahlreiche Privatbühnen. Da das Theater als ein sehr lebendiges Medium in mannigfaltiger Form (nicht zuletzt durch Extempores) Kritik an bestehenden Verhältnissen üben kann, suchte es die franzceische Verwaltung durch scharfe Zensurbestimmungen und zurückhaltende Lizenzerteilungen in seiner Wirkung zu bremsen.

Gespielt wurden mit Vorliebe Sittenstücke, Parodien und Travestien, Hanswurstiaden und Staberliaden, aber auch große Ausstattungsstücke sowie biblische und historische Dramen bis hin zum „lebendigen Theater", in dem echte Bäume und allerlei Getier auf die Bühne gebracht wurden. Volksstücke, die Wiener Tagesbegebenheiten aufgriffen, mythologische Karikaturen und das beliebte Ballett vervollständigten den Spielplan.

Die führenden Autoren waren Joseph Alois Gleich, Karl Meisl und Adolf Bäuerle. Sie alle wurden von dem aufsteigenden Stern des jungen Ferdinand Raimund überstrahlt, der zum eigentlichen Klassiker des Wiener Volkstheaters wurde. Zuerst nur als Schauspieler tätig, brachte er ab 1823 nahezu ausschließlich am Theater in der Leopoldstadt eigene Stücke heraus, in denen er mit den Mitteln des Zauber-, Märchen- und Feenspieles, der Allegorie und der Phantastik erzieherisch zu wirken suchte und, unterstützt durch seine volksliedhafte lyrische Sprache und dichterische Poesie, Theater von hoher Qualität schuf. Noch zu Schuberts Lebzeiten wurden aufgeführt: *Der Barometermacher auf der Zauberinsel, Der Diamant des Geisterkönigs, Der Bauer als Millionär, Die gefesselte Phantasie, Moisasurs Zauberfluch* und *Der Alpenkönig und der Menschenfeind* – also zahlenmäßig der Großteil seiner Werke. Schubert soll übrigens auch für Raimund eine – allerdings nicht nachweisbare – Bühnenmusik geschrieben haben. Nestroy hinwiederum, der zu Schuberts Lebzeiten, mit Ausnahme einer kurzen Zeit als Sänger am Kärntnertortheater 1822/23, auf keiner Wiener Bühne zu sehen war, sang als junger Mann bei mehreren Aufführungen in Schuberts Vokalquartetten *Das Dörfchen* und *Geist der Liebe* mit.

Die einunddreißig Jahre von Schuberts Leben liefen also vor einem politisch wie kulturell gleich buntem Hintergrund ab. Die Zeit von 1797 bis 1828 war keine ruhige Zeit und in manchem eine Wende – wie es, näher besehen, wohl jeder vergleichbare Zeitabschnitt ist. Schubert hat diesen Jahren keineswegs den Stempel seiner Person aufgeprägt. Er lebte in ihr – und im Bewußtsein der Zeitgenossen – durchaus nicht dominierend. Für uns, die wir in der Distanz von 150 Jahren klarer zu sehen glauben, ist es seine Zeit: ein Abschnitt in der Geschichte dieser Stadt, der allein durch die Tatsache, daß Schubert ihn miterlebt hat, für die Nachwelt an zusätzlichem Interesse gewinnt.

Walter Obermaier

Politics and culture in Vienna from 1797 to 1828

1797: the year of Schubert's birth. The German Emperor Franz II has only recently succeeded to the Austrian throne, while for twenty years now Vienna has had just one man as its mayor: Josef Georg Hörl, whose innocuous mediocrity is rivalled by that of the entire City Council. The rise of Napoleon is just beginning to cast its shadows over the life of the Austrian capital. The wave of baroque rebuilding, which has changed the face of the Habsburg city, has largely subsided, although ripples of late baroque continue right up to the turn of the century. Yet a new style is emerging: an impersonal classicism, which, without altogether abandoning its traditional heritage, will later absorb significant aspects of the French Empire style. The world of painting is dominated by that late-baroque/classicistic style exemplified in the work of Friedrich Heinrich Füger, while in the plastic arts three names stand out above all others: Johann Martin Fischer, Franz Anton Zauner and Antonio Canova – names associated in particular with the interior decoration of state buildings and the designing of fountain sculptures and public monuments.

The cultural life of Vienna is under the spell of the two overriding musical personalities: the ageing Haydn and the young Beethoven, whose star is firmly in the ascendant. Indeed, so dominating a position do these two occupy that the city can at this time boast no literary figure of any national significance. There are, of course, the hack-writers, but their work – largely derivative neo-classical or pseudo-historical tragedies – makes dry and academic reading today and has justly been consigned to oblivion. But a new genre is gaining ground: the popular comedy, whose sheer vitality and vast popularity are already providing a serious challenge to the Burgtheater, which, although Joseph II bestowed on it the title of "German National Theatre" in 1776, is fighting to hold its ground.

When Schubert died in 1828, only some 30 years had passed since the time briefly sketched in above. Yet during this period a number of changes, some of them radical, had taken place. True, the Emperor Franz was still ruling, though now as Franz I, for the Holy Roman Empire had ceased to exist and he found himself the sovereign of the newly-constituted Austrian Imperial State. In the early stages of his rule the young monarch had been viewed with a degree of optimism. But this had long since given way to a new image of "der gute Kaiser Franz" with his solid middle-class, paternal aura as the epitome of a conservative, undemocratic regime, whose reliance on police control and networks of informers forced in particular the Viennese middle classes to withdraw into a kind of "émigré existence within themselves". It was this state of withdrawal, and the concomitant fostering of an intimate, cultivated way of life, which produced that style known today as "Biedermeier". The new mayor of Vienna, one Anton Lumpert, a hardly more colourful figure than his predecessor Hörl, was consigned to the twilight zone of political impotence. The real power lay in the hands of two men: the State Chancellor

Clemens Lothar Fürst Metternich and the Chief of Police Joseph Graf Sedlnitzky. The advent of classicism had done something to change the architectural appearance of Vienna, though not so much as to distort the essentially baroque character of the city. The new movements of romanticism and historicism, which were to culminate in the course of the following decades, were already beginning to emerge, while in painting they were even largely on the decline again. The romanticism of Schwind, Kupelwieser and others was losing ground before the new, realistic movement, which, following in the wake of the upsurge of popular taste, culminated in the work of Waldmüller. In the plastic arts, the classicistic tradition survived largely intact in façade decoration and monument design, though its Viennese exponents achieved no more than local significance and have come down to posterity only in the streets named after them.

By way of compensation, Vienna – and Austria – could now boast its own great national poet in the person of the 37-year-old Franz Grillparzer. He was to take his place worthily – if somewhat belatedly – beside the Olympian figures of Weimar Classicism, Goethe and Schiller. The reformed Burgtheater was well on the way to becoming the leading theatre in the German-speaking area; while, at the other end of the scale, the Viennese popular drama had already in Raimund produced a writer capable of real poetry and was soon to number among its exponents Johann Nestroy, at this stage in his career still an actor, but just about to make his name, far beyond the limits of his native city and his own age, as a writer of satires. Nestroy, working with the raw materials of the Viennese vernacular, was to open up whole new areas of linguistic expression.

It was against this highly-charged political and cultural background that Franz Schubert, composer by profession, lived his brief life. Whether he was aware of and intellectually alive to what was going on around him, or whether he "merely" lived through it all, it is worth tracing the outlines and illuminating some of the details of his historical environment.

In 1793 first Louis XVI and then Marie Antoinette, the aunt of the Austrian sovereign, had fallen victim to the French Revolution. The execution of "citizen" and "widow Capet" caused a wave of consternation in every European court, but most of all at the court of the Habsburgs. The Revolution, it was hoped, would be defeated in the field in the first coalition war (which had been going on since 1792), while the internal dangers of the "Jacobite threat" – grossly overstimated by the Emperor Franz – were to be counteracted by a progressive reinforcement of police control within Austria. The Jacobite Trial of 1794 in Vienna passed sentences whose savagery was matched only by their inanity: for the proceedings had failed to establish evidence for the existence of any subversive activity, and indeed no Jacobite agitation aimed at the overthrow of the regime would have met with any significant success either in Vienna or elsewhere in Austria. The immediate effect on the internal situation was one of intimidation, but in the long run it proved to have been a miscalculation, for the population remained uncommitted and tended to withold its support for the ensuing governmental measures.

Nor did Austria fare any better in the sphere of foreign policy. In 1797 French forces under the leadership of the young general Napoleon Bonaparte gained control of Lombardy and Upper Italy and were preparing an advance through Carinthia and Styria to Vienna. With the threat of disaster imminent, the sense of apathy towards the war, which had been widespread among the population, now gave way to panic and despondency; the more so when the aristocracy and the propertied classes were seen to be making preparations to flee. The residents of the outlying districts took refuge within the city fortifications; and this sudden influx, combined with an already increasing population, brought about confusion and a dire shortage of food. The morale was hardly bolstered up by the outdated condition of the fortifications and the absence of any effective troops. At the last moment the President of the Lower Austrian Government, Count Franz Saurau, managed to improve matters by improvising a Viennese voluntary force to confront Napoleon; these men were sworn in on 17th April, 1797 and even took up their positions before the preliminary treaty of Leoben, signed on 18th April, allowed them to return home alain. Beethoven contributed a "War Song of the Austrians", which extols the dignity of the citizen, the will to resist and the confidence in final victory: "Austria's men, women and children are profoundly aware of their own value."

Hardly was the danger past, however, when the Emperor's petty bureaucracy did all it could to stifle this sense of personal "value" and the general enthusiastic mood amongst the population. In view of this it is hardly surprising that, when Napoleon – after his victories at Marengo and Hohenlinden – once again threatened the city in 1800, the Viennese were less than enthusiastic about volunteering for a new defensive force and made their contributions more because they had to than from an access of patriotic emotion. The jubilant welcome which was accorded the Archduke Carl, the victor of Amberg and Würzburg, when he entered the city on 28th December, 1800 was not least an expression of the general relief that peace had been restored. Vienna had once again escaped the French danger.

The next few years were a relatively calm interlude in Vienna's history. On 11th August, 1804 it was even made known that Franz II intended to accept the title Emperor of Austria (and would hereafter be known as Franz I). This elevation of the status of Austria was a reply to the proclamation of Napoleon as Emperor of France in May, 1804. But there is an even more evident connection between Napoleon's coronation in Notre-Dame on 2nd December, 1804 and, only five days later, on 7th December, 1804, the solemn proclamation of the Imperial Charter of Austria from the balcony of the Church "Am Hof". True, the Viennese population, who traditionally have a weakness for public spectacles, flocked to witness the occasion; but it left no lasting impression on them. Vienna, after all, had really always been an Imperial city. The enduring upsurge of patriotic sentiments which had perhaps been one of the objects of the exercise failed to materialise.

When in 1805 Austria again entered the field against France in the third coalition war, her army was decisively defeated at Ulm. And although only a few days later the Archduke Carl secured a victory on the Italian front, this could hardly make up for it. Napoleon's army marched on Vienna and occupied the city on 13th November. The Viennese lined the streets in jostling crowds – a spectacle, which, criticised at the time as displaying "vulgarly inappropriate curiosity", was unhappily not to be the last of its kind in the city's history. Nonetheless, the population maintained a stubborn opposition to the French occupation, and the tense relations between the Viennese and the occupying troops threatened to flare up into open conflict. Finally, on 27th December, the Emperor Napoleon I, who had taken up residence in Schönbrunn Palace, issued a proclamation in which, in spite of everything, he expressed his gratitude to the Viennese population: "I entrusted myself to your sense of honour, your honesty and your integrity; you have proved my trust to have been justified." The occupation thus came to an end without any open clashes, and the Corsican Emperor could display his magnanimity by giving back the Viennese their civil armoury. By 12th January, 1806 the last French soldier had left the city.

For the first time since the second Turkish siege of Vienna in 1683 foreign troops had been seen before – and this time within – the walls of the Austrian capital. And it was not to be the last time. The Emperor Franz, hoping to stay out of the coalition against Napoleon and secure peace for himself and his country, submitted to the pressures being brought to bear on him by the French Emperor – and by the realities of the political situation – and abjured the Holy Roman Imperial crown on 6th August, 1806. A wave of anti-French feeling was building up in Vienna and failed to subside even when the government surpassed itself in proclaiming such undiplomatic measures as that in 1808, which deprived the citizens of Vienna of their right to elect the vice-mayor and aldermen of the City Council. And when Austria renewed the fight against Napoleon in 1809 the city was caught up in a frenzy of patriotism. So much the greater, then, was the disappointment when the first reports of Austrian defeats reached Vienna and the news that Napoleon was marching on the city spread through the population.

Disregarding the warnings of his younger brother, the Archduke Rainer, that the city possessed nothing remotely resembling strategically viable fortifications, Franz I ordered that Vienna be defended. Napoleon, who by this time had once again installed himself in Schönbrunn, gave the command for the city to be shelled, and on the evening of 1st May, 1809 the French artillery opened fire. Amongst a student corps which was positioned on the Kärntnertorbastei and was firing somewhat indiscriminately at supposed French soldiers, who were in fact members of the Austrian militia, was one Franz Grillparzer, not in a particularly courageous frame of mind at the time. In his autobiography he was later to conceal his true feelings behind a heroic comment: "I did everything the others did, except feel afraid."

It was not long before Vienna capitulated, and on 13th May the first French regiments marched into the city, this time through utterly deserted streets. Opposition to the occupation was even more strongly felt than it had been in 1805: there were a number of more or less serious clashes, pamphlets were circulated and – especially after news arrived that the Archduke Carl had won a victory near Aspern on 21st/22nd May – anti-French demonstrations took place. Grillparzer, who could nonetheless not help succumbing to a certain fascination for Napoleon, noted of his father: "The knowledge that the city was occupied by the enemy was a torment to him and every Frenchman he encountered a stab in the back. And yet he broke with his habit and went walking in the streets every evening, but only so that in every clash between a Frenchman and a Viennese he could intervene on the side of his compatriot and help him against the intruder." And Caroline Pichler, a not particularly distinguished writer, but the focal point of a middle-class salon and a fairly acute observer of the world around her, reformulates in her "Memoirs" what she had already written in 1805: ". . . to think that these blue-coats, this progeny of a nation for which I had felt an almost innate aversion since childhood, were now our conquerors and masters!" – The occupying troops remained in the city until 20th November; and even after the Peace of Schönbrunn was signed on 14th October they had a further humiliation in store for Vienna: between 16th October and 10th November the city fortifications, already strategically of no significance whatsoever, were demolished by explosives. This aroused the keenest resentment.

The years which followed did nothing to improve the mood in Vienna. Peace reigned, it is true; but Austria's dependence on Napoleon and her territorial losses were too great a humiliation. The situation was aggravated by the country's bankruptcy in 1811, brought about at least in part by the long war. This in its turn shook the entire economic foundations of Vienna and resulted in a rise in prices, which meant great hardships for the population. When news arrived of the allied victory over Napoleon at Leipzig in 1813, things took a turn for the better. Vienna began to prepare for what was at least on the surface one of its finest moments in that era: the Congress of Vienna in the years 1814/15, which united the monarchs and diplomats of all Europe in their common purpose of reshaping the Continent and eradicating the heritage of Napoleon. Behind the glittering façade of costume balls, sleigh-rides and banquets each statesman was at work trying to snatch the larger share of the spoils for his own country. It is difficult to understand how a treaty, concealing beneath the concepts of restoration, legitimacy and solidarity the thinly disguised greed of national self-interest, could provide the basis for a peaceful balance of power in Europe for over thirty years. The celebrated comment of the Prince de Ligne on the Congress, which dances, but gets not one step further, might be complemented by the less facetious entry from the diary of the Archduke Johann: "It is a miserable bartering with countries and peoples."

The Viennese, much given to public spectacles, will at first have been very much absorbed by the resplendent exterior of the Congress. And large sections of the population made a considerable amount of money out of an occasion which created a demand for every kind of public service. But gradually, as the Congress dragged on and the concomitant weight of taxation increased, the initial euphoria began to give way to a certain disenchantment. While the population was already having to cover the costs of the conference out of its own pocket, 1815 brought with it the added burden of a perceptible overall rise in prices. The proverbial Viennese hospitality did not falter to the end, but critical voices became distinctly audible. The extravagant style in which their lordships lived could barely be expected to arouse excessive enthusiasm amongst the common people. Nor did some of the delegates give the "secret police office" a particularly easy time of it. And to crown it all, when the final act of the Congress was at last signed on 9th June, 1815 and Europe had been duly reapportioned, the spectre of Napoleon was again looming on the horizon to threaten the success of the whole venture. The man who had been defeated and sent into exile had escaped from Elba on 1st March, 1815 and had made a triumphal return to Paris. In the last weeks Napoleon's shadow lay across the Congress and the city in which it was being held. It was not until 18th June that the battle of Waterloo brought his final defeat.

The years which followed, until 1828 and beyond, were a time of political quiescence, undisturbed by external events of any great significance. The Viennese population in the era before the revolutionary year of 1848 led a life of seclusion and dignified withdrawal, avoiding wherever possible the interference of authorities which were determined to stamp out the first signs of any independent intellectual or political activity. Biedermeier society smiled complacently under its halo of domesticity, unobtrusive happiness, companionship, literary and artistic activity and a preference for "the small joys of life". Nobody would have suspected that under this surface the dynamic forces of social upheaval were assembling until they erupted in the revolution of 1848.

The dominating political events of Schubert's time, the Napoleonic wars, were bound to find an echo in the fine arts and literature, and indeed they are even reflected in the architecture of the day. The last decades of the 18th century saw increasing evidence of the emergence of a new, classicistic style. There is a direct line, which can be traced from Thaddäus Karner's "Waisenhauskirche" (Maria Geburt in the Rennweg, 3rd district), for whose consecration ceremony on 7th December, 1768 the 12-year-old Mozart composed a Mass, to the various suburban parish churches built under Joseph II and on to the main school of classicistic-Biedermeier architects (most of whose work, by contrast, involved secular buildings). Ferdinand von Hohenberg, the architect of the *Gloriette* and the Palais Fries on the "Josephsplatz", also designed pseudo-gothic altars, thus establishing a link between the anomaly of Maria-Theresian gothic and the neo-gothic style of the mid-19th century. A figure of particular interest was Isidore Canevale, whose "Narrenturm" in the Allgemeines Krankenhaus betrays clearly the influence of so-called French revolutionary architecture (and above all of Claude-Nicolas Ledoux). Canevale was also the architect of the "Josephinum" in the 9th district, one of the finest surviving buildings from the period. Another man who brought the French influence with him to Vienna was the Dutchman Louis von Montoyer. It was he who supervised the extension of the palace of Duke Albert von Sachsen-Teschen (the Albertina), and who built the ceremonial hall of the Hofburg and the Palais Rasumofsky in the 3rd district, where so much of Beethoven's music was first performed. Montoyer, Peter Nobile and Josef Kornhäusel represent the culmination of the classicistic style in Vienna.

Peter Nobile, who had been a teacher at the Vienna Academy since 1818, built the Corti coffee house in the Volksgarten in 1820, the Theseustempel in 1820 to 1823, and completed the Burgtor in 1824. The two last edifices were both closely connected with Napoleon. The redesigning of the area in front of the Hofburg had only been made possible when Napoleon ordered the demolition of the city fortifications ("In adolescent rage that the walls of Vienna, unlike those of Jericho, had not collapsed at the first blast of his trumpet." – Joseph von Hormayr). The temple, in its turn, an imitation of the *Theseion* in Athens, was designed to house Canova's Theseus group, a work which Napoleon had commissioned from Canova for the Milan Corso and which had now taken on the significance of a monument to the fall of the Corsican Emperor.

The new "Burgtor" was seen not only nor even primarily as a gateway, but rather as a triumphal and memorial monument to the Austrian soldiery and the army which had defeated Napoleon. Thus, the "Burgtor" is closely related to the idea behind the "Husarentempel", built by Josef Hardtmuth for Prince Liechtenstein on the "kleiner Anninger" near Mödling; this edifice was erected as a memorial tomb to those who fell in the Napoleonic wars and can be seen as an anticipation of later tombs "of the unknown soldier". The "Husarentempel" received its final form at the hands of Josef Kornhäusel, the architect of the (no longer existing) "Weilburg" in Baden, the summer residence of the Archduke Carl, the "hero of Aspern". From 1826 until 1832 Kornhäusel carried out the alterations to the "Schottenkloster", while between 1824 and 1826 he had built the residential quarters and synagogue in the Seitenstettengasse. His last work, the "Mechitaristenkloster" in Vienna, was built after Schubert's death. It was above all in the field of residential architecture that Kornhäusel injected new life into the indigenous tradition, which largely went back to the days of Joseph II: his design for an apartment building was to exert a decisive influence on the residential city architecture of the following years. One last name deserves to be mentioned in this context: that of Karl von Moreau, one of those who contributed to the bourgeois architectural style and the designer of two Viennese palais and the old "Dianabad" swimming-baths.

We should not neglect one further aspect of the architectural developments of Schubert's time: garden architecture. Its traditions went back largely to the second half of the 18th century, while its achievements lent a definite character to the appearance of the suburban and surrounding areas and were bound to have a subjective influence on the population. As a reaction to the aristocratic, geometrically laid-out gardens of the earlier age, a new style was emerging, characterized by the intrusion of "romantic" ideas. Gardens were now being planned in the English manner, though in fact the new style was no more than the attempt to force nature into the mould of a different set of idealised values. Artificial wildernesses, lakes, grottoes, ruins and miscellaneous statuary became the components of an "ideal landscape", which appealed to the contemporary longing for a return to nature and to a romantically sublimated past, as it also catered for the increasing popularity of "sentimental excursions". In this connection one might cite the park in Neuwaldegg with its copies of classical sculptures and its "genuine" Dutch hamlet, the *Hameau,* or the park of Prince Gallitzin in Ottakring, Geymüller's park in Pötzleinsdorf, the gardens of Prince Rasumofsky in Erdberg, the grottoes in Vöslau or even parts of the park belonging to Schönbrunn Palace, with the "Roman remains".

The plastic arts of the day were recruited to support these new trends in garden architecture, as they were also subservient to the needs arising from the building and ornamental work going on in the city. Johann Martin Fischer from the Allgäu was on the whole still an exponent of the main Austrian baroque tradition. Towards the end of the 18th century and in the early years of the 19th his work included the fountain sculptures which adorned numerous Viennese squares, garden sculpture – in the park in Neuwaldegg, for instance –, church interiors and also at one stage tomb sculpture. But Viennese classicism really culminated in the work of Franz Anton Zauner, a pupil of Donner. He was a close friend – and in 1806 became the successor – of Füger, the rector of the Vienna Academy and a dominating personality in the art world. Zauner worked in much the same fields as Fischer, and the two men were direct rivals. The former's tomb for the Emperor Leopold II in St. George's Chapel in the Augustinerkirche, and the tomb of Field Marshal Ernst Gideon Freiherr von Laudon in Hadersdorf are two of the finest examples of their kind. But the greatest achievement of his career – and indeed of Viennese classicistic monument design as a whole – is indisputably the memorial to Joseph II on the Josephsplatz. The unveiling ceremony, which took place on 24th November, 1807, proved to be an appropriately memorable occasion, helping as it did to forget the less auspicious political events of the immediate present by calling to mind the already idealised memories of this great sovereign's rule (the seamier sides of which, both real and fictional, had provoked the Viennese to ample comment at the time, but had since been forgotten). This memorial was at the same time Zauner's last great work, for he subsequently devoted himself more and more to his teaching duties.

Antonio Canova was another pure classicist. His contribution to the plastic arts in Vienna is – apart from one piece in the Palais Liechtenstein – limited to a single, but all the more significant sculpture: the tomb of the Archduchess Maria Christine in the Augustinerkirche. The dominant feature of this tomb is the flat pyramid set into the wall, a feature which Canova had already included in his design for a tomb for Tizian in the Frari church in Venice, though this project had never been realized. It is reasonable to assume that the pyramid motif had been suggested to the artist by Napoleon's Egyptian campaign of 1798/99. It was thus not only the French soldiers who were privileged to feel the much-quoted millennia gazing down at them, but – albeit in somewhat different form – also the citizens of Vienna.

Two further names from the list of sculptors active in Vienna at that time are worth mentioning: Johann Nepomuk Schaller, who – under the influence of Canova – designed above all fountain figures and tombs; and the extraordinarily prolific Josef Klieber. Although Klieber, a product of Fischer's atelier, had not, unlike most of his contemporary colleagues, spent any time in Italy, the Italian influence can be felt in his work. He was active in every field open to the sculptor, and his romantic-classicistic manner has unmistakably left its mark on the face of the city. His work includes a crucifix made in 1827 for the parish church of Liechtenthal, where Schubert had been baptised. But his main achievements were his contributions to the Baden Town Hall, the Weilburg and the Albertina, though the gable sculptures on the "Husarentempel" are also by him, thus linking him with work which was directly connected with the historical events of the time.

Contemporary influence can also be strongly felt in the field of painting. The leading figure in Vienna at the turn of the century was Friedrich Heinrich Füger. From 1783 vice-rector and from 1795 onwards rector of the Academy, he virtually dictated the city's artistic life. This is all the more remarkable in view of the fact that Füger's best work is to be found in his refined, strongly realistic portraits with their aura of classicistic poise: a genre which his contemporaries held in less esteem than the more favoured historical picture. It is true that Füger also tried his hand in this field – and not without success; but today such paintings as his "Death of Germanicus" are considered hardly on the same level as his portraits. The Vienna Academy had by now overtaken its Parisian counterpart, which had gone into a decline since the Revolution. The instruction here – based on drawing from life and from anatomical models – undoubtedly achieved a high level of craftsmanship.

As a result, the Academy – still very much run by Füger even after he had relinquished his post in 1805 – was able to attract a large number of young artists, who came here from 1804 onwards: Ludwig Ferdinand and later also Julius Schnorr von Carolsfeld, Franz Pforr, Friedrich Overbeck, Josef Wintergerst, Philipp Veit, Josef Sutter, Johann Konrad Hottinger and a host of others. The majority of these artists was from North Germany and Protestant. They had come under the influence of the ideas of early romanticism and were in contact with that circle of romantic disciples who were grouped around the two figures of Clemens Maria Hofbauer and Friedrich Schlegel. Having come under the spell of a religious outlook which they believed to be medieval – almost all of them converted to Roman Catholicism – and pursuing a mystical devotion to the past and the ideals of the "ancient German heritage", these men saw in Vienna, and in Austria as a whole, a stronghold of the "true religion", of the opposition to Napoleon and of the hope that the old ideals would be resurrected. The medieval and old German masters – but most particularly Dürer – in the Imperial gallery in Schloß Belvedere left an enduring impression on these young painters. It was inevitable that they should find themselves at odds with the Vienna Academy and its rigidly formal and classicistic curriculum: for these young men rated emotion higher than reason, content higher than form, and their extreme (and undeniably one-sided) religious outlook proved incompatible with a Vienna which still bore the traces of the days of Joseph II. "You learn . . . everything – and still they produce no painters. In all the more modern paintings the heart, the soul and the feelings are missing" was Overbeck's criticism of the Academy.

In 1809 the young artists who had collected around Pforr and Overbeck founded a group, which they named the "Lukasbund". Its members undertook to live a life of high moral and religious standards and to devote themselves to art. They were much attracted by the thought of founding a monastic community of artists – an idea which owed much to the publication in 1797 of Wackenroder's *Herzensergiessungen eines kunstliebenden Klosterbruders*. The young Viennese painter Johann Evangelist Scheffer von Leonhardshoff was later, in 1815, in Rome to remind his companions of their time together in Vienna, "the place where, filled with the Holy Spirit, you embarked in God's name on the so important career of resurrecting art in truth". The man who succeeded to Füger's position (the latter had meanwhile been appointed director of the Imperial art gallery) failed to share his young students' enthusiasm for their newly proclaimed ideals; the situation became increasingly tense; and in 1810 the members of the "Lukasbund" left Vienna to settle in Rome. Their most formative experiences – including those of a religious nature – they had collected in Vienna; now they set about realising their vision of a monastic community in the Roman monastery of S. Isidore. Yet it must be said that, in their "idealised reality", they were as blind to the facts of life in Rome as they had been in Vienna. But while they had remained largely misunderstood as people in Vienna, where every form of extremism is viewed with a certain mistrust, nevertheless their artistic ideas continued to have an effect for some time after they themselves had left.

One group of romantic painters closely linked with the Hofbauer circle – Ferdinand Olivier, Julius Schnorr von Carolsfeld und Josef Sutter were amongst their number – continued to be active in Vienna, and they kept up their opposition to the Academy. The group gained considerably when the Tyrolean painter Johann Anton Koch moved back from Rome to Vienna. He proved to be an important figure in the circle of the romantics, sharing their condemnation of the "inartistic" Füger and maintaining the link with their colleagues in Rome. In 1813 the Viennese romantics found themselves impelled by an upsurge of patriotic enthusiasm out of their world of the Middle Ages, of old German history and culture, of ancient songs and sagas, into the immediate present: many of them enlisted in the wars of liberation. Koch, who abhorred Napoleon and had rolled about in the snow at the news of the burning of Moscow in 1812, wore mourning the whole time while Napoleon was again at large as a gesture of alarm that the "repulsive monster" might succeed in gaining power again. Koch finally left Vienna in 1815, but the controversy with the Adacemy – which saw romantic painting as the product of "Chinese and gothic taste" – continued; and as late as 1821 the description "watery flashes in the pan" was still being applied to the romantic painters by Joseph Freiherr von Hormayr, editor of influential magazines, writer and "patriotic" (albeit in the sense which the unprincipled political atmosphere under Franz I bestowed on this epithet) historian.

At the same time other groups were forming in Vienna: united by looser bonds, coming together just as friends, or to form reading circles, or even to compose nonsense literature, they included not only painters, but also poets, musicians or anyone else who was interested. A certain romantic influence was to be detected here too, it is true, but on the whole these groups kept much more firmly in touch with reality than the members of the "Lukasbund" had been, and they were more open-minded and accessible to the good things of life. There were even fully-fledged companies devoted to the cultivation of knighthood – one such were the "Wildensteiner" – which is understandable at a time when so many castles (like Laxenburg) were being restored in the romantic style. One such group may be taken as being typical of them all: its members included Franz Schubert and the poet Johann Mayrhofer, but also the painters Moritz von Schwind and Leopold Kupelwieser. The latter two were also romantics, but their romanticism was of a peculiarly Viennese, toned-down kind: more orientated towards realism in art and the product of a cheerfully romantic temperament, which turned in preference to the "escapist" world of legends and fairy tales. Particularly after his stay in Rome between 1823 and 1825, Kupelwieser began to devote himself to religious themes in his painting and became the leading artist in this genre until the middle of the century; a position he shared with Josef Führich, who had likewise come under the influence of Rome and developed a strongly religious outlook, though not identical with that of the "Lukasbund". Schwind, who had studied at the University in Vienna before turning to painting and enrolling at the Academy, gravitated more towards an early-Biedermeier fairy-tale world, which he depicted in numerous drawings and sketches, later in cyclical works, oil paintings and frescoes. In 1828 he left Vienna to live in Munich.

One more painter should be mentioned: Johann Peter Krafft. Unlike the members of the "Lukasbund" and their colleagues, this man did not take refuge from reality in an "ideal" nor did he conceal himself from a present that was often felt as a threat by escaping into the past. On the contrary, he allowed the present to become an active ingredient of his art; and his historical paintings, which draw on events from the most recent past and the present, gave considerable impetus to the new realistic movement, which was to dominate the coming few decades. In a certain sense he is Austria's David, the founder of patriotic historical painting. At the same time, with pictures like "Abschied des Landwehrmannes", Krafft was proceeding directly from this basis to pave the way for a "poetic idealism". And this latter trend was later, in the work of Ferdinand Georg Waldmüller, to combine with a nature-orientated realism to produce the greatest Austrian painting of the 19th Century. Waldmüller was known during Schubert's lifetime for his flower paintings, excellent portraits and also occasional genre scenes; but he reached the height of his powers only from the 1830's onwards.

At the end of the 18th century Vienna, and in fact Austria as a whole, was producing nothing worth mentioning in the field of original literature. The historical dramas, ballads and novels of writers like Caroline Pichler are as insignificant as they are numerous: her complete works run to 53 volumes, while the literary history books allot her only a few lines at best. The Roman dramas of Heinrich Josef Collin are hardly more distinguished than Pichler's work. And how many have delved so deeply into the literary backwaters as to have come across the writings of Ladislaus Pyrker, later to become abbot of Lilienfeld and archbishop of Erlau? It was only in the course of the Napoleonic wars that the Austrian literary scene began to gain momentum and find a broader popular basis. It should not be forgotten that the influx from Germany was also an important fertilising factor. Vienna became a veritable centre of the romantic movement: August Wilhelm Schlegel, Madame de Staël, Heinrich von Kleist, Theodor Körner, Joseph von Eichendorff, Clemens von Brentano und Justinus Kerner all arrived in the Austrian capital in 1808 or shortly thereafter. Another factor which prepared the ground for the emergence of a "patriotic literature" was the determination of Joseph Hormayr to make a broader section of the Austrian population more aware of their national past; this, and Schlegel's support in giving prominence to Austrian history.

Ignaz Franz Castelli got himself proscribed by the Napoleonic authorities in 1809 for his *Wehrmannslieder;* Collin then joined in with his poetry extolling freedom. The most popular poets in this strain were Johann Gabriel Seidl, the writer of the *Volkshymne,* and Johann Nepomuk Vogl, the "father of the Austrian ballad". Austria had become the symbol of resistance to Napoleon, and Theodor Körner – who fell in 1813 in action against the French – eulogised the spirit of this resistance in his lyrics. The mood of those years is perhaps best summed up in Eichendorff's cry "Vivat Östreich!"

This poetry, spontaneously provoked by the wars of liberation but continuing after the end of hostilities, existed side by side with the work of the real circle of romantics, who were still active in Vienna. In 1808 Clemens Maria Hofbauer arrived in the Austrian capital. A priest and inspired preacher, he devoted all his energies to bringing about a renewal of faith, which he hoped to see delivered from the toils of the Enlightenment under Joseph II and, in the true romantic spirit, anchored firmly and simply in the people. He was supported in this by Friedrich Schlegel and his wife Dorothea, a couple who became figures of some importance for the literary life of Vienna. Above all Schlegel's lectures on literature (1810) caused a stir which was felt even by those outside the romantic circle. Other figures who made a name for themselves in the literary world were the political scientist Adam Heinrich Müller, whose Catholic-hierarchical philosophy continued to be influential into the 20th century; and Zacharias Werner, who converted to Roman Catholicism in 1810 and later entered the Redemptionist order. Werner remained the only romantic dramatist of any standing. His so-called 'fate tragedy' *Der 24. Februar* (1810) provoked a spate of similarly gruesome melodramas, and even Grillparzer's early play *Die Ahnfrau*, which was first performed in 1817, owes something to this fashionable genre. It was Joseph Schreyvogl, since 1814 director, of the Burgtheater, who first recognized Grillparzer's talent and helped him decisively in his career. Until Schreyvogl took over as director, the Burgtheater – which until 1810 had also done service as an opera house – had drawn largely on a repertoire of historical and neo-classical plays with a stiffening of melodrama like Werner's and that of his forerunners. Iffland, Kotzebue, Collin, Zacharias Werner and his emulator Adolf Müllner were the mainstays. It was only with the advent of the reformer Schreyvogl, whose declared aim it was to widen the spectrum of the Burgtheater's repertoire by including the German classics and the corresponding works of other nations in translation, that this theatre began to perform the enduring achievements of world literature and allowed the lesser contemporary drama only such scope as was accordant with this policy. Thus were laid the foundations of the Burgtheater's later international reputation.

It was in this theatre that, in 1818, the play *Sappho* by the 27-year-old Grillparzer was first performed. In 1821 there followed his trilogy *Das goldene Vließ*. Both works provide ample evidence of the maturity of Grillparzer's poetic diction and his mastery of dramatic structure. This was no less evident to contemporary audiences: in 1821 Lord Byron recorded his opinion that posterity would know the name Grillparzer. The play *König Ottokars Glück und Ende,* written in 1823, is a eulogy not only of the house of Habsburg, but above all of Austria's historical vocation, which had only recently been demonstrated in the wars against Napoleon. It is typical of the blinkered censorship under Franz I that the play was not allowed to be performed until 1825. And the same censors were responsible for the grotesque slashes with the red pencil which mutilated a vast number of works, distorted them out of all recognition or enforced the most ludicrous alterations on them. One writer who was particularly seriously affected by this kind of interference was Schiller. But Grillparzer too, Austria's classic writer par excellence and a man who never lost his affection for his native Vienna despite the scepticism with which he came to regard it, was later to react to the petty-mindedness of the censors by plunging yet deeper into pessimism. The traces can be detected in his work, the accumulation "for Austria of the complete range of classical and romantic humanitarian and cultural thinking" (Fritz Martini).

Eduard von Bauernfeld was a protégé of Grillparzer. He achieved considerable popularity as a writer of comedies and, from 1828 onwards, came to be one of the leading Burgtheater dramatists with his gently satirical social comedies. He too belonged to the circle of friends around Schwind and Schubert, for whom he wrote the libretto to the opera *Der Graf von Gleichen*. This latter work, however, ran into trouble with the censors for its all too indulgent treatment of the theme of bigamy.

If the classical drama in Austria only culminated in the work of Grillparzer, the popular comedy could boast a – qualitatively – much longer tradition. Since Joseph II had lifted the ban on public performances in 1776, a large number of popular theatres had sprung up to cater for the wide public interest in drama. 1781 saw the opening of the Leopoldstadt theatre, which was and remained the most successful of the popular stages. In 1788 the Josefstadt theatre followed, although its performances at times sank to a deplorably low level. And finally, in 1801, the Theater an der Wien opened its doors, on the site of the Freihaustheater, which had been founded in 1787 and had witnessed the first performances of many of Mozart's operas. It was here, just after the French troops had entered the city in 1805, that Beethoven's *Fidelio* was first heard. It is idle to speculate what was responsible for the opera's prompt disappearance from the repertoire: whether the performance was incompetent, or the public unreceptive; or perhaps the French authorities had dropped a hint or two – for which occupying power does not feel uneasy about operas which extol the idea of freedom? In the years which followed, the Theater an der Wien played host to concerts and operatic performances, theatre and popular drama, until under the directorship of Karl Carl from 1825 onwards it became the home of popular culture.

In 1812 there are said to have been 84 theatres in Vienna and the suburbs – many of them in private hands. Because the theatre is a particularly living medium of expression and as such is ideally suited to the criticism of the status quo in a wide variety of forms (not least in improvisation), the authorities under Franz I did their best to impede it by stepping up the censorship regulations and being slow to grant permits.

The repertoire favourites were morality plays, parodies and travesties, slapstick and knock-about comedies, but also extravagant costume pieces, historical and biblical pageants and even performances of "living theatre", in which real trees and all kinds of living animals were brought on to the stage. The rest of the repertoire was accounted for by popular plays, whose appeal lay in their topical Viennese allusions, mythological caricatures and the ever-popular ballet. The leading dramatists of the time were Joseph Alois Gleich, Karl Meisl and Adolf Bäuerle, until they were all put in the shade by the young and very successful Ferdinand Raimund, who produced the real classics of the Viennese popular theatre. Raimund began as an actor, but by 1823 he was having almost exclusively his own work performed at the Leopoldstadt theatre. His ends were didactic, but the means he chose were those of the magic and fairy-tale play, the allegory and the stock-in-trade of the fantastic drama. That his work is of extremely high quality is to be attributed not least to his command of language and his combination of poetry and the simple lyricism of the folk song. By Schubert's death the – at least numerically – greater part of Raimund's work had already been performed: *Der Barometermacher auf der Zauberinsel, Der Diamant des Geisterkönigs, Der Bauer als Millionär, Die gefesselte Phantasie, Moisasurs Zauberfluch* and *Der Alpenkönig*

und der Menschenfeind. Schubert is alleged to have composed incidental music for Raimund, but there is no evidence to prove this. Nestroy, on the other hand, who did not appear in any of the Viennese theatres during Schubert's lifetime (except for a brief engagement as a singer at the Kärntnerthor theatre in 1822/23), had as a young man sung in several performances of Schubert's quartets *Das Dörfchen* and *Geist der Liebe*.

There was, then, no lack of colour in the background to the 31 years of Schubert's life. The period from 1797 to 1828 was a troubled age – indeed, in some respects a revolutionary age, though a closer examination of any equivalent period of time will reveal no fewer symptoms of radical change. It cannot be said that Schubert left his mark on his times. In no way did he stand out from his age or from the mental climate shared by his contemporaries. Yet for us, who believe that a retrospective distance of 150 years makes the outlines clearer, it was his age: a period in this city's history which takes on an added significance merely from the knowledge that it spanned Schubert's life.

Walter Obermaier

Leben

1

Franz Theodor Schubert. Ölgemälde von Carl Schubert (?) (Historisches Museum).

Franz Theodor Schubert. Oil painting by Carl Schubert (?) (Historisches Museum).

Schuberts Vater, Franz Theodor Schubert, „war der Sohn eines mährischen Bauers, studierte die Gymnasial-Schulen in Brünn und die Philosophie in Wien, und nahm daselbst im Jahre 1784 bey seinem Bruder [Karl] in der Leopoldstadt einen SchulGehülfendienst an. Sein Lehrertalent, verbunden mit seinem edlen Charakter verschafften ihm schon 1786 die Anstellung als Schullehrer am Himmelpfortgrunde in der Pfarre zu den heil. 14 Nothhelfern. Verehelicht mit Elise Vitz zeugte er 14 Kinder, von denen aber nur 5 großjährig wurden: Ignaz, Ferdinand, Carl, Franz und Theresia . . . Zum 2. Mahle verheirathet mit Anna Kleyenbeck zeugte er 5 Kinder, von denen noch 3: Josepha, Andreas und Anton . . . am Leben sind" (Ferdinand Schuberts Selbstbiographie aus 1841. Hermine Unger, Wien).

Schubert's father, Franz Theodor Schubert, "was the son of a Moravian peasant, attended the grammar-school in Brünn and studied philosophy in Vienna. In 1784 he became assistant to his brother, Karl in a school in Leopoldstadt. His talent for teaching together with his upright character secured him the post of schoolmaster in the Himmelpfortgrund in the parish of the 'heil. 4 Nothhelfern'. Married to Elise Vitz, he had 14 children, only five of which survived childhood: Ignaz, Ferdinand, Carl, Franz and Theresia . . . His second marriage was with Anna Kleyenbeck, with whom he had five children, three of which: Josepha, Andreas and Anton . . . are still alive" (Ferdinand Schubert's Autobiography of 1841. Hermine Unger, Vienna).

Ansicht des Geburtshauses von Elisabeth Vietz (verehelichte Schubert) in Zuckmantel, Schlesien. Reproduktion nach einer Photographie.

Stammte Franz Theodor Schubert aus Mähren, war Schuberts Mutter aus Österreich-Schlesien gebürtig. Die allgemein verbreitete Ansicht, Schubert wäre unter den großen Meistern Wiens einziger gebürtiger Komponist, ist folglich nicht ganz so eng zu betrachten. Das schlesisch-mährische Erbteil ist nicht zu leugnen und ist auch sicherlich nicht ohne Einfluß auf seine Wesenszüge geblieben.

View of Elisabeth Schubert's (née Vietz) birthplace in Zuckmantel, Silesia. Reproduced from a photograph.

If Franz Theodor Schubert came from Moravia and Schubert's mother was born in the Austrian part of Silesia, the general opinion that Schubert was the only one of the great composers born in Vienna is therefore not to be taken too literally. The Silesian-Moravian element cannot be denied and has left its mark on his personality.

3

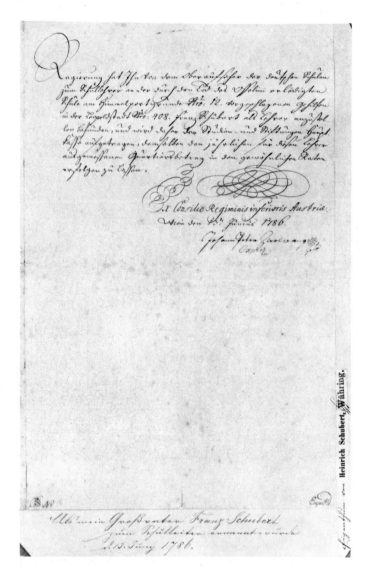

Anstellungsdekret für Schuberts Vater als Lehrer an der Schule auf dem Himmelpfortgrund, Wien 13. Juni 1786 (Privatbesitz, Wien).

Der Vater Schubert war zunächst als Schulgehilfe in der Leopoldstadt und dann als „Instruktor" tätig gewesen. 1786 wurde er zum Schullehrer an der Schule im Hause „Zum rothen Krebsen" in der Vorstadt Himmelpfortgrund ernannt: „Regierung hat Ihn von dem Oberaufseher der deutschen Schulen zum Schullehrer an der . . . erledigten Schule am Himmelp[f]ortgrunde Nro: 12 . . . als Lehrer anzustellen befunden", heißt es in dem von Johann Peter Zierlwang unterzeichneten Dekret. Schubert scheint aber hier keine ihn befriedigenden Verhältnisse vorgefunden zu haben. Schon 1796 bewarb er sich vergeblich um die Stelle des Schullehrers zu St. Leopold in der Großen Pfarrgasse. Ebenso erfolglos blieben seine Ansuchen um eine Anstellung in der St.-Augustin-Schule in der Vorstadt Landstraße und an der St.-Stefan-Schule in der Inneren Stadt.

Employment certificate of Schubert's father at the school in the Himmelpfortgrund, Vienna, 13th June 1786 (Private collection, Vienna).

Schubert's father was first assistant and later "instructor" in Leopoldstadt. In 1786 he was appointed schoolmaster in the school at the house 'Zum rothen Krebsen' (the house of the red lobster) on the outskirts of Vienna: "The government has seen fit to promote him from the post of senior overseer to schoolmaster in the school at Himmelpfortsgrunde No. 12", according to the decree signed by Johann Peter Zierlwang. Schubert, however, appears to have found unsatisfactory conditions here. As early as 1796 he applied for the post of schoolmaster at St. Leopold in the Große Pfarrgasse, but without success. His application for a post at St. Augustine's school on the Landstraße on the outskirts of Vienna and at St. Steven's in the town centre were equally unsuccessful.

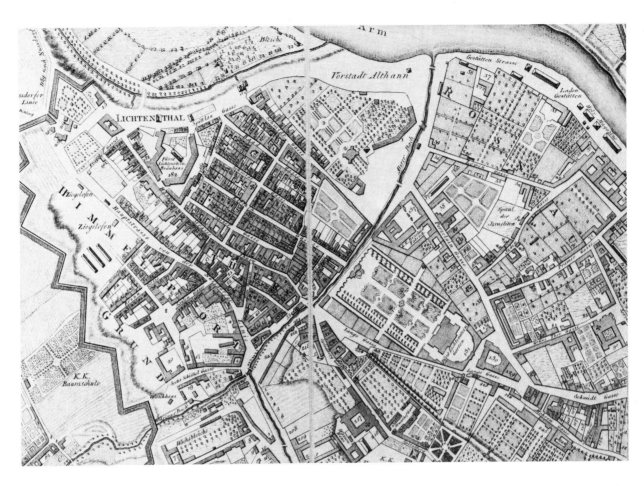

Plan von Wien aus dem Jahr 1797 (Ausschnitt: Die Vorstädte Himmelpfortgrund und Lichtenthal). Stich von Hieronymus Benedicti nach Max v. Grimm (Historisches Museum).

Map of Vienna, 1797 (Extract: The suburbs, Himmelpfortgrund and Lichtenthal). Engraving by Hieronymus Benedicti from a map by Max von Grimm (Historisches Museum).

Die Vorstadt Himmelpfortgrund, eine der ältesten Ansiedlungen Wiens, dehnte sich längs des Linienwalls östlich der Währinger Linie und abwärts bis zur Nußdorfer Linie aus. Der Name stammte vom ehemaligen Kloster „Zur Himmelpforten", das unter Josef II. aufgehoben wurde. In Schuberts Geburtsjahr bestand diese Vorstadt aus 67 numerierten Häusern. – Nordöstlich der Nußdorfer Straße lag der Vorort Lichtenthal, dessen Areal früher den Namen „Alt-Lichtenwerdt" führte, und der sich erst 1701 zu einer eigenen Vorstadt entwickelt hatte. Als im Jahr 1712 in Lichtenthal der Grundstein zu einer Kirche gelegt wurde – 1723 wurde die Kirche dann zur Pfarre erhoben –, gewann die Gemeinde rasch an Ansehen.

The suburb of Himmelpfortgrund, one of the oldest quarters in Vienna, extended along the rampart to the east of the Währinger boundary and down to the Nußdorfer boundary. The name came from a former monastery 'Zur Himmelpforten' (at the gate of heaven) which Josef II dissolved. This suburb consisted of 67 house numbers in the year of Schubert's birth. – The suburb of Lichtenthal lay to the north-east of the Nußdorfer street. Earlier it was given the name of Alt-Lichtenwerdt and had only developed into a real suburb since 1701. The foundation stone of a church was laid in 1712 in Lichtenthal; the church then became a parish in 1723 and quickly won great esteem.

5

Schuberts Geburtshaus. Aquarell von Franz Kopallik (Wiener Schubertbund).

Schubert's birthplace. Water colour by Franz Kopallik (Wiener Schubertbund).

Im Haus „Zum rothen Krebsen" in der „Oberen Hauptstraße zur Nußdorferlinie" Nr. 72 (heute Nr. 54), in dem Schubert geboren wurde, waren zugleich Schule und Wohnung untergebracht. Es enthielt im Erdgeschoß und im ersten Stock sechzehn Wohnungen, wovon zwei die Familie Schubert bewohnte. Die Schule mit mehreren Klassen befand sich in einem der zwei großen Räume (die Wohnungen bestanden aus je einem großen und einem kleinen Zimmer). Der „Alkoven", Schuberts eigentlicher Geburtsraum, war nach dem Bericht seiner Schwester Maria Theresia mit Sicherheit eine der Küchen.

The house 'Zum rothen Krebsen' in the 'Obere Hauptstraße zur Nußdorferlinie' (upper main street leading to the Nußdorferlinie) No. 72 (today No. 54), where Schubert was born, served simultaneously as school and dwelling. There were sixteen appartments on the ground floor and the first floor, two of which were occupied by the Schubert family. The school, which had several classes, was in one of the two big rooms (each appartment consisted of one big and one small room). According to the report written by Schubert's sister Maria Theresia, the alcove, the room where Schubert was actually born, was without doubt one of the kitchens.

6

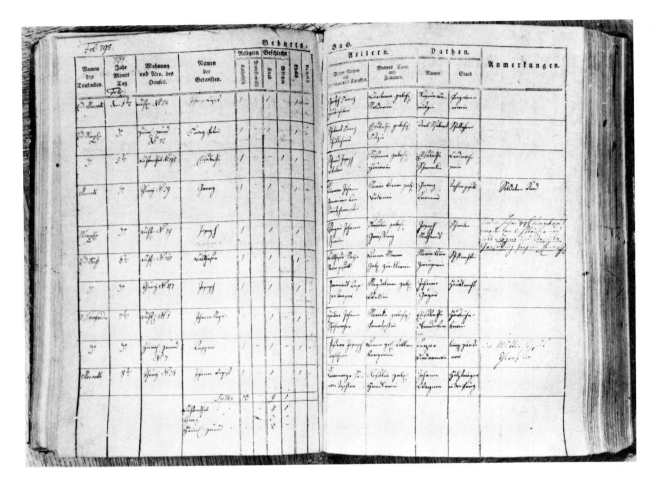

Eintragung der Taufe Schuberts am 1. Februar 1797 im Geburts=Buch der Pfarre Lichtenthal (Pfarre Lichtenthal, Wien).

Franz Theodor Schubert hatte am 17. Jänner 1785 in der Gemeindekirche von Lichtenthal die ,,in häuslichen Diensten stehende'' Elisabeth Vietz geheiratet. Franz Schubert wurde dem Ehepaar als zwölftes Kind am 31. Jänner geboren. – Schuberts Name ,,Franz Peter'' steht in der zweiten Rubrik auf Fol. 795 im Geburts=Buch der Pfarre Lichtenthal. Die Taufe fand am 1. Februar statt. Taufspender war der Geistliche N. Wanzka, als Taufpate fungierte Karl Schubert, der Bruder des Vaters Franz Theodor.

Entry of Schubert's baptism on the 1st February, 1797 in the register of births at the parish of Lichtenthal (Pfarre Lichtenthal, Vienna).

In the parish church of Lichtenthal on 17th January, 1785, Franz Theodor Schubert had married Elisabeth Vietz, who "stood in domestic service". On 31st January, 1797, Franz Schubert was the twelfth child born to the couple. – Schubert's name, "Franz Peter", stands in the second column on folio 795 in the register of births in the parish of Lichtenthal. The baptism took place on 1st February. The officiating priest was N. Wanzka. Karl Schubert, the brother of the father, Franz Theodor, was godfather.

Ignaz Schubert. Ölgemälde von Heinrich Hollpein (Privatbesitz, Wien).

Von seinem älteren Bruder Ignaz erhielt Schubert seinen ersten Klavierunterricht, worüber Ignaz später wie folgt berichtete: ,,Ich war sehr erstaunt, als er kaum nach einigen Monaten mir ankündigte, daß er nun meines ferneren Unterrichtes nicht mehr bedürfe und er sich schon selber forthelfen wolle. Und in der Tat brachte er es in kurzer Zeit so weit, daß ich ihn selbst als einen mich weit übertreffenden und nicht mehr einzuholenden Meister anerkennen mußte'' (Erinnerungen, S. 244).

Ignaz Schubert. Oil painting by Heinrich Hollpein (Private collection, Vienna).

Schubert received his first lessons in pianoforte from his eldest brother Ignaz, according to the following report by Ignaz himself: "I was very astonished when, after only a few months, he told me he no longer needed any further tuition from me, and that he now wanted to manage by himself. And within a short space of time he made such progress that I was obliged to recognise him as a master who had far surpassed me and whose standard I could no longer attain" (Erinnerungen, p. 244).

Ferdinand Schubert. Unvollendetes Ölgemälde von dessen Neffen Ferdinand Schubert (Historisches Museum).

Ferdinand Schubert. Unfinished oil painting by Ferdinand's nephew, Ferdinand Schubert (Historisches Museum).

Ferdinand Schubert wurde am 18. Oktober 1794 geboren. Er sollte zum „treuesten Führer" seines Bruders Franz werden (Erinnerungen, S. 386). Zunächst wurde er von seinem Vater unterrichtet, dann besuchte er die k. k. Normal-Hauptschule in Wien. Seit 1810 wurde er von seinem Vater in der untersten Elementarklasse als Schulgehilfe verwendet, und noch im selben Jahr kam er als Lehrer-Gehilfe an das k. k. Waisenhaus. 1816 wurde er dort zum wirklichen Lehrer ernannt. Seine musikalische Ausbildung sah folgendermaßen aus: „Seinen ersten Unterricht im Violinspiel erhielt er von seinem Vater, im Clavierspiele von seinem älteren Bruder Ignaz, und im Gesange von dem Lichtenthaler-Regenschori: Mich. Holzer. Später erhielt er von diesem auch einen ausführlichen Unterricht im Violin- sodann im Orgelspiele, im Generalbaße und in der Composition . . . Als Gesangschüler brachte er es bald so weit, daß er als erster Sopranist, als Solosänger, in der Lichtenthalerkirche verwendet wurde . . . In der Folge wohnte er auch den Vorlesungen über das Orgelspiel und den Generalbaß des H. Kapellmeisters Drexler [= Joseph Drechsler] bey" (Ferdinand Schuberts Selbstbiographie. Hermine Unger, Wien).

Ferdinand Schubert was born on 18th October, 1794. He was to become the "most faithful guide" to his brother, Franz (Erinnerungen, p. 386). First of all he was taught by his father and then attended the I. & R. secondary school in Vienna. From 1810 he was the school assistant to his father in the bottom elementary class, and in the same year he became an assistant teacher in the I. & R. orphanage. In 1816 he was appointed qualified teacher. His musical education reads as follows: "He received his first tuition on the violin from his father, in pianoforte from his brother Ignaz, and in singing from the master of choristers at Lichtenthal, Michael Holzer. Later Holzer gave him specialised tuition in organ, figured bass and composition . . . As a pupil of singing he was soon the leading soprano and soloist in the church at Lichtenthal . . . Consequently he attended lectures on playing the organ and figured bass from capellmeister Drexler [= Joseph Drechsler]" (Ferdinand Schubert's Autobiography. Hermine Unger, Vienna).

Carl Schubert mit seiner Familie. Ölgemälde von Heinrich Schwemminger (Privatbesitz, Wien).

Carl Schubert wurde, wie Ferdinand Schubert sich ausdrückte, „Landschaftsmahler und Schreibmeister" (Selbstbiographie). Von ihm hat sich eine Reihe recht bedeutender Veduten (Aquarelle und Zeichnungen) erhalten. Als er für einige Zeit Studien in Rom betrieb, fand die italienische Manier Eingang in sein Schaffen. Franz Schubert schrieb von ihm einmal als seinem „zweyfachen Bruder", worunter er zu verstehen gab, daß er ihn gleichfalls als Künstler betrachtete (Dokumente, S. 63. Original des Briefes in Wiener Privatbesitz).

Carl Schubert with his family. Oil painting by Heinrich Schwemminger (Private collection, Vienna).

Carl Schubert became, in the words of Ferdinand Schubert, "a landscape painter and master writer" (Autobiography). A number of not insignificant vedute by him (water colours and drawings) have survived. Having studied in Rome for some time, he came under the influence of the Italian style. Franz Schubert once wrote of him as his "double brother", signifying that he also recognized in Carl a fellow artist. (A documentary biography, p. 94. Original of the letter in private hands in Vienna.)

Erledigte Sopranisten=Stelle im k. k. Convicte.

Zu Ende des gegenwärtigen Schuljahres wird in dem k. k. Convicte eine Stelle für einen Sopranisten erlediget. Wer für seinen Sohn oder Mündel diesen Platz zu erhalten wünscht, hat bey der Direction des genannten Convictes, wo am 1. October früh um 9 Uhr die Prüfung vorgenommen werden wird, zu erweisen, daß der Candidat in die erste lateinische Classe eintreten könne, eine gute Singstimme besitze, und im Singen gut unterrichtet sey. Vorläufig aber ist mit Zeugnissen der Fortgang des Candidaten in den zwey letzten Semestern, und dessen körperliche Gesundheit, wie auch daß er die Pocken bereits überstanden habe, bey der erwähnten Direction auszuweisen. Von der k. k. ni. öst. Landes=Regierung. Wien am 11. Juli 1808.

Jos. Schüser v. Waldheim, Secretär.

„*Erledigte Sopranisten=Stelle im k. k. Convicte.*" (Wiener Zeitung, 3. August 1808).

„Zu Ende des gegenwärtigen Schuljahres wird in dem k. k. Convicte eine Stelle für einen Sopranisten erlediget. Wer für seinen Sohn oder Mündel diesen Platz zu erhalten wünscht, hat bey der Direktion des genannten Convictes, wo am 1. October früh um 9 Uhr die Prüfung vorgenommen werden wird, zu erweisen, daß der Candidat in die erste lateinische Classe eintreten könne, eine gute Singstimme besitze, und im Singen gut unterrichtet sey." Franz Theodor Schubert meldete seinen Sohn Franz für diese Konviktstelle an.

Vacancy for soprano in the I. & R. seminary. Advertisement in the 'Wiener Zeitung', 3rd August, 1808.

"At the end of the present school-year the post for a soprano will fall vacant at the I. & R. seminary. Whosoever wishes to obtain this place for his son or ward is to prove to the directorate of the said seminary, where an examination is to be held on 1st October, at 9 a.m., that the candidate is fit to enter the first Latin class, possesses a good voice, and has been well instructed in singing" (A documentary biography, p. 6). Franz Theodor Schubert entered his son for the vacancy at the seminary.

11

Der Universitätsplatz mit der Universitätskirche. (Rechts der Eingang zum Stadtkonvikt, davor ein Sängerknabe.) Unbezeichneter kolorierter Kupferstich (Historisches Museum).

„Im Oktober 1808 wurde also unser Schubert der Direktion des k. k. Konvikts vorgestellt und mußte Probe singen . . . Der Schulmeisters-Sohn erregte . . . bei den Herren Hofkapellmeistern Salieri und Eybler und bei dem Singmeister Korner durch sein sicheres Treffen der ihm vorgelegten Probegesänge Aufsehen. Er wurde also aufgenommen" (Erinnerungen, S. 44 f.).

University square with the University church (to the right, the entrance to the seminary with choirboy). Unsigned coloured copper engraving (Historisches Museum).

"In October 1808 Schubert was subsequently introduced at the head office of the R. & I. seminary and had to undergo the singing test . . . on account of his accuracy in the test pieces the schoolmaster's son attracted the attention of the court capellmeister Salieri, Eybler and Korner, the master of choristers" (Erinnerungen, p. 44).

a) Innocenz Lang, Äußerung über den Vorschlag des Herrn Kapellmeisters Salieri (Kanzlistenschrift), Wien 4. Oktober 1808. – b) Johann Ferdinand Graf v. Kuefstein, eigenhändiges Schreiben an den Minister Fürst Ferdinand v. Trauttmansdorff, Wien 4. Oktober 1808 (a, b Haus-, Hof- und Staatsarchiv, Hofmusikkapelle, Wien).

Salieri hatte ein Zeugnis über Schuberts Befähigung ausgestellt, und Innocenz Lang, der Direktor des k. k. Konvikts, gab daraufhin die Bestätigung, daß „die 2 Sopranisten Schubert und [Franz] Müllner auch in den Vorbereitungskenntnissen unter allen die besten (sind)". – Graf v. Kuefstein, ein Amateurkomponist und damals „Hofmusikgraf", äußerte sich dann mit selbem Datum gegenüber dem Minister und Obersten Hofmeister, daß daraus „erhellet . . ., daß die beyden Sopranisten Schubert und Müllner . . . vor den übrigen den Vorzug verdienen" (Dokumente, S. 9).

a) Innocenz Lang, Report on capellmeister Salieri's suggestion (official document), Vienna, 4th October 1808. – b) Johann Ferdinand Count Kuefstein, Autograph letter to the Minister Prince Ferdinand von Trauttmansdorff, Vienna, 4th October 1808 (a, b Haus-, Hof- und Staatsarchiv, Hofmusikkapelle, Vienna).

Salieri had written a report on Schubert's abilities, and Innocenz Lang, the headmaster of the seminary, confirmed that "the two sopranos, Schubert and Müllner, also excel all the others in preliminary knowledge". – Count Kuefstein, an amateur composer and 'Hofmusikgraf' at the time reported to the minister and supreme court chamberlain on the same day that "the two sopranos, Schubert and Müller . . . merit preference among the others" (A documentary biography, p. 10).

13

a) Joseph Haydn. Stich von Sebastian Langer. – b) Wolfgang Amadeus Mozart. Stich von Johann Neidl nach Leonard Posch. – c) Ludwig van Beethoven. Stich von Joseph Steinmüller nach einem Entwurf von Johann Stephan Decker (a, b, c Historisches Museum).

Schubert wurde im Konvikt umgehend Mitglied des dort bestehenden Orchesters, das der kunstsinnige Direktor Innocenz Lang gegründet hatte. Schubert spielte in diesem Orchester die zweite Violine, wurde aber auch gelegentlich mit der Leitung betraut. „Die Instrumental-Musik in dem Konvikte (war) durch ein eifriges Zusammenwirken der Zöglinge auf einen Grad der Vollkommenheit gebracht, den man bei so jugendlichen Dilettanten selten finden wird. Der Abend war täglich der Aufführung einer vollständigen Sinfonie und einiger Ouvertüren gewidmet, und die Kräfte des jugendlichen Orchesters reichten hin, die Meisterwerke Haydns, Mozarts und Beethovens auf eine gelungene Weise in Aufführung zu bringen . . . Vor allem machten die herrlichen Sinfonien aus g-Moll von Mozart und D von Beethoven den tiefsten Eindruck auf den jungen Schubert" (Joseph v. Spaun. Erinnerungen, S. 24f.). An anderer Stelle berichtete Spaun, daß das Orchester über dreißig Sinfonien von Haydn und mehrere von Mozart und Beethoven besaß. „Haydn wurde am meisten und auch am besten aufgeführt" (Erinnerungen, S. 147).

a) Joseph Haydn. Engraving by Sebastian Langer. – b) Wolfgang Amadeus Mozart. Engraving by Johann Neidl from an original by Leonhard Posch. – c) Ludwig van Beethoven. Engraving by Joseph Steinmüller from a portrait sketch by Johann Stephan Decker (a, b, c Historisches Museum).

Schubert immediately became a member of the seminary orchestra founded by Innocenz Lang, the headmaster, who took an active interest in the arts. Schubert played second violin in this orchestra, but was occasionally entrusted with conducting. "The orchestral music in the seminary was raised to such a standard of perfection through the eager participation of the pupils that is seldom found among such youthful amateurs. Every evening was dedicated to the performance of a complete symphony and several overtures and the strength of the young orchestra went as far as to give successful performances of masterpieces by Haydn, Mozart and Beethoven . . . In particular, the splendid symphonies in G minor by Mozart and in D major by Beethoven made the greatest impression on the young Schubert" (Joseph von Spaun. Erinnerungen, p. 24). In another passage Spaun reports that the orchestra possessed more than 30 symphonies by Haydn and several by Mozart and Beethoven. "Haydn was performed most and best of all" (Erinnerungen, p.147).

Wolfgang Amadeus Mozart: Streichquintett in g-Moll KV 478, Stimmen. Abschrift um 1800 mit eigenhändigem Datumsvermerk von Franz Theodor Schubert am Ende der Violoncello-Stimme (Wiener Schubertbund).

Wolfgang Amadeus Mozart: String quintet in G minor, K. 478, parts. Copy written at about 1800 with autograph date by Franz Theodor Schubert at the end of the violoncello part (Wiener Schubertbund).

,,Für seinen Vater und die älteren Brüder war es ein vorzüglicher Genuß, mit ihm [Franz] Quartetten zu spielen. Dies geschah meistens in den Ferial-Monaten. Da war der jüngste unter allen der Empfindlichste. Fiel wo immer ein Fehler vor, und war er noch so klein, so sah er dem Fehlenden entweder ernsthaft oder zuweilen auch lächelnd ins Gesicht . . . Bei diesen Quartetten spielte Franz immer Viola, sein Bruder Ignaz die zweite, Ferdinand (dem Franz unter seinen Brüdern vorzüglich zugetan war) die erste Violine, und der Papa Violoncello‘‘ (Erinnerungen, S. 45). – Die hier gezeigte Stimmenabschrift stammt aus dem Besitz von Franz Theodor Schubert. Noch 1814 hat Franz mit seinem Vater und seinen Brüdern daraus gespielt.

"Schubert's father and elder brothers enjoyed playing quartets with him. This usually took place in the holidays. The youngest was the most sensitive. Whenever a mistake occurred, despite how small it was, he looked the culprit somewhat seriously or sometimes smilingly in the face . . . Franz always played the viola in these quartets, his brother Ignaz the second violin, Ferdinand (who was always Franz' favourite brother) the first and father violoncello" (Erinnerungen, p. 45). The copyist's parts exhibited belonged to Franz Theodor Schubert. Franz played from them with his father and brothers as early as 1814.

Ein Hofsängerknabe (Schubert?) in Uniform. Reproduktion nach einem verschollenen Aquarell von Leo Diet.

Schuberts Ausbildung hatte bisher in den Händen seines Vaters gelegen, und in der Musik hatten ihn sein Bruder Ignaz und Michael Holzer, der Organist der Lichtenthaler Kirche, unterrichtet. Durch die Aufnahme als Hofkapellknabe war er zum k. k. Stadtkonvikt zugelassen, Wiens Hauptinternat, wo ihm eine ausgezeichnete Bildung und die Förderung seiner musikalischen Anlagen garantiert wurde. Joseph v. Spaun, der Schubert im Konvikt kennenlernte, faßte die ersten Eindrücke, die er von Schubert aus dieser Zeit gewonnen hatte, später wie folgt zusammen: ,,Meinen jungen Freund . . . lernte ich kennen, als er . . . in das Konvikt trat, in welchem ich mich als Jurist befand. Bei den Abendmusiken spielte er, mit Augengläsern bewaffnet, hinter meinem Stuhle stehend, aus demselben Pulte mit mir die Violine. Ich wurde sogleich auf den Knaben aufmerksam, da er trefflich spielte und sich oft, vor Vergnügen glühend, den schönen Kompositionen der Meister hingab. Da auch ich für gute Musik begeistert war, so wurden wir bald bekannt. Er vertraute mir fast schamrot, daß er schon vieles komponiert hatte. Ich erstaunte darüber, aber ich erstaunte noch mehr, als er mir am anderen Tage im Musikzimmer, als wir allein waren, Lieder und Sonaten vorspielte . . . er wisse, es seien wertlose Übungen, die er wieder verwerfe, allein er könne nicht anders, er müsse täglich komponieren" (Erinnerungen, S. 409).

A court choirboy in uniform who could be Schubert. Reproduction from a lost water colour by Leo Diet.

Schubert's education had so far lain in the hands of his father; his brother Ignaz and Michael Holzer, the organist of the Lichtenthal church, had given him tuition in music. Through his entrance as court choirboy to the I. & R. seminary – Vienna's main boarding school – an excellent education and developing of his musical talents was guaranteed. Joseph von Spaun, with whom Schubert became acquainted in the boarding school, summarised the first impressions of Schubert at this time in the following way: "I got to know my young friend when he entered . . . the school where I was studying law. He was playing the violin at the evening performances, standing behind my chair, armed with spectacles and playing from the same desk as me. I noticed the boy immediately, as he played excellently and, aglow with pleasure, devoted himself to the fine compositions of the masters. As I also was one for good music, we soon became friends. He confided to me with an almost shameful blush that he had already composed a lot. I was astonished at this, but I was even more astonished when he played me Lieder and sonatas in the music room one day when we were alone . . . he said he knew they were worthless exercises he would reject but he just could not help composing every day" (Erinnerungen, p. 409).

a) Innocenz Lang. Unbezeichnetes Ölgemälde (Pfarre Maria Treu, Wien). – b) Joseph Walch. Lithographie nach einem Entwurf von Josef Schindler (Historisches Museum).

a) Innocenz Lang. Unsigned oil painting (Pfarre Maria Treu, Vienna). – b) Joseph Walch. Lithograph from a sketch by Josef Schindler (Historisches Museum).

Als Konviktist war Schubert zugleich Mittelschüler und hatte das ebenfalls von den Piaristen geleitete Akademische Gymnasium (eine Vorschule zur Universität) zu besuchen. Der Direktor des Stadtkonvikts, Innocenz Lang, war auch Referent über das Gymnasialwesen in der Studienhofcommission und führte die Aufsicht über das Akademische Gymnasium. – Hatte Schubert im Stadtkonvikt Lehrer, die seine musikalische Begabung förderten, wie Wenzel Ruzicka, der Generalbaß unterrichtete, und der „Geigenmeister" Ferdinand Hofmann, änderte sich dies während seiner Studienzeit am Akademischen Gymnasium: Josef Benedikt Lamb konnte Schubert nicht für die lateinische und griechische Sprache begeistern, und Joseph Walch hatte wenig Verständnis für die geringen Fortschritte seines Schülers im mathematischen Fach.

Schubert was not only a seminarist, but also was obliged to attend the grammar school, which was run by the holy order of the Pii Fratres (Piarists) as well. The headmaster of the seminary, Innocenz Lang, was also the adviser for grammar schools in the royal commission for education as well as being in charge of the 'Akademisches Gymnasium'. – In the seminary Schubert had teachers who furthered his musical talent like Wenzel Ruzicka, who taught figured bass, and the violin master Ferdinand Hofmann. This changed during his studies at the 'Akademisches Gymnasium': Josef Benedikt Lamb could not awaken Schubert's interest in Latin and Greek, while Joseph Walch had little understanding for the slow progress his pupil made in mathematics.

Handschriftlicher Katalog des Akademischen Gymnasiums in Wien aus dem Jahr 1809 (Akademisches Gymnasium, Wien).

Im Jahr 1809 war Schubert als Schüler der I. Grammatikal-Klasse in das Akademische Gymnasium eingetreten. In den ersten Jahren hat er leistungsmäßig durchaus entsprochen, und nur die Benotungen in den Fächern Latein und Mathematik schwankten. Dieses Fach war dann 1813 Gegenstand des Wortlautes „Allerhöchster Entschließungen": „In Hinsicht der Stiftlinge . . . Franz Schubert, Joh. Geraus . . . genehmige ich Ihre [Graf v. Dietrichstein] Anträge in so weit daß selbe, wenn sie nach den Ferien die 2te Klasse nicht verbessern . . . ohne weiters entlassen werden indem das Singen und die Musik nur eine Nebensache die guten Sitten und Fleiß im studieren aber die Hauptsache . . . bei jenen ist die sich des Besitzes eines Stiftungsgenusses erfreuen wollen" (Dokumente, S. 29).

Handwritten catalogue of the 'Akademisches Gymnasium' in Vienna, from 1809 (Akademisches Gymnasium, Vienna).

Schubert had entered the first grammar class as a pupil in the 'Akademisches Gymnasium' in 1809. His progress was quite satisfactory in the first classes, and only the marks in Latin and mathematics wavered. The latter subject then gave rise to the following statement of 1813: "In regard to the foundation scholars . . . Franz Schubert, Joh. Geraus . . . We grant your proposals on condition that they shall be incontinently dismissed if they do not rise above the second rank after vacation . . . since singing and music are but a subsidiary matter, while good morals and diligence in study are of prime importance and an indispensable duty for all those who wish to enjoy the advantages of an endowment" (A documentary biography, p. 37).

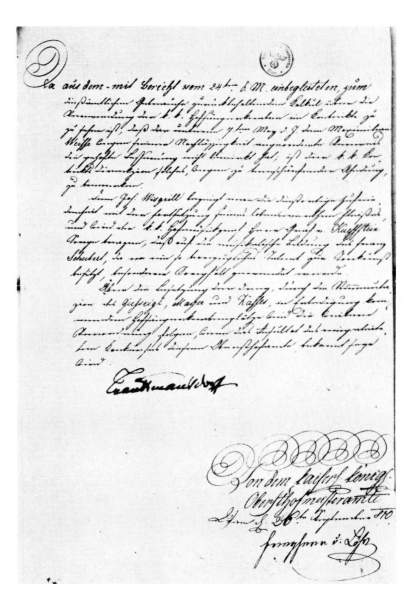

Ignaz Franz v. Mosel, vertrauliche Mitteilung an den Hofmusik-grafen Johann Ferdinand Graf v. Kuefstein, Wien 26. September 1810, mit eigenhändiger Unterschrift von Fürst Ferdinand v. Trauttmansdorff (Haus-, Hof- und Staatsarchiv, Hofmusikkapelle, Wien).

Die Fortschritte der Hofsängerknaben wurden in besonderen Ausweisen für den Hof vermerkt. Im Bericht des Hofkonzipisten Mosel heißt es, daß „auf die musikalische Bildung des Franz Schubert, da er ein so vorzügliches Talent zur Tonkunst besitzt, besondere Sorgfalt gewendet werde". Zeugnisse wurden halbjährlich geschrieben (Die Ferien waren im Herbst, doch wurden die Sängerknaben nicht zur selben Zeit nach Hause entlassen).

Ignaz Franz Mosel, Intimation to the I. & R. court music count Johann Ferdinand von Kuefstein, Vienna, 26th September 1810, signed by Prince Ferdinand von Trauttmansdorff (Haus-, Hof- und Staatsarchiv, Hofmusikkapelle, Vienna).

The progress of the court choirboys was noted in special documents for the court. The court clerk Mosel reports that "especial attention should be paid to the musical education of Franz Schubert, since he shows so excellent a talent for the art of music". Certificates were issued every six months (the holidays were in the autumn, although the choirboys were not all sent home at once).

Zeugnis über das sittliche Betragen, den Fortgang in den Studien und in der Musik der Hofsängerknaben im k. k. Konvikt im zweiten Semester 1811 (Haus-, Hof- und Staatsarchiv, Obersthofmeisteramt, Wien).

Certificate concerning the moral conduct and progress in their studies and in music of the court choristers in the I. & R. seminary, second term 1811 (Haus-, Hof- und Staatsarchiv, Obersthofmeisteramt, Vienna).

Die Zeugnisse, die Schubert als Hofsängerknabe erhielt, lauteten durchwegs glänzend. Hieß es in den Ausweisen bis 1811 ,,Ein musikalisches Talent", findet sich im zweiten Semester 1811 in der Rubrik ,,Anmerkungen" erstmals die Qualifikation ,,Geigt und spielt schwere Stücke prima vista" (andererseits ist wiederum die schlechte Benotung in den ,,Studien" bemerkenswert). Im zweiten Semester 1812 findet sich dann der Hinweis ,,Mutiert".

Schubert's choirboy certificates are all excellent. The reports up to 1811 say "A musical talent", in the second term 1811 in the column "remarks" the qualification can be found for the first time: "Fiddles, and plays difficult pieces at sight." (On the other hand bad marks on the academic side are noticeable.) The second term 1812 brings the information "Voice broken".

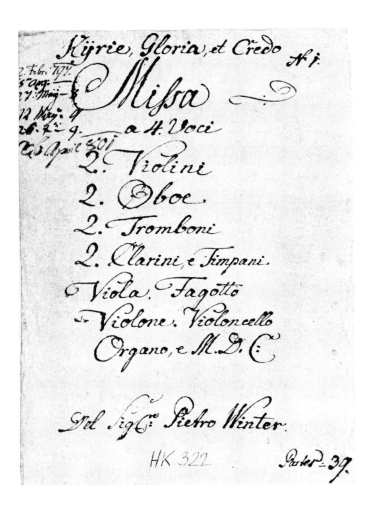

Peter v. Winter: Messe in C-Dur, Stimmenabschrift. Dritte Alt-Stimme mit eigenhändigem Vermerk von Franz Schubert (Österreichische Nationalbibliothek, Musiksammlung).

Peter von Winter: Mass in C major, copyist's parts. Third alto with Schubert's own remark (Österreichische Nationalbibliothek, Musiksammlung).

In der dritten Altstimme zu Winters Messe in C-Dur steht am Ende der mit Bleistift geschriebene Vermerk von der Hand Schuberts: „Schubert Franz zum letztenmahl gekräht. Den 26. July $\overline{812}$." Bereits am 21. Juli 1812 hatte es in dem an Hofkapellmeister Joseph Eybler gerichteten Dekret geheißen: „Über die vom k. k. Hofkapellmeister gemachte Anzeige, daß die zwei k. k. Hofkapellknaben Franz Schubert und Franz Müllner die Stimme mutiert haben, wurde wegen Aufnehmung neuer die Einleitung durch Ausschreibung eines Konkurses auf dem 28. Sept. d. J. und der Einschaltung in die Wiener Zeitung getroffen" (Dokumente, S. 20). Auch in dem Bericht von Graf Kuefstein (26. September) geht es um „die Aufnahme dreier neuer Sängerknaben" (Dokumente, S. 22). Das bedeutete, daß Schubert seinen Platz als Sängerknabe verloren hatte.

At the end of the third alto part to Winter's mass in C major is the remark pencilled in Schubert's hand: "Schubert Franz crowed for the last time. 26th July $\overline{812}$." As early as 21st July, 1812 the following decree addressed to the court capellmeister Joseph Eybler reads: "Following the announcement made by the I. & R. court musical director that the two boys in the I. & R. court chapel, Franz Schubert and Franz Müllner, have suffered mutation of their voices, the admittance of new ones has been arranged by means of an announcement for a competition to be held on 28th September of this year and an insertion in the 'Wiener Zeitung' . . ." (A documentary biography, p. 25f.). Count Kuefstein also reports "the admittance of three new choirboys" (ibidem, p. 27). That means that Schubert had lost his place as choirboy.

Kundmachung.

In dem k. k. Stadtkonvikte sind nachfolgende Stiftungsplätze erlediget, und in Folge k. k. Studienhoffkommissions=Dekretes vom 23. October v. J. zur Wiederbesetzung geeignet:

1) Ein Fischerister Konvikts=Stiftungsplatz. Auf diese Stiftung haben die nächsten Blutsverwandten des Stifters Franz Anton v. Fischern, und in Ermanglung derselben dessen anderweitige Verwandte den vorzüglichen Anspruch. Nach den Verwandten sind andere aus des Stifters Geburtsort Rankweiler, und in deren Abgang andere aus Deutschland gebürtige Jünglinge zum Stiftungsgenusse geeignet. Präsentant ist das Vogteyamt zu Feldkirchen in Tyrol.

2) Ein Fischerischer Seminar=Stiftungsplatz, vorzüglich für Jünglinge aus der Verwandtschaft des Stifters, in Ermanglung derselben aber für Jünglinge, von Feldkirchen in Tyrol oder aus Deutschland gebürtig, welchen letzteren aber diejenigen, deren Geburtsort Wien ist, und deren Aeltern von Feldkirchen oder aus Deutschland abstammen, stiftbriefsmäßig vorgehen. Präsentant ist das Vogteyamt zu Feldkirchen in Tyrol.

3) Ein Goldeggischer Stiftungsplatz, zu welchem die von den Töchtern des Stifters Johann Mathias Freyherrn v. Goldegg, und deren Nachkommenschaft abstammenden, und solche Jünglinge, welche sich zu dem Rahmen Prickelmayer legitimiren können, sodann von St. Bernhard gebürtige; und in Ermanglung deren auch andere mit guten Fähigkeiten versehene Individuen, welchen es zum Studieren an den erforderlichen Mitteln gebricht, geeignet sind. Präsentant ist die Ni. Oest. Regierung.

4) Zwey gräflich Meggäuische Stiftungsplätze. Zur Erlangung eines solchen Platzes sind Söhne der Unterthanen der Herrschaften des Stifters Greinburg, Ruttenstein, Windegg, Schwerdberg, Harth, Arbing, Ponegoen, Prazstein, Freystadt und Haus, welche zum Studieren tauglich sind, und in deren Ermanglung aus Oesterreich oder auch andere in Inland gebürtige Jünglinge geeignet. Präsentant ist der Hr. Landmarschall Graf v. Dietrichstein.

5) Ein Meerfeldischer Stiftungsplatz; für mittellose Jünglinge von guter Familie. Präsentant ist die Ni. Oest. Landesregierung.

6) Ein Steinischer Stiftungsplatz, vorzugsweise für Studierende gewidmet, deren Eltern sich um den Wiener=Stadtmagistrat verdient gemacht haben, oder magistratische Beamte, oder meritirte Bürger sind, und die Kosten zur Fortsetzung der Studien schwer oder nicht zulänglich bestreiten können. Präsentant ist der Wiener=Stadtmagistrat.

Kundmachung in der amtlichen Wiener Zeitung vom 30. Jänner 1813.

Die Wiener Zeitung zeigte in ihrer Ausgabe vom 30. Jänner 1813 nicht nur die erledigten Stiftungsplätze im Stadtkonvikt an, sondern erwähnt in der Kundmachung an fünfter Stelle einen „Meerfeldischen Stiftungsplatz; für mittellose Jünglinge von guter Familie". Balduin Franz v. Meerfeld hatte 1771 dem Konvikt eine größere Summe gestiftet. Davon sollten 8 Stiftlinge jährlich 150 Gulden bekommen, wenn sie sich u. a. verpflichteten, monatlich einen Rosenkranz für den Stifter zu beten. – Schubert wurde für einen dieser Stiftungsplätze vorgeschlagen.

Announcement in the official 'Wiener Zeitung' of 30th January, 1813.

In the edition of the 'Wiener Zeitung' for 30th January, 1813 appeared not only the vacant boarder's places in the I. & R. seminary, but in the fifth place an anouncement for a "Meerfeld endowment for impecunious youth of good family." In 1771 Balduin Franz von Meerfeld had given a large grant to the school. With the money eight scholars were to receive 150 guilders annually, if they pledged among other things to say their rosary once a month for the benefactor. – Schubert was put forward for one of the scholarships.

K. k. Studien-Hofdekret an die k. k. Niederösterreichische Regierung, Wien 22. Oktober 1813 (Niederösterreichisches Landesarchiv, Wien).

Das von Graf Laczansky unterzeichnete Dekret bestimmt die Zuwendung der Meerfeldischen Stiftung an Franz Schubert: „Regierung hat zu Vollziehung dieser höchsten Entschliessung das Nöthige schleinigst zu verfügen, den mutirten Sängerknaben Jos: Kleindl, Jos: Andorfer, und Franz Müllner die Windhagische, dem Franz Schubert aber die Meerfeldische Stiftung zuzuwenden . . .'' Dem an die k. k. Konviktsdirektion gerichteten Dekret vom 23. November 1813 ist jedoch zu entnehmen, daß „Franz Schubert der Studien entsagt hat" (Dokumente, S. 32). Die näheren Gründe für diesen Entschluß sind nicht geklärt. Möglicherweise lag es an Schuberts zu geringer Selbsteinschätzung, daß er nicht in die zweite Humanitätsklasse aufsteigen wollte, oder aber der Vater Schubert hatte ihn zur Resignation veranlaßt.

Decree of the I. & R. court educational commission to the I. & R. Lower Austrian Government, Vienna, 22nd October, 1813 (Niederösterreichisches Landesarchiv, Vienna).

The decree signed by Count Laczansky states that the Meerfeld endowment be used for Franz Schubert: "The government is forthwith to do what is necessary for the execution of this gracious decision, and the choirboys whose voices have broken, Josef Kleindl, Josef Andorfer and Franz Müllner, are to be assigned to the Windhag endowment, but Franz Schubert to the Meerfeld endowment" (A documentary biography, p. 38). The decree of 23rd November, 1813 to the directorate of the seminary reports that "Schubert had renounced the Meerfeld endowment" (ibidem, p. 41). The more pertinent reasons for this decision have not been explained. It is possible that it was even due to Schubert's own over-modest self-assessment, that he decided not to go up to the second classics class, or even that his father had influenced him to resignation.

ant. Salieri
nat. a Legnago 19 Ag.
1750

Fr. Rehberg ad viv del
Vienna 6 Febr. 1821

Antonio Salieri. Lithographie von Friedrich Rehberg, 1821 (Historisches Museum).

Antonio Salieri war als Hofkapellmeister für die Prüfungen der Sängerknaben zuständig. Für den jungen Schubert hatte er bald reges Interesse gezeigt: ,,Durch einige kleine Kompositionen wurde der k.k. Hofkapellmeister auf die Talente des jungen Schubert aufmerksam. Er würdigte dieselben sogleich seiner wärmsten Teilnahme" (Erinnerungen, S. 25). Zu welchem Datum Schubert Salieris Schüler wurde, ist ungewiß. Die früheste Aufzeichnung hierüber stammt vom Juni 1812 und betrifft den Beginn der Kontrapunktstudien. Schubert scheint bei Salieri Kompositionsunterricht in größerem Maße erst nach seinem Austritt aus dem Stadtkonvikt genommen zu haben. Spaun berichtet von einem ,,beinahe täglichen Unterricht in der Komposition, der in einem dankbaren Boden Wurzel schlug" (Erinnerungen, S. 26). Von anderer Seite erfährt man, daß ,,dieser Unterricht nur sehr dürftig war . . . und . . . im ganzen nur in der flüchtigen Korrektur kleiner mehrstimmiger Aufgaben, größtenteils aber, und das mag das glücklichste gewesen sein, im Lesen von Partituren und deren Spiel bestand. Vorzüglich anfangs mußte Schubert viele höchst langweilige alte italienische Partituren . . . durcharbeiten" (Anton Holzapfel. Erinnerungen, S. 68).

Antonio Salieri. Lithograph by Friedrich Rehberg, 1821 (Historisches Museum).

As court capellmeister, Antonio Salieri was in charge of the choirboys' examination. He soon showed active interest in the youthful Schubert: "The I. & R. capellmeister noticed young Schubert's talents in several small compositions. To these he immediately devoted his warmest participation" (Erinnerungen, p. 25). When exactly Schubert became Salieri's pupil is uncertain. The earliest evidence of this is June, 1812 and concerns the beginning of the contrapuntal studies. Schubert appears to have taken a significant number of lessons in composition with Salieri only after leaving the seminary. Spaun reports "almost daily tuition in composition, which took root in fertile soil" (Erinnerungen, p. 26). On the other hand we learn that "the teaching was very sparse . . . and . . . consisted of only hasty corrections in short exercises in part writing, but in the main – and this may have been the fortunate side – the reading and playing of scores. In the beginning Schubert mostly had to work through many extremely boring old Italian scores" (Anton Holzapfel. Erinnerungen, p. 68).

Schubert: Quell'innocente figlio D 17, Fassung für vier gemischte Stimmen. Eigene Handschrift.

Von Kontrapunktstudien, die Schubert unter Salieris Anleitung gearbeitet hat – im Generalbaß wurde er von Wenzel Ruzicka unterrichtet –, ist nur wenig erhalten. Besser belegbar ist hingegen, daß Salieri mit seinem Schüler vor allem Fragen der Deklamation in italienischen Arien durchgenommen hat. So mußte Schubert z. B. zu Metastasios „Quell'innocente figlio" aus der Oper „Isacco" mehrere Fassungen (angefangen von der Solostimme bis zum Quartett) schreiben, bei denen Salieri ausschließlich auf die richtige Deklamation achtete. Diesbezügliche Korrekturen von seiner Hand (Beistift) sind einwandfrei festzustellen. Unter diesem Aspekt gewinnt die Aussage von Schuberts Freunden an Glaubwürdigkeit, daß „Salieri gerade jene Komposition, zu welcher es seinen Schüler unwiderstehlich hinriß, nämlich das deutsche Lied, durchaus mißbilligte" (Erinnerungen, S. 26).

Schubert: Quell'innocente figlio, D 17. Setting for four mixed voices. Autograph.

Not much has survived of the contrapuntal exercises which Schubert worked on under Salieri's guidance (tuition in figured bass was given by Wenzel Ruzicka). On the contrary, it is easier to prove that Salieri worked through problems of declamation in Italian arias with his pupil. Schubert therefore had to write several versions of for instance Metastasio's aria *Quell'innocente figlio* from the opera *Isacco* (starting with solo voice to the quartet) where Salieri paid attention exclusively to correct declamation. Corrections in his hand (pencil) can be ascertained. In this light, the evidence of Schubert's friends is confirmed that "Salieri throughly disregarded exactly that kind of composition which his pupil could not resist, the German Lied" (Erinnerungen, p. 26).

25

Schubert: Fuga in C-Dur für Klavier, D deest, Neues D 24D. Eigene Handschrift.

Schubert: Fugue in C major for piano, D deest, New Deutsch Catalogue 24D, Autograph.

Daß Schuberts früheste kontrapunktische Versuche erst in die Lehrzeit bei Salieri fallen, ist in Zweifel zu ziehen. Die bereits an anderer Stelle erwähnte Eintragung „Den 18. Juny 1812 den Contrapunkt angefangen. I. Gattung" (Dokumente, S. 20, vgl. Kat.-Nr. 23) wird sich nur auf den Lehrkurs beziehen. Das hier gezeigte Manuskriptblatt mit einem Fugenfragment (der übrige Teil gehört zu D 565!) stammt aus früherer Zeit und vermutlich vom Sommer oder Herbst 1811. Das Fehlen eines geregelten Unterrichts, sofern nicht Michael Holzer in dieser Sache seinen Einfluß geltend gemacht hat, schließt gerade bei Schubert die Beschäftigung mit verschiedenen Kompositionstechniken und -gattungen nicht aus.

That Schubert's earliest attempts in counterpoint first occur during the period of his lessons with Salieri is dubious. The entry mentioned earlier "Counterpoint begun, 18th June 1812, 1st species" (A documentary biography, p. 24; see Cat. No. 23) will refer only to the course of lessons. The manuscript page shown here with a fugal fragment (the remaining part belongs to D 565!) is written earlier, either in the summer or autumn of 1811. Even supposing that Michael Holzer did not use influence, the lack of regular tuition, does not simply exclude Schubert's preoccupation with various compositorial techniques and media.

Haus in der Säulengasse am Himmelpfortgrund. Zeichnung von Johann Daniel Huber (Historisches Museum).

House in the 'Säulengasse am Himmelpfortgrund'. Drawing by Johann Daniel Huber (Historisches Museum).

Nach seinem Austritt aus dem Stadtkonvikt kehrte Schubert in das väterliche Haus in der Säulengasse zurück. „Da er nun wegen seines außerordentlichen Hanges zur Musik das Konvikt verließ und später von der Konskription dreimal aufgefordert wurde, sich als Soldat zu stellen, entschloß er sich endlich, Schulgehilfen-Dienste zu leisten. Er tat dann auch wirklich durch drei Jahre hindurch an der Schule seines Vaters wesentliche Dienste und hielt daselbst strenge Ordnung" (Erinnerungen, S. 46). An der dortigen k. k. Normal-Hauptschule St. Anna, wo sein Vater unterrichtete, hatte er zuvor das Lehrer-Präparandum abzulegen. Trotz eines eher mittelmäßigen Prüfungserfolges wurde er als Schulgehilfe angestellt.

After leaving the seminary Schubert returned home to the house in the Säulengasse. "As he left school on account of his exceptional inclination for music and was later called up by the conscription to become a soldier, he eventually decided to serve as a school assistant. Thereupon he really did perform important duties at his father's school for three whole years and kept strictest order" (Erinnerungen, p. 46). At the I. & R. secondary school of St. Anna, where his father taught, Schubert first had to pass the teacher's preparatory. Inspite of a rather mediocre examination success, Schubert was employed as school assistant.

Anna Schubert, geb. Kleyenböck. Lichtdruck nach einer Original-
zeichnung von Moritz v. Schwind (Historisches Museum).

Im Haus in der Säulengasse fand Schubert geänderte Familienver-
hältnisse vor. Die Mutter, Elisabeth Schubert, war am 28. Mai
1812 gestorben, und der Vater hatte sich am 25. April 1813 zum
zweitenmal verehelicht. Schuberts Stiefmutter, Anna Kleyenböck,
war die Tochter des Inhabers eines Seidengewerbes in der Vorstadt Gumpendorf.

Anna Schubert, née Kleyenböck. Print from an original drawing
by Moritz von Schwind (Historisches Museum).

Schubert found changed family circumstances in the house in the
Säulengasse. His mother, Elisabeth Schubert, had died on 28th
May, 1812, and his father had married on 25th April, 1813.
Schubert's stepmother, Anna Kleyenböck, was the daughter of
the owner of a silk factory in the suburb of Gumpendorf.

Schubert im 17. Lebensjahr. Reproduktion nach einer Original-zeichnung von Moritz v. Schwind, aus dem Besitz von André Meyer, Paris (Historisches Museum).

Schubert at the age of 17. Reproduction from an original drawing by Moritz von Schwind from the André Meyer collection, Paris (Historisches Museum).

Die Fülle der bis 1814 entstandenen Werke bestätigt nur die Tatsache, daß Schubert auch in den Schuljahren der Musik den Vorzug gegeben hat. Das Ergebnis dieser Jahre sind an die hundert Kompositionen, darunter eine Oper, acht Streichquartette, eine Symphonie, fünf Ouvertüren, mehrere Anfänge zu einer Messe, Lieder, mehrstimmige Gesänge, ein Klaviertrio und andere Klaviermusik. Mehrere dieser Werke wurden im Konvikt aufgeführt oder in Schuberts häuslichem Kreis. Eine weitere Oper (,,Des Teufels Lustschloß" D 84) war im Entstehen, und bald schon sollten die ersten Meisterwerke folgen.

The proliferation of works written before 1814 only confirms the fact that Schubert preferred music in his school years too. The product of these years are some one hundred compositions which include an opera, 8 string quartets, a symphony, 5 overtures, several unfinished settings of the Mass, Lieder, part songs, a piano trio and other piano music. Several of these works were performed in the seminary or in Schubert's family circle. A further opera (*Des Teufels Lustschloß* – the devil's country seat, D 84) was being composed and shortly afterwards the first masterworks were to follow.

Ansicht der Vorstädte Lichtenthal, Alsergrund und Roßau. Kupferstich von Josef Wett (Historisches Museum).

View of the suburbs Lichtenthal, Alsergrund and Roßau. Copper engraving by Josef Wett (Historisches Museum).

In Lichtenthal fand Schubert wieder engeren Umgang mit Freunden, darunter auch mit Michael Holzer, dem Sohn seines früheren Lehrers. Aus den Erinnerungen von dessen Bruder Laurenz Holzer erfährt man, daß Michael Holzer „von frühester Jugend bis zum Tode Schuberts ein intimer Freund des Letzteren" gewesen sei. „Schubert (war) bei seinem Vater Gehilfe mit . . . einem Monathsgehalte von 4 bis 5 Gulden W. W. angestellt, und hatte, obwohl er noch Privatstunden gab, wie ich öfters vernommen, stets mit Geldangelegenheiten zu kämpfen" (Mitteilungen von Laurenz Holzer nach einem Brief von E. Steinböck vom 10. November 1869, Wiener Stadtbibliothek). – In dem in der Vorstadt Lichtenthal gelegenen Gasthaus „Zum Steinernen Löwen" auf der damaligen Lichtenthaler Hauptstraße, heute Liechtensteinstraße, waren Schubert, Holzer, ferner aber auch Alois Steinböck und Heinrich Grob, der Bruder von Therese Grob, häufige Gäste.

In Lichtenthal Schubert found intimate acquaintance with friends such as Michael Holzer, the son of his former teacher. We learn from the memoirs of his brother, Laurenz Holzer, that Michael Holzer "was from Schubert's youth until his death an intimate friend . . . Schubert was employed as his father's assistant with . . . a monthly income of 4 to 5 guilders Viennese currency and he constantly had money problems, although he still gave private lessons" (information from Laurenz Holzer from a letter by E. Steinböck of 10th November, 1896. Wiener Stadtbibliothek). In the hostelry 'Zum Steinernen Löwen' (The stone lion) in the suburb of Lichtenthal in what was then Lichtenthal's main street, now the Liechtensteinstraße, Schubert, Holzer, and in addition also Alois Steinböck and Heinrich Grob, Therese Grob's brother, were frequent guests.

Therese Grob. Ölgemälde von Heinrich Hollpein (Historisches Museum).

Eine hoffnungslose Liebe verband Schubert seit ca. 1814 mit Therese Grob, der älteren Schwester von Heinrich Grob. „Therese Grob . . . war die Tochter einer noch in kräftigen Jahren stehenden bürgerlichen Frau, welche . . . als Witwe und Besitzerin eines eigenen Hauses in Liechtental unweit der Kirche eines der damals gerade in guten Schwung gekommenen Seidenweber-Geschäfte glücklich betrieb. Die Schuberts waren alle teils als deutsche Lehrer, teils als Jugend- und Musik-Freunde des Sohnes im Hause wohl bekannt . . . Therese war durchaus keine Schönheit, aber gut gewachsen, ziemlich voll, ein frisches kindliches Rundgesichtchen, sang fertig mit schöner Sopranstimme auf dem Chore in Liechtental, wo ich mit Schubert und anderen jungen musikalischen Freunden sie oft singen hörte" (Anton Holzapfel. Erinnerungen, S. 72). Therese Grob sang das Sopransolo in Schuberts Messe F-Dur D 105 bei der Erstaufführung in der Lichtenthaler Kirche, und ihr sind wohl indirekt die Lieder „Gretchen am Spinnrade" D 118 und „Stimme der Liebe" D 187 gewidmet.

Therese Grob. Oil painting by Heinrich Hollpein (Historisches Museum).

An unrequited love bound Schubert from about 1814 to Therese Grob, the elder sister of Heinrich Grob. "Therese Grob . . . was the daughter of a middle-class woman still in her prime, who . . . as widow and owner of her house in Lichtenthal successfully ran a blooming silk weaving business not far from the church. All the Schuberts were friends of her son and well known in her home either as teachers of German, or as young musical friends . . . Therese was by no means a beauty, but well developed, of fairly full figure with a fresh childlike round face, sang with a fine soprano in the Lichtenthal choir, where I often heard her with Schubert and other young musical friends" (Anton Holzapfel. Erinnerungen, p. 72). Therese Grob sang the soprano solo in Schubert's F major Mass, D 105, at the first performance in the Lichtenthal church, and the Lieder *Gretchen am Spinnrade,* D 118, and *Stimme der Liebe,* D 187, were probably indirectly dedicated to her.

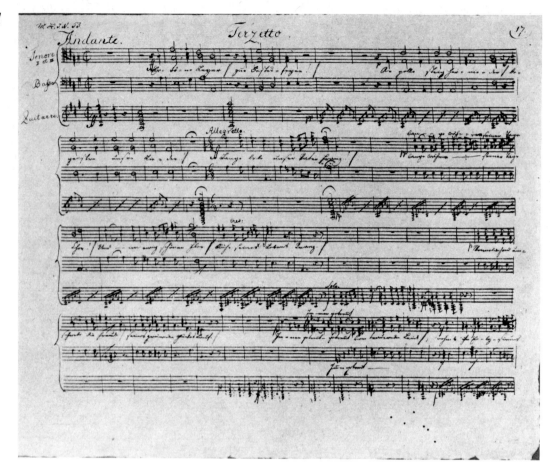

Schubert: Kantate zur Namensfeier des Vaters D 80. Eigene Handschrift.

Schubert: 'Kantate zur Namensfeier des Vaters', D 80. Autograph.

Immer wieder haben Anlässe privater Natur Schubert zu größeren oder kleineren Kompositionen angeregt. So wurde beispielsweise schon 1813 der Namenstag des Vaters Franz Theodor mit einer Gelegenheitskomposition in der Besetzung für 3 Männerstimmen mit Begleitung der Gitarre bedacht, zu der Schubert selbst den Text geschrieben hat. Die Ausführenden der ersten – und wohl einzigen – Aufführung am 4. Oktober 1813 werden die Brüder Ignaz, Ferdinand und Franz Schubert gewesen sein.

Schubert was repeatedly inspired to write greater or smaller compositions for private occasions. In 1813, for instance, the "name-day" of his father, Franz Theodor, was observed with an occasional composition for 3 male voices and guitar accompaniment, with the text also written by Schubert. The performers of the first – and of course the only – performance on 4th October, 1813 will have been the brothers Ignaz, Ferdinand and Franz Schubert.

Johann Mayrhofer: Nachtviolen aus „Heliopolis". Eigene Handschrift.

Ende 1814 wurde Schubert mit dem Dichter Johann Mayrhofer bekannt. „Mayrhofer liebte leidenschaftlich die Musik, und so arm er war, sah man ihn doch jedesmal, wenn eine Oper von Mozart oder Gluck gegeben wurde, im fünften Stock des Kärntnerthortheaters. Im Hause und auf der Gasse pfiff und sang er immer Stücke aus der ,Zauberflöte', die seine Lieblings-Oper war. Er lernte die Gitarre spielen, um seinen Gesang, der übrigens wenig schön war, zu begleiten. (Spaun) machte ihn mit . . . Schubert bekannt, dessen schöne Melodien ihn begeisterten. Schubert dagegen fand sich durch die schönen Gedichte Mayrhofers sehr angeregt, von welchen er eine große Zahl herrlich in Musik setzte. Dichter und Tonsetzer wurden die besten Freunde und bewohnten durch ein paar Jahre ein gemeinschaftliches Zimmer. Mayrhofer sagte oft, er finde sein Leben durch die herrlichen Lieder Schuberts verschönert" (Erinnerungen, S. 408). – „Nachtviolen" D752 hat Schubert im Frühjahr 1822 vertont.

Johann Mayrhofer: 'Nachtviolen aus "Heliopolis"'. Autograph.

At the end of 1814 Schubert became acquainted with the poet Johann Mayrhofer. "Mayrhofer loved music passionately and, poor as he was, he was seen nevertheless on the fifth floor of the Kärntnertortheater every time there was an opera by Mozart or Gluck. At home or in the street he would always whistle and sing pieces out of his favourite opera, the 'Magic Flute'. He learned to play the guitar to accompany his singing – which was not so good. (Spaun) acquainted him with Schubert, whose beautiful melodies filled him with rapture. Schubert on the other hand was greatly inspired by Mayrhofer's poems, a large number of which he set splendidly to music. Poet and composer became the best of friends and lived together in the same room for a few years. Mayrhofer often said he found his life beautified by Schubert's marvellous Lieder" (Erinnerungen, p. 408). – Schubert set *Nachtviolen* in the spring of 1822.

33

Schubert, eigenhändige Tagebuch-Aufzeichnung aus dem Jahr 1816 (Fragment).

Im Sommer 1816 hat Schubert kurzfristig ein Tagebuch geführt. Seine Aufzeichnungen nehmen zum Teil Bezug auf Ereignisse, wie z. B. am 17. Juni: „An diesem Tag componirte ich das erste Mahl für Geld. Nähmlich eine Cantate [Prometheus D 451] für die Nahmensfeyer des H. Professors Wattrot [Watteroth] von [Philipp] Dräxler. Das Honorar ist 100 fl W. W." Zum Teil enthält dieses Tagebuch aber auch Gedanken und Sentenzen wie „Der Mensch gleicht einem Balle, mit dem Zufall u. Leidenschaft spielen" oder „Glücklich, der einen wahren Freund findet. Glücklicher, der in seinem Weibe eine wahre Freundinn findet" u. a. m.

Schubert, Autograph diary notes from 1816 (Fragment).

In the summer of 1816 Schubert kept a diary for a short time. His entries refer partly to events, as for example on 17th June: "To-day I composed for money for the first time. Namely, a cantata [Prometheus, D 451] for the name-day of Professor Wattrot [Watteroth], words by [Philipp] Dräxler. The fee is 100 florins, V. C." Sometimes the diary also contains thoughts and maxims like "Man resembles a ball, to be played with chance and passion", or "Happy he who finds a true man-friend. Happier still he who finds a true friend in his wife" and so on.

„Besetzung der Musiklehrerstelle an der deutschen Normalschul-Anstalt zu Laibach" (Wiener Zeitung, 17. Februar 1816).

Im Februar 1816 wurde in der amtlichen Wiener Zeitung die Besetzung einer Musiklehrerstelle in Laibach angekündigt. Schubert suchte im April um Verleihung dieser Stelle an und gab als Eignungsgründe an, daß er Schüler Salieris wäre, daß „er sich in jedem Fache der Composition solche Kenntnisse und Fertigkeit in der Ausübung auf der Orgel, Violin u. im Singen erworben, daß er laut beiliegendes Zeugnisses unter allen um diese Stelle nachsuchenden Bittwerbern als der Fähigste erklärt wird" (Dokumente, S. 38 f.). Im Herbst desselben Jahres fiel die Entscheidung zugunsten des Mitbewerbers Franz Sokoll, und damit waren Schuberts Hoffnungen auf eine gesicherte Existenz zunichte geworden.

Announcement in the 'Wiener Zeitung' of 19th February, 1816: "Filling of the music master's post at the German normal school establishment at Laibach."

In February 1816 the post of music teacher in Laibach was advertised in the official 'Wiener Zeitung'. Schubert applied for the appointment in April, his qualifications being the fact that he was Salieri's pupil and that "he has gained such knowledge and skill in all branches of composition, in performance on the organ and violin, and in composition that he is declared to be the most suitable among all the applicants for this post" (A documentary biography, p. 54). In the autumn of the same year the choice fell on the applicant Franz Sokoll, thus bringing Schubert's hopes of a secure existence to naught.

Besetzung der Musiklehrersstelle

an der deutschen Normalschul-Anstalt zu Laibach.

Mit hoher Zentral-Organisirungs-Hofkommissions-Verordnung vom 11. Dezember 1815 ist die Errichtung einer öffentlichen Musikschule an der deutschen Normalschul-Anstalt in Laibach bewilliget worden, für welche hiermit ein Lehrer gesucht wird, der nebst einer ausgezeichneten guten Konduite, ein gründlich gelernter Sänger, Organist, und ein eben so guter Violinspieler seyn, dann nicht nur die nöthigsten Kenntnisse aller gewöhnlichen Blas-Instrumente besitzen, sondern auch die Fähigkeit haben muß, andern den Unterricht darin zu ertheilen.

Dieser Musiklehrer wird während des Schuljahres, mit Aufnahme der Sonn- und gebothenen Feyertage, seinen Schülern täglich durch drey Stunden, und nebstbey auch den Landschul-Kandidaten während ihres sechsmonathlichen Präparanden-Kurses dreymahl in der Woche, jedesmahl wenigstens durch eine Stunde den Musikunterricht ertheilen, und in Hinsicht der ordentlichen Musikschüler einen Gehalt von jährlichen 450 fl. M. M. aus dem Provinzialfonds, in Hinsicht der Landschul-Kandidaten aber eine jährliche Remunerazion von 50 fl. M. M. aus dem Normalschul-Fonde beziehen, nebstbey den Rang eines Normalschul-Lehrers haben, und zugleich befugt seyn, die übrigen Stunden dem Privatunterrichte, keineswegs aber solchen Beschäftigungen zu widmen, wodurch das Ansehen eines öffentlichen Lehrers gefährdet werden könnte.

Diejenigen, welche dieses Lehramt zu erhalten wünschen, müssen daher mit glaubwürdigen Zeugnissen das Alter, den Geburtsort, die dermahlige Beschäftigung, ihre besitzenden Kenntnisse, und den Umstand, ob selbe ledig, verheirathet, Witwer, mit Kindern, und zwar mit wie vielen, versehen, oder Kinderlos seyen? erörtern, und zugleich mit glaubwürdigen Zeugnissen über ihre gründlichen musikalischen Kenntnisse, und über ihre dießfällige Lehrfähigkeit, so wie auch mit einem von der geistlichen und politischen Behörde ihres Aufenthaltes bestättigten guten Sittlichkeits-Zeugnisse versehen seyn, und ihr mit gedachten Zeugnissen belegtes Gesuch, in so fern sich die Kompetenten in Niederösterreich befinden, der löbl. k. k. Nied. Oesterr. Regierung bis 15. März d. J. vorlegen.

Von dem k. k. prov. Gubernium.

Laibach am 19. Januar 1816.

Schubert im Alter von 20 Jahren. Tusch-Silhouette (Historisches Museum).

Bis zu seinem 20. Lebensjahr hatte Schubert bereits an die 500 Werke geschrieben; davon fallen allein 300 Werke in die Zeit von 1814 bis 1816, Schuberts produktivste Zeit. Sechs Bühnenwerke (u. a. ,,Fernando'', ,,Die Freunde von Salamanka'', ,,Claudine von Villa Bella''), nahezu 200 Lieder nach Texten von Goethe, Klopstock, Mayrhofer, Körner, Hölty, Matthisson, vier Messen (F-Dur, G-Dur, B-Dur, C-Dur), vier Symphonien (II bis V), drei Streichquartette, Klavierstücke, Tänze u. a. m. sind die künstlerische Bilanz dieser Jahre. Die öffentliche Anerkennung aber fehlte. Schuberts Schaffen war nach wie vor nur einem kleinen Kreis von Freunden bekannt, und auch in diesem Kreis bevorzugte bzw. sang und spielte man fast nur seine Lieder und Tänze.

Schubert at the age of 20. Ink silhouette (Historisches Museum).

Schubert had already written up to 500 works by the time he was 20, of which 300 works alone fall into the time from 1814 to 1816, Schubert's most productive period. Six works for the stage (including *Fernando, Die Freunde von Salamanka, Claudine von Villa Bella*), almost 200 Lieder with texts by Goethe, Klopstock, Mayrhofer, Körner, Hölty, Matthisson, four masses (F major, G major, B flat major, C major), four symphonies (II to V), three string quartets, piano pieces, dances and so on make up the artistic balance of these years. But public recognition was not forthcoming. Schubert's work was then as earlier only known in a small circle of friends who preferred to sing and play almost only his Lieder and dances.

*Johann Michael Vogl. Originalzeichnung von Franz v. Schober
(Historisches Museum).*

In den ersten Monaten des Jahres 1817 wurde Schubert von seinem Freunde Franz v. Schober dem Sänger Johann Michael Vogl
vorgestellt, der als Mitglied der Hofoper am Höhepunkt seiner
Laufbahn stand. Die Begegnung fand wahrscheinlich in Schobers
Wohnung im Haus „Zum Winter" in den Tuchlauben statt. „Bei
der ersten Zusammenkunft war Schubert nicht ohne Befangenheit.
Er legte zuerst das soeben in Musik gesetzte Gedicht von Mayrhofer, ‚Augenlied', zur Beurteilung vor. Vogl, aus diesem Liede
sogleich Schuberts Talent erkennend, prüfte mit steigendem Interesse die Reihe anderer Lieder . . . Nach wenigen Wochen schon
sang Vogl Schuberts ‚Erlkönig', ‚Ganymed' . . . einem kleinen,
aber entzückten Kreise vor . . . Das Interesse, welches Vogl den
Liedern Schuberts schenkte, erweiterte nun plötzlich den Kreis, in
dem der junge Tonsetzer sich bisher bewegte, und der herrliche
Vortrag dieser Lieder durch Vogl erwarb ihnen bald laute, freu-
dige Anerkennung. Auch vorzügliche Dilettanten fingen nun an,
sich mit dem Geiste der Schubertschen Kompositionen vertraut zu
machen" (Erinnerungen, S. 28 f.).

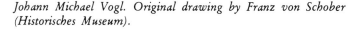

*Johann Michael Vogl. Original drawing by Franz von Schober
(Historisches Museum).*

In the early months of 1817, Schubert was introduced by his
friend Franz von Schober to the singer Johann Michael Vogl who,
as member of the court opera, was at the zenith of his career. The
meeting probably took place in Schober's flat in the house 'Zum
Winter' in the Tuchlauben. "At the first meeting, Schubert was
quite shy. He offered the Mayrhofer poem 'Augenlied' which he
had just set for Vogl to judge. Vogl, who immediately recognised
Schubert's talent in this song, went on to look over a collection of
other Lieder with increasing interest . . . In a few weeks Vogl was
already singing Schubert's 'Erlkönig' and 'Ganymed' . . . to a
small but delighted circle . . . The interest Vogl showed in
Schubert's Lieder suddenly widened the circle in which the young
composer had hitherto moved, and the splendid performance of
these Lieder by Vogl soon won him pure jubilant recognition.
Even good amateurs were now beginning to become acquainted
with the spirit of Schubert's compositions" (Erinnerungen,
p. 28 f.).

An Herrn Franz Schubert.

(Als seine Cantate »Prometheus« aufgeführt ward.)

In der Töne tiefem Beben
    Wie die Saiten jubelnd klangen,
Ist ein unbekanntes Leben
    In der Brust mir aufgegangen.

In dem Sturmeston der Lieder
    Klagt der Menschheit jammernd Ach —
Kämpfend steigt Prometheus nieder,
    Und das schwere Dunkel brach!

Mich hats wunderbar erhoben
    Und der Wehmuth neue Lust,
Wie ein schimmernd Licht von oben,
    Kam in die bewegte Brust!

Und in Thränen und Entzücken
    Fühlte ich mein Herz zerstücken,
Jauchzend hätte ich mein Leben
    Wie Prometheus hingegeben!

                                    Franz v. Schlechta.

„An Herrn Franz Schubert." Gedicht von Franz v. Schlechta (Abdruck in der Wiener Allgemeinen Theater-Zeitung vom 27. September 1817).

Zum erstenmal wurde Schuberts Name öffentlich durch ein ihm gewidmetes Gedicht erwähnt. Der Abdruck erschien allerdings verspätet, denn das Poem war 1816 anläßlich der privaten Aufführung der verlorengegangenen Kantate „Prometheus" D 451 geschrieben worden. – Schlechta war Zögling des Stadtkonvikts, jedoch erst zu einem Zeitpunkt, als Schubert das Institut bereits verlassen hatte. Schubert hatte 1815 erstmals ein Gedicht von Schlechta vertont: „Auf einen Kirchhof" D 151.

"To Herrn Franz Schubert." Poem by Franz von Schlechta (printed in the 'Wiener Allgemeine Theater-Zeitung' of 27th September, 1817).

Schubert's name was first mentioned publicly in a poem dedicated to him, though it was printed too late, as the poem had been written in 1816 for the occasion of the private performance of the now missing cantata Prometheus, D 451. – Schlechta was a pupil of the seminary, but only at a time when Schubert had already left the institution. Schubert had set a poem by Schlechta for the first time in 1815: Auf einem Kirchhof, D 151.

a) *Überstellungsdekret für Franz Theodor Schubert an die Schule in der Roßau, Wien 24. Dezember 1817 (Privatbesitz, Wien). –* b) *Personenstandaufnahme im Schulhaus Grünetorgasse in der Roßau aus dem Jahr 1818 mit Eintragungen über die Familie Schubert (Wiener Stadt- und Landesarchiv).*

Im Frühjahr 1816 hatte Schubert vorübergehend in der Erdberger-straße bei der Familie H. J. Watteroth gewohnt, und von Herbst 1816 bis August 1817 nahm er Unterkunft im Hause der Familie Schober in der Inneren Stadt Nr. 592. Anschließend begab er sich dann in das elterliche Wohnhaus auf dem Himmelpfortgrund, wo er vermutlich wieder als Schulgehilfe tätig war. Im Dezember 1818 wurde der Vater Schubert an die Schule in der Roßau über-stellt: „Durch hohes Reg[ierun]gsdekret . . . wurde die Überset-zung des Schullehrers am Himelpfortgrunde Franz Schubert auf den Schuldienst in der Rossau genehmiget und beschlossen. Man versieht sich zu demselben, daß er die Schule in der Rossau unge-säumt antreten . . . werde." Mit dem Vater und der Stiefmutter zogen auch Ignaz, Ferdinand, Carl und Franz in das Haus „Roßau Nro. 147".

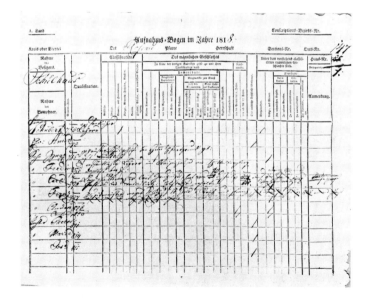

a) *Transfer decree for Franz Theodor Schubert to the school in Roßau, Vienna, 24th December 1817 (Private collection, Vienna). – b) Admission form in the year 1818, school house Grünetorgasse, Roßau, with entries concerning the Schubert family (Wiener Stadt- und Landesarchiv).*

In the spring of 1816, Schubert had been living temporarily in the Erdberggasse with the Watteroth family and from the autumn of 1816 to August 1817 he took lodgings in the Schober family's house in the centre of town No. 592. After that he moved to his parents' house in the Himmelpfortgrund, where he was presumably active as school assistant. In December, 1818 his father was transferred to the school in Roßau: "By government decree . . . the transfer of the schoolmaster in the Himmelpfortgrund, Franz Schubert, to the Rossau has been agreed and resolved." Ignaz, Ferdinand, Carl and Franz also moved to the house in "Roßau Nro. 147".

a) Schuberts Zimmer im Schloß Zeliz. Aquarell von Adalbert Franz Seligmann (Historisches Museum). – b) Karoline und Marie Komtessen Esterházy (mit ihrem Bruder Grafen Albert). Reproduktion nach einem Aquarell von Johann Schindler.

Im Juli 1818 reiste Schubert, wie aus seinem Paß ersichtlich (Original im Wiener Stadt- und Landesarchiv) nach Ungarn. „(Er) wurde ... durch den Grafen Johann Karl Esterhazy engagiert über Sommer auf seinem Landgute Zseliz in Ungarn als Musikmeister in der Familie des Grafen zu fungieren. Die beiden Töchter desselben, Marie (nachmalige Gräfin Breunner) und Karoline (später verehelichte Gräfin Crenneville), spielten bereits sehr gut Klavier, als Schubert ins Haus kam. Erstere sang überdies, gebildet von den besten italienischen Meistern, einen wunderschönen Sopran. Schubert hatte mehr die Aufgabe zu korrepetieren als zu lehren. Empfohlen und eingeführt in das Haus des Gr. Esterházy ward Schubert durch den Vater der nachmals so berühmt gewordenen Sängerin Caroline Unger ... Ein Liebesverhältnis mit einer Dienerin ... wich in der Folge einer poetischeren Flamme, welche für die jüngere Tochter des Hauses, Komtesse Karoline, in seinem Inneren emporschlug ... Karoline schätzte ihn und sein Talent sehr hoch, erwiderte jedoch diese Liebe nicht, vielleicht ahnte sie dieselbe auch nicht einmal in dem Grade, als sie vorhanden war" (Erinnerungen, S. 116 f.).

a) Schubert's room in Schloß Zeliz. Water colour by Adalbert Franz Seligmann (Historisches Museum). – b) Comtesses Caroline and Marie Esterházy (with their brother Count Albert). Reproduction from a water colour by Johann Schindler.

In July 1818 Schubert travelled to Hungary, as can be seen from his passport (original in the Wiener Stadt- und Landesarchiv). "He was engaged by Count Johann Karl Esterházy to fulfil the duties of music master in the count's family for the summer on his country estate at Zeliz in Hungary. The count's two daughters, Marie (later Countess Brunner) and Caroline (later Countess Crenneville) already played the piano very well when Schubert entered the house. The eldest could also sing, and had been trained by the best Italian masters as a beautiful soprano. Schubert's task was rather that of correpetitor than teacher. Schubert was recommended and introduced into the house of Count Esterházy by the father of the singer Caroline Unger, who later became very famous ... A love affair with a maid ... consequently wakened a poetic flame which burnt within him for the youngest daughter of the house, Countess Caroline ... Caroline held Schubert and his talent in great esteem, but did not respond to this love, which she may not even have supposed to be so fervent as it really was" (Erinnerungen, p. 116).

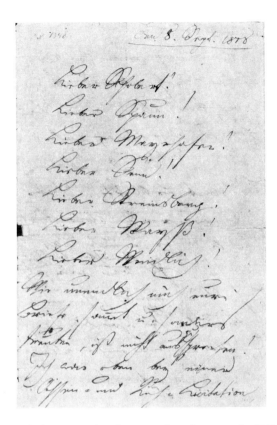
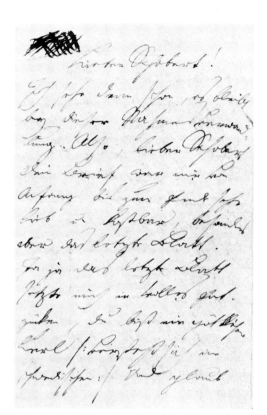

Schubert, eigenhändiger Brief an die Freunde, Zeliz 8. September 1818.

Aus Zeliz sandte Schubert einen 16 Seiten langen Brief – zweifellos eine Rarität, denn Schubert zählte nicht zu den eifrigen Briefschreibern – an seine Freunde, in dem sich Familiäres, Künstlerisches und rein Erzählendes aneinanderreiht: „Lieber Schobert [sic]! Lieber Spaun! Lieber Mayrhofer! Lieber Senn! Lieber Streinsberg! Lieber Wayß! Lieber Weidlich! Wie unendlich mich eure Briefe samt u. sonders freuten, ist nicht auszusprechen! . . . Ich brach ihn, u. ein lautes Freudengeschrey erhob ich als ich den Nahmen Schobert [sic] erblickte . . .“, so beginnt Schubert dieses Schreiben. Speziell an Schober gerichtet sind die Sätze: „Daß die Opristen in Wien jetzt so dumm sind, u. die schönsten Opern ohne meinen aufführen, versetzt mich in eine kleine Wuth. Denn in Zeléz muß ich mir selbst alles seyn. Compositeur, Redacteur, Auditeur u. was weiß ich noch alles. Für das Wahre der Kunst fühlt hier keine Seele, höchstens dann u. wann . . . die Gräfinn. Ich bin also allein mit meiner Geliebten, u. muß sie in mein Zimmer, in mein Klavier . . . verbergen . . . Fürchtet euch also nicht, daß ich länger ausbleiben werde, als es die strengste Nothwendigkeit erfordert.“ Der Brief enthält auch eine kurze Beschreibung von Zeliz: „Unser Schloß ist keins von den größten, aber sehr niedlich gebaut. Es wird von einem sehr schönen Garten umgeben. Ich wohne im Inspectorat. Es ist ziemlich ruhig . . . Die mich umgebenden Menschen sind durchaus gute . . .“

Schubert, Autograph letter to his friends, Zeliz, 8th September, 1818.

Schubert sent a 16 page letter to his friends from Zeliz, which contains personal, artistic and purely narrative information. This was something which did not happen every day, as Schubert was never counted among the great letter-writers. "Dear Schobert [sic], dear Spaun, dear Mayrhofer, dear Senn, dear Streinsberg, dear Wayß, dear Weidlich, how infinitely the letters from you, all and sundry, delighted me is not to be expressed . . . As I broke it open, loud cries of joy burst from me on beholding the name of Schobert . . ." Schubert begins his letter in this way. The following sentences are especially intended for Schober: "That the opera people in Vienna should be so idiotic as to perform the finest opera just now, when I am not there, makes me not a little furious. For at Zseliz I am obliged to rely wholly on myself. I have to be composer, author, audience, and goodness knows what else. Not a soul here has any feeling for true art, or at most the countess now . . . So I am alone with my beloved and have to hide her in my room, in my pianoforte and in my bosom . . . Have no fear, then, that I shall stay away longer than is absolutely necessary." The letter also contains a brief description of Zeliz: "Our castle is not one of the largest, but very neatly built. It is surrounded by a most beautiful garden. I live at the inspectorate. It is fairly quiet . . . Good people around me, all of them . . ."

41

Ansicht von Steyr. Stahlstich von Johann Poppel nach einem Entwurf von Ludwig Rohbock (Dr. Albert Mitringer, Wien).

„Die Gegend um Steyr ist über allen Begriffen schön", heißt es in dem Brief Schuberts an seinen Bruder Ferdinand vom 13. Juli 1819 (Dokumente, S. 82). Schubert war auf Einladung Vogls in dessen Heimatstadt gereist. Er wohnte dort im Hause des Berggerichtsadvokaten Albert Schellmann. Während seines Aufenthaltes machte er die Bekanntschaft mit Josefine v. Koller, einer jungen Pianistin, die ihn möglicherweise zur Klaviersonate in A-Dur (D 664) angeregt hat, und Sylvester Paumgartner. In dessen Haus fanden mehrmals Abendgesellschaften statt, und Vogl und Schubert wirkten dort auf Einladung mit. Paumgartner, ein Kunstmäzen, der selbst Cello spielte, bestellte bei Schubert die Komposition eines Klavierquintetts und gab damit den Anlaß zur Entstehung des *Forellenquintetts* (D 667).

View of Steyr. Steel engraving by Johann Poppel from a sketch by Ludwig Rohbock (Dr. Albert Mitringer, Vienna).

"The country round Steyr is inconceivably lovely", reads a letter dated 13th July, 1819 from Schubert to his brother Ferdinand (A documentary biography, p. 121). Schubert had travelled to Vogl's home town at the latter's invitation. Vogl lived in the house of the expert in mining law, Albert Schellmann. During his stay Schubert met Josefine von Koller, a young pianist who possibly inspired him to compose the piano sonata in A major, D 664, and Sylvester Paumgartner, in whose house several parties took place to which Vogl and Schubert were invited. Paumgartner, a patron of the arts, who played the cello, commissioned Schubert to write a piano quintet and so gave rise to the composition of the so-called "trout quintet", D 667.

Schubert: Kantate zum Geburtstag des Sängers Johann Michael Vogl D 666. Eigene Handschrift.

In Steyr wurde Vogls 51. Geburtstag gefeiert (Vogl wurde 1768 in Steyr geboren). Schubert schrieb zu diesem Anlaß eine Kantate über den von Albert Stadler verfaßten Text. Die Aufführung fand am 10. August im Hause Kollers mit den Ausführenden Josefine v. Koller, Bernhard Benedict, Schubert (Baßstimme?) und Stadler (Klavier) statt.

Schubert: Cantata for Johann Michael Vogl's birthday, D 666. Autograph.

Vogl's 51st birthday was celebrated in Steyr (Vogl was born in Steyr in 1768). Schubert wrote a cantata for this occasion on a text composed by Albert Stadler. The performance took place on 10th August, 1819, in Koller's house and was performed by Josefine von Koller, Bernhard Benedict, Schubert (bass?) and Stadler (piano).

Ansicht des Alten Postgebäudes (Schuberts Wohnhaus) in Linz.
Reproduktion nach einer Photographie.

View of the old post building (where Schubert lived) in Linz.
Reproduction from a photograph.

Von Steyr reiste Schubert weiter nach Linz. ,,Ich befinde mich gegenwärtig in Linz", schrieb er am 19. August an seinen Freund Mayrhofer, ,,war bei den Spauns, traf Kenner . . . lernte Spauns Mutter kennen und den [Anton] Ottenwald, dem ich sein von mir componirtes Wiegenlied sang. In Steyr hab ich mich und werd' mich noch sehr gut unterhalten. Die Gegend ist himmlisch, auch bey Linz ist es sehr schön." (Dokumente, S. 84) Schubert besuchte noch Kremsmünster und kam anschließend wieder nach Steyr zurück. Sowohl in Linz als auch in Steyr hatte er neue Freunde gefunden, die er später – und namentlich auf seiner Reise nach Gastein – wiedersehen sollte.

Schubert continued his journey from Steyr to Linz. "I am at Linz just now", he wrote to his friend Mayrhofer on 19th August, "and have been at the Spauns', where I met Kenner . . . made the acquaintance of Spaun's mother and of [Anton] Ottenwald, to whom I sang his Wiegenlied (Cradle Song), composed by me. At Steyr I had an excellent time, and shall again. The country is heavenly, and near Linz too it is lovely" (A documentary biography, p. 124). Schubert visited Kremsmünster as well and afterwards returned to Steyr. In Linz and Steyr he had made new friends, whom he was to see later, on his journey to Gastein.

Landschaftsbild. Originalzeichnung von Moritz v. Schwind (Privatbesitz, Wien).

Landscape. Original drawing by Moritz von Schwind (Private collection, Vienna).

Seit 1819 datiert Schuberts Bekanntschaft mit Moritz v. Schwind, Sohn eines 1818 verstorbenen Hofsekretärs. Er war ein begabter Zeichner und Aquarellist, zudem hatte er eine enge Beziehung zur Musik. O. E. Deutsch zitiert (ohne Angabe der Quelle) sein Motto wie folgt: „Einen Löffel Musik muß man täglich haben." (Dokumente, S. 417) Nach Bauernfelds Mitteilung soll er über Schubert gesagt haben: „Wie der komponiert, so möchte ich malen können!" (Erinnerungen, S. 273). Schwind hat zu Schuberts Lebzeiten und später aus der Erinnerung viele Details zur Person Schuberts, aber auch über andere Persönlichkeiten aus dem Schubertkreis illustrativ festgehalten. Seine Landschaftsbilder und Porträts wurden zum wichtigsten Bestand an Bilddokumenten zu Schubert und seiner Zeit.

Schubert's acquaintance with Moritz von Schwind, the son of a court secretary who died in 1818, dates from 1819. Schwind was a gifted artist in drawing and water colours, as well as having a strong tie with music. O. E. Deutsch quotes (without giving the source) his motto as follows: "One should take a spoonful of music daily" (A documentary biography, p. 209). According to Bauernfeld he is supposed to have said about Schubert: "I wish I could paint as well as he composes!" (Erinnerungen, p. 273). Schwind documented many details concerning Schubert as a person, and also other personalities from Schubert's circle in his illustrations during Schubert's lifetime and later from memory. His landscapes and views, his drawings and water colours offer a significant illustrative contribution to Schubert and his time.

45

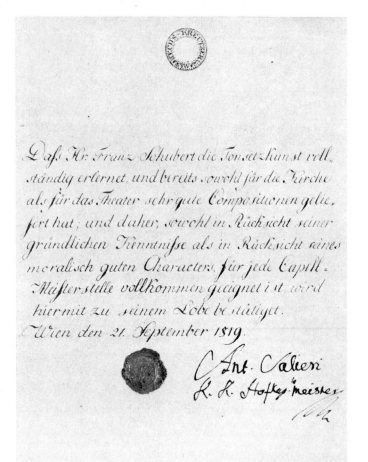

Daß Hr. Franz Schubert die Tonsetzkunst vollständig erlernet, und bereits sowohl für die Kirche als für das Theater sehr gute Compositionen geliefert hat; und daher, sowohl in Rücksicht seiner gründlichen Kenntnisse als in Rücksicht seines moralisch guten Characters, für jede Capell=Meisterstelle vollkommen geeignet ist, wird hiermit zu seinem Lobe bestätiget.

Wien den 21. September 1819.

Ant. Salieri
K. K. Hofkapelmeister

a) Zeugnis Antonio Salieris für Schubert, Wien 21. September 1819. Abschrift mit eigenhändiger Unterschrift (Hermine Unger, Wien). – b) Das Orchester im k. k. Hoftheater nächst dem Kärntnerthor. Reproduktion nach einem Stich von Franz Stöber.

Im Herbst 1819 scheint sich Schubert um eine Korrepetitor- oder Kapellmeisterstelle (vermutlich im Kärntnerthortheater) bemüht zu haben. So erklärt sich Salieris Zeugnis, das vor allem Schuberts Befähigung für einen derartigen Posten hervorhebt: „Dass Hr. Franz Schubert die Tonsetzkunst vollständig erlernet, und bereits sowohl für die Kirche als für das Theater sehr gute Compositionen geliefert hat; und daher, sowohl in Rücksicht seiner gründlichen Kenntnisse als in Rücksicht seines moralisch guten Characters, für jede Capell=Meisterstelle vollkommen geeignet ist, wird hiermit zu seinem Lobe bestätiget. Ant. Salieri K. K. Hofkaple Meistermp." – Ähnliche erfolglose Bemühungen hat es 1826 gegeben.

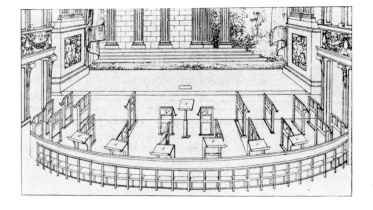

a) Reference from Antonio Salieri for Schubert, Vienna, 21st September, 1819. Copy with autograph signature (Hermine Unger, Vienna). – b) The orchestra in the I. & R. court theatre near the Kärnthnerthor. Reproduction from a lost engraving by Franz Stöber.

In the autumn of 1819 Schubert seems to have been looking for a post as correpetitor or capellmeister (presumably in the 'Kärntnerthortheater'). Salieri's reference which emphasises Schubert's eligibility for such a post, can be interpreted in this way: "That Herr Franz Schubert has completely learned the art of composition and already furnished very good compositions both for the church and for the stage; and that he is therefore entirely suited to any chapel master's post, in regard to his thorough knowledge as well as his moral character, is herewith confirmed in praise of him. Ant. Salieri, I. & R. musical director of the court chapel." – Similar unsuccessful attempts occurred in 1826.

k.k.priv Theater
Laimgrube, an der Wien N° 26

Ansicht des K. k. priv. Theaters an der Wien. Unbezeichneter kolorierter Stich (Historisches Museum).

Das Jahr 1820 machte Schuberts Namen in der Öffentlichkeit in größerem Maße bekannt: Im Theater an der Wien wurde das Melodram „Die Zauberharfe" gespielt, und im Kärntnerthortheater kam sein Singspiel „Die Zwillingsbrüder" zur Aufführung. War der Erfolg eher bescheiden, bedeutete allein die Annahme zweier Bühnenwerke in Wien für Schubert persönlich ungleich mehr: sein Ruf als Komponist begann sich zu verbreiten, und damit war ihm der Sprung aus dem privaten Kreis in die Öffentlichkeit gelungen. Die künstlerischen Aussichten ließen ihn zuversichtlich werden.

View of the 'K. & k. priv. Theater an der Wien'. Unsigned coloured engraving (Historisches Museum).

1820 proclaimed Schubert's name in public: in the 'Theater an der Wien' the melodrama *Die Zauberharfe* was played, and in the 'Kärntnerthortheater' his Singspiel *Die Zwillingsbrüder* was performed. Even if the success was rather mediocre, the sole fact that two operas were accepted in Vienna meant much more to Schubert personally: his fame as a composer began to spread and with it the jump from the private circle to the public. The artistic prospects gave him confidence.

47

Johann Senn, eigenhändiger Brief an Franz Seraph v. Bruchmann, [Wien?] 28. April 1820.

Im Frühjahr 1820 wurde Schubert in eine Affäre hineingezogen, die ihn für kurze Zeit in polizeilichen Gewahrsam brachte: Die Studentenunruhen, die durch die Ermordung des absolutistisch gesinnten Dramatikers August v. Kotzebue hervorgerufen wurden, hatten auch auf Österreich übergegriffen und führten zu einer Überwachung des hiesigen Studentenwesens. Johann Senn hatte sich durch die Teilnahme an Zusammenkünften in einem Gasthaus verdächtig gemacht, worauf man bei ihm eine Hausdurchsuchung anordnete. Dort waren zu gleicher Zeit Bruchmann, Streinsberg und Schubert anwesend, und aus der Polizeiakte ist zu entnehmen, daß diese „gegen den amthandelnden Beamten mit Verbalinjurien und Beschimpfungen losgezogen seyn" (Dokumente, S. 88). Senn blieb 14 Tage in Untersuchungshaft und wurde dann nach Tirol abgeschoben. Schubert kam bei der Sache glimpflich davon. – In dem hier gezeigten Brief nimmt Senn Abschied von Bruchmann. „Ein Scheidebrief wie der Vorige, der statt zu scheiden, anzuknüpfen suchte, war ein Spott gegen die Ordnung der menschlichen Dinge. Diese will von jedem Menschen geehrt seyn; ich fühle dß ich einer bin u. ehre sie, indem ich thue was ich meiner Wahrheit nach nicht unterlassen kann, und von Ihnen scheidend jedes innigere Band auflöse . . ."

Johann Senn, Autograph letter to Franz Seraph von Bruchmann, [Vienna?], 28th April, 1820.

In the spring of 1820 Schubert was involved in an affair which brought him to the attention of the police for a short time: the student unrest, which had been provoked by the murder of the absolutist dramatist, August von Kotzebue, had also spread to Austria and led to a watch being kept on the students there. Johann Senn had made himself suspicious by his participation in a brush in a hostelry, whereupon the order was given to search his house. On this occasion Bruchmann, Streinsberg and Schubert were present and it can be assumed from the police file that these "let themselves loose on the officials on duty with verbal taunts and insults" (A documentary biography, p. 129f). Senn was under arrest for a fortnight and was then transferred to Tyrol. Schubert got off lightly. – The letter on exhibition is Senn's farewell to Bruchmann. "A parting letter such as the above, which, instead of parting, sought contact, was mockery in the face of the order of human affairs. This should be honoured by all people; I feel that I am one and honour it, although I do what I cannot leave undone if I am honest, and dissolve every band with you by the parting . . ."

a) Franz Seraph v. Bruchmann. Druck nach einem Original von Leopold v. Kupelwieser. – b) „Der Muthwille", Sommersitz der Familie Bruchmann. Unbezeichnete Originalzeichnung (a, b Historisches Museum).

Mit der Familie Bruchmann, vor allem aber mit dem Sohn des Hauses, Franz Seraph Ritter v. Bruchmann, der unter dem Pseudonym „Anacreon" Gedichte verfaßte, war Schubert befreundet. Die Familie besaß in Hütteldorf einen Landsitz, genannt „Der Muthwille", wohin Schubert in den Sommermonaten öfters auf Besuch kam. In einem Schreiben Bruchmanns an Schober, datiert mit April 1823, heißt es beispielsweise: „Mit diesen Zeilen geht zugleich ein Brief an meine Mutter ab, mit der Bitte, Ihnen und Schubert auf ein Monat einige Zimmer des Mutwillens einzuräumen ... wird am 13ten Mai Schubertiade im Mutwillen sein?" (Dokumente, S. 192).

a) Franz Seraph von Bruchmann. Print from an original by Leopold von Kupelwieser. – b) 'Der Muthwille', summer residence of the Bruchmann family. Unsigned original drawing (a, b Historisches Museum).

Schubert was a friend of the Bruchmann family, especially of the son of the house, Seraph Ritter von Bruchmann, who wrote poems under the pseudonym of "Anacreon". The family owned a country residence in Hütteldorf, called "Der Muthwille", where Schubert often came to visit during the summer months. For instance a letter from Bruchmann to Schober, dated April 1823, runs: "These leave me together with a letter to my mother, requesting her to reserve you and Schubert for a month a few rooms in the Muthwille, on the terms discussed ... Is there to be a Schubertiad in the Muthwille on 13th May?" (A documentary biography, p. 278).

Schubert. Originalzeichnung von Moritz v. Schwind (Marianne Nechansky, Wien).

In den Jahren von 1817 bis 1820 ist in Schuberts Schaffen eine deutliche Hinwendung zu Instrumentalwerken feststellbar. Sind auch noch mehr als 50 Lieder entstanden, fällt das Schwergewicht doch auf die Klaviermusik mit sieben Sonaten und einzelnen Fragmenten. Ferner häufen sich in dieser Zeit Kompositionen für Klavier zu vier Händen und Tänze für Klavier. An Werken mit größerer Besetzung sind hier die VI. Symphonie, die Ouvertüren im italienischen Stil und das Forellenquintett zu nennen. – Schon an der Wende von 1819 zu 1820 macht sich eine Entwicklung bemerkbar, die im Laufe von 1820 besonders hervortritt. Zugleich mit den ersten Aussichten auf öffentliche Anerkennung geht eine persönliche und künstlerische Krise einher. Sie dokumentiert sich äußerlich in einem – wenn man den Aussagen der Freunde folgt – veränderten Auftreten Schuberts gegenüber seinem familiären und Freundeskreis, künstlerisch aber in einer etwas kritischeren Einstellung zu seinem Werk. Nicht nur zufällig erstreckt sich die Ende 1819 begonnene Arbeit an der As-Dur-Messe D 678 über einen längeren Zeitraum, und es hat zweifellos tiefere Gründe, warum mehrere Werke aus dieser Zeit, wie die Opern „Adrast" (vgl. Kat.-Nr. 107), „Sakuntala", die Osterkantate „Lazarus" u. a., nur Fragment geblieben sind. Bemerkenswert ist ferner, daß Schuberts Handschrift (in den Musikmanuskripten) sich mit Frühjahr 1820 wesentlich ändert. Damit wird eine tiefliegende Wandlung in Schuberts Wesen nur bestätigt.

Schubert. Original drawing by Moritz von Schwind (Marianne Nechansky, Vienna).

A clear trend towards instrumental compositions can be ascertained in Schubert's work from 1817 to 1820. Even if more than 50 Lieder were written, the main emphasis lies on piano music with seven sonatas and individual fragments. Compositions for piano duet and dances for piano accumulate as well at this time. As regards works for more instruments, the VIth symphony, the overtures in the Italian style and the trout quintet can be quoted. – As early as the end of the year 1819 a development becomes noticeable, which especially obtrudes during the course of 1820. Coinciding with Schubert's first prospects of public recognition, a personal and artistic crisis arose. It is externally documented in a changed attitude towards his family and friends – if we follow the testimonies of his friends – and artistically in a somewhat more critical approach to his work. It is no concidence that work on the A flat major mass, started in 1819, extends over a longer period of time; there are definitely deeper reasons why several works of this period, such as the operas *Adrast* (see Cat. No. 107), *Sakuntala, Lazarus* have remained only a fragment. It is also worth noting that Schubert's handwriting (in the music manuscripts) changed significantly in the spring of 1820. These factors only confirm a deeply rooted change in Schubert.

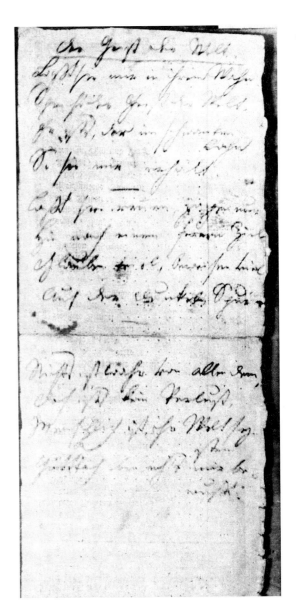

Schubert: Der Geist der Welt, Gedicht. Eigene Handschrift (Wiener Schubertbund).

Schubert: 'Der Geist der Welt' (The spirit of the world), Poem. Autograph (Wiener Schubertbund).

Schuberts Gedicht stammt aus dem Jahr 1820. Notiert wurde es mit Bleistift auf der Rückseite einer Speisekarte des Gasthauses im Seitzerhof. Es hat den Wortlaut: „Laßt sie mir in ihrem Wahn / Spricht der Geist der Welt, / Er ists, der im schwanken Kahn / So sie mir erhält. / Laßt sie reñen, jagen nur / Hin nach einem fernen Ziel / Glauben viel, beweisen viel / Auf der dunkeln Spur. / Nichts ist wahr von allen dem, / Doch ists kein Verlust, / Menschlich ist ihr Weltsystem, / Göttlich bin ich's mir bewußt."

The manuscript of the poem Schubert composed was written in 1820. It was jotted down in pencil on the back of a menu in the restaurant in Seitzerhof. It reads: "Leave them but in their conceit, / Tossed on stormy brine; / Though their boat be insecure, / Thus they still are mine. / Thus the Spirit of the World / Spake: let them but chase / After dark and far-off goals, / And with wrangling fill their days; / Yet no harm it be for them / Short of truth to fall: / Frail and human is their world, / Godlike understand I all."

Landpartie der Schubertianer von Atzenbrugg nach Aumühl.
Druck nach einem Aquarell von Leopold v. Kupelwieser, 1820
(Historisches Museum).

Im Sommer 1820 reiste Schubert zwischen den Aufführungen seiner beiden Bühnenwerke im Kärntnerthortheater bzw. im Theater an der Wien mit seinen Freunden erstmals nach Atzenbrugg. Das Gut wurde von Schobers Onkel, dem Justitiar des Stiftes Klosterneuburg, verwaltet. Dieser war es, der die Schubertianer jährlich im Sommer nach Atzenbrugg einlud. 1820 war auch der Maler Leopold v. Kupelwieser mit von der Partie, der für Schober das Aquarell gemalt hat. Das Bild zeigt links stehend Schubert und Kupelwieser. Die Personen im Wagen konnten noch nicht identifiziert werden, doch weiß man aus den über diese geselligen Runden angelegten Listen, daß zu dieser Zeit u. a. auch Josef v. Gahy, Ferdinand Mayer v. Grünbühel und Johann Ignaz Zechenter nach Atzenbrugg kamen.

Party of 'Schubertianer' in the country on their way from
Atzenbrugg to Aumühl. Print from a water colour by Leopold von
Kupelwieser, 1820 (Historisches Museum).

In the summer of 1820, between the performances of his two operas in the 'Kärntnerthortheater' or the 'Theater an der Wien', Schubert travelled to Atzenbrugg with his friends for the first time. The estate was managed by Schober's uncle, the justiciary of the monastery Klosterneuburg. He it was who invited the 'Schubertianer' to Atzenbrugg every summer. In 1820 the painter Leopold von Kupelwieser, who painted the water colour for Schober, was one of the party. The picture shows Schubert and Kupelwieser standing on the left. It has not been possible up to now to identify the people in the carriage, but we know from the list of names made of this happy band that on this occasion Josef von Gahy, Ferdinand Mayer von Grünbühel and Johann Ignaz Zechenter came to Atzenbrugg.

Die Burg in Klosterneuburg. Originalzeichnung von Carl Schubert (Privatbesitz, Wien).

Die Reise nach Atzenbrugg führte die Schubertianer über Klosterneuburg. Schubert schätzte das landschaftlich schön gelegene Stift und kam mit Lachner auf Ausflügen oft auch eigens hierher (vgl. Kat.-Nr. 307).

The castle in Klosterneuburg. Original drawing by Carl Schubert (Private collection, Vienna).

The journey to Atzenbrugg led the Schubertianer through Klosterneuburg. Schubert loved the beautiful setting of the monastery and often made excursions to it with Lachner (see Cat. No. 307).

Josef Huber, eigenhändiger Brief an Rosalie Kranzbichler in St. Pölten, Wien 30. Jänner 1821.

Josef Huber, Autograph letter to Rosalie Kranzbichler in St. Pölten, Vienna, 30th January, 1821.

Die erste Schubertiade, von der man Kenntnis hat, fand am 26. Jänner 1821 bei Schober in Wien statt. Von Schuberts Freund Josef Huber, „dem langen Huber", wie er genannt wurde, stammt ein Bericht darüber: „Vergangenen Freytag habe ich mich recht gut unterhalten! da die [Sophie] Schober in St. Poelten war hat Franz den Schubert Abends eingeladen, und 14 seiner guten Bekannten. Da wurden eine Menge herrliche Lieder Schuberts von ihm selbst gespielt und gesungen was bis nach 10 Uhr Abends dauerte Hernach wurde Punsch getrunken den einer aus der Gesellschaft gab und da er sehr gut und in Menge da war, wurde die ohnedieß schon fröhlich gestimte Gesellschaft noch lustiger, so wurde es 3 Uhr Morgens als wir auseinander giengen. Du kannst dir denken wie angenehm mir der durch so viele Jahre entbehrte Genuß, so vieler geistvoller Männer ist."

The first Schubertiad we know of took place on 26th January, 1821 at Schober's in Vienna. It is reported by Schubert's friend, Josef Huber or "long Huber", as he was called: "Last Friday I had excellent entertainment: as [Sophie] Schober was at St. Pölten, Franz invited Schubert in the evening and fourteen of his close acquaintances. So a lot of splendid songs by Schubert were sung and played by himself, which lasted until after 10 o'clock in the evening. After that punch was drunk, offered by one of the party, and as it was very good and plentiful the party, in a happy mood anyhow, became even merrier; so it was 3 o'clock in the morning before we parted. You may imagine how agreeable the enjoyment of so many cultivated men, which I missed for so many years, must be for me . . ."

Ansicht von St. Pölten. Unbezeichneter Stahlstich (Österreichische Nationalbibliothek, Bildarchiv).

View of St. Pölten. Steel engraving (Österreichische Nationalbibliothek, Bildarchiv).

Seinem Freund Franz v. Schober hatte Schubert den Landaufenthalt im Spätherbst 1821 in St. Pölten bzw. in Ochsenburg zu verdanken. Ochsenburg gehörte damals dem Bischof Johann Nepomuk Ritter v. Dankesreither, der aus Anlaß des Besuches von Schubert und Schober auch einige Schubertiaden veranstaltete. Der Aufenthalt der Freunde in St. Pölten diente vor allem der Arbeit an der Oper ,,Alfonso und Estrella'', wie dem Bericht Schobers an Joseph v. Spaun zu entnehmen ist (Dokumente, S. 139).

Schubert owed his country holiday in St. Pölten and Ochsenburg in the late autumn of 1821 to his friend, Franz von Schober. Ochsenburg at this time belonged to the bishop Johann Nepomuk Ritter von Dankesreither who also arranged some Schubertiads on the occasion of the visit of Schubert and Schober. The friends' holiday in St. Pölten was mainly of service to work on the opera *Alfonso and Estrella,* as can be deduced from Schober's report to Joseph von Spaun (A documentary biography, p. 194 ff.).

Schuberts Zimmer im Haus Innere Stadt Nr. 350. Radierung nach einer Schwindschen Federzeichnung von Leo Diet (Historisches Museum).

1821 zog Schubert in das Haus Wipplingerstraße Nr. 15. Schwinds Zeichnung von 1821 zeigt mit Sicherheit Schuberts Zimmer dieser Adresse. Wer sein Quartiergeber war, ist nicht bekannt. Drei Jahre davor hatte Schubert gleichfalls sein Domizil in der Wipplingerstraße gehabt, und zwar wohnte er damals bei seinem Freund Johann Mayrhofer im dritten Stock des Hauses Nr. 420 nahe dem Alten Rathaus. – In dem hier dargestellten Zimmer sind eine Reihe von Goethe-Liedern (u. a. „Suleika II" D 720) und die Fragment gebliebene Symphonie in E-Dur (D 729) entstanden.

Schubert's room in the house 'Innere Stadt' No. 350. Etching by Leo Diet from an ink drawing by Schwind (Historisches Museum).

In 1821 Schubert moved to the house in the Wipplingerstraße No. 15. Schwind's drawing of 1821 undoubtedly shows Schubert's room at this address. His landlord is not known. Three years earlier Schubert had had a pied-à-terre in the Wipplingerstraße; then with his friend Johann Mayrhofer on the third floor of house No. 420 near the old town hall. – In the room shown here a series of Goethe Lieder (amongst others *Suleika I*, D 720) and the fragment of the symphony in E major, D 729, were composed.

Ansicht des Göttweiherhofs in der Spiegelgasse. Aquarell von Erwin Pendl (Historisches Museum).

View of the 'Göttweiherhof' in the Spiegelgasse. Water colour by Erwin Pendl (Historisches Museum).

Vermutlich noch Ende 1821 übersiedelte Schubert in die Wohnung seines Freundes Franz v. Schober in den Göttweiherhof, wo er mit Unterbrechungen bis 1823 blieb. Die Adresse „Schubert Franz, wohnt in der Stadt, Spiegelgasse, Göttweiherhof" findet sich noch in dem im Jänner 1823 ausgegebenen Zieglerschen „Adressenbuch von Tonkünstlern, Dilettanten, Hof-, Kammer-, Theater- u. Kirchen-Musikern etc. in Wien". Vermutlich hatte Schober seinen Freund bewogen, zu ihm zu ziehen, weil er sich davon eine bessere Zusammenarbeit an der Oper „Alfonso und Estrella" versprach.

At the end of 1821 Schubert presumably moved to the flat of his friend, Franz von Schober, in the 'Göttweiherhof', where he stayed – with some interruptions – until 1823. The address "Franz Schubert lives in town, Spiegelgasse, Göttweiherhof", can still be found in "Ziegler's address book of composers, dilettantes, court, chamber, theatre and church musicians in Vienna", which appeared on January, 1823. Presumably Schober had persuaded his friend to move in with him, because he hoped for better cooperation on the opera *Alfonso and Estrella*.

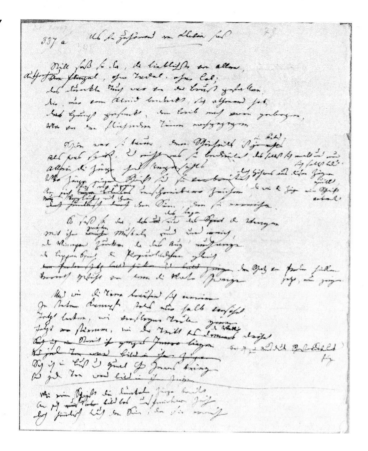

a) Franz Grillparzer, *Als sie zuhörend am Klavier saß. Eigenhändiger Entwurf.* – b) *Grillparzer. Aquarell-Miniatur von Moritz Michael Daffinger (Historisches Museum).*

a) Franz Grillparzer, *As she sat listening at the clavier. Autograph draft.* – b) *Grillparzer. Water colour miniature by Michael Moritz Daffinger (Historisches Museum).*

„Still saß sie da, die lieblichste von Allen, aufhorchend, ohne Tadel, ohne Lob . . .", lautet der Beginn von Grillparzers an Kathi Fröhlich gerichtetes Huldigungsgedicht. Die Überlieferung berichtet, daß Schubert der Klavierspieler war, dem Kathi Fröhlich lauschte. Die Szene spielte sich im Hause des Bankiers Johann Heinrich Geymüller in der Wallnerstraße ab. Die erste Begegnung Schuberts mit Grillparzer und den Schwestern Fröhlich hatte schon 1820 stattgefunden. „Schubert", berichtet Anna Fröhlich, „lernten wir folgenderweise kennen: Advokat Dr. Leopold Sonnleithner . . . brachte uns Lieder, wie er sagte, von einem jungen Menschen, die gut sein sollen. Die Kathi setzte sich gleich zum Klavier und versuchte das Akkompagnement . . . Und nun wurden den ganzen Abend, einige Stunden lang, die Lieder gesungen. Nach ein paar Tagen führte Sonnleithner Schubert bei uns auf" (Erinnerungen, S. 286). – Schubert hat später mehrere Gedichte von Grillparzer vertont und befaßte sich sogar mit dem Plan, dessen für Beethoven geschriebenen Operntext „Melusine" in Musik zu setzen.

"So still she sat, of all the fair the fairest, She listened, giving neither blame nor praise . . ." is the beginning of Grillparzer's poem in honour of Kathi Fröhlich. Reports say that Schubert was the pianist to whom Kathi Fröhlich was listening. The scene took place in the house of the banker Johann Heinrich Geymüller in the Wallnerstraße. Schubert's first meeting with Grillparzer and the Fröhlich sisters had already taken place in 1820. Anna Fröhlich reports: "We became acquainted with Schubert in the following way: The lawyer, Dr. Leopold Sonnleithner . . . brought us Lieder by a young person, as he put it, which ought to be good. Kathi sat down at the piano at once and tried the accompaniment . . . And then the Lieder were sung the whole evening long for hours on end. A few days later Sonnleithner introduced us to Schubert" (Erinnerungen, p. 286). – Schubert set several poems by Grillparzer later and was even thinking of setting to music the text *Melusina*, which Grillparzer had written for Beethoven.

Schubert: *Variationen über ein französisches Lied für das Piano-Forte auf vier Hände, H^rn Ludwig van Beethoven zugeeignet, D 624. – Erstdruck, Cappi & Diabelli, Wien 1822.*

Eine persönliche Begegnung zwischen Schubert und Beethoven hat es bis 1827 wohl nicht gegeben. Wenn man Josef Hüttenbrenners Aussage Glauben schenken will, beabsichtigte Schubert im Frühjahr 1822, seine Beethoven gewidmeten Variationen dem von ihm verehrten Meister zu überreichen. „Schubert trug die Variationen im Stiche zu Beethoven, welcher aber nicht zu Hause war. Sowohl Karl Beethoven als Herr Schindler sagten mir aber wiederholt, daß sie Beethovens vollen Beifall erhielten, denn ein paar Monate hindurch spielte sie Beethoven mit seinem Neffen fast täglich. Ansonst kam Schubert mit Beethoven nie in persönliche Berührung, nur zum ersten und letzten Male an Beethovens Sterbelager mit Anselm, mir und Teltscher, wohin uns Schindler führte" (Erinnerungen, S. 88).

Schubert: *Variations on a French song for pianoforte duet, dedicated to Ludwig van Beethoven, D 624. First edition, Cappi and Diabelli, Vienna, 1822.*

There was no personal meeting between Schubert and Beethoven until 1827. If Josef Hüttenbrenner's statement can be believed, Schubert intended personally to present the master he so honoured with the published variations dedicated to him in the spring of 1822. "Schubert took the engraved edition of the variations to Beethoven who was not at home. Karl Beethoven and Herr Schindler both repeatedly told me that they met with his full approval, as for some months together Beethoven played them almost every day with his nephew. Otherwise Schubert never came into personal contact with Beethoven, only for the first and last time on Beethoven's deathbed with Anselm, myself and Teltscher. Schindler took us there" (Erinnerungen, p. 88).

Carl Maria v. Weber. Lithographie von N. Bayer nach einem Entwurf von N. Vogel (Historisches Museum).

Im Februar 1822 wurde Schubert mit Carl Maria v. Weber bekannt. Weber war nach Wien gekommen, um seinen ,,Freischütz" zu dirigieren, der seit November 1821 zum Repertoire des Kärntnerthortheaters gehörte. ,,Schubert war ein großer Verehrer Maria Webers, und der ,Freischütz' gefiel ihm unendlich. Von dem Männer-Quintett im ersten Akte, in welchem dem unglücklichen Schützen Trost zugesprochen wird, war er ganz entzückt, und er behauptete, daß es wenig schönere Kompositionen gebe . . . Weber fand großes Gefallen an Schubert, pries seine Kompositionen und versprach, seine Oper ,Alfonso und Estrella', die ihm sehr gefiel, in Berlin unter seiner Leitung zur Aufführung zu bringen." (Erinnerungen, S. 160) Als Weber im Oktober 1823 wieder nach Wien kam, um seine ,,Euryanthe" zu leiten, soll es durch unbedachte Worte Schuberts zu einer Verstimmung gekommen sein, woraufhin Weber von weiteren Aufführungsplänen von ,,Alfonso und Estrella" nichts mehr hören ließ.

Carl Maria von Weber. Lithograph by N. Bayer from a sketch by N. Vogel (Historisches Museum).

In February 1822 Schubert became acquainted with Carl Maria von Weber. Weber had come to Vienna to conduct his *Freischütz,* which had become part of the Kärntnerthor Theatre repertoire since November, 1821. "Schubert was a great admirer of Maria Weber and the 'Freischütz' pleased him infinitely. He was quite delighted with the quintet for male voices in the first act, when the unlucky hunter is comforted, and he maintained that there were few better compositions . . . Weber was pleased by Schubert, valued his compositions and promised to perform his opera 'Alfonso and Estrella' which he liked, in Berlin under his own baton" (Erinnerungen, p. 160). When Weber came to Vienna in October, 1823 to conduct *Euryanthe,* there was a disagreement, through some thoughtless words of Schubert, whereupon Weber said nothing more of further plans for the performance of *Alfonso and Estrella.*

a) *Anton Diabelli. Lithographie von Joseph Kriehuber. – b) Maximilian Joseph Leidesdorf. Lithographie von Johann Stephan Decker (a, b Historisches Museum).*

a) *Anton Diabelli. Lithograph by Joseph Kriehuber. – b) Maximilian Joseph Leidesdorf. Lithograph by Johann Stephan Decker (a, b Historisches Museum).*

Anfang 1823 übergab Schubert die Rechte an mehreren seiner Werke, darunter Männerquartette und einige Hefte mit Tänzen, dem Verlag Diabelli. Anton Diabelli versuchte in der Folge, den Preis dafür zu drücken, was zu einem zeitweiligen Bruch zwischen Autor und Verlag führte. Schubert hatte sich in dieser Angelegenheit im übrigen der Fürsorge Leopold v. Sonnleithners entzogen, der bis dahin als Vermittler tätig gewesen und nun mit dieser selbständigen Vorgangsweise keineswegs einverstanden war. Vom April 1823 ist ein in scharfem Ton gehaltener Brief Schuberts an Diabelli bekannt (vgl. Kat.-Nr. 187). Zuvor war es jedoch aus Unmut über die Behandlungsweise durch Diabelli zu einem Abkommen mit dem Verlag Sauer & Leidesdorf gekommen, einem erst 1822 gegründeten Verlag, der vornehmlich von dem Komponisten Maximilian Joseph Leidesdorf geführt wurde. Die ersten bei diesem Verlag im April 1823 erschienenen Kompositionen Schuberts waren die Lieder ,,Hänflings Liebeswerbung" D 552, ,,Frühlingsglaube" D 686 und ,,Sei mir gegrüßt!" D 741.

At the beginning of 1823, Schubert gave the rights to several of his works including quartets for male voices and several books of dances to the publisher Diabelli. Anton Diabelli consequently tried to beat down the price, which led to a temporary break between author and publisher. Schubert had on this occasion withdrawn himself from the management of Leopold von Sonnleithner, who had been the middleman; Schubert's selfassured way was by no means agreeable. A sharp turn of voice can be read between the lines of Schubert's letter of 10th April, 1823 to Diabelli (see Cat. No. 187). Previously, because of an uneasy feeling about Diabelli's treatment of him, he had reached an agreement with the publishers Sauer & Leidesdorf, a firm only founded in 1822 and for the main part managed by the composer Maximilian Joseph Leidesdorf. The first compositions by Schubert which appeared with this publisher were the Lieder *Hänflings Liebeswerbung,* D 552; *Frühlingsglaube,* D 686 and *Sei mir gegrüßt!,* D 741.

Ehrendiplom für Schubert, ausgestellt vom Musikverein in der Steiermark, Graz 6. April 1823 (Hermine Unger, Wien).

Diploma of honour from the Styrian musical society, Graz, 6th April 1823 (Hermine Unger, Vienna).

Auf Betreiben seiner Freunde Johann Baptist Jenger und Anselm Hüttenbrenner wurde Schubert im April 1823 eine ehrenvolle Auszeichnung zuteil: ,,Der von Seiner k. k. Majestät allergnädigst bestättigte Musikverein in der Steiermark welcher durch Ausbildung und Vervollkommnung der Tonkunst auf dem Blumenpfade geistiger Vergnügungen das Ziel moralischer Veredlung religiöser Erhebung der Gemüther im Vaterlande zu erreichen strebt, – giebt sich die Ehre, Euer Wohlgeborn Herrn Franz Schubert in voller Würdigung Ihrer bereits allgemein anerkannten Verdienste als Tonkünstler und Tonsetzer, hiermit die Ernennung zum auswärtigen Ehren-Mitgliede durch gegenwärtiges Diplom bekannt zu geben . . .'' Gleichzeitig mit Schubert wurden der Dichter Ignaz Franz Castelli und der Klavierspieler Eduard Jaëll geehrt. – Schubert wollte sich für diese Auszeichnung mit einer Gegengabe bedanken, doch ist eine solche niemals beim dortigen Verein angekommen (Vgl. dazu Kat.-Nr. 238). – Im selben Jahr hat Schubert überdies auch ein Ehrendiplom des Musikvereins in Linz erhalten.

Through the efforts of his friend Johann Baptist Jenger and Anselm Hüttenbrenner Schubert received an honorary distinction in April, 1823. "The musical society in Styria, most graciously sanctioned by His I. & R. Majesty, which endeavours to attain to the goal of moral improvement and religious elevation of the mind in our Fatherland, through the development and perfection of the art of music by way of the flowery path of spiritual recreation, has the honour of apprising you, Franz Schubert, Esqu., by the present diploma of your nomination as a non-resident honorary member, in full recognition of your already generally acknowledged merits as a musical artist and composer . . ." – The writer Ignaz Franz Castelli and the pianist Eduard Jaëll were honoured together with Schubert. – Schubert wanted to thank the society for this distinction with a present in return, but this never took place (see Cat. No. 238). – In the same year Schubert received an honorary diploma from the music society in Linz.

Anton Freiherr v. Doblhoff-Dier, eigenhändiger Brief an Franz v. Schober, Wien 7. Jänner 1824.

Zu Silvester 1823 trafen einander die Schubertianer beim Maler Ludwig Mohn: ,,Bruchmann, Schwind, Schubert, Bernhard, Hönig, Smetana, Kreißl Dietrich Eichholzer Steyger Kießewetter Mayr u ich. 6 Bruchmannische Mosler-Boutellien stürzten sich u uns u alle unsre abwesenden herrlichen Freunde ins neue Jahr hinein, wenn auch etwas ungestüm entwickelte sich doch kein anderes Gefühl als das der Liebe u Freundschaft u so wollen wir denn auch das beste für dieses majorenne Jahr erwarten . . . Schubert ist fast ganz gesund u fast in beständigem Umgange mit Bernhard u Leidesdorf.'' Die Textstelle über Schuberts Gesundheit ruft in Erinnerung, daß Schubert 1822 ernsthaft erkrankt war und sich in der darauffolgenden Zeit von seinem Freundeskreis mehr zurückgezogen hatte. Dies änderte sich erst wieder 1824/25. Schubert scheint damit auch die künstlerisch und persönlich kritischen Jahre nach 1820 überwunden zu haben (vgl. dazu Kat.-Nr. 49). In diese Zeit fällt eine Reihe großer Werke. Neben rund 50 Liedern entstanden der Zyklus ,,Die schöne Müllerin'', vier Bühnenwerke (,,Alfonso und Estrella'', ,,Die Verschworenen'', ,,Rosamunde'', ,,Fierabras'') und die As-Dur-Messe. Ferner wurden mehrere Symphonien entworfen, darunter jene in h-Moll, und schließlich kam es zur Komposition des berühmten Quartettsatzes D 703, der ,,Wandererfantasie'' D 760 und der Sonate a-Moll D 784. Im Frühjahr 1824 sollten dann noch das große Oktett D 803, das Streichquartett in a-Moll D 804 folgen und das Quartett ,,Der Tod und das Mädchen'' D 810 begonnen werden.

Anton Freiherr von Doblhoff-Dier, Autograph letter to Franz von Schober, Vienna, 7th January, 1824.

On New Year's Eve 1823 the 'Schubertianer' met at the home of the painter, Ludwig Mohn. "Bruchmann, Schwind, Schubert, Bernhard, Hönig, Smetana, Kreißl, Dietrich, Eichholzer, Steyger, Kiesewetter, Mayr and I. Six Bruchmannish bottles of Moselle precipitated themselves and us and all our splendid absent friends into the new year, and although a little impetuously, this nevertheless developed no other feeling than that of love and friendship, and so we will hope the best of the year which has come of age . . . Schubert is almost completely well and in nearly constant communication with Bernhardt and Leidesdorf" (A documentary biography, p. 319). The passage about Schubert's state of health recalls that Schubert had fallen seriously ill in 1822 and had afterwards withdrawn still more from his circle of friends. The position changed again in 1824/25. Schubert also seems to have got over the artistically and personally critical years after 1820 (see also Cat. No. 49). – A series of major works falls into this period. In addition to about 50 Lieder Schubert composed the cycle *Die schöne Müllerin*, and some operas (*Alfonso und Estrella, Die Verschworenen, Rosamunde, Fierabras);* the Mass in A major was completed, various symphonies, including the B minor, were drafted and finally, as well as the famous quartet movement, D 703, the *Wandererfantasie*, D 760, and the A minor sonata, D 784 were written. In the spring of 1824 he was to begin composing the great octet, D 803, the string quartet in A minor, D 804 and the "Death and the Maiden" quartet, D 810.

Ferdinand Schubert, eigenhändiger Briefentwurf an seinen Bruder Schubert, [Wien] 3. Juli 1824.

Die Sommermonate 1824 verbrachte Schubert auf Einladung von Graf Esterházy wieder in Zeliz, ,,in das ich mich leider zum 2ten Mahle locken ließ, ohne auch nur *einen* Menschen zu haben, mit dem ich ein gescheidtes Wort reden könnte" (Dokumente, S. 258). Ferdinand gab ihm Nachricht aus Wien: ,,Herzenslieber Bruder! Nun endlich einmahl ein Brief vom Ferdinand! – Das ist ein fauler Mensch, ein kalter Kerl . . . So denkst Du vielleicht von mir . . . Deine Gesellschaft wird mir so manchesmahl vergegenwärtiget, indem ich nun angefangen habe, Deine Quartetten (Diese bey mir Statt habenden Quartetten sind folgender Maßen besetzt: Violino I^{mo} von mir II^{do} vom Br. Ig[naz] Viola vom Mayßen Violoncello v. Schwager: Schneider) wieder zu spielen, und alle Wochen wenigstens Einmahl von der Uhr bey der ung. Krone so Manches aus Deiner Composition vernehme: Diese Uhr [mit Musik-Walzen] überraschte mich nicht wenig, da ich sie das 1. Mahl bey einem Mittagsmahl so unvermuthet einige Deiner Walzer spielten hörte. Ich fühlte mich in diesem Augenblicke so sonderbar; ich wußte nicht, wie mir war; ich wurde dadurch ganz u gar nicht erheitert; es durchfuhr vielmehr meine Seele, mein Herz so ein banger Schmerz, so eine Sehnsucht; – Melancholie warf endlich ihren Schleyer darüber, u unwillkürlich entrollten mir – . . .''

Ferdinand Schubert, Autograph draft of a letter to his brother Franz, Vienna, 3rd July 1824.

Schubert spent the summer months of 1824 in Zeliz again at the invitation of Count Esterházy. "Now I sit here alone in the depth of the Hungarian country, whither I unfortunately let myself be enticed a second time, without having a single person with whom I could speak a sensible word" (A documentary biography, p. 374 f.). Ferdinand sent him news from Vienna: "Dearest Brother, at last a letter from Ferdinand, once in a way! – What a lazy fellow, what a cold-blooded creature . . . that is probably how you think of me . . . I have often had an illusion of your company, for I have begun playing your quartets again (These quartets, played at my house, are done by the following: first violin, myself, second violin, brother Ignaz, viola, friend Mayßen, violoncello, our dear brother-in-law Schneider) and hear various things from your works at least once a week from the clock [cylinders with melodies] at the 'Hungarian Crown'. This clock surprised me not a little the first time I heard it play several of your waltzes at lunch. I felt so strange at that moment, I hardly knew where I was; it did not cheer me up by any manner of means; rather did it strike my heart and soul with such an anxious pain and longing that at last melancholy threw its veil over me and I involuntarily shed . . ." (A documentary biography, p. 359).

*a) Josef Mayssen. Reproduktion nach einer Photographie. –
b) Schubert: Tantum ergo in B-Dur D 730. Stimmenabschrift von
Josef Mayssen (bzw. Ferdinand Schubert).*

Der in dem Brief vom 3. Juli 1824 (Kat.-Nr. 63) erwähnte Quar-
tettspieler Josef Mayssen war Oberlehrer und Regenschori in
Hernals und „war einer der intimsten Jugendfreunde Franz Schubert's . . . Franz und Ferdinand Schubert wirkten auch bei musikalischen Hochämtern in der Hernalserkirche sehr häufig mit.
Aus Anlaß eines solchen Feiertages komponierte Franz Schubert
am Klavier in der Wohnung [Mayssens] am 16. August 1821 ein
Tantum ergo, welches er [Mayssen] widmete" (Brief von Josef
Mayssen an Stadtbibliothek vom 27. Dezember 1896).

*a) Josef Mayssen. Reproduction from a photograph. – b) Schubert:
'Tantum ergo' in B flat major, D 730. Copyist parts by Josef
Mayssen (and Ferdinand Schubert).*

The quartet member Josef Mayssen mentioned in the letter of 3rd
July, 1824 (Cat. No. 63) was senior teacher and Regenschori in
Hernals and "was one of Franz Schubert's most intimate
childhood friends . . . Franz and Ferdinand Schubert often
performed at choral high mass in the church of Hernals. For the
occasion of such a holiday Franz Schubert composed a 'Tantum
ergo' on the piano in [Mayssen's] flat on 16th August, 1821,
which he dedicated to [Mayssen]" (letter by Josef Mayssen to the
Wiener Stadtbibliothek of 27th December, 1896).

65

Franz Theodor Schubert, eigenhändiger Brief an seinen Sohn Franz (mit einer Nachschrift von Ignaz Schubert), Wien 14. August 1824.

Franz Theodor Schubert, Autograph letter to his son Franz, with a postscript by Ignaz Schubert, Vienna, 14th August 1824.

,,Lieber Sohn. Dein Schreiben, welches mir die gefällige Kam̄er-jungfer am 31. v. M. eigenhändig überreichte, dient mir u all den Unsrigen zum besondern Vergnügen. Bey der Fr Mutter hast Du die rechte Saite berührt, sie stim̄te froh harmonisch . . . Ich freue mich Deines gegenwärtigen Wohlseyns um so mehr, weil ich vor-aus setze, dß Du dabey hauptsächlich eine vergnügte Zukunft be-absichtigest . . . Am 12. dieß erschien in der Wiener=Zeitung die Ankündigung von Deinem *Gondelfahrer* u der *schönen Müllerinn* – . . . Wie steht es wegen Deiner ehrenvollen Auszeichnung mit den Diplomen vom Steyermärkischen u Linzer=Musik=Ver-eine. Sollte es, wider alles Vermuthen, noch nicht geschehen seyn, so lasse es Dir ja dringend angelegen seyn, auf eine würdige Art zu danken . . .`` – In der Nachschrift berichtet Bruder Ignaz, daß er ,,seit einiger Zeit ehrenfestes Mitglied einer kleinen musikali-schen Gesellschaft geworden`` sei und vergleicht die dort veran-stalteten Abendunterhaltungen mit einem Fuhrwerke, ,,das oft umwirft, und welches ohne seinen kräftigen Führer manchmahl wohl schwerlich wieder in Gang zu bringen sey``.

"Dear son, your letter, which the complaisant chambermaid personally handed to me on the 31st ult., gives especial pleasure to me and all of us. You have touched the right string with mother, and she was gladly and harmoniously in tune . . . I rejoice the more in your present well-being because I conclude it means chiefly that you foresee a pleasant future from it . . . On the 12th inst. appeared in the 'Wiener Zeitung' the announcement of your 'Gondelfahrer' and the 'Schöne Müllerin' . . . How do you stand about your honorary distinctions by diploma from the Styrian and Linz Musical Societies? If, contrary to all expectation, you should not yet have done so, let me urge you most earnestly to thank them in a worthy manner . . ." (A documentary biography, p. 367f.). – In the postscript Schubert's brother Ignaz reports, "that I have for some time been an honourable member of a small musical society", and compares the evening entertainments held in Vienna with a "coach which often overturns and could at times hardly be set on its way again without its excellent driver".

a) *Ansicht von Heiligenstadt. Aquarell von Carl Schubert. –*
b) *Die Familie Schubert. Originalzeichnung von Carl Schubert (a, b Privatbesitz, Wien).*

Schuberts Bruder Carl war der einzige in der Familie, der sich praktisch nicht mit Musik befaßte. Als überaus produktiver Landschaftsmaler hat er viele Ansichten von der Umgebung Wiens angefertigt und bei der Suche nach Motiven Plätze und Orte gewählt, die auch beliebte Ausflugsziele seines Bruders Franz waren. – Von seiner Hand stammen aber auch Porträts von den Mitgliedern der Familie Schubert (Vater Franz Theodor, Bruder Ignaz u. a., vgl. Kat.-Nr.1, 7); sie sind oft die einzigen Bilddokumente, die sich von der Familie erhalten haben. Auf dem hier gezeigten Blatt hat Carl Schubert seinen Vater Franz Theodor (sitzend), die Stiefmutter Anna (mit Carls Sohn Heinrich), rechts daneben die Magd „Margarethl" und links stehend seine Brüder Franz und (dahinter) Ignaz dargestellt. Die Zeichnung setzt die Personen in die Zeit um 1822.

a) *View of Heiligenstadt. Water colour by Carl Schubert. – b) The Schubert family. Original drawing by Carl Schubert (a, b Private collection, Vienna).*

Schubert's brother, Carl, was the only one in the family who had practically nothing to do with music. As an exceptionally productive painter he completed many views of the surroundings of Vienna, selecting on his search for motifs spots and places which were also favourite destinations for his brother Franz' excursions. – He also painted portraits of the members of the family (father, Franz Theodor, brother, Ignaz, and so on; see Cat. No.1, 7); these are often the only surviving documentation in pictures of the Schubert family. The sheet on exhibition is a drawing by Carl Schubert of his father Franz Theodor (sitting), his step-mother Anna with Carl's son Heinrich, next to her on the right the maid "Margarethl" and standing on the left his brothers Franz and Ignaz or Ferdinand (behind). The drawing places the figures at approximately 1822.

Ansicht von Gmunden. Lavierte Federzeichnung von Carl Schubert (Graphische Sammlung Albertina, Wien).

View of Gmunden. Washed pen-and-ink drawing by Carl Schubert (Graphische Sammlung Albertina, Vienna).

Im Mai 1825 brachen Schubert und Vogl zur Reise nach Oberösterreich und Salzburg auf. Steyr, Gmunden und Linz waren die ersten Ziele: ,,Ich bin jetzt wieder in Steyer" – schrieb Schubert im Juli an seinen Vater – ,,war aber 6 Wochen in Gmunden, dessen Umgebungen wahrhaftig himmlisch sind, und mich, so wie ihre Einwohner, besonders der gute [Ferdinand] Traweger innigst rührten . . . Ich war bei Traweger wie zu Hause, höchst ungenirt. Bei nachheriger Anwesenheit des Hrn. Hofrath v. Schiller, der der Monarch des ganzen Salzkammergutes ist, speisten wir (Vogl und ich) täglich in seinem Hause, und musicirten sowohl da, als auch in Traweger's Hause sehr viel" (Dokumente, S. 298). Von Gmunden aus wurde das Schloß Ebenzweyer und Linz besucht, wo Schubert bei seinem Freund Ottenwalt abstieg. Von Linz ging es zurück nach Steyr, ,,wo wir nur 10–14 Tage verweilen, und dann die Reise nach Gastein antreten, einer der berühmtesten Badeörter ungefähr 3 Tage von Steyer entfernt. Auf diese Reise freue ich mich außerordentlich, indem ich dadurch die schönsten Gegenden kennen lerne . . . Da wir von dieser Reise erst halben September zurückkommen werden, und dann noch einmal nach Gmunden, Linz, Steyreck und Florian zu gehen versprochen haben so dürfte ich wohl schwerlich vor Ende Oktober in Wien eintreffen" (Dokumente, S. 299f.).

In May, 1825 Schubert and Vogl journeyed to Upper Austria and Salzburg. Steyr, Gmunden and Linz were their primary destinations. In July Schubert wrote to his father: "I am back at Steyr again, but have been at Gmunden for six weeks, the environs of which are truly heavenly and deeply moved and benefited me, as did its inhabitants, particularly the excellent [Ferdinand] Traweger. I lived at Traweger's, very free and easy. Later, when councillor von Schiller was there, who is the monarch of the whole Salzkammergut, we (Vogl and I) dined daily at his house and had music there, as we also often did at Traweger's house" (A documentary biography, p. 434). While they were in Gmunden, they visited Schloß Ebenzweyer and Linz, where Schubert stayed with his friend Ottenwalt. They returned from Linz to Steyr: "We shall stay only 10 to 14 days, whereafter we shall leave for Gastein, one of the most famous watering-places about 3 days distant from Steyr. To this journey I looked forward extraordinary pleasure, since I shall thus get to know the finest country . . . As we shall not return from this journey until the middle of September, and have promised to go to Gmunden, Steyregg and Florian again then, I am hardly likely to arrive in Vienna before the end of October" (A documentary biography, p. 436).

Ferdinand Schubert, eigenhändiger Brief an seinen Bruder Franz, Wien 4. August 1825.

„Liebster Bruder! Es ist mir sehr leid, daß ich diesen Brief mit einem Vorwurfe beginnen muß. Allein, Du verdienst ihn ganz gewiß, denn so weit von Wien sich zu entfernen, und auf so lange, ohne die vereinbarte Abschiedsstunde mit mir zu feyern! . . . Daß Du das Salzkammergut schon besucht hast, hätte ich nicht vermuthet, indem ich hoffte, daß Du diese wunderbar schöne Gegend erst Anfangs September mit *mir* bereisen werdest . . . Daß Deine Lieder dort so gut aufgenommen werden, ist ja sehr natürlich; denn die Gemüther der Guten können nur wieder durch die Werke eines *Guten* ergriffen und begeistert werden. Und daß eine Hymne an die heil. Jungfrau von Dir componirt alle Zuhörer zur Andacht stime, werden jene Leute nicht mehr bewundern, wenn sie Deine F-Messe [D 105], Dein erstes Tantum ergo [D 739] und Dein Salve Regina [D 223] gehört haben. Denn durch diese frommen Compositionen muß jeder Mensch, wenn nur ein Funke von Gefühl in ihm ist, zu religiösen Betrachtungen entflamt werden. Mit der Heraugabe Deiner Lieder anders zu manipuliren, wäre wohl schon lange gut gewesen, vorzüglich aber gefällt mir Dein Plan mit den *Walter Scottschen* Liedern . . . Schon träumt mir, wie Du in England aufgenomen werden, wie Du Dich durch größere Compositionen, z. B. durch Symphonien, Oratorien, oder vielleicht durch Opern zu jener Höhe unter den deutschen Tonsetzern empor schwingen wirst, wie der ägyptische Joseph unter seinen Brüdern . . .“

Ferdinand Schubert, Autograph letter to his brother Franz, Vienna, 4th August, 1825.

"Dearest brother, I am sorry to have to begin this letter with a reproach. But you quite certainly deserve it for going so far from Vienna, and for so long, without celebrating with me the hour of parting, as we had arranged! . . . That you have already visited the Salzkammergut is more than I had supposed, since I hoped you would travel through that wondrously beautiful region with me only at the beginning of September . . . That your songs should be so well received there is quite natural, of course, for good souls can be moved and inspired only by the works of one who is good himself. And that a hymn to the Holy Virgin, composed by you, should stir every hearer to devotion will be no surprise to those who have heard your Mass in F [D 105], your first 'Tantum ergo' [D 739] and your 'Salve Regina' [D 223]. For such pious compositions must inspire anybody in whom there is but a spark of feeling for religious contemplation. It would long ago have been a good thing to proceed differently with the publication of your songs; but I particularly like your plan for the Walter Scott songs, i. e. to let them appear with English words as well. – I am already dreaming of your reception in England, where, by means of larger works, such as symphonies, oratorios and perhaps operas, you will climb to the same heights among German composers as the Egyptian Joseph did among his brethren" (A documentary biography, p. 446).

Moritz v. Schwind, eigenhändiger Brief an Schubert, [Wien] 14. August 1825.

Die Abwesenheit Schuberts von Wien gab Anlaß zu ausführlicheren Briefen aus dem Freundeskreis. In Schwinds Schreiben vom 14. August liest man auszugsweise: ,,Ich weiß zwar nicht wo Du bist, aber der Brief wird Dir schon nachgeschi[c]kt werden. Daß Schober schon da ist, wirst Du aus meinem letzten Brief schon wißen . . . Nun ist aber Kuppelwieser seit acht Tagen auch schon da . . . Es fehlt nichts, als daß Du endlich einmahl zurückkömst . . . Dein *Hausherr* möchte gern bestim̄t wissen, ob Du Dein Quartier bestim̄t diesen Winter wieder wirst beziehen wollen.

Schreibe mir das bestim̄t . . . Rieder ist an der Ingenieur Accademie als Professor mit 600 fl. angestellt . . . Wenn Du Dich ernstlich um die Hoforganisten Stelle bewirbst so kannst Du's auch so weit bringen. Es wird Dir nichts übrig bleiben als ordentlich zu leben, da Du im widrigen Falle, bey der entschiednen gänzlichen Armuth Deiner Freunde, Deine fleischlichen und geistigen Bedürfnisse, oder beßer gesagt, Dein Bedürfniß von Fasanen und Punsch in einer Einsamkeit wirst befriedigen müßen . . ." Schließlich erfährt man aus diesem Schreiben auch von einer neuen Symphonie: ,,Wegen Deiner Sinfonie können wir uns gute Hoffnungen machen. Der alte Hönig ist Dekan der juridischen Facultät und wird als solcher eine Academie geben. Dies kann wohl Gelegenheit geben, vielmehr es wird darauf gerechnet, daß sie aufgeführt wird" (zur Symphonie vgl. Kat.-Nr. 239, 240).

Moritz von Schwind, Autograph letter to Schubert, [Vienna], 14th August, 1825.

Schubert's absence from Vienna gave rise to more detailed letters from his circle of friends. We read in the following extract from Schwind's letter of 14th August: "Although I do not know where you are, I take it this letter will be duly forwarded to you. That Schober has arrived already you will know from my last letter . . . But now Kuppelwieser too has been here for the last week . . . Nothing is wanting except your returning at last . . . Your landlord would like to know for certain whether you wish to take up your lodgings again this winter without fail. Write to me definitely about it . . . Rieder has an appointment as professor at the Engineering Academy at 600 florins . . . If you apply seriously for the court organist's post, you may succeed equally well. There will be nothing for you but to live decently, for otherwise, considering the complete and decisive poverty of your friends, you will have to satisfy your fleshly and spiritual needs – or rather, your need of pheasants and punch – in a solitude that will yield nothing to life on a desert island . . ." Finally we learn in this document of a new symphony: "About your symphony we may be quite hopeful. Old Hönig is dean of the faculty of jurisprudence, and as such is to give a concert. That will afford a better opportunity of having it performed; indeed we count upon it" (A documentary biography, p. 450 f.; concerning the symphony see Cat. Nos. 239 and 240).

„In Wien beim Mondstein, nächst
der Karlskirche wohnten wir von 1819 bis 1826.
13. Nov. 1862."

Das Mondscheinhaus nächst der Karlskirche. Kopie der Handzeichnung von Moritz v. Schwind von Arnold Otto Meyer (Historisches Museum).

Bei dem von Schwind im Schreiben vom 14. August 1825 (Kat.-Nr. 69) erwähnten Quartier Schuberts kann es sich nur um das sogenannte Fruhwirthaus handeln, das jenseits des Hauses „Zum goldenen Mondschein" lag, das Schwind von 1819 bis 1826 bewohnte. Am 14. Februar desselben Jahres hatte Schwind an Schober nach Breslau geschrieben: „Schubert ist gesund und nach einigem Stillstand wieder fleißig. Er wohnt seit kurzem in dem Haus neben uns, wo das Bierhaus ist, im zweiten Stock, in einem sehr hübschen Zimmer. Wir sehen uns täglich, und soviel ich kann, teile ich sein ganzes Leben mit ihm" (Dokumente, S. 275). Schubert blieb im Fruhwirthaus bis zum Oktober 1826 mit Unterbrechung durch die lange Sommerreise 1825.

The 'Mondscheinhaus' near the 'Karlskirche'. Copy by Arnold Otto Meyer of the drawing by Moritz von Schwind (Historisches Museum).

In the letter of 14th August, 1825 (Cat. No. 69) from Schwind, mention is made of quarters, which could only be the so-called 'Fruhwirthaus', which lay on the other side of the house 'Zum goldenen Mondschein', where Schwind lived from 1819 to 1826. On 14th February of that year, Schwind had written to Schober in Breslau: "Schubert is well and busy again after a certain stagnation. He has recently come to live next door to us, where the ale-house is, on the second floor, in a very pretty room. We meet daily, and as far as I can, share his whole life with him" (A documentary biography, p. 401). Schubert remained in the 'Fruhwirthaus' until October 1826 with an interruption through his long summer journey in 1825.

Ansicht von Strasswalchen in Oberösterreich. Originalzeichnung von Carl Schubert (Privatbesitz, Wien).

View of Strasswalchen in Upper Austria. Original drawing by Carl Schubert (Private collection, Vienna).

Im August 1825 setzten Vogl und Schubert ihre Reise nach Gastein fort: „(Wir) fuhren über Kremsmünster, welches ich zwar schon öfter gesehen habe, aber wegen seiner schönen Lage nicht übergehen kann . . . hielten uns aber nicht auf, sondern setzten unsere Reise . . . bis nach Vöcklabruck fort . . . Den andern Morgen kamen wir über Straßenwalchen und Frankenmarkt nach Neumarkt, wo wir Mittag machten. Diese Oerter, welche schon im Salzburgischen liegen, zeichnen sich durch eine besondere Bauart der Häuser aus. Alles ist beinahe von Holz" (Dokumente, S. 313). Von Neumarkt fuhren sie entlang des Wallersees nach Salzburg.

Vogl and Schubert continued their journey to Gastein in August, 1825. "(We) went by way of Kremsmünster, which indeed I had often seen before, but can never bear to miss on account of its beautiful situation . . . we did not stay, however, but continued our journey . . . as far as Vöcklabruck . . . The next morning we went by way of Strassenwalchen and Frankenmarkt to Neumarkt, where we lunched. These places, which lie already in the county of Salzburg, are distinguished by the peculiar architecture of the houses. Nearly everything is of wood" (A documentary biography, p. 456). They drove along the Wallersee from Neumarkt to Salzburg.

DAS SCHLOS UND STRAUBINGER WIRTSHAUS in GASTn

Schloß und Straubinger Wirtshaus in Badgastein. Unbezeichneter kolorierter Druck (Österreichische Nationalbibliothek, Bildarchiv).

The château and Straubinger inn in Badgastein. Unsigned coloured print (Österreichische Nationalbibliothek, Bildarchiv).

Über die Stadt Salzburg, die „einen etwas düsteren Eindruck" auf Schubert machte (Dokumente, S. 314) – der Dom und das Kloster St. Peter wurden besichtigt –, reisten die Freunde nach Hallein und von dort über den Paß Lueg das Salzachtal flußaufwärts nach Badgastein. Darüber hat sich keine Beschreibung von Schuberts Hand erhalten; er war des Schreibens müde geworden: „Himmel, Teufel, das ist etwas Erschreckliches, eine Reisebeschreibung, ich kann nicht mehr . . ." (Dokumente, S. 320). – Der Aufenthalt in Gastein – Vogl und Schubert logierten wahrscheinlich im Straubinger Wirtshaus – gewinnt insofern an Interesse, als Schubert dort an einer Symphonie gearbeitet hat, die zu einer Legende in der Musikliteratur geworden ist (vgl. dazu Kat.-Nr. 239, 240). – Die Rückreise nach Wien erfolgte über Linz, wo Schubert einige Tage bei seinen Freunden verbrachte, und zuletzt fuhren Schubert und Josef v. Gahy Anfang Oktober in einem gemieteten Einspänner in drei Tagen von Linz nach Wien (Dokumente, S. 321).

After visiting the cathedral and monastery of St. Peter, the friends journeyed on past Salzburg, which "made a rather gloomy impression" on Schubert (A documentary biography, p. 457), to Hallein and from here up river through the Salzachtal via the Lueg Pass to Bad Gastein. No description about this in Schubert's hand has survived; he had become weary of writing: "Heavens, and the devil and all, the description of a journey is something frightful, and I can no more . . ." (A documentary biography, p. 468). – The holiday in Gastein, where Schubert and Vogl probably stayed in the Straubinger inn, is of interest only because Schubert was working on a symphony, with which writers on music have been preoccupied as with no other composition (see Cat. Nos. 239 and 240). – The return journey to Vienna was via Linz, where Schubert spent a few days with friends and then travelled back with Josef von Gahy at the beginning of October in a rented chaise.

Schubert. Sepia-Zeichnung von Wilhelm August Rieder, eigenhändig signiert von Schubert und Rieder (Dr. Richard Rubinig, Voitsberg).

Schubert. Sepia drawing by Wilhelm August Rieder, signed by Schubert and Rieder (Dr. Richard Rubinig, Voitsberg, Styria).

Die hier gezeigte Zeichnung diente wahrscheinlich als Vorlage für „das bei A. Diabelli & Comp. in Wien lithographierte Portrait Schuberts" aus dem Jahr 1826, von dem Leopold v. Sonnleithner sagte, daß es „das ähnlichste" wäre. „Nur ist der Körper gar zu schwer und breit . . . Schubert war untere Mittelgröße, hatte ein rundes, dickes Gesicht, kurzen Hals, eine nicht hohe Stirn, volles braunes sich natürlich kräuselndes Haar; Rücken und Schultern gerundet, Arme und Hände fleischig, kurze Finger . . . das Auge (wenn ich nicht irre) graublau. Brauen buschig, Nase stumpf und breit, Lippen wulstig; das Gesicht etwas mohrenartig. Die Hautfarbe war mehr blond als brünett, aber zu kleinen Ausschlägen geneigt und hierdurch etwas dunkler. – Der Kopf saß etwas zwischen die Schultern gedrückt, mehr nach vorne geneigt. – Schubert trug immer Augengläser . . . Der Gesichtsausdruck schien in ruhigem Zustand eher stumpf als geistreich, eher mürrisch als heiter . . . Nur wenn man ihn näher beobachtete, bei interessanter Musik oder unterhaltenden Gespräche, belebten sich die Züge ein wenig; die Mundwinkel zogen sich aufwärts, das Auge blitzte, die ganze Haltung spannte sich etwas an" (Leopold v. Sonnleithner. Erinnerungen, S. 141).

The drawing on display probably served as the model for the lithographed portrait of Schubert by A. Diabelli and Comp. in Vienna from 1826, which Leopold Sonnleithner described as being "the most like him, although the body is too heavy and broad . . . Schubert was below average height, had a round, fat face, a short neck and a not too lofty forehead, a shock of brow, naturally curly hair; round shoulders and back, chubby arms and hands, short fingers . . . and, if I am not mistaken, grey blue eyes. Bushy brows, nose short and wide, thick lips; his face was like a Moor's. The colour of his skin was more fair then dark, but he tended to develop minor rashes which made it somewhat darker. – His head was hunched in between his shoulders and inclined forwards. – Schubert always wore glasses . . . His facial expression seemed more obtuse than intellectual, more sullen than gay . . . Only if he was observed more closely during interesting music or entertaining conversation could his features be seen to become a little alive; the corners of his mouth turned up, his eyes sparkled and his whole posture relaxed somewhat" (Erinnerungen, p. 141).

Bürgereid.

Ihr werdet einen Eid zu Gott dem Allmächtigen schwören, und bey eurer Ehre und Treue angeloben, des Allerdurchlauchtigsten, Großmächtigsten, Fürsten und Herrn Herrn **Franz des Ersten,** von Gottes Gnaden, Kaisers von Oesterreich, Königs zu Jerusalem, Ungarn, Böheim, der Lombardie und Venedig, Dalmatien, Croatien, Slavonien, Galizien, Lodomerien, und Illyrien; Erzherzogs zu Oesterreich, Herzogs zu Lothringen, Salzburg, Stepermark, Kärnthen, Krain, Ober= und Niederschlesien, Großfürsten in Siebenbürgen, Markgrafen in Mähren, gefürsteten Grafen zu Habsburg, und Tyrol, 2c. 2c. 2c. Unsers allergnädigsten Kaisers, Königs, Erblandesfürsten und Herrn, Ihrer k. k. apostolischen Majestät und Deroselben Erben, dann Herrn Bürgermeisters, und Raths der hiesigen k. k. Haupt= und Residenz= Stadt Wien, Ehre, Nutzen und Frommen zu beobachten, allen Nachtheil und Schaden, so viel an euch ist, zu warnen, und zu wenden, auch wieder Ihre k. k. Majestät allerhöchste Person, Deroselben Erben, und landesfürstliche Obrigkeit, noch wider Herrn Bürgermeister und Rath auf keinerley Weise etwas zu handeln, vielweniger euch solchen Gemeinschaften, und Versammlungen, worinn wider Höchsternannte k. k. Majestät, Dero Erben, und landesfürstliche Obrigkeit, oder wider Herrn Bürgermeister und Rath, auch hiesiger gemeiner Stadt Nutzen, etwas vorgebracht und berathschlaget würde, zuzugesellen, und beyzustimmen, sondern daß, wo ihr von einer solchen heimlichen Versammlung oder Berathschlagung etwas hören, oder verspüren würdet, ihr solches jederzeit dem Herrn Bürgermeister und Rath unverweilt andeuten, und nicht verschweigen, dessen Befehle und Gebothe auch in allem, getreu, und gehorsam nachkommen wollet.

Den 23. Februar 1826 hab ich den Bürgereid in der Eigenschaft als Ehrenbürger abgelegt. Franz Schubertmp.

a) Franz Theodor Schubert. Schattenriss nach einem Entwurf von Moritz v. Schwind (?) (Josef Pischlöger, Wien) – b) Dekret über den Bürgereid nach Verleihung des Wiener Bürgerrechtes an Franz Theodor Schubert, Wien 23. Februar 1826 (Privatbesitz, Wien).

Am 9. Februar 1826 wurde dem Vater Schuberts in Anerkennung seiner Verdienste als Schullehrer eine besondere Auszeichnung zuteil: er erhielt das Bürgerrecht in Wien. Am 26. Februar sprach er den Bürgereid, wie der eigenhändigen Schlußbemerkung zu entnehmen ist: „Den 23. Februar 1826 hab ich den Bürgereid in der Eigenschaft als Ehrenbürger abgelegt. Franz Schubertmp." Von seiten des Sohnes Franz ist zu diesem Ereignis keine wie immer geartete Reaktion bekannt.

a) Franz Theodor Schubert. Silhouette designed by Moritz von Schwind (?) (Josef Pischlöger, Vienna). – b) Decree of the citizen's oath after the presentation of the freedom of the city of Vienna to Franz Theodor Schubert, Vienna, 23rd February, 1826 (Private collection, Vienna).

On 9th February, 1826, in recognition of his service as schoolmaster, Schubert's father received a special distinction: he was given the freedom of the city of Vienna. On 23th February he swore the citizen's oath, as can be seen from the closing remarks in his own hand: "On 23rd February, 1826 I swore the citizen's oath in my capacity as honorary citizen. Franz Schubertmp." No reaction on the part of his son, Franz, is known to exist.

folgenden Gründen: 1. Ist derselbe von Wien gebürtig, der Sohn eines Schullehrers und 29 Jahre alt. 2. Genoß derselbe die allerhöchste Gnade, durch 5 Jahre als Hofsängerknabe Zögling des k. k. Convictes zu seyn. 3. Erhielt er vollständigen Unterricht in der Composition von dem gewesenen ersten Hofkapellmeister Herrn Anton Salieri, wodurch er geeignet ist, jede Kapellmeisters Stelle zu übernehmen . . . 4. Ist sein Nahme durch seine Gesangs= und Instrumental=Compositionen nicht nur in Wien sondern in ganz Deutschland günstig bekannt, auch hat er 5. fünf Messen, welche bereits in verschiedenen Kirchen Wiens aufgeführt wurden, für größere und kleinere Orchester in Bereitschaft. 6. Genießt er endlich gar keine Anstellung und hofft auf dieser gesicherten Bahn sein vorgestecktes Ziel in der Kunst erst vollkom̄en erreichen zu können . . ." – Die Angelegenheit zog sich ein Jahr hin, dann stand Joseph Weigl als Vize-Hofkapellmeister fest. Auf Schuberts Ansuchen findet sich nur der Vermerk vom 27. Jänner 1827: „Nachdem S^e Majestat die hierin angesuchte Stelle zu besetzen geruhet haben, kann hierüber nichts mehr verfügt werden."

Schubert, eigenhändiges Majestätsgesuch, Wien 7. April 1826, mit Vermerk des k. k. Hofmusikgrafenamtes, Wien 27. Jänner 1827 (Hermine Unger, Wien).

Seit 1824 war die Stelle des zweiten Hofkapellmeisters praktisch unbesetzt: Salieri war im März 1824 pensioniert worden, und Joseph Eybler, bis dahin zweiter Hofkapellmeister, rückte nach, ohne daß ein Nachfolger bestellt wurde. 1826 wurde nun ein Wettbewerb veranstaltet, an dem sich neben Ignaz v. Seyfried, Conradin Kreutzer, Anselm Hüttenbrenner auch Schubert beteiligte. In seinem Ansuchen heißt es: „Euer Majestät! Allergnädigster Kaiser! In tiefster Ehrfurcht waget der Unterzeichnete die gehorsamste Bitte um allergnädigste Verleihung der erledigten Vice-Hofkapellmeisters Stelle, und unterstützt sein Gesuch mit

Schubert, Autograph petition to His Majesty, Vienna, 7th April, 1826, with a note by the I. & R. court music office, Vienna, 27th January, 1827 (Hermine Unger, Vienna).

The post of the second court capellmeister had been vacant since 1824: Salieri had retired in March, 1824 and Joseph Eybler, at the time second court capellmeister, succeeded him, leaving his own post open. In 1826 a competition was organised in which Schubert took part together with Ignaz von Seyfried, Conradin Kreutzer and Anselm Hüttenbrenner. Schubert's application reads as follows: "Your Majesty, most gracious Emperor, with the profoundest veneration the undersigned ventures to present the most submissive petition for the most gracious bestowal of the vacant post of vice musical director to the court chapel, and bases this application upon the following grounds: 1. The same is native of Vienna, son of a schoolmaster, and aged 29. 2. He enjoyed the most gracious privilege of being for 5 years a pupil of the I. & R. seminary, as a boy-chorister of the court. 3. He received . . . thorough instruction in composition from the former first musical director of this court chapel, Herrn Anton Salieri, whereby he is rendered capable of filling any chapel-master's post. 4. By his vocal and instrumental compositions his name has become favourably known, not only in Vienna, but throughout Germany, and he also has in readiness. 5. five Masses with accompaniments for larger and smaller orchestras, which have already been performed in various Viennese churches. 6. Finally, he has not the advantage of employment and hopes by means of an assured career to attain fully to his intended artistic goal . . ." (A documentary biography, p. 520f.). – The proceedings lasted a whole year, after which time Joseph Weigl was confirmed vice court capellmeister; only the following remark of the 27th January, 1827 is found on Schubert's application: "His Majesty having condescended to fill the post herein applied for, no further steps can be taken concerning it" (Ibidem, p. 599).

Ambros Rieder: Präludien und Fughetten für die Orgel oder das Pianoforte . . . dem geschätzten Tonsetzer Herrn Franz Schubert achtungsvoll gewidmet. – Erstdruck, A. Diabelli & Comp., Wien 1826.

Im Juli 1826 erschien bei Diabelli das einzig bekannte Werk, das Schubert zu Lebzeiten von einem Komponisten gewidmet wurde. Dabei ist es geradezu eine Ironie, daß es sich bei den Widmungsstücken um Werke in jener Kompositionstechnik handelt, von der Schubert glaubte, sie nicht zu beherrschen. Schließlich hatte er sich kurz vor seinem Ableben zu einem Kontrapunktkurs bei Sechter angemeldet (vgl. dazu Kat.-Nr. 90). – Rieder war ein Freund Ferdinand Schuberts und Simon Sechters.

Ambros Rieder: Preludes and fughettas for organ or pianoforte . . . respectfully dedicated to the honoured composer, Herrn Franz Schubert. First edition, A. Diabelli & Comp., Vienna, 1826.

The only known work dedicated to Schubert during his lifetime by another composer appeared in July, 1826. It is ironical that these two dedicatory works require the very compositorial technique Schubert thought he could not master. Shortly before his death, he had eventually arranged to take a course in counterpoint with Sechter (see Cat. No. 90). – Rieder was a friend of Ferdinand Schubert and Simon Sechter.

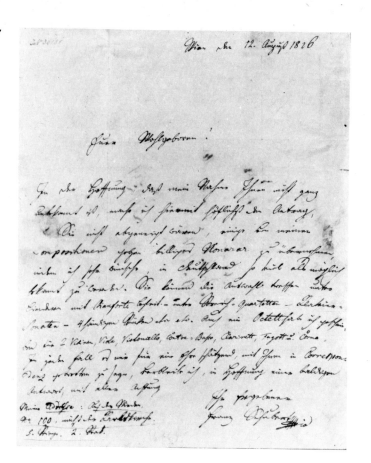

Schubert, eigenhändiger Brief an Heinrich Albert Probst, Wien 12. August 1826.

Schuberts Hoffnungen, eine offizielle Anstellung zu erhalten, blieben erfolglos. Seine finanzielle Situation wurde bedrohlich, und wohl daraus erklärt sich, daß er Verbindungen mit angesehenen Verlagshäusern in Deutschland aufnahm. An die Verleger Probst und Breitkopf richtete er fast gleichlautende Schreiben: ,,Euer Wohlgeboren! In der Hoffnung, daß mein Nahme Ihnen nicht ganz unbekannt ist, mache ich hiermit höflichst den Antrag, ob Sie nicht abgeneigt wären, einige von meinen Compositionen gegen billiges Honorar zu übernehmen, indem ich sehr wünsche, in Deutschland so viel als möglich bekannt zu werden. Sie können die Auswahl treffen unter den Liedern mit Pianoforte Begleit. – unter Streich=Quartetten – Klavier=Sonaten – 4 händigen Stükken etc. etc. Auch ein Octett habe ich geschrieben . . . In jedem Fall es mir für eine Ehre schätzend, mit Ihnen in Correspondenz getretten zu seyn, verbleibe ich, in Hoffnung einer baldigen Antwort, mit aller Achtung Ihr Ergebener Franz Schubertmpia." Probst äußerte Bedenken, und mit Breitkopf kam es zu keiner Vereinbarung.

Schubert, Autograph letter to Heinrich Albert Probst, Vienna, 12th August, 1826.

Schubert's hopes of receiving an official post remained unsuccessful. His financial situation became critical, which is the reason why he contacted well-known publishers in Germany. He wrote almost the same letter to the publishers Probst and Breitkopf. "Sir, in the hope that my name may not be wholly unknown to you, I most politely inquire whether you would be inclined to acquire some of my compositions at reasonable terms, being very desirous of becoming as well known as possible in Germany. You may take your choice among songs with pianoforte accompaniment, string quartets, pianoforte sonatas, pieces for piano duet, &c. &c. I have also written an octet . . . Esteeming it an honour in any case to have entered into correspondence with you, I remain, in the hope of a speedy reply, with all respect, your devoted Franz Schubertmpia." – Probst expressed doubt (see Cat. No. 269) and no arrangement was made with Breitkopf.

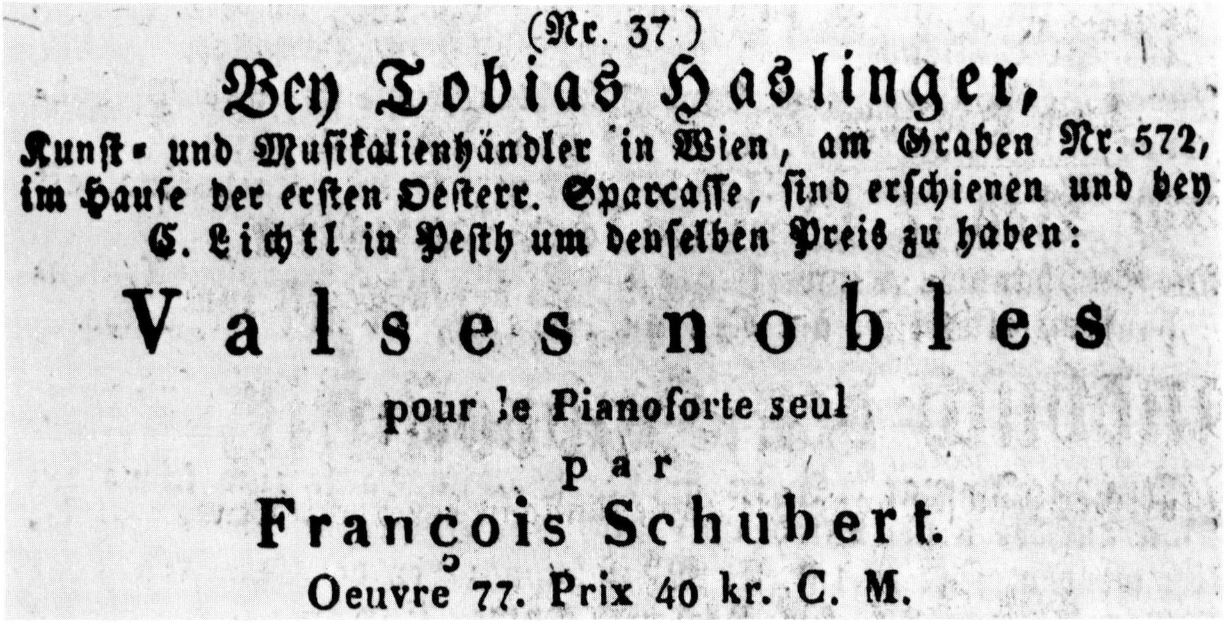

(Nr. 37.)

Bey Tobias Haslinger,

Kunst- und Musikalienhändler in Wien, am Graben Nr. 572, im Hause der ersten Oesterr. Sparcasse, sind erschienen und bey C. Lichtl in Pesth um denselben Preis zu haben:

Valses nobles

pour le Pianoforte seul

par

François Schubert.

Oeuvre 77. Prix 40 kr. C. M.

Anzeige in der amtlichen Wiener Zeitung vom 22. Januar 1827.

Nach Diabelli und Leidesdorf hatte in Wien nun erstmals auch Tobias Haslinger ein Werk von Schubert verlegt. Haslinger, der seit 1826 Alleinbesitzer des früheren Verlags Steiner & Co. geworden war und sich in der Folge zu einer der stärksten Verlegerpersönlichkeiten in Wien entwickelte, zeigte im Jänner 1827 zwölf „Valses nobles" D 969 von Schubert an. (Der Titel stammte nicht von Schubert, sondern wurde vom Verleger eigenmächtig gewählt.)

Advertisement in the official 'Wiener Zeitung' of 22nd January, 1827.

The next publisher in Vienna to print a work by Schubert after Diabelli and Leidesdorf was Tobias Haslinger. Haslinger, who since 1826 had become the sole owner of the earlier publishing-house Steiner & Co. and was consequently turning into one of the strongest publishing personalities in Vienna, advertised the twelve *Valse nobles,* D 969 by Schubert in January, 1827 (the title was not Schubert's but was selected arbitrarily by the publisher).

Das ,,Gasthaus zum grünen Anker" in der Grünangergasse.
Aquarell von K. Hornstein (Historisches Museum).

The 'Grüner Anker' inn in the Grünangergasse. Water colour by
K. Hornstein (Historisches Museum).

Um 1826 schloß sich der Kreis der Freunde um Schubert wieder
enger zusammen, und auch die sogenannten ,,Schubertiaden"
häuften sich wieder. Eine von den Schubertianern in dieser Zeit
frequentierte Gaststätte war das ,,Gasthaus zum grünen Anker"
hinter dem Stephansdom. So lautete beispielsweise eine Eintragung in Franz v. Hartmanns Tagebuch vom 5. Dezember 1826:
,,Ich gehe zum Anker, wo anfangs Schober, Schubert und Lachner (ein Komponiste aus Bayern), und erst spät und unverhofft
Pepi Spaun [kam], mit dem wir dann bis 12 Uhr dort blieben"
(Dokumente, S. 386).

The circle of friends drew more closely around Schubert in 1826
and the so-called Schubertiads became more frequent. An inn
often visited by the Schubertians at this time was the 'Grüner
Anker' behind St. Stephan's Cathedral. An entry of 5th
December, 1826, in the diary of Franz von Hartmann reads as
follows: "I went to the 'Anker', where Schober, Schubert and
Lachner (a composer from Bavaria) were at first, and only late and
unexpectedly Pepi Spaun [came], with whom we then remained
there until midnight" (A documentary biography, p. 568).

Franz v. Hartmann, eigenhändiges Tagebuch (Eintragung vom 15. Dezember 1826).

Franz von Hartmann, Diary in his own hand (Entry of 15th December, 1826).

,, . . . Dañ gehe ich zu Spaun, wo eine große große Schubertiade ist. Beym Eintritte werde ich von Fritz [Hartmann] unnachsichtig, und von [Karl] Haas sehr naseweis empfangen. Die Gesellschaft ist ungeheuer. Das Arnethische, Wittitscheckische [sic], Kurzrockische, Pompische Ehepaar, die Mutter der Frau des Hof= u. Staatskanzleykoncipisten Witticzek, die D⸢r⸣iñ Watteroth, Betty Wanderer, der Maler Kupelwieser u. seine Frau, Grillparzer, Schober, Schwind, Mayerhofer u. sein Hausherr Huber, der lange Huber, Dörffel, Baurnfeld, Gahi (der herrlich mit Schubert à 4 mains spielte), Vogel, der fast 30 herrliche Lieder sang, Baron Schlechta, u. andere Hofconcipisten u. -Secretairs waren da. Fast zu Thränen rührte mich, da ich heute in einer besonders aufgeregten Stiṁung war, das Trio des 5⸢ten⸣ Marsches . . . Nachdem das Musiciren aus ist, wird herrlich schnabelirt, und dañ gtanzt . . . Um 12½ begleiten wir nach herzlichem Abschiede von den Späunen u. Enderes Betty n[ach] H[ause], u. gehn zum Anker, wo noch Schober, Schubert, Schwind, Dörffel, Bauernfeld . . .“

“. . . I went to Spaun's, where there was a big, big Schubertiad. On entering I was received rudely by Fritz [Hartmann] and very saucily by [Karl] Haas. There was a huge gathering. The Arneth, Wittitscheck [sic], Kurzrock and Pompe couples, the mother-in-law of the court and state chancellery probationer Witticzek: Dr. Watteroth's widow, Betty Wanderer, and the painter Kupelwieser with his wife, Grillparzer, Schober, Schwind, Mayerhofer and his landlord Huber, tall Huber, Dörffel, Bauernfeld, Gahi (who played gloriously à quatre mains with Schubert) and Vogel, who sang almost 30 splendid Lieder. Baron Schlechta and other court probationers and secretaries were also there. I was moved almost to tears, being in a particularly excited state of mind to-day, by the trio of the fifth march . . . When the music was done, there was grand feeding and then dancing . . . At 12.30, after a cordial parting with Spauns and Enderes, we saw Betty home and went to the ‘Anker’, where we still found Schober, Schubert, Schwind, Dörffel, Bauernfeld . . .” (A documentary biography, p. 571 f.).

[Two columns of Fraktur text from "Der Sammler", Vienna, 14 April 1827, reporting on Beethoven's funeral and a concert announcement. Text set in blackletter/Fraktur type.]

Concert=Anzeige.

„Beethovens Leichenfeier" (*Der Sammler, Wien 14. April 1827*).

Eduard Bauernfelds Tagebucheintragung vom 29. März 1827 lautet: „Am 26. ist Beethoven gestorben, 56 Jahre alt. Heute war sein Leichenbegängnis. Ich ging mit Schubert." (Dokumente, S. 419). Fritz v. Hartmann notierte in seinen Aufzeichnungen: „Selbstverständlich sprachen wir (Schober, Schubert und Schwind) nur von Beethoven, seinen Werken und den wohlverdienten Ehren, die heute seinem Andenken bezeigt wurden" (Ebenda). – Schubert ging bei Beethovens Leichenfeier als Fackelträger, ebenso Carl Czerny, Franz Grillparzer, die Verleger Tobias Haslinger und Pietro Mechetti, die Geiger Josef Mayseder und Ignaz Schuppanzigh u. a. „Auf beyden Seiten Reihen von Fackelträgern . . . Alles war schwarz gekleidet, mit Handschuhen von gleicher Farbe, und wehenden Flören am linken Arme, außer den Herren Fackelträgern, welche dafür weiße Liliensträußer angeheftet hatten, wogegen die Fackeln umflort waren . . ."

"Beethoven's funeral" (*Der Sammler, Vienna, 14th April, 1827*).

The following is entered under 29th March, 1827, in Eduard von Bauernfeld's diary: "On the 26th Beethoven died, 56 years of age. To-day was his funeral. I went with Schubert" (A documentary biography, p. 622). Fritz Hartmann has made a note of it: "Needless to say, we talked of nothing but Beethoven, his works and the well-merited honours paid to his memory to-day" (Ibidem, p. 623). – Schubert attended Beethoven's funeral as a torch bearer, as did Carl Czerny, Franz Grillparzer, the publishers Tobias Haslinger and Pietro Mechetti, the violinists Josef Mayseder and Ignaz Schuppanzigh and others. "On both sides a row of torch bearers . . . Everyone in black with gloves of the same colour and a crape band of mourning on their left arms, apart from the gentlemen torch bearers who had bunches of white lilies attached to their sleeves, showing up the torches veiled in crape."

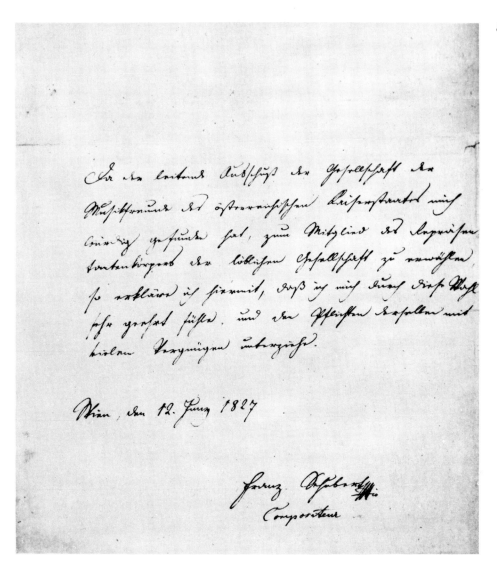

Schubert, eigenhändiger Brief an die Gesellschaft der Musikfreunde, Wien 12. Juni 1827 (Gesellschaft der Musikfreunde).

Schubert: Autograph letter to the Gesellschaft der Musikfreunde, Vienna, 12th June, 1827 (Gesellschaft der Musikfreunde).

Nachdem Schubert bereits im März 1822 Mitglied der Gesellschaft der Musikfreunde in Wien geworden war, wählte man ihn im Juni (?) 1827 zum Mitglied des Repräsentantenkörpers. Schubert dankte dafür am 12. Juni mit den Worten: „Da der leitende Ausschuß der Gesellschaft der Musikfreunde des österreichischen Kaiserstaates mich würdig gefunden hat, zum Mitglied des Repräsentantenkörpers der löblichen Gesellschaft zu erwählen, so erkläre ich hiermit, daß ich mich durch diese Wahl sehr geehrt fühle, und den Pflichten derselben mit vielem Vergnügen unterziehe. Franz Schubertmpia Compositeur."

After Schubert had become a member of the Gesellschaft der Musikfreunde in Vienna in March, 1822, he was elected member of the representative committee in June (?), 1827. Schubert gave the following note of thanks on 12th June: "The committee of the Gesellschaft der Musikfreunde in the Austrian Imperial State having deemed me worthy of being elected a member of the body of the hon. Society's representatives, I hereby declare myself to feel greatly honoured by this election and ready with much pleasure to conform to the duties involved thereby. Franz Schubert Compositeur."

Im September 1827 reiste Schubert auf Einladung von Marie Pachler, einer mit Johann Baptist Jenger befreundeten Klavierspielerin, die auch mit Beethoven bekannt gewesen war, nach Graz. „Schubert kam zu Anfang September 1827 mit seinem Freunde Jenger nach Graz und wurde im Hause des Hof- und Gerichts-Advokaten Dr. Pachler . . . gastlich aufgenommen. Die ersten Tage wurden Ausflüge in die schönen Umgebungen von Graz gemacht, und einige Abende wurden bei Dr. Pachler mit Musik zugebracht . . . Am 8. September wurde vom hiesigen Musik-Verein im Ständischen Theater ein Konzert für einen wohltätigen Zweck gegeben, wobei auch Schuberts ‚Gondelfahrer' und ‚Normans Gesan' zur Aufführung kamen. Schubert spielte bei diesen Piecen die Klavierstimme" (Erinnerungen, S. 123). Noch im September fuhren Jenger und Schubert über Fürstenfeld, Hartberg, Aspang und Schloß Schleinz, wo sie sich kurz bei Bekannten von Jenger aufhielten, nach Wien zurück.

Schubert travelled to Graz in September, 1827 on the invitation of Marie Pachler, a pianist, who also knew Beethoven, and the friend of Johann Baptist Jenger. "Schubert came to Graz at the beginning of September 1827 with his friend Jenger and was received at the home of the barrister Dr. Pachler . . . During the first few days excursions were made to the beautiful surroundings of Graz and several evenings at Dr. Pachler's were spent making music . . . On 8th September there was a charity concert held by the local music society in the town centre, when Schubert's 'Gondelfahrer' and 'Normans Gesang' were performed. Schubert played the piano for these pieces" (Erinnerungen, p. 123). Jenger and Schubert returned to Vienna via Fürstenfeld, Hartberg, Aspang and Schleinz castle, where they stayed with Jenger's friends for a short time.

B. Schott's Söhne, Brief an Schubert, Mainz 9. Februar 1828.

Auf den Tag genau wendeten sich im Februar 1828 die Verleger Probst in Leipzig und Schott's Söhne in Mainz an Schubert und fragten an, welche Werke zur Herausgabe zur Verfügung stünden. Schotts Schreiben hat den folgenden Wortlaut: ,,Ew. Wohlgebohren sind uns bereits durch Ihre vortrefflich gearbeitete Compositionen seit mehreren Jahren bekannt, und wir hegten auch schon früher den Wunsch von Ihren Arbeiten für unseren Verlag zu aquiriren, wenn wir nicht mit den Werken op: 121. 122. 123. 124. 125. 126. 127. 128 & 131 des seeligen Beethoven, worunter manche sehr starke opus, zu lange Beschäftigung für unsere Arbeiter gehabt hätten. Wir sind nun so frey Sie um einige Werke für unsern Verlag zu ersuchen: Klavier Werke, oder Gesänge für eine oder mehrere Stimmen mit oder ohne Piano Begleitung werden uns stehts willkommen seyn. Das Honorar belieben Sie zu bestimen . . .‟ Schubert überreichte daraufhin eine Liste von Werken zur Auswahl, darunter das Trio Es-Dur D 929, zwei Streichquartette D 887, 810, vier Impromptus, die Violinfantasie D 934 und an mehrstimmigen Gesängen offensichtlich ,,Nachthelle‟ D 892, ,,Ständchen‟ D 921 sowie das Quintett ,,Mondenschein‟ D 875. Schott zeigte sich an den Impromptus interessiert, übrig blieb jedoch nur das Quintett ,,Mondenschein‟, und auch das erschien erst 1831. – Das Klaviertrio D 929 hatte sich Probst gesichert (vgl. Kat.-Nr. 269).

B. Schott's Sons, Letter to Schubert, Mainz, 9th February, 1828.

Exactly on this date the publishers Probst in Leipzig and Schott's Sons in Mainz turned to Schubert to ask him which works he would offer for publication: Schott's letter reads as follows: "Sir, you have been known to us for several years by your admirably contrived compositions, and we had already earlier cherished the wish to acquire some of your works for our catalogue, had not too much of our workmen's time been occupied by the works Opp. 121, 122, 123, 124, 125, 126, 127, 128 and 131 by the departed Beethoven, among which is many a very bulky opus. We now take the liberty to request of you some works for publication. Pianoforte works or vocal pieces for one or several voices, with or without pianoforte accompaniment, will always be welcomed by us. Kindly fix the fee . . ." (A documentary biography, p. 737). Schubert sent off a list of works for selection and included the trio in E flat major, D 929; two string quartets, D 887 and D 810; four impromptus, the violin fantasy, D 934; and apparently the part songs *Nachthelle*, D 892, and *Ständchen*, D 921; and also the *Mondenschein*, quintet D 875. Schott showed interest in the impromptus, but in the end he accepted only the *Mondenschein* quintet, which appeared by 1831. – Probst acquired the piano trio, D 929 (see Cat. No. 269).

85

Die Tuchlauben. Rechts der ,,Rote Igel`` und daneben der ,,Blaue Igel``. Reproduktion nach einem unbezeichneten Kupferstich.

Im Saal des Musikvereins unter den Tuchlauben Nr. 558 fand am 26. März 1828 das einzige zu Schuberts Lebzeiten veranstaltete Konzert mit eigenen Werken statt. Eduard v. Bauernfeld bezeichnete sich später als der Urheber dieser Veranstaltung. Auf einem Spaziergang soll er Schubert das Konzert mit folgenden Worten eingeredet haben: ,,Dein Name klingt in aller Munde, und jedes deiner neuen Lieder ist ein Ereignis! Du hast auch die prächtigsten Streichquartette und Trios komponiert – der Sinfonien nicht zu gedenken! Deine Freunde sind davon entzückt . . . und das Publikum hat noch keine Ahnung von der Schönheit und Grazie, die in diesen Werken schlummern. So nimm dir einen Anlauf, bezwinge deine Trägheit, gib im nächsten Winter ein Konzert – nur von deinen Sachen natürlich. Bocklet, Böhm und Linke werden sich's zur Ehre schätzen, einem Maestro wie du mit ihrer Virtuosität zu dienen . . . So ein Abend läßt sich alle Jahre wiederholen! . . . Ein Konzert also!`` (Erinnerungen, S. 271).

The 'Tuchlauben.' On the right the 'Rother Igel' and next door the 'Blauer Igel'. Reproduction from a unsigned copper plate engraving.

The only organized concert of Schubert's work during his lifetime took place in the 'Musikverein' concert room in the 'Tuchlauben Nro. 558' on 26th March, 1828. Eduard von Bauernfeld later described himself as the originator of this particular evening. He apparently persuaded in the course of a walk Schubert to accept the concert by saying: "Your name is on everyone's lips, and every new one of your Lieder is a great event! You have also composed the most marvellous string quartets and trios – to say nothing of symphonies! Your friends are delighted with them – and the public still has no idea of the beauty and grace slumbering within these works. So get ahead, master your inertia and give a concert next winter – only of your works of course. Bocklet, Böhm and Linke will regard it an honour to be of service to a maestro like yourself . . . An evening like this can be repeated every year! . . . So let's give a concert!" (Erinnerungen, p. 271).

Einladung zu dem Privat-Concerte, welches Franz Schubert am 26. März Abends 7 Uhr im Locale des österreichen [sic] Musickvereins unter den Tuchlauben N° 558 zu geben die Ehre haben wird (mit Programm).

Die Organisation des Konzertes lag in den Händen Schuberts und seiner Freunde. Auch wenn die Presse der Veranstaltung nur wenig Beachtung schenkte, scheint Schubert doch Erfolg gehabt zu haben. In seinem mit 10. April datierten Schreiben an den Verleger Probst liest man: „Es dürfte Ihnen vielleicht nicht uninteressant seyn, wenn ich Sie benachrichtige, daß selbes Concert, in welchem alle Stücke von meiner Composition waren, nicht nur gedrängt voll war, sondern auch, daß ich außerordentlichen Beyfall erhielt. Besonders erregte ein Trio für Pianoforte, Violin u. Violoncello allgemeine Theilnahme, so zwar, daß ich zu einem zweyten Concert (:quasi als Wiederholung:) aufgefordert wurde" (Dokumente, S. 510). Die bei den Instrumentalwerken ungenügende Angabe im Programm hat zu mehreren Spekulationen geführt. Mit dem „neuen Trio" ist sicher das Klaviertrio in Es-Dur D 929 gemeint, fraglich ist hingegen, ob als „Erster Satz eines neuen Streich-Quartetts" tatsächlich jener aus dem Quartett G-Dur (D 887) gespielt wurde, wie Deutsch vermutet. Neueren, noch nicht veröffentlichten Forschungen von Christa Landon zufolge wurde das Konzert mit dem I. Satz des Streichquartetts in d-Moll D 810 eingeleitet. – Die Liedkompositionen wurden ebenso wie Grillparzers „Ständchen" D 921 von Schubert am Klavier begleitet.

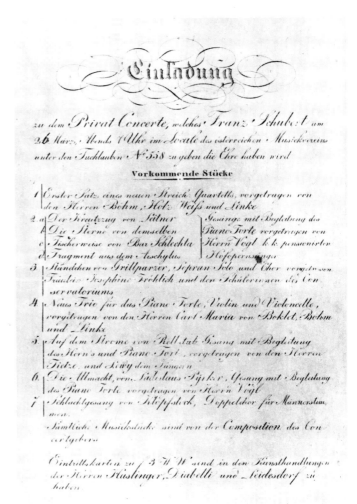

Invitation to the private concert which Franz Schubert will have the honour of holding on 26th March at seven o'clock in the evening at the 'Locale des österreichen [sic] Musickvereins unter den Tuchlauben No. 558' (with program).

The organization of the concert lay in the hands of Schubert and his friends. Even if the press paid little attention to this evening, Schubert appears to have had a success with it. In his letter of 10th April, 1828 to the publisher Probst we can read: "It may perhaps not be without interest for you if I inform you that not only was the concert in question, at which all the pieces were of my composition, crammed full, but also that I received extraordinary approbation. A Trio for pianoforte, violin and violoncello in particular found general approval, so much so, indeed, that I have been invited to give a second concert (quasi as a repeat performance)" (A documentary biography, p. 765). The sparse description of the instrumental works in the program led to various speculations. The "new trio" is surely intended to be the piano trio in E flat major, D 929. It is doubtful whether the "first movement of a new string quartet" really was the performance of the first movement of the G major quartet, D 887, as Deutsch supposed. According to recent unpublished research by Christa Landon, the concert began with the first movement of the string quartet in D minor, D 810. – The Lieder compositions as well as Grillparzer's *Ständchen* were accompanied by Schubert himself at the piano.

a) Niccolò Paganini. Lithographie von Joseph Kriehuber, 1828 (Historisches Museum). – b) Eduard v. Bauernfeld, eigenhändiges Tagebuch (Eintragung vom 9. Mai 1828).

a) Niccolò Paganini. Lithograph by Joseph Kriehuber, 1828 (Historisches Museum). – b) Eduard von Bauernfeld, hand-written diary (entry for 9th May, 1828).

Schuberts Privatkonzert war dem Trubel um Paganinis Auftreten in Wien nicht gewachsen. Alles drängte sich um den Virtuosen, der mehrere Konzerte im Redouten-Saal gab. Auch Schubert hörte ihn in mehr als einem Konzert, so z. B. am 9. Mai, wie man aus Bauernfelds Tagebuch erfährt: ,,Paganini gehört. Das Entrée (5 fl.) zahlte Schubert für mich . . .'' Nach Anselm Hüttenbrenners Aussage war Schubert von dem Virtuosen überaus beeindruckt, und in einer an Hüttenbrenner gerichteten Briefstelle soll er sich geäußert haben: ,,Ich habe im Adagio einen Engel singen gehört'' (Erinnerungen, S. 78).

Schubert's private concert was not able to compete with the furore excited by Paganini's appearances in Vienna. The whole city flocked to see the celebrated virtuoso who gave several concerts in the 'Redoutensaal'. Schubert too attended more than one of these concerts – for instance, on 9th May, as Bauernfeld's diary records: "Heard Paganini. Schubert paid the entrance charge (5 fl.) for me . . ." According to Anselm Hüttenbrenner, Schubert was deeply impressed by Paganini and in a letter to Hüttenbrenner he is supposed to have written: "In the adagio I heard an angel sing" (Erinnerungen, p. 78).

Anton Schindler, eigenhändiger Brief an Schubert, Pesth 11. Oktober 1828.

Im Oktober 1828 wurde Schubert zu einer Aufführung von Franz Lachners Oper „Die Bürgschaft" nach Pesth eingeladen. „Mein guter, lieber Freund Schubert! Unser Freund Lachner ist mit dem Arrangement seiner Oper gar zu sehr beschäftigt, daher ich es übernehme, Sie nicht nur in seinem Nahmen zu dem wichtigen Tage, an dem dieses große Werk zur Aufführung kom̄en wird . . . einzuladen . . . Richten Sie sichs daher ein, daß Sie längstens am 22. d. mit dem Eilwagen abreisen . . . Sintemahl und alldieweil Ihr Nahme hier einen guten Klang hat, so haben wir folgende Speculation mit Ihnen vor, nämlich: daß Sie sich entschließen mögen, hier ein Privat Concert zu geben, wo größtentheils nur Ihre Gesangstücke vorgetragen werden sollen, und man verspricht sich einen guten Erfolg; und da man schon weis[s], daß Ihre Timidität und Comodität bey einem solchen Unternehmen nicht viel selbst Hand anlegt, so mache ich Ihnen kund und zu wissen, daß Sie hier Leute finden werden, die Ihnen auf das willfährigste unter die Achseln greifen werden . . ." Schubert hat angeblich auf diese Einladung nicht mehr geantwortet; als Lachner nach der Aufführung nach Wien kam, fand er Schubert „am Typhus erkrankt zu Bette" (Erinnerungen, S. 334).

Anton Schindler, Autograph letter to Schubert, Pesth, 11th October, 1828.

In October, 1828 Schubert was invited to Pesth to a performance of Franz Lachner's opera *Die Bürgschaft*. "My dear, good friend Schubert, our friend Lachner is too much occupied with the production of his opera, so that not only do I undertake to invite you in his name for the important day on which that great work is to be performed . . . See to it, then, that you leave by express coach on the 22nd inst. at the latest . . . Sithence and whereas your name is in good repute here, we propose the following venture for you, viz. that you should decide to give a private concert here, at which for the most part only songs of yours should be performed. This promises a good success, and since it is well known that your timidity and easy-going ways will keep you from lending much of a hand in such an undertaking, I advise and inform you that you will find people here who will most readily give you their support . . ." (A documentary biography, p. 814 f.). Schubert apparently never answered the invitation; when Lachner came to Vienna after the performance, he found Schubert "ill in bed with typhoid" (Erinnerungen, p. 334).

Schubert. Ölgemälde von Josef Mähler (Gesellschaft der Musikfreunde).

Von Leopold v. Sonnleithner stammen die Worte: „Von einem Zukunftsmusiker hatte (Schubert) keine Spur an sich" (Erinnerungen, S.114). Verfolgt man aber Schuberts künstlerische Entwicklung in seinen letzten Lebensjahren, so entstanden Werke, die weit in die Zukunft weisen. Auf dem Gebiet der Vokalmusik sind hier die Messe Es-Dur D950, die großen Liederzyklen „Winterreise" D911 und „Schwanengesang" D957 (und weitere 60 Einzellieder) zu nennen und in der Instrumentalmusik die Symphonie in C-Dur D944 sowie eine zweite nur Fragment gebliebene in D-Dur (vgl. Kat.-Nr. 241), das Streichquartett G-Dur D887, die Klaviertrios in B- und Es-Dur D898 und D929, die Impromptus D899 und D935, die Klaviersonate in D-Dur D850 und schließlich die letzten drei großen Sonaten in c-Moll, A-Dur und B-Dur D958, D959, D960. „Wahrlich! er würde noch großes Aufsehen in der Musikalischen Welt erregt haben", dieser Überzeugung waren seine Zeitgenossen, wie Pater Columban nach dem Ableben Schuberts an dessen Vater schrieb (Dokumente, S. 556. Original in Privatbesitz, Wien).

Schubert. Oil painting by Josef Mähler (Gesellschaft der Musikfreunde).

The following words are Leopold von Sonnleithner's: "There was nothing of a future musician about Schubert" (Erinnerungen, p.114). But if we follow Schubert's artistic development in his last years, we see that works arose which point far into the future. The Mass in E flat major and the great Lieder cycles *Winterreise*, D 911 and *Schwanengesang*, D 957 (written in addition to a further 60 single Lieder) can be mentioned in the genre of vocal music; as regards instrumental music, the symphony in C major, D 944, as well as another symphonic fragment in D major (see Cat. No. 241), the string quartet in G major, D 887, the piano trios in B and E flat major, D 898 and D 929, the impromptus, D 899 and D 935, the piano sonata in D major, D 850, and finally the last three great sonatas in C minor, D 958, A major, D 959, and B flat major, D 960. "Truly, he would yet have made a great sensation in the musical world!" Contemporaries, such as Pater Columban, who after Schubert's death wrote the above sentence to his father, were all of the same conviction (A documentary biography, p. 830; private collection, Vienna).

Simon Sechter. Lithographie von Joseph Kriehuber (Historisches Museum).

Im November 1828 hatte sich Schubert mit Josef Lanz bei Simon Sechter für das Studium der Fuge angemeldet. „Kurze Zeit vor seiner letzten Erkrankung kam er mit Herrn Josef Lanz, seinem ergebenen Freund, zu mir, um den Kontrapunkt und die Fuge zu studieren, weil, wie er sich ausdrückte, er einsehe, daß er hierin Nachhilfe brauche. Wir hatten nur eine einzige Lektion gehabt, als das nächste Mal Herr Lanz allein erschien, um mir zu melden, daß Franz Schubert schwer erkrankt sei" (Simon Sechter. Erinnerungen, S. 124).

Simon Sechter. Lithograph by Joseph Kriehuber (Historisches Museum).

Schubert and Josef Lanz had arranged to study fugue with Simon Sechter in November, 1828. "A short time before his last illness he came to me with Josef Lanz, a close friend of his, to study counterpoint and fugue because, as he said, he realised that he needed some coaching in it. We had only had one lesson; the next time Herr Lenz appeared alone to tell me that Schubert was very ill" (Simon Sechter, Erinnerungen, p. 124).

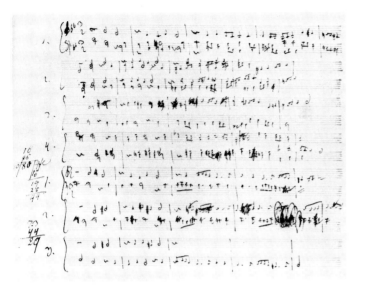

Harmonie
und
Generalbaß=Lehre.

Zum
Gebrauche
bey den öffentlichen Vorlesungen in dem Normal-
Schulgebäude bey St. Anna in Wien.

Verfaßt
von
Joseph Drechsler,
Kapellmeister und öffentlichen Lehrer des Generalbasses.

Wien,
bey S. A. Steiner und Comp.

---

*a) Schubert: Imitationsübungen D 16. Eigene Handschrift. –
b) Joseph Drechsler: Harmonie und Generalbaß = Lehre. S. A.
Steiner und Comp., Wien 1828.*

Aus der zweiten Hälfte des Jahres 1828 sind Imitationsübungen
von Schuberts Hand bekannt, die den Beweis erbringen, daß
Schubert sich unter der Anleitung Sechters mit kontrapunktischen
Fragen befaßt hat. (Die von Deutsch bzw. Alfred Orel vorge-
nommene Datierung des hier gezeigten Blattes mit 1812 ist völlig
inkorrekt.) In diesem Zusammenhang ist auch erwähnenswert,
daß ihn in seinem letzten Lebensjahr überhaupt musiktheoretische
Probleme interessierten. So verwendete er z. B. die von Drechsler
für die Vorlesungen in der Normalschule St. Anna geschriebene
„Harmonie und Generalbaß-Lehre" zu Studienzwecken.

*a) Schubert: Exercises in imitation, D 16. Autograph. – b) Joseph
Drechsler: Tutor in harmony and figured bass. S. A. Steiner
& Comp., Vienna, 1828.*

Schubert's exercises in imitation from the second half of 1828
exist, which prove that Schubert was occupying himself with
counterpoint under the guidance of Sechter (the dating of this
exhibit – 1812 – by Deutsch and Alfred Orel is quite wrong). In
this connection it is also worth mentioning that problems of
musical theory in general interested Schubert in the last year of
his life. He made use in his studies of Drechsler's "Tutor in
harmony and figured bass", a work prescribed for the lessons in
St. Anne's school.

Franz Theodor Schubert, eigenhändiger Brief an seinen Sohn Ferdinand, [Wien] 19. November 1828.

„Lieber Sohn Ferd. Die Tage der Betrübniß u des Schmerzens lasten schwer auf uns. Die gefahrvolle Krankheit unsers geliebten Franz wirkt peinlich auf unsere Gemüther. Nichts bleibt uns in diesen traurigen Tagen übrig, als bey dem lieben Gott Trost zu suchen, u jedes Leiden, das uns nach Gottes weiser Fügung trifft, mit standhafter Ergebung in seinen heiligen Willen zu ertragen; u der Ausgang wird uns von der Weisheit u Güte Gottes überzeugen u beruhigen. Darum fasse Muth u inniges Vertrauen auf Gott; er wird Dich stärken, damit Du nicht unterliegest, u Dir durch seinen Segen eine frohe Zukunft gewähren. Sorge so viel möglich, dß unser guter Franz unverzüglich mit den heil. Sacramenten der Sterbenden versehen werde, u ich lebe der tröstlichen Hoffnung, Gott wird ihn stärken u erhalten. Dein betrübter, aber von dem Vertrauen auf Gott, gestärkter Vater Franzmpr.“ Schubert verstarb noch am selben Tag um 3 Uhr nachmittags.

Franz Theodor Schubert, Autograph letter to his son Ferdinand, Vienna, 19th November, 1828.

"My dear son Ferdinand, days of gloom and sorrow weigh heavily upon us. The dangerous illness of our beloved Franz acts painfully on our spirits. Nothing remains for us in these sad days except to seek comfort in God, and to bear any affliction that may fall on us according to God's wise dispensation with resolute submission to His holy will; and what befalls us shall convince us of God's wisdom and goodness, and give us tranquillity. Therefore take courage and trust implicity in God; He will give you strength, that you may not succumb, and will grant you a glad future by His blessing. See to it, to the best of your ability, that our good Franz is forthwith provided with the Holy Sacraments for the dying, and I shall live in the comforting hope that God will fortify and keep him. Sorrowfully, but strengthened by confidence in God, your father Franz" (A documentary biography, p. 822 f.). Schubert died on the same day at 3 o'clock in the afternoon.

Ferdinand Schubert, eigenhändiger Briefentwurf an seinen Vater,
[Wien] 21. November 1828 früh 6 Uhr.

Ferdinand berichtete seinem Vater über Schuberts letzte Stunden:
„Liebensw. Hr. Vater! Sehr Viele äußern den Wunsch, daß der
Leichnam unsers guten Franz im Währinger=Gottesacker begra-
ben werde. Unter diesen Vielen bin besonders auch ich, weil ich
durch Franzen selbst dazu veranlaßt zu seyn glaube. Deñ am
Abende vor seinem Tode noch sagte er bey halber Besiñung zu
mir: Ich beschwöre Dich, mich in mein Zimer zu schaffen, nicht
da in diesem Winkel unter der Erde zu lassen; verdiene ich deñ
keinen Platz über der Erde?! – Ich antwortete ihm: Lieber Franz,
sey ruhig, glaube doch Deinem Bruder Ferd., dem Du bisher imer
geglaubt hast, u der Dich so sehr liebt. Du bist in dem Zimer, in
dem Du bisher imer warst, u liegst in Deinem Bette! – U Franz
sagte: Nein, ist nicht wahr, hier liegt _Beethoven_ nicht etc. – Sollte
dieß nicht ein Fingerzeig seines iñersten Wunsches seyn, an der
Seite Beethovens, den er so sehr verehrte, zu ruhen?! . . .“

Ferdinand Schubert, Autograph draft of a letter to his father,
[Vienna] 21st November, 1828, 6 a.m.

Ferdinand described Schubert's last hours to his father: "Most
cherished father, very many are expressing the wish that the body
of our good Franz should be buried in the Währing churchyard.
Among those many am I too, believing myself to be induced
thereto by Franz himself. For on the evening before his death,
though only half conscious, he still said to me: 'I implore you to
transfer me to my room, not to leave me here, in this corner
under the earth; do I then deserve no place above the earth?' I
answered him: 'Dear Franz, rest assured, believe your brother
Ferdinand, whom you have always trusted, and who loves you so
much. You are in the room in which you have always been so far,
and lie in your bed!' – And Franz said: 'No, it is not true:
Beethoven does not lie here.' Could this be anything but an
indication of his inmost wish to repose by the side of Beethoven,
whom he so greatly revered?!" (A documentary biography,
p. 825).

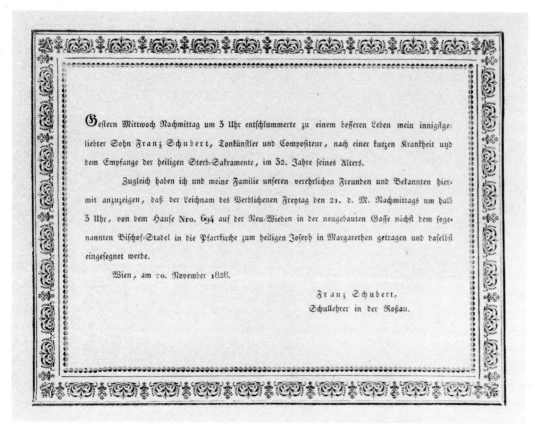

Todesanzeige Schuberts, Wien 20. November 1828 (Hermine Unger, Wien).

Announcement of Schubert's death, Vienna, 20th November, 1828 (Hermine Unger, Vienna).

„Gestern Mittwoch Nachmittag um 3 Uhr entschlummerte zu einem besseren Leben mein innigstgeliebter Sohn Franz Schubert, Tonkünstler und Compositeur, nach einer kurzen Krankheit und dem Empfange der heiligen Sterb=Sakramente, im 32. Jahre seines Alters. Zugleich haben ich und meine Familie unseren verehrlichen Freunden und Bekannten hiermit anzuzeigen, daß der Leichnam des Verblichenen Freytag den 21. d. M. Nachmittags um halb 3 Uhr, von dem Hause Nro. 694 auf der Neu=Wieden in der neugebauten Gasse nächst dem sogenannten Bischof=Stadel in die Pfarrkirche zum heiligen Joseph in Margarethen getragen und daselbst eingesegnet werde. Franz Schubert, Schullehrer in der Roßau." Schubert wurde in dem üblichen Einsiedlergewande, mit einem Lorbeergewinde um die Schläfen, in den reich bekränzten Sarg gelegt. In der Kirche St. Joseph wurde Schuberts „Pax vobiscum" D 551 und eine Trauermotette von Johann Gänsbacher gesungen. Nach einer weiteren Einsegnung in der Währinger Kirche zur heiligen Gertrud wurde der Sarg auf dem Währinger Ortsfriedhof beigesetzt.

"Yesterday, Wednesday, at 3 o'clock in the afternoon, fell asleep, to wake to a better life, my most dearly beloved son Franz Schubert, musical artist and composer, after a short illness and having received the Holy Sacraments, in the 32nd year of his age. At the same time, I and my family have to announce to our honoured friends and acquaintants that the deceased's body will be carried to the Parish Church of St. Joseph at Margareten, on Friday, 21st inst., at 2.30 p.m., from the house No. 694 on the Neu-Wieden, in the newly built street next to the so-called Bischof-Stadel, there to be consecrated. Franz Schubert, Schoolmaster in the Rossau" (A documentary biography, p. 824). Schubert was laid in the coffin in the usual hermit's habit, with a laurel wreath about his brow. Schubert's *Pax vobiscum,* D 551 was sung in St. Joseph's church and a funeral motet by Johann Gänsbacher. After a further blessing in St. Gertrud's church the coffin was laid to rest in the Währing district cemetery.

Matthias Franz Perth, eigenhändiges Tagebuch (Eintragung vom November 1828).

Matthias Franz Perth, Diary in his own hand (entry under November, 1828).

„Am 19. d:M: starb hier zu früh für die Kunst der geniale Tonkünstler und Compositeur Franz Schubert am Nervenfieber, 32 Jahre alt. Als lirischer Tondichter behauptete er gegenwärtig gewiß den ersten Rang in ganz Deutschland. Als gebildeter Mann, angenehmer Gesellschafter und liebenswürdiger Mensch werden sein Andenken seine Freunde und Verehrer heilig bewahren."

"Here died on 19th of this month of nerve fever too early for his art the musician and composer Franz Schubert at the age of 32. As a lyrical composer his claim is among the best in all Germany. As a man of education, agreeable companion and loveable fellow, his friends and admirers will keep sacred his memory."

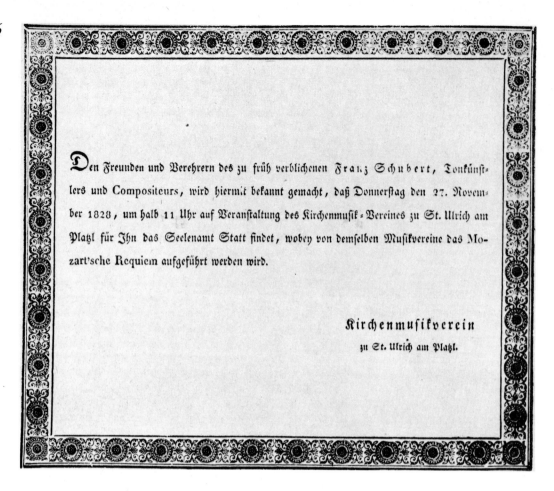

Den Freunden und Verehrern des zu früh verblichenen Franz Schubert, Tonkünstlers und Compositeurs, wird hiermit bekannt gemacht, daß Donnerstag den 27. November 1828, um halb 11 Uhr auf Veranstaltung des Kirchenmusik-Vereines zu St. Ulrich am Platzl für Ihn das Seelenamt Statt findet, wobey von demselben Musikvereine das Mozart'sche Requiem aufgeführt werden wird.

Kirchenmusikverein
zu St. Ulrich am Platzl.

Einladung des Kirchenmusikvereins zu St. Ulrich zum Seelenamt für Schubert am 27. November 1828 (Historisches Museum).

Invitation from the Church music society of St. Ulrich to the requiem Mass for Schubert on 27th November, 1828 (Historisches Museum).

Schuberts Freunde veranlaßten nicht nur die Lesung einer Seelenmesse für Schubert, sondern bemühten sich auch, Gelder für ein Schubert-Denkmal zu organisieren. ,,Gestern habe ich mit Schober wegen eines Requiems für Schubert gesprochen", beginnt ein Brief von Johann Baptist Jenger an Josef Hüttenbrenner, ,,er ist mit allem einverstanden . . . Schober meint, es wäre gut, wenn das Requiem so wenig als möglich kostet, damit mehr Geld fürs Monument und das angekaufte Grab übrig bleibe" (Dokumente, S. 555). Die Seelenmesse wurde nicht, wie ursprünglich geplant, in St. Josef abgehalten, sondern in St. Ulrich. Mozarts ,,Requiem" wurde aufgeführt. Am 23. Dezember fand dann noch in der Augustiner Hof- und Pfarrkirche eine Totenfeier statt, bei der das Requiem von Schuberts Freund Anselm Hüttenbrenner gespielt wurde.

Schubert's friends not only organised a requiem for him, but also made efforts to raise money for a Schubert monument. A letter from Johann Baptist Jenger to Josef Hüttenbrenner begins as follows: "I was talking to Schober yesterday about a requiem for Schubert, he agrees to everything . . . Schober is of the opinion it would be better for the requiem to cost a little as possible in order to save money for the stone and the purchase of the grave" (Dokumente, p. 555). The Mass for the dead was not held at St. Joseph's as originally planned, but at St. Ulrich. Mozart's requiem was performed. On 23rd December the funeral rites were held in the parish Church and court chapel of St. Augustin when the requiem by Schubert's friend, Anselm Hüttenbrenner, was performed.

Franzens Rechnung. Aufstellung von der Hand Ferdinand Schuberts, Wien 6. Dezember 1828 (Privatbesitz, Wien).

Die Aufstellung umfaßt neben der Barsumme, über die Schubert kurz vor seinem Ableben verfügte, die Ausgaben für Krankheit und Begräbnis. Die Passiva beliefen sich auf 325 fl. 46 Kr. W. W. Die Kosten hatte die Familie zu tragen; sie wurden zum Teil durch den Verkauf des Liederzyklus „Schwanengesang" an Haslinger gedeckt, worüber bereits knapp vier Wochen nach Schuberts Ableben eine Vereinbarung getroffen wurde. Ein Jahr später sollte dann die Abtretung der Rechte an mehreren Instrumentalwerken an Diabelli der Familie Schubert über 2000 Gulden einbringen.

Franz's account. Put together in the hand of Ferdinand Schubert, Vienna, 6th December, 1828 (Private collection, Vienna).

The inventory includes expenses for illness and funeral as well as the sum of ready cash in Schubert's possession shortly before his death. The passiva amounted to 325 florins 46 crowns, Viennese currency. The family had to carry the costs, which were partly covered by the sale of the Lieder cycle *Schwanengesang* to Haslinger in an arrangement made hardly four weeks after Schubert's death. A year later the transfer to Diabelli of the rights to several instrumental works was to bring the Schubert family more than 2000 guilders.

a) *Franz Grillparzer, eigenhändiger Entwurf der Anzeige über die Errichtung eines Grabmales für Schubert. – b) Schubert. Eisenguß für die Büste am Währinger Friedhof von Josef Alois Dialer, 1829 (Wiener Männergesangverein).*

,,Allen Freunden und Verehrern Schuberts, vornehmlich aber denjenigen, die ihr Gefühl für ihn durch Beiträge zu seinem Denkmale werkthätig gezeigt haben, dient zu wissen, daß dieses Denkmal, von geschickter Hand wohlgelungen ausgeführt und mit der ähnlichen Büste des Verewigten, aus Gußeisen geziert, eben jetzt fertig geworden u. in dem Kirchhof zu Währing aufgestellt ist, wo es der allgemeinen Ansicht offen steht . . .''

a) *Franz Grillparzer, a rough copy, in his own handwriting, of the announcement of the tombstone erected in memory of Schubert. – b) A mould for the bust at the Währing cemetery by Joseph Alois Dialer, 1830 (Wiener Männergesangverein).*

"This is to inform all friends and admirers of Schubert, especially those who have shown their feelings for him by their contributions to his monument that this has now been finished by craftsman's hands and decorated with a cast iron bust in the likeness of the departed. It stands in the churchyard at Währing for all to see . . ."

Bühnenwerke, Kirchenmusik

a) Christoph Willibald Gluck. Lithographie von N. Waldow nach einem Gemälde von Joseph Duplessis. – b) Joseph Weigl. Stich von Anton Wachsmann (a, b Historisches Museum).

Zu den frühesten und nachhaltigsten Operneindrücken Schuberts zählte neben Weigls „Das Waisenhaus" und „Die Schweizerfamilie" Glucks „Iphigenie auf Tauris". Darüber erfährt man Näheres von Schuberts Freund Joseph v. Spaun: „Schubert war 15 Jahre alt und hatte schon vieles komponiert, ohne je eine gute Oper gehört zu haben. Die Oper ‚Das Waisenhaus' von Weigl war die erste, welche er zu hören bekam. Sie machte einen tiefen Eindruck auf den Künstler. Noch mehr ergriff ihn Weigls ‚Schweizerfamilie', die er bald darauf hörte. Wer sich erinnert, wie diese schöne Oper durch die Milder, Vogl und Weinmüller gegeben wurde, wird das Entzücken des jungen, gefühlvollen Schubert erklärbar finden. – Allein der Eindruck beider Opern . . . mußte bald dem tiefern Eindruck weichen, den Glucks ‚Iphigenie auf Tauris' auf Schubert machte. Die Klagetöne Iphigenies befeuchteten das Auge des gemütlichen jungen Tonsetzers mit Tränen der Rührung und die Qualen des unglückseligen Orests erschütterten ihn in seinem Innersten. Für immer unvergeßlich war ihm der Eindruck dieses Abends, dessen Folge das eifrigste Studium aller Gluckschen Partituren war, wobei sich Schubert durch Jahre hindurch ganz selig befand" (Erinnerungen, S. 28).

a) Christoph Willibald Gluck. Lithograph by Waldow after a painting by Joseph Duplessis. – b) Joseph Weigl. Engraving by Anton Wachsmann (a, b Historisches Museum).

Of the opera-performances which the young Schubert saw, those which left the deepest impression were *Das Waisenhaus* and *Die Schweizerfamilie* by Weigl and, above all, Gluck's *Iphigenie auf Tauris*. Schubert's friend, Joseph von Spaun, recalls: "Schubert reached the age of fifteen and had a fair number of compositions to his name without ever having heard a good opera. Weigl's 'Das Waisenhaus' was the first. It left a deep impression on him. He was even more moved by the same composer's 'Die Schweizerfamilie', which he heard a short time later. Anyone who can remember the performances of this fine opera with Milder, Vogl and Weinmüller in the cast will be able to imagine the delight felt by the young and impressionable Schubert. – But the impression which these two works left . . . was soon supplanted by the profounder experience of Gluck's 'Iphigenie auf Tauris'. Iphigenia's lament brought tears of emotion to the genial young composer's eyes, and the torments of the unfortunate Orestes went through and through him. The impression left by the evening was unforgettable; and after this he began that ardent study of Gluck's scores which was to provide him with a source of keen satisfaction for years to come" (Erinnerungen, p. 28).

Christoph Willibald Gluck: Air de l'opera: Echo et Narcisse (Rien de la nature) . . . Pour le Piano-forte par Frz. Schubert. D deest, Neues D Anhang II, 3/1. Schuberts Handschrift.

Schuberts Beschäftigung mit den dramatischen Werken Glucks findet ihre Bestätigung in den erhalten gebliebenen Klavierauszügen zu zwei Arien aus der Oper „Echo et Narcisse" von seiner Hand. Beide Bearbeitungen – es handelt sich um Reinschriften – sind im März 1816 entstanden.

Christoph Willibald Gluck: Air de l'opera: 'Echo et Narcisse (Rien de la Nature)' . . . Pour le piano par Franz Schubert, D deest, New Deutsch Catalogue, appendix II, 3/1. Autograph.

Schubert's preoccupation with the operatic works of Gluck is documented by these piano arrangements of two arias from the opera *Echo et Narcisse*. Both were written in March, 1816 and survive in the form of final copies in Schubert's own hand.

Georg Friedrich Händel. Stich von Joseph Kovatsch (Österreichische Nationalbibliothek, Bildarchiv).

Zu Schuberts Vorbildern zählte auch Georg Friedrich Händel. Anselm Hüttenbrenner berichtet von gemeinsamen Studien Händelscher Werke wie folgt: „(Schubert) bewunderte Händels Riesengeist und spielte in freien Stunden mit großer Begierde dessen Oratorien und Opern aus der Partitur. Zuweilen erleichterten wir uns die Arbeit dadurch, daß Schubert die höheren und ich die tieferen Stimmen am Klavier übernahm. – Manchmal beim Durchspielen Händelscher Werke fuhr er wie elektrisiert auf und rief: ‚Ah, was sind das für kühne Modulationen! So was könnte unsereinem im Traume nicht einfallen!'" (Erinnerungen, S. 207).

Georg Friedrich Händel. Engraving by Joseph Kovatsch. (Österreichische Nationalbibliothek, Bildarchiv).

One composer who exerted an influence on Schubert's development was Georg Friedrich Händel. Anselm Hüttenbrenner describes how he and Schubert studied Händel's works together: "(Schubert) admired the enormity of Händel's achievement and in his free time would often play through the score of his oratorios and operas on the piano with evident enthusiasm. On occasions we would facilitate the task by sharing the parts, he taking over the higher voices and I the lower. – Sometimes, while he was playing music by Händel, he would jump up as if electrified and exclaim: 'Ah, how daring these modulations are! Something like that would never occur to one of us in a hundred years!' (Erinnerungen, p. 207).

Wolfgang Amadeus Mozart: Die Zauberflöte, Klavierauszug. (Aufgeschlagen: Ouvertüre). Abschrift von Heidenreich (?), Wien 1791 (?)

Wolfgang Amadeus Mozart: 'The Magic Flute', piano arrangement (opened at the overture). Copy by Heidenreich (?), Vienna, 1791 (?)

„Schubert wird als ein außerordentlicher Verehrer Beethovens dargestellt; das ist nun ganz richtig, indem er von den Schöpfungen dieses großen Meisters ganz begeistert war; allein er verehrte Mozart ebenso hoch, und so unerreichbar ihm Beethovens Sinfonien schienen, so zog er doch den ,Don Juan' dem ,Fidelio', so gut ihm dieser auch gefiel, weit vor, und die Ouvertüre zur ,Zauberflöte' stand ihm höher als die schönen Ouvertüren zum ,Fidelio'" (Erinnerungen, S. 421). Diese Aussage von Schuberts Freund Spaun ist durchaus glaubwürdig. Damit ist auch angedeutet, daß Schubert zum leichteren Ton des Singspiels tendierte.

"Schubert is always thought of as having been an ardent admirer of Beethoven. This is perfectly true in the sense that he felt the greatest enthusiasm for the latter's music. But he admired Mozart no less. And however consummate an achievement he considered Beethoven's symphonies to be, he still far preferred 'Don Juan' to 'Fidelio', despite his fondness for this last work; and he rated the overture to 'The Magic Flute' higher than the fine overtures to 'Fidelio'" (Erinnerungen, p. 421). This testimony by Schubert's friend Spaun is entirely plausible. It also suggests that Schubert tended more towards the lighter world of the 'Singspiel'.

a) Wenzel Müller. Lithographie von F. Wolf nach einem Entwurf von Georg Decker (Historisches Museum). – b) Wenzel Müller: Herr Joseph und Frau Baberl, Posse in drei Aufzügen (Nr. 2 Duetto). Stimmenabschrift mit eigenhändigen Korrekturen.

Wenzel Müllers Zauberopern und Possen sind sicherlich nicht ohne Einfluß auf Schuberts Bühnenwerke geblieben. Schubert liebte dieses Genre und war nicht selten Zeuge derartiger in Wien überaus beliebter Darbietungen. Man weiß, daß er im Oktober 1822 der Aufführung von Müllers ,,Aline oder Wien in einem andern Welttheile'' gemeinsam mit Josef Hüttenbrenner beigewohnt hat; im Mai 1826 wiederum erfreute er sich an der Posse ,,Herr Joseph und Frau Baberl'', die er ,,unübertrefflich'' fand (Dokumente, S. 165 bzw. 360. Schubert schreibt in dem an Eduard v. Bauernfeld gerichteten Brief irrtümlich ,,Herr Jacob und Frau Baberl'').

a) Wenzel Müller. Lithograph by F. Wolf after a sketch by Georg Decker (Historisches Museum). – b) Wenzel Müller: 'Herr Joseph und Frau Baberl', burlesque in three acts (No. 2 – Duetto). Copy of parts with corrections in his own hand.

There can be no doubt that Wenzel Müller's fantastic operas and burlesques exerted an influence on Schubert's own compositions for the stage. Schubert, after all, loved this genre and frequently attended performances of such works, which enjoyed great popularity in Vienna. It is known, for instance, that in October, 1822 he and Josef Hüttenbrenner went to see Müller's *Aline oder Wien in einem andern Welttheile;* and again in May, 1826 he thoroughly relished a performance of the burlesque *Herr Joseph und Frau Baberl,* which he found "incomparable" (A documentary biography, p. 236 and p. 528. In his letter to Eduard von Bauernfeld Schubert gives the title erroneously as *Herr Jacob und Frau Baberl*).

Schubert: Der Spiegelritter, Oper in drei Akten D11, Partitur. Eigene Handschrift.

Schubert: 'Der Spiegelritter', opera in three acts, D 11, score. Autograph.

Die dreiaktige, nur Fragment gebliebene Oper nach einem Text von August v. Kotzebue wurde wahrscheinlich schon 1811 begonnen. es sich um Schuberts frühesten dramatischen Versuch handelt, ist es nicht verwunderlich, daß das Werk verschiedene Stadien der Entwicklung durchlaufen hat. Einige Korrekturen sind offensichtlich von Salieri veranlaßt worden. Die Komposition wurde vor Ende 1812 beendet und später nochmals revidiert. – Mehr als der I. Akt hat wohl nie existiert. Der Beweis hiefür findet sich schon in der Tatsache, daß Schubert den Schlußteil des I. Aktes nicht mehr in Partitur, sondern nur in Form eines Klavierauszuges ausgeführt hat.

This opera, planned in three acts, but surviving only as a fragment, was based on a text by August von Kotzebue. Schubert began to work on it probably as early as 1811. In view of the fact that this is Schubert's first attempt at a dramatic composition, it is not surprising that the work spans several stages in the composer's development. Some corrections were made clearly at Salieri's instigation. The composition was not completed before the end of 1812, and there followed a later revision of the work. Certainly no more than the first act ever existed: this is adequately demonstrated by the fact that Schubert did not complete the last section of act I in the score, but only wrote it out in the form of a piano arrangement.

Schubert: Des Teufels Lustschloß, Oper in drei Akten D 84, 1. Fassung, Partitur. Eigene Handschrift.

Schubert: 'Des Teufels Lustschloß', opera in three acts, D 84, first version, score. Autograph.

Wie bei der Oper „Der Spiegelritter", stammt auch der Text zur Oper „Des Teufels Lustschloß" von August v. Kotzebue. Die Niederschrift der ersten Fassung entstand in der Zeit von Oktober 1813 bis Mai 1814. Die Arbeit wurde Salieri vorgelegt, der an vielen Stellen die Stimmführung und Orchestrierung bemängelte. Daraufhin entschloß sich Schubert zu einer Neufassung, die noch im Sommer 1814 begonnen wurde und musikalisch gehaltvoller ausfiel. – Weder die erste noch die zweite Fassung sind vollständig erhalten. Das Manuskript der zweiten Fassung wurde von Schubert seinem Freunde Josef Hüttenbrenner zur Begleichung einer kleinen Schuld überlassen. Hüttenbrenner war es dann, der sich um eine Aufführung der Oper sowohl in Wien wie auch in München bemühte, doch ohne Erfolg (vgl. Dokumente, S. 166).

August von Kotzebue was the author of the text to *Des Teufels Lustschloß*, as he had been of that to *Der Spiegelritter*. The first version was written out between October, 1813 and May, 1814 and was subsequently submitted to Salieri, who found fault with the vocal writing and the orchestration in a number of places. Thereupon Schubert decided to write a new version. This was begun in 1814 and is of greater musical substance. – Neither of the two versions has been preserved complete. The manuscript of the second version was given by Schubert to his friend Josef Hüttenbrenner by way of settlement of a small debt. And it was this same Hüttenbrenner who tried – albeit without success – to get the opera staged in Vienna and in Munich (A documentary biography, p. 238).

Schubert: Die Freunde von Salamanka, komisches Singspiel in 2 Akten D 326 (Titelblatt der Ouvertüre), Partitur. Eigene Handschrift.

In den Jahren 1815 und 1816 wandte sich Schubert verstärkt dem Bühnenschaffen zu. Die Gründe hiefür sind offenkundig: ein Erfolg auf der Bühne hatte für einen jungen Komponisten mehr als alles andere zu gelten. Wahrscheinlich bestärkten ihn darin auch die Freunde, denn schließlich stammten auch einige der Textvorlagen aus dem Freundeskreis, wie z. B. ,,Fernando" D 220 (Text von Albert Stadler) und ,,Die Freunde von Salamanka" nach einem Text von Johann Mayrhofer. – Die Komposition dieses Singspiels wurde im November 1815 begonnen. Aus dem Autograph ist ersichtlich, daß Schubert die Ouvertüre erst nach Schluß des I. Aktes komponiert hat und der Anfang des II. Aktes zeitlich später als der übrige Teil der Oper liegt. Auf der Titelseite der Ouvertüre hat Schubert offensichtlich nicht ohne Stolz vermerkt: ,,Die Musik ist von Franz Schubert Schüler des H. Salieri." – Zu einer Aufführung des Werkes ist es zu Schuberts Lebzeiten nicht gekommen.

Schubert: 'Die Freunde von Salamanka', comic 'Singspiel' in two acts, D 326 (title-page of the overture), score. Autograph.

In the years 1815 and 1816 Schubert devoted more of his time to stage works. The reason for this is clear: it was a successful stage production which more than anything else could make a young composer's name. And Schubert's friends will have encouraged him in this direction: it was, after all, members of this circle of friends who provided him with some of his libretti – for instance *Fernando* (text by Albert Stadler) and *Die Freunde von Salamanka*, based on a text by Johann Mayrhofer. – Schubert began work on this 'Singspiel' in November, 1815. It is evident from the autograph that the overture was written only after the first act had been completed and that the beginning of the second act was composed later than the rest of the opera. On the title-page of the ouverture Schubert has written the remark with an apparent note of pride: "Music composed by Franz Schubert, pupil of Salieri". – The work was not performed during Schubert's lifetime.

Schubert: Adrast, Oper in 3 (?) Akten D 137 (Nr. 3 Chor der Myser), Partitur. Eigene Handschrift.

Schubert hat an dieser Oper, zu der sein Dichterfreund Johann Mayrhofer den Text geschrieben hat, nicht 1815 gearbeitet, wie Deutsch im Thematischen Verzeichnis angibt, sondern erst Ende 1819. Möglicherweise bezieht sich die Textstelle „Hast du schon was gemacht?" in seinem Brief vom 19. August 1819 an Mayrhofer auf diese Oper (Dokumente, S. 85). Die Komposition fällt in eine Zeit, in der Schubert auf dem Gebiet des dramatischen Schaffens gleichsam experimentierte: So gab es zwischen 1819 und 1821 Ansätze zu mehreren Opern: Neben „Adrast" konzipierte er einige Nummern zur Oper „Sakuntala", und aus 1821 ist ein weiteres Opernfragment bekannt (D 982), dessen Textdichter und Titel noch nicht festgestellt werden konnte.

Schubert: 'Adrast', opera in three (?) acts, D 137 (No. 3: Chor der Myser), score. Autograph.

Schubert first began to work on this opera, to which his poet friend Johann Mayrhofer wrote the text, towards the end of 1819 and not 1815, as is the dating by Deutsch in the Thematic Catalogue. It is possible that, when Schubert writes to Mayrhofer in a letter dated 19th August, 1819: "Have you got something done?" he is alluding to this opera (A documentary biography, p. 124). Work on *Adrast* thus belongs to a time in which Schubert was experimenting in the field of dramatic composition. The years 1819 to 1821 saw several operatic attempts: apart from *Adrast* Schubert wrote some numbers for the opera *Sakuntala*, and another operatic fragment (D 982) has survived from the year 1821, although neither the title nor the author of the libretto have been identified.

Gioacchino Rossini. Stich von Leopold Beyer (Historisches Museum).

Seit 1818 nahm die italienische Oper in Wien immer mehr die Vorrangstellung ein; namentlich waren es die Opern Rossinis, die das Wiener Publikum in Begeisterung versetzten. Schubert, der sich trotz Salieris Lehren dem italienischen Geschmack gegenüber ablehnend verhielt, zeigte sich an Rossini interessiert, blieb aber kritisch. In dem an Anselm Hüttenbrenner adressierten Brief vom 19. Mai 1819 heißt es beispielsweise: „Letzthin wurde bey uns Othello von Rossini gegeben. Außer dem Radichi wurde alles recht gut exequirt. Diese Oper ist bey weitem besser, d. h. characteristischer als Tancred. Außerordentliches Genie kann man ihm nicht absprechen. Die Instrumentirung ist manchmahl höchst originell, auch der Gesang ist es manchmahl, u. außer den gewöhnlichen italienischen Gallopaden u. mehreren Reminiscenzen aus Tancred." (Dokumente, S. 79) Nach Spauns Worten fand er den „Barbier von Sevilla" „köstlich" (Erinnerungen, S. 422). – Als 1822 Domenico Barbaja das Kärntnerthortheater übernahm und zu gleicher Zeit Graf Palffy diesem das Theater an der Wien überließ – im selben Jahr kam Rossini erstmals nach Wien –, war der Triumphzug der italienischen Oper nicht mehr aufzuhalten. Diese Tatsache machte Schuberts Hoffnungen, mit einer Oper Erfolg zu haben, gänzlich zunichte.

Gioacchino Rossini. Engraving by Leopold Beyer (Historisches Museum).

From 1818 onwards the Italian opera established itself in Vienna; in particular the music of Rossini captured the hearts of the Viennese public. Schubert showed little enthusiasm for the Italian taste, despite Salieri's tutorship: he evinced some interest in Rossini, but ultimately remained critical. In a letter to Anselm Hüttenbrenner dated 19th May, 1819 he writes, for instance: "Recently Rossini's 'Otello' was given here. Apart from Radichi, it was all quite well done. This opera is far better, that is to say more characteristic, than 'Tancredi'. You cannot deny him extraordinary genius. The orchestration is most original at times, and the vocal parts too occasionally, except for the usual Italian gallopades and several reminiscences of 'Tancredi' " (A documentary biography, p. 117). According to Spaun, he found "The Barber of Seville" "delicious" (Erinnerungen, p. 422). – In 1822 – the year of Rossini's first visit to Vienna – Domenico Barbaja took over the Kärntnerthor Theatre and at the same time Count Palffy transferred the 'Theater an der Wien' to Barbaja's management. From this point onwards there was no stopping the invasion of the Italian opera. And therewith Schubert's hopes of making a name for himself in the operatic field were finally dashed.

a) Ansicht des Kärntnerthortheaters. Unbezeichnetes Aquarell (Historisches Museum). – b) Uraufführung von ,,Die Zwillingsbrüder" am 14. Juni 1820 im Theater nächst dem Kärnthnerthore. Programmzettel.

Auf Veranlassung von Johann Michael Vogl war im Jänner 1819 das Singspiel ,,Die Zwillingsbrüder" D 647 entstanden. Vogl war es, der auch eine Aufführung im Kärntnerthortheater durchsetzte, die am 14. Juni 1820 zustande kam. ,,Herr Vogl stellte selbst die Titelrolle dar, nämlich die beiden Brüder Franz Spieß und Friedrich Spieß . . . Herr Vogl als Zwilling tat sein möglichstes . . ., auch die übrigen waren befriedigend. Im ganzen ergab sich jedoch keine schlagende Wirkung. Es ist auch der Text [von Georg Ernst v. Hofmann] mit daran schuld . . . Die Operette wurde 6mal gegeben" (Erinnerungen, S. 138).

a) View of the Kärntnerthor Theatre. Unsigned water-colour (Historisches Museum). – b) First performance of 'Die Zwillingsbrüder' on 14th June, 1820 in the 'Theater nächst dem Kärntnerthore'. Program booklet.

The 'Singspiel' Die Zwillingsbrüder had been written in January, 1819 at the instigation of Johann Michael Vogl. And it was again Vogl who managed to have the work staged, on 14th June in the Kärntnerthor Theatre. "Herr Vogl himself played the title-role – the two brothers Franz Spieß and Friedrich Spieß . . . Herr Vogl made what he could out of the double role . . . and the rest of the cast was satisfactory. On the whole, however, the work made no very striking impression. The libretto [by Georg Ernst von Hofmann] is partly responsible for this . . . The operetta was performed six times" (Erinnerungen, p. 138).

Carl Schubert, eigenhändiger Brief an seine Braut Therese Schwemminger, Wien 16. Juni 1820 (Privatbesitz, Wien).

,,Liebe Resi. Trotz meiner sehr nöthigen Arbeit, vermag ich es nicht von der zweyten Aufführung der Zwillingsbrüder weg zu bleiben, sollte es Ihnen, mir zum innigsten Vergnügen, möglich seyn mich zu begleiten, so werde ich dankbar Ihre Bestim̄ung (rücksichtlich des Abhohlens) erwarten . . .''

Carl Schubert, Autograph letter to his fiancée Therese Schwemminger, Vienna, 16th June, 1820 (Private collection, Vienna).

"Dear Resi, In spite of very necessary work, I am incapable of staying away from the second performance of 'Die Zwillingsbrüder'. Should you, to my intense pleasure, be able to accompany me, I shall gratefully await your decision (about calling for you) . . ." (A documentary biography, p. 140).

Schubert: Die Zauberharfe, Melodram in drei Akten D 644 (Finale II, ausgeschiedene Version), Partitur. Eigene Handschrift.

Schubert: 'Die Zauberharfe', melodrama in three acts, D 644 (finale III, rejected version), score. Autograph.

1820 war ein weiteres Bühnenwerk über einen Text von Georg Ernst v. Hofmann entstanden: „Die Zauberharfe." Dieses Melodram war ein Auftragswerk des Theaters an der Wien, die Rolle des Vermittlers hatte dabei vor allem Hermann Neefe, der Sohn von Beethovens Bonner Lehrer Christian Gottlob Neefe gespielt. – Schubert arbeitete an der Partitur in der knappen Zeit von Mai bis August 1820. Die Anfänge reichen keineswegs, wie Deutsch im Thematischen Verzeichnis behauptet, bis 1819 zurück. – Im II. Akt befand sich ursprünglich eine Romanze, die „Ariette des Palmerin". Sie wurde, wie man zeitgenössischen Berichten entnehmen kann, nach der Aufführung gestrichen und – laut Partitur – durch eine weitere melodramatische Szene ersetzt.

In 1820 Schubert wrote a further stage-work, based on a text by Georg Ernst von Hofmann: *Die Zauberharfe*. This melodrama had been commissioned by the "Theater an der Wien", while the man who was largely instrumental in bringing about this commission was Hermann Neefe, the son of Beethoven's teacher in Bonn, Christian Gottlob Neefe. – The composition occupied Schubert only for the brief space of time from May to August, 1820. The statement by Deutsch in the Thematic Catalogue that Schubert had begun work on *Die Zauberharfe* in 1819 is quite wrong. – Originally the second act included a romance, the *Ariette des Palmerin*. As contemporary reports document, this was excised after the performance and – on the evidence of the score – replaced by a further melodramatic scene.

Theater=Nachricht.

Sr. Excellenz Herr Graf Ferdinand von Palffy, Eigenthümer des k. k. priv. Theaters an der Wien, haben zur öffentlichen Bezeigung ihrer Zufriedenheit für mehrjährige Leistungen, den Unterzeichneten eine freye Einnahme aus hohem eigenen Antrieb gnädigst verliehen. Sie geben sich demnach die Ehre, einem hohen Adel und verehrungswürdigen Publikum ergebenst anzuzeigen, daß dieselbe bey der dritten Vorstellung der

Zauberharfe,

Zauberspiel in drey Aufzügen.
Musik von Herrn Schubert.
Die neuen Decorationen von Herrn Neefe.
Die neuen Maschineri.n von Herrn Roller.
Das neue Costum von Herrn Lucca Piazza.

Morgen Montag den 21. August 1820, Statt finden wird, wenn sie sich anders schmeicheln dürfen, durch längere Zeit etwas zum Vergnügen eines verehrten Publikums beygetragen zu haben, der gütigen Theilnahme desselben.

Die gesperrten Sitze sind zu den gewöhnlichen Preisen, Vor- und Nachmittags in der Wohnung des Maschinisten A. Roller, an der Wien beym Weinberg, im zweyten Stocke. Nr. 18, am Tage der Vorstellung Vor- und Nachmittags in der Stadt in der Spiegelgasse Nr. 1164, und Abends bey der Cassa des Theaters zu haben.

a) Programmzettel der Uraufführung von „Die Zauberharfe" vom 19. August 1820 im k. k. Schauspielhaus an der Wien. – b) Theater-Nachricht über die dritte Aufführung am 21. August 1820.

a) Program sheet of the first performance of 'Die Zauberharfe' on 19th August, 1820 in the 'k. k. Schauspielhaus an der Wien'. – b) Theatrical report on the third performance on 21st August, 1820.

Die Aufführung brachte Schubert nicht den erwarteten Erfolg. In Rosenbaums Tagebuch ist von dem „verunglückten" bzw. „mißlungenen Zauberspiel" die Rede (Dokumente, S. 109). – Die Theater-Nachricht, in der angezeigt wird, daß Graf Ferdinand von Palffy „den Unterzeichneten eine freye Einnahme aus hohem eigenen Antrieb gnädigst verliehen" hat, bestätigt nur die Aussage von Sonnleithner über die Beweggründe, die zum Entstehen dieses Melodrams geführt hatten: „Im Sommer 1820 sollten im Theater an der Wien der Dekorateur Hermann Neefe, der Maschinist Anton Roller und der Kostumier Lucca Piazza zusammen eine Einnahme haben. Da ich mit Neefe durch seine Frau . . . verschwägert war, wendeten sich diese mit dem Regisseur Friedrich Demmer an mich um Rat wegen eines Kompositeurs für eine zu dieser Einnahme beabsichtigte Zauberoper. Sie hatten schon an Schubert gedacht . . . Dieser entschloß sich sogleich diese Komposition zu liefern, welche auch in ein paar Wochen fertig war" (Erinnerungen, S. 138).

The performance did not turn out to be the success for Schubert that it was expected to be. Rosenbaum's diary speaks of *Die Zauberharfe* as "the ill-fated" and "unsuccessful magic play" (A documentary biography, p. 150f.). – The theatrical report, which advertises that Count Ferdinand von Palffy "graciously conferred on those signed below a benefit performance", confines itself to confirming Sonnleithner's account of the background to the writing of this piece: "In the summer of 1820 the stage designer Hermann Neefe, the stage mechanic Anton Roller and the costume designer Lucca Piazza, all of the 'Theater an der Wien', were to be given a joint benefit performance. Since I was related to Neefe . . . through his wife, these men, together with the producer Friedrich Demmer, came to ask my advice in their choice of a composer for the fantastic opera selected for the benefit performance. Schubert's name had already crossed their minds . . . The latter did not hesitate to accept the commission, and within a matter of a few weeks the composition was completed" (Erinnerungen, p. 138).

Schubert: Arie für die Zauberoper „Das Zauberglöckchen" von Louis J. F. Hérold. Eigene Handschrift (Gesellschaft der Musikfreunde).

Schubert: Aria for the fantastic opera 'Das Zauberglöckchen' by Louis J. F. Hérold. Autograph (Gesellschaft der Musikfreunde).

Am 20. Juni 1821 kam im Kärntnertortheater die dreiaktige Zauberoper „Das Zauberglöckchen" von Hérold zur ersten Aufführung. (Es sollten sieben weitere Aufführungen folgen.) Schuberts Name war auf dem Theaterzettel nicht genannt, obgleich die damalige Direktion der Hofoper zwei Musikstücke für diese Oper bei ihm bestellt hatte, „und zwar eine große Arie für Tenor, . . . und ein komisches Duett für Tenor und Baß. Dieser Umstand blieb dem Publikum und selbst Schuberts nächsten Freunden ein Geheimnis. Bei der Aufführung der Oper erhielten nun gerade die von Schubert komponierten Musikstücke den entscheidendsten Beifall . . . Dieser Beifall war für Schubert um so ehrenvoller, da er ihn keiner Vorliebe zu danken hatte und da auch jene lebhaften Teil daran nahmen, welche behaupteten, Schubert besitze kein Talent, für das Theater zu schreiben" (Erinnerungen, S. 31).

On 20th June, 1821 the Kärntnerthor Theatre put on the first performance of the fantastic opera in three acts, *Das Zauberglöckchen* by Hérold (seven further performances followed). Schubert's name did not appear on the program, although the administration of the court opera had commissioned two items from him for this production, "namely, a large-scale tenor aria . . . and a comic duet for tenor and bass. The omission of Schubert's name remained an enigma for the public and even for his closest acquaintances. When the opera was performed, it was just those numbers by Schubert which received the most resounding applause . . . This applause was all the more complimentary to Schubert because it cannot have stemmed from any prejudice in his favour, and also because those people were seen to be clapping enthusiastically who had maintained that Schubert had no talent for dramatic composition" (Erinnerungen, p. 31).

a) Schubert: Alfonso und Estrella, Oper in drei Akten D 732 (Nr. 13 Cavatine des Alfonso), Einzelausgabe für Klavier und Singstimme. Diabelli & Comp., Wien. – b) Franz v. Schober. Originalzeichnung von Moritz v. Schwind (Historisches Museum).

a) Schubert: 'Alfonso und Estrella', opera in three acts, D 732 (No. 13: 'Cavatine des Alfonso'), separate edition for piano and voice, Diabelli & Co., Vienna. – b) Franz von Schober. Original drawing by Moritz von Schwind (Historisches Museum).

Im Herbst 1821 begann Schubert mit der Vertonung eines Operntextes, der von seinem Freund Franz v. Schober stammte. Wie man aus Schobers Berichten weiß, entstanden Text und Musik zur Oper „Alfonso und Estrella" nahezu gleichzeitig: „Schubert und ich sind nun von unserm halb Land-, halb Stadt-Aufenthalt wieder zurückgekehrt und bringen die Erinnrung an ein schönes Monat mit. In Ochsenburg hatten wir mit den wirklich schönen Gegenden, und in St. Pölten mit Bällen und Konzerten sehr viel zu tun, demohngeachtet waren wir fleißig, besonders Schubert, er hat fast 2 Akte, ich bin im letzten. Ich hätte nur gewunschen, Du wärest da gewesen und hättest die herrlichen Melodien entstehen hören, es ist wunderbar, wie reich und blühend er wieder Gedanken hingegossen hat" (Brief an Joseph v. Spaun. Dokumente, S. 139). – Die Komposition war im Februar 1822 beendet.

In the autumn of 1821 Schubert embarked on the composition of a libretto by his friend Franz von Schober. On Schober's own evidence we know that the libretto and the music to *Alfonso und Estrella* were written almost simultaneously: "Schubert and I have now returned from our half country and half town holiday, and we have brought back recollections of a lovely month. At Ochsenburg we were much taken up with the truly beautiful surroundings, and at St. Pölten with balls and concerts; in spite of which we worked hard, especially Schubert, who has done nearly two acts, while I am on the last. I only wished you had been there to hear the glorious tunes as they arose: it is wonderful how once again he poured forth rich and teeming ideas" (letter to Joseph von Spaun. A documentary biography, p. 139). – The composition was completed by February, 1822.

Schubert, eigenhändiger Brief an Ignaz Edlen v. Mosel, Wien 28. Februar 1823 (Wiener Schubertbund).

Schubert, Autograph letter to Ignaz Edler von Mosel, Vienna, 28th February, 1823 (Wiener Schubertbund).

Schubert hoffte, durch Empfehlungen eine Aufführung der Oper „Alfonso und Estrella" zu erreichen, und wandte sich in dieser Angelegenheit an Mosel, den Vizedirektor der Hoftheater in Wien: „Ich habe die Ehre, Euer Hochwohlgeb. nun den 3ten und letzten Akt meiner Oper samt der Ouverture zum 1ten Akt zu senden, mit der Bitte mir dann Hochderselben Meinung darüber gütigst mitzutheilen ... Dürfte ich Hochdieselben vielleicht an Ihr so gütiges Versprechen erinnern, selbe mit einem wohlwollenden Schreiben an *Weber* zu begleiten, so wage ich es sogar, ... zu bitten, meine Oper mit einem ähnlichen Schreiben an Freyherrn von Könneritz, der nach Weber's Nachricht die Leitung des Dresdener Theaters führt, gütigst vermehren u. mir übersenden zu wollen." Ob Mosel Empfehlungen ausgesprochen hat, ist unbekannt, ebenso sein Urteil über die Oper. Zu Aufführungen ist es nicht gekommen, und auch Carl Maria v. Weber setzte sich nicht dafür ein, da sich sein Verhältnis zu Schubert angeblich wegen dessen Äußerungen über „Euryanthe" abgekühlt hatte (vgl. Erinnerungen, S. 160).

Schubert was hoping that recommendations would help him to get *Alfonso und Estrella* staged, and with this in mind he addressed himself to Mosel, the assistant director of the court theatres in Vienna: "I now have the honour of sending you, Sir, the third and last act of my opera together with the overture to the first act, with the request that you will be so good as to let me know your valued opinion of them ... If I might, perhaps, Sir, remind you of your kind promise to accompany it with a benevolent letter to Weber, I would even venture to ask you ... to be good enough to add to my opera a similar letter to Freiherr von Könneriz, who according to Weber is in charge of the directorship of the Dresden theatre, and to send it to me" (A documentary biography, p. 270). It is not known whether Mosel actually provided recommendations, nor what he thought of the opera. At all events, the work was not performed, and Carl Maria von Weber failed to intervene on Schubert's behalf. Relations between the two men were said to be strained as a result of Schubert's remarks about *Euryanthe* (Erinnerungen, p. 160).

Anna Milder-Hauptmann. Punktierstich von Sigismund v. Perger nach einem Entwurf von Daniel Weiss, 1813 (Historisches Museum).

Nicht nur an Schuberts Liedschaffen, sondern auch an der Oper „Alfonso und Estrella" hatte sich niemand geringerer als die berühmte Sängerin Anna Milder interessiert gezeigt. Schon in ihrem ersten Schreiben vom 12. Dezember 1824 (Original in der Stadtbibliothek), in dem sie Schubert mitteilte, „wie sehr mich Ihre Lieder entzüken", und ihm ein Gedicht zur Vertonung überreichte, hatte sie wegen Opern angefragt. In der weiteren Korrespondenz ging es dann um die Oper „Alfonso und Estrella". Nach Einsicht in das Werk glaubte Milder jedoch, eine Aufführung in Berlin nicht riskieren zu können. Sie bemerkte dazu, daß das Werk „durchaus kein Glück hier machen würde" (Dokumente, S. 280. Original in der Stadtbibliothek). – „Alfonso und Estrella" blieb bis auf die Ouvertüre zu Schuberts Lebzeiten unaufgeführt (erst 1854 kam die Oper unter der Leitung Franz Liszts zur Aufführung in Weimar).

Anna Milder-Hauptmann. Copper engraving by Sigismund von Perger after a drawing by Daniel Weiss, 1813 (Historisches Museum).

No lesser a person than the celebrated singer Anna Milder had taken an interest not only in Schubert's Lieder, but also in his opera *Alfonso und Estrella*. In her very first letter to Schubert, dated 12th December, 1824 (original in possession of the Wiener Stadtbibliothek), in which she told the composer "how delighted I am by your Lieder" and sent him a poem to be set to music, she made enquiries about operas. The subsequent correspondence then concerns the opera *Alfonso und Estrella*. Having seen a copy of the work, however, Milder decided that a performance in Berlin was too precarious an undertaking. She pointed out that it "could not possibly make its fortune here" (A documentary biography, p. 408; original in possession of the Wiener Stadtbibliothek). – Apart from the overture, *Alfonso und Estrella* was not performed during Schubert's lifetime (it was finally staged in 1854 by Franz Liszt in Weimar).

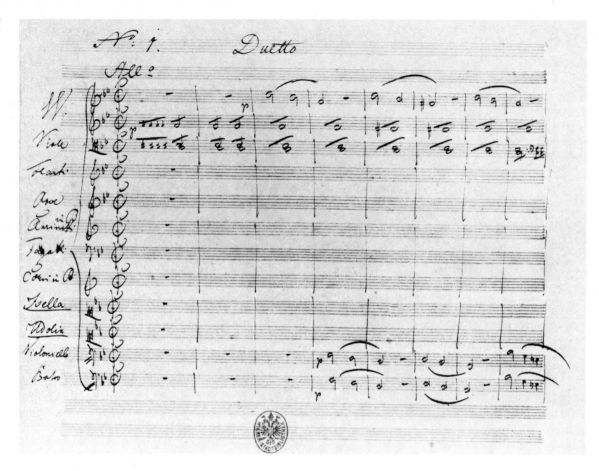

Schubert: Die Verschworenen, Oper in einem Akt D 787 (Duett No. 1 aus dem I. Akt), Partitur. Eigene Handschrift.

Schubert: 'Die Verschworenen', opera in one act (duet No. 1 from Act I), D 787, score. Autograph.

Der Schriftsteller und Redakteur des „Conversationsblattes" Ignaz Franz Castelli hatte 1823 das einaktige Libretto „Die Verschworenen" veröffentlicht, das dann aus Zensurgründen „Der häusliche Krieg" genannt wurde. Schubert muß das Libretto schon vor der Veröffentlichung bekannt gewesen sein, da er bereits Ende 1822 begonnen hat, den Text zu vertonen. – Auch mit diesem Einakter hatte Schubert keinen Erfolg: Es gab wohl Bemühungen, das Hofoperntheater für das Werk zu interessieren, doch blieben diese erfolglos.

In 1823 Ignaz Franz Castelli, the writer and editor of the 'Conversationsblatt', published his one-act libretto *Die Verschworenen*. To placate the censors the title was then changed to *Der häusliche Krieg*. Schubert must have known the libretto before it was published, because he began work on setting the text to music as early as the end of 1822. – This one-act composition again brought Schubert no luck: attempts were made to interest the court opera in the work, but without success.

Ignaz Franz Castelli. Lithographie von August Prinzhofer (Historisches Museum).

Castelli hatte im Vorwort zu seinem Almanach „Dramatisches Sträußchen", das die Erstveröffentlichung des Textes zu dem Einakter „Die Verschworenen" enthält, geschrieben: „Die Klage der deutschen Tonsetzer geht meistens dahin: ‚ja, wir möchten gerne Opern in Musik setzen, schafft uns nur Texte dazu!' Hier ist einer, meine Herren!" Persönliche Berührungspunkte scheint es zwischen ihm und Schubert nur wenige gegeben zu haben. Castellis Name findet man nur selten in den Schubert-Dokumenten, und in Castellis eigenen „Erinnerungen" ist wiederum von Schubert kaum die Rede.

Ignaz Franz Castelli. Lithograph by August Prinzhofer (Historisches Museum).

In the foreword to his almanach 'Dramatisches Sträußchen', which contains the first publication of his one-act libretto, Castelli had written: "The complaint voiced by German composers is generally along these lines: 'Yes, we would love to compose operas, just give us the libretti!' Here ist one, gentlemen." It seems that he and Schubert hardly came into personal contact. In the Schubert documents Castelli's name occurs only seldom, while Castelli's own "Memoirs" barely mention Schubert.

a) Josef Kupelwieser. Reproduktion nach einer unbezeichneten Photographie. – b) Josef Kupelwieser: Fierabras[sic], Heroisch romantische Oper in drei Akten, Textbuch. Abschrift mit eigenhändigen Eintragungen und Zensurvermerk.

Angeblich im Auftrag von Domenico Barbaja arbeitete Josef Kupelwieser, damals Sekretär des Kärntnertortheaters, am Libretto der Oper „Fierabras", deren textliche Vorlage einerseits die deutsche Legende von „Eginhard und Emma" bildet, andererseits aber auch Teile der altfranzösischen Novelle „Fierabras" zum Inhalt hat. – Schubert begann mit der Komposition dieses ziemlich weitschweifigen Opernstoffes noch bevor die Zensur das Textbuch für die Hofoper genehmigt hatte. Möglicherweise diente ihm die hier gezeigte Abschrift als Vorlage, in der Textteile vorhanden sind, die Schubert nur skizziert, aber nicht ausgeführt hat.

a) Josef Kupelwieser. Reproduction after an unsigned photograph. – b) Josef Kupelwieser: 'Fierabras', heroic-romantic opera in three acts, libretto. Copy with entries in the writer's hand and censorship stamp.

Allegedly in response to a commission by Domenico Barbaja, Josef Kupelwieser, at that time secretary of the Kärntnerthor Theatre, put together the libretto of the opera *Fierabras*. The sources are on the one hand the German legend *Eginhard und Emma* and on the other hand parts of the old French prose narrative *Fierabras*. – Schubert embarked on the composition of this rather rambling libretto before the censorship authorities had approved it for the Court Opera. It is possible that he used the present copy, which contains passages of the text, which Schubert only sketched out, but did not completely compose.

Schubert: Fierabras, Oper in drei Akten D 796 (Beginn des III. Aktes), Partitur. Eigene Handschrift.

Schubert: 'Fierabras', opera in three acts, D 796 (beginning of Act III), score. Autograph.

„Fierabras" ist Schuberts größtes vollendetes Bühnenwerk. Mit der Komposition hat Schubert unmittelbar nach Fertigstellung des erfolglos gebliebenen Einakters „Die Verschworenen" begonnen, zumindest lassen sich die Skizzen zu dieser Oper schon mit Frühjahr 1823 datieren. Die Niederschrift der Partitur erfolgte in erstaunlich kurzer Zeit. Dennoch wird man der von Schubert selbst vorgenommenen Datierung mit Vorsicht begegnen müssen: Das Anfangsdatum des I. Aktes lautet z. B. „25. Mai 1823", das Schlußdatum desselben Aktes, der über 100 Manuskriptblätter umfaßt, „30. Mai 1823" (Vermutlich hat diese Datierung nur für die Partiturskizze Geltung). – Gab es anfangs berechtigte Hoffnung auf eine Aufführung, fehlte es bald nicht an anderslautenden Nachrichten. So heißt es schon in der Mitteilung der Wiener Allgemeinen Theaterzeitung vom 29. November 1823: „Der Fierobras [sic] soll vorderhand nicht aufgeführt werden." Dabei blieb es, und Schubert selbst sah trotz Zuredens seiner Freunde die Aussichten schwinden, als Opernkomponist jemals Erfolg zu haben.

Fierabras is Schubert's largest complete stage work. He began composition of it immediately after completing the unsuccessful one-act piece *Die Verschworenen;* or at least the sketches to the opera date from the spring of 1823. The score was written out amazingly quickly – though probably not as quickly as Schubert's own dating on the autograph would seem to imply: the beginning of Act I is headed 25th May, 1823, for instance, while the date signifying the completion of the same act – which runs to more than 100 sheets of manuscript – is given as 30th May, 1823 (we must assume that these dates apply only to the sketches of the score). – While initially there seemed to be grounds for hope that the work would be performed, it was not long before it became apparent that such a prospect was illusory. For instance, the 'Wiener Allgemeine Theaterzeitung', in its issue of 29th November, 1823, announced: "'Fierobras' [sic] is not to be performed for the present." This was the way it was to be; and, despite the encouragement of his friends, Schubert saw his hopes of making a mark as an operatic composer dwindling.

Schubert: Ballettmusik No. 2 aus Rosamunde D 797, Partitur. Eigene Handschrift.

Schubert: Ballet music No. 2 from 'Rosamunde', D 797, score. Autograph.

Im Herbst 1823 arbeitete Schubert an der Komposition eines Operntextes von Wilhelmine v. Chézy, der Textdichterin von Webers „Euryanthe". Die Musik hat sich nur als Fragment erhalten: außer der Ballettmusik sind nur drei Entr'actes, drei Chöre, die Hirtenmelodie und die Romanze „Der Vollmond strahlt" überliefert. Als Ouvertüre wurde jene zu „Alfonso und Estrella" verwendet. Von der Musik hat man im übrigen bei der Uraufführung nur wenig Kenntnis genommen – auch die Ballettmusik ging ohne Akklamation vorüber –, zu sehr war man mit dem bizarren Text der „heillosen Fr. v. Chezy", wie Schwind sich ausdrückte, beschäftigt (Dokumente, S. 213).

In the autumn of 1823 Schubert was working on the composition of an opera libretto by Wilhelmine von Chézy, who had also been responsible for the text of Weber's *Euryanthe*. Schubert's score survives only as a fragment, which comprises the ballet music, three entr'actes, three choruses, the shepherd's melody and the romance *Der Vollmond strahlt*. The overture to *Alfonso und Estrella* did service here. Not that much attention was paid to the music when the piece was first performed (not even the ballet music was applauded), so preoccupied was the audience with trying to make head or tail of the bizarre libretto by the "wretched Frau von Chézy", as Schwind called her ⟨A documentary biography, p. 309).

Zweite Aufführung von „Rosamunde, Fürstinn von Cypern" am 21. Dezember 1823 im K. K. priv. Theater an der Wien. Programmzettel.

„Rosamunde" erlebte nur zwei Aufführungen und verschwand dann gänzlich von der Bühne. Wilhelmine v. Chézy bemühte sich nach diesem Eklat um eine Rechtfertigung und veröffentlichte diese am 13. Jänner 1824 in der Wiener Zeitschrift für Kunst, Literatur und Mode unter dem Titel „Erläuterung und Danksagung". Darin heißt es u. a.: „Die halsbrecherische Eile, mit der die *Rosamunde* in Szene gesetzt wurde, lag nicht in dem Plan der Direktion . . . Noch gesellten sich einige Fata zu diesem . . . z. B. die Tänze waren 48 Stunden vor der Vorstellung zum erstenmal eingeübt, die letzten Musikstücke waren erst ebenso spät angelangt . . . Das Orchester tat Wunder, es hatte *Schuberts* herrliche Musik nur zweimal in einer einzigen Probe durchspielen können . . . Das Vertrauen, mit welchem ich eine zwar schleunig, doch mit Liebe und Anstrengung vollendete Arbeit diesem Verein übergab, wird hoffentlich späterhin durch neues Einstudieren . . . sowie durch eine würdigere Ausstattung . . . noch mehr gerechtfertigt werden" (Dokumente, S. 222 f.).

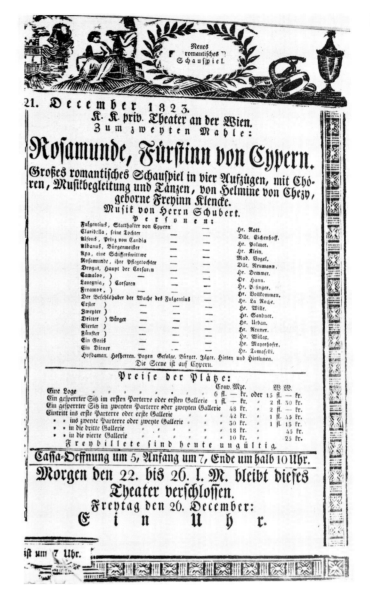

Second performance of 'Rosamunde, Fürstinn von Cypern' on 21st December, 1823 in the 'K. K. priv. Theater an der Wien'. Program sheet.

Rosamunde was performed twice and then consigned to oblivion. In the face of this scandal, Wilhelmine von Chézy attempted to justify her position by publishing what she entitled an "Explanation and acknowledgement" in the 'Wiener Zeitschrift für Kunst, Literatur, Theater und Mode' of 13th January, 1824. Here she writes, for instance: "The breakneck speed with which 'Rosamond' was staged was no part of the directorate's plan . . . To this one calamity were added several others, as for instance the fact that the dances were rehearsed for the first time 48 hours before the performance, the last musical pieces had arrived equally late . . . The orchestra did wonders, though it was able to go through Schubert's glorious music but twice at a single rehearsal . . . It is to be hoped that the confidence with which I offered the company a piece of work done with love and exertion, though hastily, will be even better justified later on by renewed study . . . as well as a worthier production" (A documentary biography, p. 322).

Johann Gabriel Seidl: Der kurze Mantel, dramatisches Volksmär-chen in drei Aufzügen, Textbuch. Teilweise eigene Handschrift.

Möglicherweise war Schubert bei der Wahl der Operntexte vor-sichtiger geworden, oder es waren andere Gründe, daß er zu-nächst wohl die Zusage gegeben hatte, Seidls Libretto „Der kurze Mantel" zu vertonen, dann jedoch davon Abstand nahm. Noch am 1. Juli 1824 hatte Seidl an Schubert geschrieben: „Um's Himmels Willen, beeilen Sie sich mit dem *kurzen Mantel*. Dem-mer [Regisseur am Theater an der Wien] . . . will es zum ersten Herbstspektakel machen und jammert um die Musik . . . Von Ih-nen hängt jetzt alles ab. – Lassen Sie sich Ihr Versprechen nicht reuen, das Theater scheint nun . . . wieder einigen Kredit zu be-kommen und auf der äußeren Ausstattung wird bei dem *Mantel* viel verwendet" (Dokumente, S. 246f.). Auch Ferdinand Schubert redete seinem Bruder zu (vgl. Dokumente, S. 247; Briefentwurf im Original in der Stadtbibliothek). Tatsache ist, daß das hand-schriftliche Textbuch noch den Vermerk „Musik von Franz Schu-bert" trägt, Seidl selbst später eine Korrektur vornahm und die Namen der mit der Musik betrauten Autoren (Riotte, Blumenthal und Ignaz v. Seyfried) einfügte.

Johann Gabriel Seidl: 'Der kurze Mantel', dramatised folk tale in three acts, libretto. Autograph copy (in part).

Either Schubert had become more cautions in his choice of libretti, or he had other reasons: at all events, having at first consented to provide the music for Seidl's libretto *Der kurze Mantel*, he then changed his mind. As late as 1st July, 1824 Seidl had written to Schubert: "In Heaven's name make haste with the 'kurze Mantel'. Demmer [stage manager at the 'Theater an der Wien'] . . . will give it as his first autumn production and clamours for the music . . . It now all depends on you. – Do not let yourself regret your promise; the theatre . . . now seems to regain some credit. and much is to be expended on the outward appearance of the 'Mantel' " (A documentary biography, p. 357f.). And Ferdinand Schubert also encouraged his brother to agree (ibidem, p. 359f.; original draft of this letter in the Wiener Stadtbibliothek). In fact, the hand-written libretto contains the entry "Music by Franz Schubert", and Seidl himself later corrected this, inserting the names of the composers who undertook to write the music: Riotte, Blumenthal and Ignaz von Seyfried.

Franz v. Schober, eigenhändiger Brief an Schubert, Breslau 2. Dezember 1824.

Franz von Schober, Autograph letter to Schubert, Breslau, 2nd December, 1824.

,,. . . Was machen deñ Deine Opern? ist die Castellische [Die Verschworenen] schon gegeben u die Kupelwiesersche [Fierabras]? Verlautet deñ gar nichts von Maria Weber schreib ihm doch u weñ er Dir nicht genügend antwortet, begehre sie [Alfonso und Estrella] zurück. Ich habe Mittel an [Gasparo] Spontini zu kommen, willst Du dß ich einen Versuch mache ob man ihn zur Aufführung bewegen könnte . . . Ich glaube es hängt nur davon ab dß etwas gegeben wird um den Enthusiasmus für Dich aufs neue im Volke zu beleben, aber gut wäre es wohl weñ es bald geschähe . . . Castelli schreibt in ein Paar auswärtige Blätter Du hast eine Oper von ihm gesetzt er soll's Maul aufmachen . . ." (Dokumente, S. 265 f).

"... What about your operas? Has the Castelli one [*Die Verschworenen*] been performed already, and the Kupelwieser one [*Fierabras*]? Have you heard nothing at all from Maria Weber? Do write to him, and if he does not give you a satisfactory answer, ask for its [*Alfonso and Estrella*] return. I have means of getting at Spontini; would you like me to make an attempt at seeing if he could be induced to give a performance? ... I am sure it is only a matter of doing a complete work to revive popular enthusiasm for you, but it would certainly be a good thing if it happened soon ... Castelli writes for several papers abroad. You have set an opera of his to music: let him open his mouth ..." (A documentary biography, p. 385 f.).

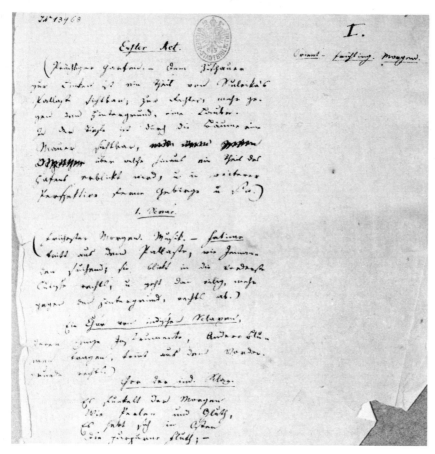

Eduard v. Bauernfeld: Der Graf von Gleichen, Oper in drei Auf-zügen, Textbuch. Eigene Handschrift mit Eintragungen von Schubert.

Eduard von Bauernfeld: 'Der Graf von Gleichen', opera in three acts, libretto. Autograph with entries in Schubert's hand.

In Bauernfelds Tagebucheintragung vom März 1825 findet man den Hinweis: „(Schubert) will einen Operntext von mir, schlug mir die ‚Bezauberte Rose' [von Ernst Schulze] vor. Ich meinte, ein ‚Graf von Gleichen' gehe mir durch den Kopf." (Dokumente, S. 281). Bauernfeld verfaßte dann tatsächlich das letztgenannte Textbuch. Darüber schrieb er später in seinen persönlichen Aufzeichnungen (Erinnerungen, S. 269): „Im August 1826 brachte ich die fertige Oper mit, und Schubert machte sich sogleich darüber her, hatte auch den Text vorläufig der Regie des Kärntnertor-Theaters überreicht, welche sich der Zensur wegen [wegen der im Text verherrlichten Bigamie] einigermaßen besorgt zeigte. Grillparzer trug sich bereitwillig an, für den Fall des Verbots in Wien die Aufführung der Oper auf der Königstädter Bühne zu vermitteln . . ." Der Operntext wurde im Oktober 1826 von der Zensur verboten, was Schubert aber nicht daran hinderte, ihn zu vertonen (vgl. dazu Dokumente, S. 281). – Von Schuberts Hand stammt in Bauernfelds Original die Zählung der vertonten bzw. der zu vertonenden Teile des Textes.

Bauernfeld's diary-entry for March, 1825 contains the following remarks: "(Schubert) wants an opera libretto from me and suggested the 'Bezauberte Rose' [by Ernst Schulze]. I said I had a 'Graf von Gleichen' in my head" (A documentary biography, p. 410). Bauernfeld did in fact write a libretto on the latter theme and later mentions it in his personal notes (Erinnerungen, p. 269): "In August, 1826 I brought the completed opera with me, and Schubert began work on it straight away; I had also provisionally submitted the text to the production management of the 'Kärntnerthor Theater', who were rather concerned about the censorship [because of the glorification of bigamy in the libretto]. Grillparzer was kind enough to offer to arrange for the opera to be staged in Königsstadt should it be prohibited here . . ." In October, 1826 the censors withdrew the text – a fact which still did not discourage Schubert from setting it to music (see in this context: A documentary biography, p. 561). – The entries in Schubert's hand in Bauernfeld's original manuscript signify the numbering of the items, which have been or still are to be composed.

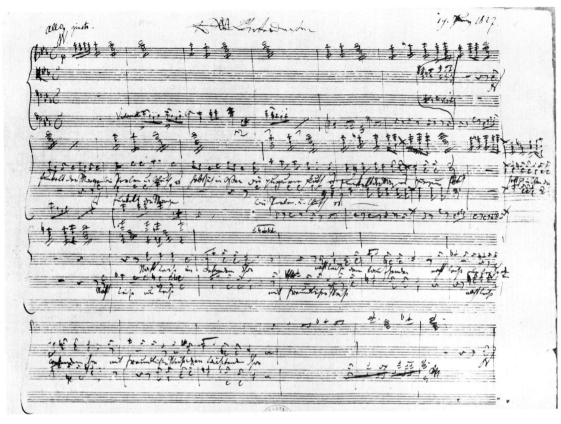

Schubert: Der Graf von Gleichen D 918, Particell. Eigene Handschrift.

Schubert: 'Der Graf von Gleichen', D 918, particell. Autograph.

Nach der Komposition von „Fierabras" und „Rosamunde" waren vier Jahre vergangen, ohne daß Schubert sich ernstlich mit einem weiteren Bühnenwerk befaßt hatte. Die Unterbrechung erklärt sich einerseits aus der verstärkten Auseinandersetzung mit der Instrumentalmusik in diesen Jahren, dann aber auch aus der zunehmenden Enttäuschung, auf dem Gebiet der Oper ohne Erfolg geblieben zu sein. – Der Kompositionsbeginn der Oper „Der Graf von Gleichen" ist mit Juni 1827 datiert. Nach Bauernfelds Aussage arbeitete Schubert an dem Werk bis knapp vor seinem Tod (Erinnerungen, S. 269). Die verschiedenen Entwicklungsstadien bzw. Arbeitsetappen, die im Autograph ersichtlich sind, bestätigen diese Aussage. Dabei ist festzustellen, daß Schubert nicht kontinuierlich Szene für Szene komponierte, sondern gelegentlich spätere Teile der Handlung vorwegnahm. Das Manuskript zerfällt – und dies ist zweifellos ein ungewöhnlicher Fall – in zwei Teile, und zwar in einen mit Tinte und einen mit Bleistift geschriebenen Abschnitt. Der mit Bleistift geschriebene hat das Format von kleinen Skizzenblättern. – Schubert hat die Komposition nicht mehr zu Ende führen können: die letzten beiden Nummern der Textvorlage fehlen im Particell. (Das Fragment ist bis heute ungedruckt geblieben.)

After *Fierabras* and *Rosamunde* four years passed before Schubert was to concern himself again seriously with a work for the stage. There were two reasons for this interval: on the one hand, Schubert was becoming increasingly involved in instrumental music during these years; and on the other hand, his failure to establish himself as an operatic composer had made him more and more disillusioned. – The date given for the beginning of composition of *Der Graf von Gleichen* is June, 1827. According to Bauernfeld, Schubert was still working on the opera until shortly before his death (Erinnerungen, p. 269), and this is confirmed by the autograph, which shows that the work evolved and was written in various stages. It should be noted that Schubert did not proceed systematically, composing one scene after another, but sometimes jumped to later parts of the text. The manuscript is unusual in that it falls into two parts: one written in ink and the other in pencil. The latter is of the dimensions of a small sketch pad. – Schubert did not manage to complete the composition: the last two numbers in the libretto are missing from the particell (the fragment has never been published).

a) Michael Haydn. Lithographie von Franz Eybl. – b) Joseph Ey-
bler. Stich von Jean Mathieu (a, b Historisches Museum).

Erfährt man aus den uns heute zugänglichen Schubert-Dokumenten auch nichts über Namen von Komponisten, die für den jungen
Schubert zum Vorbild für sein kirchenmusikalisches Schaffen
wurden, ist doch mit Sicherheit anzunehmen, daß darunter neben
Mozart, Albrechtsberger und Peter v. Winter auch Michael
Haydn und Joseph Eybler waren; schließlich haben deren Werke
die gesamte Wiener Kirchenmusik nachhaltig beeinflußt. Im Repertoire der Lichtenthaler Kirche, wo Schubert seine ersten Eindrücke auf diesem Gebiet sammeln konnte, war Michael Haydn
ebenso wie Eybler vertreten.

a) Michael Haydn. Lithograph by Franz Eybl. – b) Joseph Eybler.
Engraving by Jean Mathieu (a, b Historisches Museum).

Although what has survived of the documentary material relating
to Schubert fails to identify those composers who influenced the
young Schubert in his composition of sacred music, we can safely
assume that they were Mozart, Albrechtsberger and Peter von
Winter, but also Michael Haydn and Joseph Eybler; the more so
since the work of these two men exerted a lasting influence on the
whole Viennese tradition of sacred music. The repertoire of the
Lichtenthal Church, where Schubert received his first impressions
of such music, included both Michael Haydn and Joseph Eybler.

Joseph Preindl: Offertorium in C-Dur D 85, Neues D Anhang III/6. Soprano Concerto-Stimme (Fragment) in Schuberts Handschrift.

Joseph Preindl: Offertory in C major, D 85, New Deutsch Catalogue, appendix III/6, Soprano concertante part (fragment) in Schubert's hand.

Eine überragende Stellung in der Kirchenmusik jener Jahre hatte auch Joseph Preindl in seiner Funktion als Komponist, Kapellmeister und Theoretiker. – Zu welchem Zweck Schubert bruchstückhaft die Solo-Sopranstimme aus Preindls Offertorium op. 16 kopierte, wobei ihm einige Transpositionsfehler unterliefen, ist heute nicht mehr feststellbar. Möglicherweise beabsichtigte er damit bestimmte Studien. Das Manuskript, das man lange Zeit fälschlich als ein Originalwerk Schuberts beschrieben hat, ist bereits mit Frühjahr 1813 – und nicht mit November, wie Deutsch ausführt – zu datieren. (In der unteren Hälfte des Blattes befindet sich ein Klavier-Arrangement von D 86 von der Hand Ferdinand Schuberts.)

One of the dominating figures in the field of church music at the time was Joseph Preindl, composer, conductor and theoretician. – It is not known for what purpose Schubert copied out disconnected passages of the soprano part from Preindl's Offertory, opus 16 (and Schubert's transposition is not always without mistakes). Possibly he had certain studies in mind. The manuscript – which was long held to be an original composition by Schubert – dates from the spring of 1813 and not from November of that year, as Deutsch suggests (on the lower half of the sheet is a piano arrangement of D 86 in Ferdinand Schubert's hand).

129

Schubert: Kyrie zur Messe in d-Moll D 31, Partitur. Eigene Handschrift.

Schubert: Kyrie from the Mass in D minor, D 31, score. Autograph.

Im September 1812 entstand eine der frühesten Messenkompositionen Schuberts, soweit dies derzeit belegbar ist. (Ein Fragment eines Credo aus 1811 besitzt der Wiener Männergesangverein.) sangverein.) Schubert begann mit der Niederschrift einer Messe in d-Moll, führte aber nur das Kyrie aus. Nicht auszuschließen ist, daß er von Michael Holzer, dem Chorregenten der Lichtenthaler Kirche, bei dem er Unterricht in Gesang und Violinspiel erhalten hatte (vgl. dazu Brief vom 10. November 1896 von Laurenz Holzer an die Stadtbibliothek), zu dieser Komposition angehalten worden war. Schubert war vor allem in den Jahren 1805 bis 1808 ein regelmäßiger Besucher des Lichtenthaler Chores und wuchs dort mit dem kirchenmusikalischen Repertoire der Zeit auf.

September, 1812 saw the composition of what, as far as can be ascertained today, was one of Schubert's earliest setting of the Mass (a fragment of a *Credo* from 1811 is be found in the archives of the Wiener Männergesangverein). He completed only the *Kyrie* of what was to have been a Mass in D minor. He was possibly encouraged to embark on this composition by Michael Holzer, the choirmaster of the Lichtenthal Church, from whom he had received singing and violin instruction (see letter, dated 10th November, 1896 by Laurenz Holzer to the Wiener Stadtbibliothek). Particularly between the years 1805 and 1808 Schubert was a regular member of the Lichtenthal Church choir and so grew up with the contemporary church music repertoire.

Schubert: Messe in F-Dur D 105 (Credo), Partitur. Eigene Hand-schrift.

Schubert: Mass in F major, D 105 (Credo), score. Autograph.

Für die Hundertjahrfeier der Gründung der Lichtenthaler Kirche schrieb Schubert im Sommer 1814 seine erste größere Messe, die in F-Dur steht. Sie wurde in dieser Kirche am 16. Oktober 1814 unter Schuberts Leitung erstmals aufgeführt und machte „kein kleines Aufsehen" (Erinnerungen, S. 46). Die Messe wurde später auch in der Augustiner-Kirche gegeben. – Aus dem Manuskript ist deutlich Schuberts Unsicherheit bei der Bewältigung einer solchen Arbeit ersichtlich. Fast alle Teile der Messe wurden kurz nach der ersten Niederschrift wieder umgearbeitet, und viele Kürzungen wurden vorgenommen. Mehrere dieser Änderungen – die späteste gilt dem „Sanctus" – sind in unmittelbarem Zusammenhang mit der Aufführung entstanden. Im Frühjahr 1815 ersetzte Schubert das „Dona nobis" durch eine neue Komposition (D 185).

On the occasion of the 100-year jubilee celebrations of the Lichtenthal Church Schubert wrote, in the summer of the year 1814, his first large-scale Mass, that in F major. It was first performed on 16th October, 1814 with Schubert himself conducting, and it attracted "no little attention" (Erinnerungen, p. 46). Later the Mass was also performed in the 'Augustiner Kirche'. – The manuscript clearly reveals how unsure of himself Schubert was in the face of a work of these dimensions. Almost all the sections of the Mass were revised and in some cases shortened soon after the final draft had been written out. Several of these alterations – the last affecting the *Sanctus* – were probably connected with the performance. In the spring of 1815 Schubert replaced the *Dona nobis* with a new piece, D 185.

131

Pfarrkirche im Lichtenthal.

Die Lichtenthaler Kirche. Farbdruck nach einem unbezeichneten Stich (Historisches Museum).

Für die Lichtenthaler Kirche, in der Schuberts Bruder Ferdinand häufig an der Orgel saß, war auch die Messe in G-Dur für Soli, Chor, Streicher und Orgel (D 167) bestimmt. Sie wurde in der Zeit vom 2. bis 7. März 1815 in Partitur geschrieben (und Ferdinand hat später, aber noch zu Lebzeiten von Franz, die Besetzung um Trompeten und Pauken erweitert). Die Messe wird ebenso wie die am 11. November 1815 begonnene in B-Dur (D 324) in Lichtenthal uraufgeführt worden sein. – Schuberts C-Dur-Messe (D 452) aus dem Jahre 1816 steht gleichfalls in enger Beziehung zur Lichtenthaler Kirche: sie wurde dem dortigen Chorregenten Michael Holzer gewidmet.

The Lichtenthal Church. Colour print after an unsigned engraving (Historisches Museum).

It was again for the Lichtenthal Church, where Schubert's brother Ferdinand often played the organ, that the Mass in G for soloists, chorus, strings and organ, D 167 was composed. The writing out of the score occupied Schubert from 2nd to 7th March, 1815. Later – but while Schubert was still alive – Ferdinand added trumpet and timpani parts. This Mass, like the next one in B flat (D 324), which was begun on 11th November of the same year, will have received its first performance in this church. – Schubert's C major Mass (D 452), which dates from 1816, is also connected with the Lichtenthal Church: it was dedicated to the choirmaster Michael Holzer.

Schubert: Klopstock's Stabat mater D 383, Partitur. Eigene Handschrift.

Schubert: 'Klopstock's Stabat Mater', D 383, score. Autograph.

Unter Schuberts übrigen Kirchenwerken aus der früheren Schaffensperiode ragt das im Frühjahr 1816 komponierte „Stabat mater" über Worte von Friedrich Gottlieb Klopstock hervor. Das Werk ist für Soli, Chor und Orchester gesetzt und zeigt schon Schuberts sichere Hand in der Behandlung der einzelnen Stimmen. Der die Solostimmen bzw. den Chor begleitende Apparat ist in den zwölf Abschnitten jeweils verschieden und überaus klein gehalten. – Zu dem Werk haben sich im übrigen auch Vorstudien erhalten, denen zu entnehmen ist, daß Schubert bei der Arbeit zunächst nur die Singstimmen ausgeführt und die übrigen Teile der Partitur erst später festgelegt hat.

Of Schubert's remaining sacred compositions from his early years by far the most impressive is his setting of the *Stabat Mater,* dating from the spring of 1816 and based on a text by Friedrich Gottlieb Klopstock. The work is scored for soloist, chorus and orchestra and provides early evidence of Schubert's sure hand in his treatment of the individual vocal parts. The orchestral forces accompanying the soloist and the chorus vary in each of the twelve sections, but are always kept to modest dimensions. – Some preliminary drafts to this work have also survived, and from these it can be inferred that Schubert first wrote out the vocal parts alone, only later filling in the rest of the score.

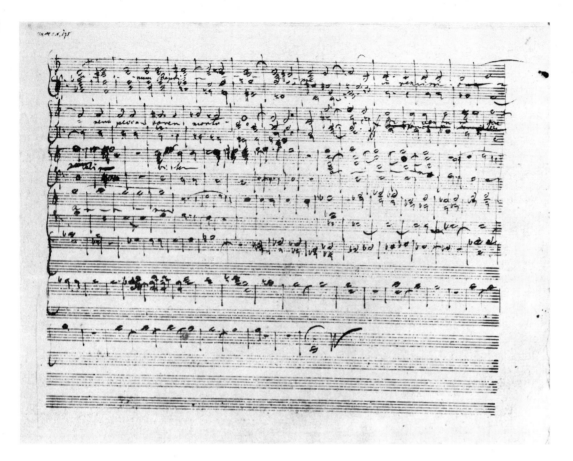

Schubert: Messe in As-Dur D 678 (Entwurf des Credo). Eigene Handschrift.

Schubert: Mass in A flat, D 678 (rough draft of the Credo). Autograph.

Nicht mehr für Lichtenthal bestimmt war die Komposition der Messe in As-Dur, die von der Konzeption her größer als ihre Vorläufer ausfiel. Schubert arbeitete daran über einen längeren Zeitraum. Das Anfangsdatum der Partitur-Niederschrift lautet zwar „November 1819", doch ist aus der hier gezeigten Skizze zu sehen, daß die ersten Entwürfe in der Form eines Auszugs mit spätestens Sommer 1819 zu datieren sind. Bei der Messe lassen sich übrigens mehrere Entwicklungsstadien feststellen. Zunächst gibt es zwei voneinander abweichende Fassungen. Zu jeder dieser Fassungen sind wiederum Vorstudien bekannt, die mit der endgültigen Version nicht übereinstimmen. Schubert hat folglich an der Messe so lange gefeilt, bis jenes Ergebnis vorlag, das er selbst „für gelungen" hielt (Dokumente, S. 173). – Der Plan, die Komposition dem Kaiser Franz I. oder Kaiserin Karolina Augusta zu widmen, wurde angeblich aus dem Grund fallengelassen, weil Joseph Eybler erklärte, daß die Messe nicht in dem vom Kaiser bevorzugten Stil geschrieben wurde.

The Mass in A flat, conceived on a larger scale than its predecessors, was no longer composed with the Lichtenthal Church in mind. Work on this Mass occupied Schubert for a considerable time. The date given on the copy of the score to signify the beginning of composition reads November, 1819, but the present rough draft shows that the first sketches, in the form of a reduction, derive from the summer of 1819 at the latest. Furthermore, the work was written in various stages. In the first place, there are two divergent versions, each of these in its turn with its own preliminary sketches, which differ from the final version. Thus, it can be seen that Schubert went on putting the finishing touches to this composition until he had the final product which he himself described as "successful" (A documentary biography, p. 248). – It is alleged that the original plan to dedicate the work to the Emperor Franz I or the Empress Karolina Augusta was abandoned, because Joseph Eybler declared that the Mass was not written in that style which the Emperor favoured.

Schubert: Sechs Antiphonen zur Palmweihe D 696. Eigene Handschrift.

Ende März 1820 entstanden innerhalb kürzester Zeit „Sechs Antiphonen" für vierstimmigen Chor. Über den Anlaß der Komposition berichtete Ferdinand Schubert in seiner Selbstbiographie aus dem Jahr 1841: „Bey dem Antritte der Knabenschule und der Regens-chori=Stelle in Altlerchenfeld hatte [Ferdinand] Sch[ubert] so Manches zu bekämpfen. Den Chordienst begann er . . . in der Charwoche mit dem Palmsonntage. Von den Sängern und Musikern, welche früher diesen Chor frequentierten, fand sich Niemand ein . . . Da Schubert von allen musikalischen Altlerchenfeldern verlassen, ohne Geld, ohne Musikalien, ohne Instrumente, in einer sehr fatalen Lage war . . . so wendete er sich an seinen jüngern Bruder Franz . . ., der ihm sogleich (in einem Zeitraume von einer kleinen halben Stunde) 4stimige Antiphonen zur Palmweihe componirte, welche auch bey dieser Weihe am Palmsoñtage von Schubert's Schulgehülfen vorgetragen und von der anwesenden Geistlichkeit . . . sehr beyfällig aufgenommen wurden" (Original im Besitz von Hermine Unger, Wien).

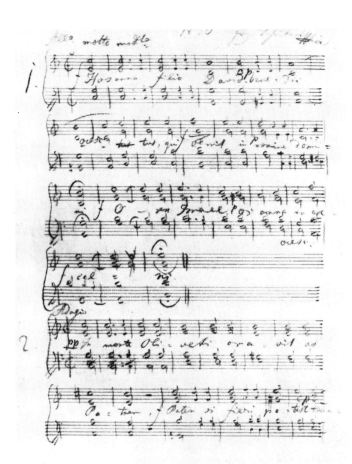

Schubert: Six antiphonal settings for Palm Sunday, D 696. Autograph.

Late March, 1820 saw the composition – in record time – of six four-part antiphonal settings for choir. In his autobiography from the year 1841 Ferdinand Schubert describes the circumstances which led to the composition of these works: "When he took over the boy's school and the post as choirmaster in Altlerchenfeld, [Ferdinand] Sch[ubert] had much to contend with. He took up his duties . . . in Holy Week with Palm Sunday. Of the singers and musicians who had previously been regular members of this choir not one put in an appearance . . . Because he had been deserted by all the musical residents of Altlerchenfeld, had no money, no music and no instruments, Schubert found himself in a most precarious situation. So he turned to his younger brother Franz . . . who on the spot (in half an hour at the most) provided him with some four-part antiphonal settings for the consecration ceremony on Palm Sunday; and these were sung on the day by Schubert's school assistants to the approbation . . . of the assembled clergy" (original in possession of Hermine Unger, Vienna).

Schubert: Psalm 23 für Frauenchor mit Klavierbegleitung D 706.
Eigene Handschrift.

Schubert: Psalm 23 for female chorus with piano accompaniment,
D 706. Autograph.

Ende 1820 entstand der „23. Psalm" in der Besetzung für Frauenstimmen mit Klavierbegleitung. Schubert komponierte dieses
Werk, das in den folgenden Jahren laufend in den Zöglingskon-
zerten des Wiener Konservatoriums gesungen wurde, für die
Schülerinnen Anna Fröhlichs. Die erste Aufführung fand im
Rahmen der musikalischen Abendunterhaltungen im Hause Ignaz
v. Sonnleithners am 30. August 1821 statt.

This setting of the 23rd Psalm for female voices with piano
accompaniment dates from late 1820. Schubert wrote it for Anna
Fröhlich's girl pupils, and it was subsequently heard on many
occasions at the concerts given by the students of the Vienna
conservatory. It received its first performance as part of the
program arranged by Leopold von Sonnleithner on 30th August,
1821.

Großes Concert von den Zöglingen des vaterländischen Conservatoriums der Musik am 29. May 1828 im k. k. Hoftheater nächst dem Kärnthnerthore. Programmzettel (Gesellschaft der Musikfreunde).

Die Zöglingskonzerte fanden nicht nur in kleinem Rahmen, sondern mitunter auch in den bedeutendsten Wiener Konzertsälen der Zeit statt. So wurde der „23. Psalm" 1826 im Musikvereinssaal im Hause „Zum rothen Igel" und 1828 im Kärnthnerthortheater gesungen. Ausführende waren jeweils die Schülerinnen der „dritten Abtheilung" des Konservatoriums der Gesellschaft der Musikfreunde.

Mit hoher Bewilligung

wird

Donnerstags den 29. May 1828, im k. k. Hoftheater nächst dem Kärnthnerthore,

ein großes Concert

von den Zöglingen des vaterländischen Conservatoriums der Musik

aufgeführt werden.

Vorkommende Stücke:
Erste Abtheilung.

Ein Prolog, gesprochen von einer Schülerinn.
1. Ouverture der Oper: Anakreon, von Cherubini, von den Zöglingen der Instrumentalschulen aufgeführt.
2. Vocal-Chor für zwey Sopran- und zwey Altstimmen, von Herrn Adalbert Gyrowetz, von den Schülerinnen der Gesangschule vorgetragen.
3. Introduction und Polonaise für das Clarinett, von J. Pechaczek, vorgetragen von Franz Limmer.
4. Vocal-Chor für zwey Sopran- und zwey Altstimmen, von Herrn Adalbert Gyrowetz, von den Schülern der Gesangschule vorgetragen.
5. Erster Satz eines Concerts für zwey Hoboen, von Herrn Professor Sellner, vorgetragen von Alexander Petschacher und Wilhelm Kröpsch.
6. Chor aus Herrn Abbée Stadlers Oratorium: Das befreyte Jerusalem, vorgetragen von sämmtlichen Schülern des Conservatoriums und Mitgliedern der Gesellschaft.

Zweyte Abtheilung.

7. Ouverture der Oper Semiramis, von Catel.
8. Variationen für die Flöte, von Herrn Schell, vorgetragen von Alois Hirsch.
9. Der 23ste Psalm, ein Vocal-Chor von Herrn Fr. Schubert, von den Schülerinnen der dritten Abtheilung der Gesangschule vorgetragen.
10. Polonaise für zwey Violoncelle, von Dotzauer, vorgetragen von Leopold Böhm und C. Burkhart.
11. Sextett aus Mozart's Don Juan, vorgetragen von den Demoisellen Kierstein, Sack und Jeckel, die Soloparte des Don Juan, Leporello und Masetto von Mitgliedern der Gesellschaft.
12. Ein Rondoletto für die Violine, von F. Pechaczek, vorgetragen von Jakob Dont.
13. Schluß-Chor. Hallelujah von Ignaz Ritter von Seyfried, von sämmtlichen Zöglingen des Conservatoriums vorgetragen.

Herr Prof. Sellner hat die Leitung des ganzen Orchesters, und Herr Helmesberger, vormahls Zögling des Conservatoriums, jetzt einer der Professoren an demselben, die Direction der Violine übernommen.

Eintrittspreise in Conventions-Münze:

Eine Loge im ersten und zweyten Stock	5 fl. — kr.	Ein gesperrter Sitz im vierten Stock	36 kr.
Eine Loge im dritten Stock	4 fl. — kr.	Eintritt in das Parterre oder die Gallerie	48 kr.
Ein gesperrter Sitz im ersten Parterre oder Gallerie	1 fl. 12 kr.	Desgleichen in den vierten Stock	24 kr.
		Desgleichen in den fünften Stock	12 kr.

Die Logen und gesperrten Sitze sind am 28. May Vor- und Nachmittags, und am 29. Vormittags zu den gewöhnlichen Amtsstunden in der Stadt im Stemmetzischen Hause Nr. 1037, zu ebener Erde nächst dem Eingange in das Kärnthnerthortheater, zu haben.
Ueber höhere Beträge wird auf Verlangen besonders quittirt werden.

Der Anfang ist um 7 Uhr.

Die Gesellschaft der Musikfreunde des Oesterreichischen Kaiserstaates, welche diese Lehranstalt gegründet, hofft den hohen Adel und das verehrte Publikum durch diese öffentliche Production der Zöglinge zu überzeugen, daß ihre Bemühung nicht ohne glücklichen Erfolg war, daß sie noch schöneren versprecht, und daß sie Unterstützung verdient, welche nur durch den Beytritt neuer wirkender und unterstützender Mitglieder erzielt werden kann.
Von der Gesellschaft der Musikfreunde des Oesterreichischen Kaiserstaates.

Grand concert given by the Students of the 'Vaterländisches Conservatorium der Musik' on 29th May, 1828 in the 'k. k. Hoftheater nächst dem Kärntnerthore'. Program sheet (Gesellschaft der Musikfreunde).

These students' concerts took place not only on a smaller scale but on occasions also in the most important of Vienna's concert venues at that time. Schubert's setting of the 23rd Psalm, for instance, was heard in 1826 in the hall belonging to the 'Musikverein' in the inn 'Zum rothen Igel', and in 1828 in the Kärntnerthor Theatre. On both occasions the work was sung by pupils from the "third department" in the conservatory of the 'Gesellschaft der Musikfreunde'.

Schubert, eigenhändiger Brief an seinen Bruder Ferdinand, undatiert (Hermine Unger, Wien).

Ein Dokument aus Schuberts Hand bezeugt, daß er sich um 1821 – eine genaue Datierung des Briefes konnte bisher noch nicht gelingen – mit der Komposition eines Offertoriums befaßte, von dessen Existenz nichts bekannt ist: ,,Lieber Bruder! Da ich wegen gestriger Lumperey heut marodig war, so hab ich an dem Offertorium nichts gemacht, es wird also nicht fertig. Auch ist Anselm Hüttenbrenner hier, mit dem ich mich heute Abends um 6 Uhr bestellt habe. Hättst Du vielleicht Lust mit uns zu seyn, so kom̅e in die Wippling[er] Straße zur Fr. v. Sansouci, wo ich ehe gewohnt habe, u. frage Dich also herunten im Tabackgewölb an um 6 Uhr. Wonicht, so sehen wir uns Morgen beym [Gastwirt] Kreutz. Franzmp."

Schubert, Autograph letter to his brother Ferdinand, undated (Hermine Unger, Vienna).

There is one document in Schubert's hand which provides evidence that in or around the year 1821 – an exact date has not so far been established – he was working on the composition of an Offertory, though nothing more is known of the existence of this work: "Dear Brother, as I was seedy to-day on account of yesterday's dissipations, I did no work on the Offertory, and it is therefore not ready. What is more, Anselm Hüttenbrenner is here, with whom I have made an appointment for 6 o'clock to-night. If you should feel inclined to be with us, come to Frau von Sanssouci's in the Wipplinger Strasse, where I used to live, and perhaps inquire below in the tobacco vaults, about 6 o'clock. If not, we shall meet to-morrow at the Cross Inn. Franz" (A documentary biography, p.163).

Schubert: *Lazarus, Osterkantate in drei (?) Akten D 689, Partitur („Zweyte Handlung"). Eigene Handschrift.*

Von Schuberts Arbeit an einem religiösen Drama, der Osterkantate „Lazarus", hat sich leider nur ein Torso erhalten. Die Komposition bricht noch vor dem Schluß des zweiten Aktes ab, jedoch so unvermittelt am Ende einer Seite, daß man wenigstens den Schluß dieses Aktes als vollendet, aber als verloren betrachten muß. (Beide Akte wurden dann auch 1830 in der St.-Anna-Kirche uraufgeführt.) Zudem muß es Vorstudien gegeben haben, da die Partitur eine eindeutige Reinschrift zeigt. – Das Werk nimmt in Schuberts Schaffen zweifellos eine Sonderstellung ein: es ist das einzige dieser Art. Die Schubert-Dokumente sind nach wie vor zu lückenhaft, um Auskünfte darüber zu geben, zu welchem Anlaß diese Komposition gedacht war.

Schubert: *'Lazarus', Easter cantata in three (?) acts, D 689, score ('Zweyte Handlung'). Autograph.*

Unfortunately only the torso of Schubert's setting of a religious drama, the Easter cantata *Lazarus,* has survived. The composition breaks off before the end of the second act, but so abruptly at the bottom of a page, that it is reasonable to assume that at least the end of this act was completed and has since been lost (both acts were given their first performance in 1830 in the St. Anna Church). Furthermore, preliminary sketches must have existed, since the score is clearly a final copy. – *Lazarus* undoubtedly occupies a unique position in Schubert's œuvre: it is his only work in this genre. The circumstances which led to its composition are not known.

Schubert: Gesänge zur Feier des heiligen Opfers der Messe D 872, Partitur. Eigene Handschrift.

Schubert: 'Gesänge zur Feier des heiligen Opfers der Messe', D 872, score. Autograph.

Ferdinand Schubert bestätigte am Ende des Manuskripts, „daß diese religiösen Lieder Komposition und eigene Hand meines Bruders Franz Schubert und auf Aufforderung des . . . Prof. Neumann für ihn geschrieben worden sind". Johann Philipp Neumann, Professor für Physik am Polytechnischen Institut und zugleich Sekretär und Bibliothekar, hatte nebenbei literarische Neigungen. Von ihm stammt auch der Text, den Schubert als Vorlage für das Opernfragment „Sakuntala" verwendete. – Die Idee einer „deutschen Messe", wie diese Gesänge gemeinhin genannt werden, geht wohl auf Michael Haydn zurück, dessen „Deutsches Hochamt" in vielen katholischen Kirchen gesungen wurde. – Schubert schrieb das Werk, dessen Reinschrift mit Anfang 1827 zu datieren ist, für gemischten Chor und Bläser mit Begleitung der Orgel. Später fügte er den Kontrabaß „ad libitum" hinzu.

At the end of the manuscript Ferdinand Schubert confirmed "that these religious songs were composed and written by my brother and were set to music for . . . Professor Neumann at his own request". Johann Philipp Neumann, professor of Physics at the Polytechnical Institute and at the same time secretary and librarian, had a literary bent. It was he who had written the text upon which Schubert based the operatic fragment *Sakuntala*. – The idea of a "German Mass", as these vocal settings are known, can be traced back to Michael Haydn, whose "German High Mass" was sung in many Catholic churches. – The final copy of the work dates from early 1827. It is scored for mixed chorus and wind instruments with organ accompaniment, to which the double bass part "ad libitum" was added later.

92 Glaube, Hoffnung, Liebe.

Zur
Weihe
der
neuen Glocke
an der
Kirche zur allerheiligsten Dreyfaltigkeit
in der
Alservorstadt.

Von
F. A. Friedrich Reil.

(Mit Musik von Franz Schubert.)

Wien 1828.
Gedruckt bey Georg Überreuter.

a) *Ansicht der Kirche zur Heiligen Dreifaltigkeit im Alsergrund. Unbezeichneter kolorierter Stich (Historisches Museum). – b) F. A. Friedrich Reil: Glaube, Hoffnung, Liebe. Titel des Textblattes, Wien 1828.*

Für die feierliche Weihe der umgegossenen Glocke der Dreifaltigkeitskirche im Alsergrund, wo Beethoven 1827 eingesegnet worden war, schrieb Schubert 1828 den Chor ,,Glaube, Hoffnung und Liebe" (D 954). Zur Erstaufführung kam es am Tag der Glockenweihe, am 2. September 1828. – Gleichfalls für die Alserkirche, und zwar für das Kirchweihfest, war Schuberts letzte Messe in Es-Dur bestimmt (vgl. Kat.-Nr. 141).

a) *View of the Holy Trinity Church in Alsergrund. Unsigned coloured engraving (Historisches Museum). – b) F. A. Friedrich Reil: 'Glaube, Hoffnung, Liebe'. Title of the text sheet, Vienna, 1828.*

It was for the ceremonial consecration of the re-founded bell of the Holy Trinity Church in Alsergrund, where the funeral service for Beethoven had been held in 1827, that in the next year Schubert composed the chorus *Glaube, Hoffnung, Liebe*, D 954. – And with the same church in mind, though this time for the church dedication ceremony, Schubert wrote his last Mass, that in E flat (see Cat. No. 141).

Schubert: Messe in Es-Dur D 950 (Agnus Dei). Eigene Handschrift (Erste Konzeption in Auszugsform).

Schubert: Mass in E flat, D 950 (Agnus Dei). Autograph (early draft of the vocal score).

Im Juli 1828 berichtete Schuberts Freund Johann Baptist Jenger an Frau Pachler in Graz: ,,(Schubert) ist dermalen noch hier, arbeitet fleißig an einer neuen Messe, und erwartet nur noch – wo es immer herkommen mag – das nötige Geld, um sodann nach Ober-Österreich auszufliegen" (Dokumente, S. 525). Zu diesem Zeitpunkt war Schubert bereits mitten in der Niederschrift der Partitur zur großen Messe in Es-Dur, die die Ausmaße seines bisherigen kirchenmusikalischen Schaffens weit übertreffen und sich kaum noch in den Rahmen der Liturgie fügen sollte. Mit der Komposition der Messe hat Schubert schon im Frühjahr 1828 begonnen, und zwar konzipierte er zunächst die einzelnen Messenteile in Form eines Chorauszuges. Der große Komplex konnte dabei nur in Etappen komponiert werden, und Schubert ging dabei auch nicht immer in der inhaltlich bedingten Reihenfolge vor. So ist z. B. das ,,Benedictus" erst nach der Komposition des ,,Agnus Dei" entstanden. Bemerkenswert ist ferner, daß die Vorstudien, die dem Chorauszug noch vorangegangen sind, in erster Linie die stark kontrapunktischen Teile der Messe betreffen. Derartige Entwürfe sind sowohl zur Credo- als auch zur Gloria-Fuge vorhanden.

In July, 1828 Johann Baptist Jenger wrote to Frau Pachler in Graz: "(Schubert) is still here at present, works diligently at a new Mass and only awaits still – wherever it may come from – the necessary money to take his flight into Upper Austria" (A documentary biography, p. 789). By this time Schubert was already well into the writing out of the score of the great Mass in E flat, which went far beyond the dimensions of his church music to date and could hardly be accomodated within the framework of the liturgy. Schubert had already begun work on the Mass in the spring of 1828, sketching out the individual sections in the form of a choral reduction. The whole structure could only be composed in stages, and Schubert did not even here proceed systematically in the order of the liturgical text. The *Benedictus*, for instance, was written only after the *Agnus Dei*. It is further worth noting that the preliminary drafts which even preceded the choral reduction involve mainly the heavily contrapuntal passages. Such sketches have survived for the fugues in both the *Credo* and the *Gloria*.

Schubert: Tantum ergo D 962, Chorauszug. Eigene Handschrift.

Schubert: 'Tantum ergo', D 962, vocal score. Autograph.

Zu Schuberts letzten kirchenmusikalischen Werken – und nicht auszuschließen ist, daß es sich hiebei um das allerletzte handelt – gehört das „Tantum ergo" für Soloquartett, Chor und Orchester, dessen Partiturreinschrift Schubert mit Oktober 1828 datiert hat. Der hier gezeigte Auszug, der bereits verschiedene Instrumentierungshinweise enthält, wird kurz davor entstanden sein. – Ferdinand Schubert nahm sich später dieses Werkes an und stellte das Stimmenmaterial her, doch ist von einer Aufführung nichts überliefert.

The *Tantum ergo* for solo quartet, chorus and orchestra is one of Schubert's last sacred compositions – and quite possibly his very last. The final copy of the score bears the date in Schubert's own hand October, 1828. The present reduction, which already contains various indications of the instrumentation, must have been written a short time previously. – Ferdinand Schubert was later to occupy himself with this work and produced the parts, but no record exists of any performance.

Lieder, Mehrstimmige Gesänge

Johann Rudolf Zumsteeg. Stahlstich von Heinrich Wüst (Historisches Museum).

,,Die Lieder Zumsteegs, mit welchen er schon als Knabe bekannt wurde und die ihn vorzüglich ansprachen, mögen einigen Einfluß auf seine so früh entwickelnde Vorliebe für das deutsche Lied gehabt haben. Nur bei wenigen der zuerst komponierten Lieder dürfte vielleicht der Einfluß Zumsteegscher Lieder bemerkbar sein, denn gar bald hat Schubert diesen Weg verlassen, um seinen eigenen zu gehen" (Joseph v. Spaun. Erinnerungen, S. 34). – Zumsteeg, der auch mit Schiller befreundet war und als Hofkapellmeister in Stuttgart wirkte, gilt als erster Balladen-Komponist (vgl. etwa ,,Ritter Toggenburg", ,,Lenore"); bekannt wurde er durch die Komposition einer Reihe von Opern und Schauspielmusiken, die heute durchwegs vergessen sind.

Johann Rudolf Zumsteeg. Steel engraving by Heinrich Wüst (Historisches Museum).

"Zumsteeg's Lieder, which Schubert knew as a boy, appealed to him greatly and may well have had some influence on his preference for the German Lied, which he developed so early. Only in a few of the early Lied compositions was the influence of the Zumsteeg Lied noticeable, as very soon the ways parted and Schubert continued on his own path" (Joseph von Spaun. Erinnerungen, p. 34). – Zumsteeg, who was also friendly with Schiller and was active as court capellmeister in Stuttgart, is considered to be the first composer of ballads (see *Ritter Toggenburg, Lenore*), although he was known in his time for the composition of a series of operas and incidental music, which today have been completely forgotten.

Zumsteeg: Hagar's Klage in der Wüste Bersaba, Lied. — Breitkopf & Härtel, Leipzig 1797.

Zumsteeg: Hagar's Klage in der Wüste Bersaba, Lied. – Breitkopf & Härtel, Leipzig 1797.

Zumsteeg: 'Hagar's Klage in der Wüste Bersaba', Lied. Breitkopf & Härtel, Leipzig, 1797.

Der Vorbildcharakter dieser Komposition Zumsteegs für Schuberts erstes erhaltenes Lied (,,Hagar's Klage" D 5) ist unverkennbar. Sowohl im Aufbau wie im Gang der Singstimme und in den Begleitfiguren finden sich zahlreiche Übereinstimmungen. Schuberts Lied verdient aber aus mehreren Gründen besondere Beachtung: Es ist harmonisch bereits stark differenziert, es verlangt für die Singstimme einen bedeutenden Umfang, und es umfaßt 271 Takte! Joseph v. Spaun behauptet, Schubert hätte die Absicht gehabt, ,,Zumsteegs Lied, das ihm sehr gefiel, in anderer Weise zu setzen" (Erinnerungen, S. 149).

There can be no doubt that Schubert took this work by Zumsteeg as a model for his own first extant Lied *Hagar's Klage,* D 5. Both the structure and the treatment of the solo vocal line and the accompaniment in the two songs reveal numerous similarities. Nevertheless, the Schubert work deserves serious consideration for a number of reasons: there is already great discrimination in the harmony; the vocal writing requires a considerable range; and the whole composition runs to a length of no less than 271 bars. Joseph von Spaun maintains that Schubert intended "to take Zumsteeg's Lied, which he liked very much, and set it to music in a different way" (Erinnerungen, p. 149).

Schubert: Leichenfantasie, Lied D 7. Eigene Handschrift.

Schubert: 'Leichenfantasie', Lied, D 7. Autograph.

Als frühestes fixierbares Datum, aufgrund dessen man Schubert als Lieder-Komponist bezeichnen kann, gilt der 30. März 1811. Schubert notierte dieses Datum auf das Autograph seines ersten vollständig überlieferten Liedes, „Hagar's Klage" D 5, für welches Johann Rudolf Zumsteegs Komposition „Hagar's Klage in der Wüste Bersaba" als Vorbild gedient haben soll. Im April desselben Jahres schrieb Schubert auf Schillers Text das Lied „Leichenfantasie" D 7, im Dezember „Der Vatermörder" D 10, welches möglicherweise im Zusammenhang mit dem Opernfragment „Der Spiegelritter" D 11, entstand, und im Jahr 1812 weitere Lieder sowie italienische Arien und Ensembles unter Anleitung Salieris. – Im Manuskript zu D 7 ist deutlich zu erkennen, daß Worte und Noten nicht übereinstimmend notiert wurden, da Schubert mehrere Teile des Textes vor den Noten niederschrieb. Als Begleitinstrument notierte Schubert hier noch „Cembalo", im Gegensatz zu seinen späteren Liedern, wo die Begleitung durchwegs für Klavier konzipiert wurde. Es ist anzunehmen, daß dem jungen Schubert in dieser Zeit nur ein Cembalo zur Verfügung stand.

The earliest date which can be established for a Schubert Lied is 30th March, 1811. This was the date that he wrote on the autograph of his first complete extant Lied, *Hagar's Klage*, D 5, which is thought to have been modelled on Johann Rudolf Zumsteeg's *Hagar's Klage in der Wüste Bersaba*. In April of the same year Schubert composed his setting of the Schiller text *Leichenfantasie*, D 7; and then in December *Der Vatermörder*, D 10, whose composition is possibly connected with the operatic fragment *Der Spiegelritter*, D 11. In 1812 there followed further Lieder, as well as Italian arias and ensemble pieces, composed under the guidance of Salieri. – The manuscript to D 7 reveals clearly that Schubert wrote out several passages of the text in advance, so that the text and the music were not put down at the same time. The accompanying instrument specified by Schubert here is still the harpsichord, by contrast with the later Lieder where the accompaniment is always written for the piano. We can only assume that Schubert had no other instrument at his disposal at the time.

Schubert: Te solo adoro, Vokalquartett D 34. Eigene Handschrift.

Schubert: 'Te solo adoro', vocal quartet, D 34. Autograph.

Im Herbst 1812 arbeitete Schubert im Rahmen seiner Studien der italienischen Gesangspraxis und Deklamation, worin er von Salieri unterrichtet wurde, an einer Reihe von Werken. Fast jedes dieser Stücke liegt in mehreren Versionen vor, die erhaltenen Manuskripte sind oft mit Vermerken, Korrekturen und Ergänzungen Salieris versehen. Zur Gruppe dieser Studienarbeiten, die noch 1813 fortgesetzt wurden, zählen D 33 Solo-, Duett-, mehrere Terzett- und Quartettfassungen über „Entra l'uomo allor che nasce", D 34 „Te solo adoro", Gesangsquartett in zwei Fassungen, D 35 „Serbate o Dei custodi" in Solo-, Ensemble- und Chorfassungen, sowie D 17 „Quell'innocente figlio" in Solo- und Ensemblefassung, alle Kompositionen nach Texten von Pietro Metastasio. Weitere ähnliche Gesangsstücke und Fassungen sind nachweisbar, die Deutsch allerdings nicht berücksichtigt. – In den folgenden beiden Jahren, 1813 und 1814, begann Schubert, den Grundstock zu jener Fülle von Vokalkompositionen zu legen, die zwei Drittel seines Werkverzeichnisses ausmachen: Lieder (sowohl strophisch wie durchkomponiert), Ensembles, zumeist für Männerstimmen und wohl für den häuslichen Kreis bestimmt, sowie Kanons, Kantaten und geistliche Musik. Besonders hervorzuheben sind die beiden Versionen zu „Der Taucher" (Schiller) D 77 und D 111, „Kantate zur Namensfeier des Vaters [Schuberts]" D 80, das einzige Werk, in welchem Schubert eine Gitarrenbegleitung vorsah, sowie die Lieder und Romanzen nach Matthisson „Das Fräulein im Turme", „An Laura", „Der Geistertanz" D 114 bis D 116 und „Thekla. Eine Geisterstimme" D 73 (erste Version).

In the course of his studies of the Italian vocal and declamatory style – under the guidance of his teacher Salieri – Schubert was, in the autumn of 1812, working on a series of compositions. There are several versions of nearly all these pieces, many of the surviving manuscripts containing remarks, corrections and additional sketches in Salieri's hand. This series of study works, which continued into the year 1813, includes D 33, a solo, a duet, several trios and a quartet version of *Entra l'uomo allor che nasce;* D 34, *Te solo adoro,* a vocal quartet in two versions; D 35, *Serbate o Dei custodi* in solo, ensemble and choral versions; and D 17, *Quell'innocente figlio* in a solo and ensemble version; all of these works settings of texts by Pietro Metastasio. There is evidence for the existence of other, similar vocal compositions and arrangements, but Deutsch does not include these. – In the following two years, 1813 and 1814, Schubert began to lay the foundations of that rich store of vocal compositions which constitutes two-thirds of the catalogue of his works: Lieder (strophic and non-strophic), ensemble settings – largely for male voices and presumably intended for domestic performance – canons, cantatas and sacred music. Of particular interest are the two versions of *Der Taucher* (text by Schiller), D 77 and D 111; the *Kantata zur Namensfeier des Vaters [Schuberts],* D 80, the only work in which Schubert specified a guitar accompaniment; and the Lieder and romances based on texts by Matthisson: *Das Fräulein im Turme, An Laura, Der Geistertanz,* D 114 to D 116, and *Thekla. Eine Geisterstimme,* D 73 (first version).

147

Schubert: Gretchen am Spinnrade, Lied D118. Eigene Handschrift.

Schubert: 'Gretchen am Spinnrade', Lied, D118. Autograph.

Schuberts erste Vertonung eines Textes von Johann Wolfgang v. Goethe, ein Monolog des Gretchens aus „Faust", sollte zugleich sein erstes Meisterwerk werden. Das Lied wurde, wie die Datierung auf der ersten Seite besagt, am 19. Oktober 1814 in Reinschrift gebracht. Im Frühjahr 1916 schrieb Schubert das Lied ein zweites Mal und sandte diese Abschrift gemeinsam mit anderen Goethe-Gesängen und mit einem Begleitschreiben Joseph v. Spauns an den Dichter (vgl. Kat.-Nr. 158). – Sophie v. Linhart, eine Schülerin von Anselm Hüttenbrenner, sang „Gretchen am Spinnrade" erstmals am 2. März 1821 im Hause von Ignaz v. Sonnleithner und zum ersten Mal öffentlich am 20. Februar 1823 im Rahmen der „13. Abendunterhaltung der Gesellschaft der Musikfreunde in Wien". Im April 1821 wurde die Komposition als op. 2 bei Cappi & Diabelli veröffentlicht, wobei Schubert diesen Druck Moritz Reichsgraf v. Fries gewidmet hat. – Schubert vertonte in der Folge noch mehrere Szenen aus Goethes „Faust".

Schubert's first setting of a text by Johann Wolfgang von Goethe, one of Gretchen's monologues from Faust, was to become his first masterpiece. As the date on the first page indicates, the final copy of the work was made on 19th October, 1814. Early in 1816 Schubert wrote it out again and sent this copy, together with a number of other Goethe-settings and a covering letter from Joseph von Spaun, to the poet (see Cat. No. 158). – Sophie von Linhart, a pupil of Anselm Hüttenbrenner, sang Gretchen am Spinnrade for the first time on 2nd March, 1821 in the house of Ignaz Sonnleithner; and on 20th February, 1823 she gave the work its first public performance, in the "13th Evening Entertainment of the 'Gesellschaft der Musikfreunde in Wien'". In April, 1821 it was published as opus 70 by Cappi & Diabelli; Schubert dedicated this edition to Moritz Reichsgraf von Fries. – Schubert was subsequently to set several more scenes from Goethe's Faust to music.

Johann Wolfgang v. Goethe. Lithographie von Siegfried Detlev Bendixen, 1826 (Historisches Museum).

Kaum ein anderes lyrisches Werk hat die Komponisten der vergangenen 200 Jahre so zur Vertonung angeregt wie das Goethes. Auch in Schuberts Werkkatalog nimmt Goethe die erste Stelle ein (gefolgt von Schiller, Mayrhofer und Hölty). Goethe war musikalisch gebildet und neuen Strömungen in der Musik aufgeschlossen. Daß er Schubert ignorierte, lag wohl in seinen künstlerischen Maximen begründet, nämlich daß die Musik sich der Form und dem Rhythmus des Gedichtes anzupassen habe und keinesfalls symbolisch den Inhalt der Worte darstellen und verdeutlichen dürfe. Goethes Verständnislosigkeit Schubert gegenüber lag aber auch an seinem musikalischen Umkreis, der vorwiegend durch die Vertreter der sogenannten „Berliner Liederschule" geprägt wurde.

Johann Wolfgang von Goethe. Lithograph by Siegfried Detlev Bendixen, 1826 (Historisches Museum).

Hardly any other poet has inspired so many composers to write Lieder during the past 200 years. Even in Schubert's list of works Goethe takes the first place (followed by Schiller, Mayrhofer and Hölty). Goethe was certainly taught music and was open to new musical ideas. The fact that he ignored Schubert is explained in his artistic maxims. He was of the opinion that music must fit the form and rhythm of the poem. On no account must it symbolise or clarify the meaning of the words. Goethe's lack of understanding for Schubert originated in his own circle of musicians who chiefly represented the so-called 'Berliner Liederschule'.

a) *Karl Friedrich Zelter. Stich von B. H. Bendix nach Paul Joseph Bardou. – b) Johann Friedrich Reichardt. Stich von B. H. Bendix nach einem Gemälde von Susanne Henry. Photographische Reproduktionen (a, b Österreichische Nationalbibliothek, Bildarchiv).*

,,Das Originale seiner [Zelters] Kompositionen ist, soviel ich beurteilen kann, niemals ein Einfall, sondern es ist eine radikale Reproduktion der poetischen Intentionen." (Goethe an August Wilhelm v. Schlegel) – Zelters Kompositionstalent stand hinter seinen organisatorischen Leistungen zurück. 1809 gründete er die ,,Berliner Liedertafel", die später zum Vorbild für eine Reihe von Männergesangvereinen wurde, er organisierte die Einrichtung zahlreicher Institute für Kirchen- und Schulmusik und unterrichtete Schüler wie Otto Nicolai, Carl Loewe oder Felix Mendelssohn-Bartholdy. Seine Freundschaft mit Goethe und sein musikalischer Einfluß auf diesen gehen aus einem umfangreichen Briefwechsel hervor. Gemeinsam mit Johann Friedrich Reichardt, der in seinen Liedern Schubert ungleich nähersteht, bildete Zelter die Spitze der norddeutschen Liederkomponisten, die sich wesentlich von Schubert unterschieden. Darauf ist es auch zurückzuführen, daß die ersten Besprechungen von Liedern Schuberts in deutschen Musikzeitungen manchmal zu dessen Ungunsten ausfielen.

a) *Karl Friedrich Zelter. Engraving by B. H. Bendix after Paul Joseph Bardou. – b) Johann Friedrich Reichardt. Engraving by B. H. Bendix after a painting by Susanne Henry. Photographic reproduction (Österreichische Nationalbibliothek, Bildarchiv).*

"The essence of his [Zelter's] compositions is, as far as I can judge, never an inspirational idea but a fundamental realisation of the poetic conception" (Goethe to August Wilhelm von Schlegel). – Zelter achieved less distinction, however, as a composer than as a talented organisor. In 1809 he founded the 'Berliner Liedertafel', a precedent which was to be followed by a succession of male choral unions; he supervised the setting-up of numerous institutes of church and school music; and he himself taught pupils like Otto Nicolai, Carl Loewe and Felix Mendelssohn-Bartholdy. His friendship with Goethe and his musical influence on the latter are documented by an extensive correspondence. Together with Johann Friedrich Reichardt (whose Lieder are far more similar to those of Schubert), Zelter stood at the head of that school of North German Lieder composers whose work differed sharply from Schubert's. This is the reason why the early reviews of Schubert Lieder in German music magazines were sometimes unfavourable.

Der wiederhohlte Wunsch meiner Freunde, die Sammlung meiner Lieder, eine Frucht mancher Nebenstunden, in einer vollständigeren Auflage, als sie bisher erschienen waren, zu besitzen, veranlaßt mich, diese Sammlung in der gegenwärtigen Form ans Licht treten zu lassen. Sie begreift theils dem Publicum ganz unbekannte, in der letzten Zeit gesetzte Lieder, theils ältere Melodien, welche neu umgearbeitet, oder sorgfältig verbessert und ausgefeilt wurden, so, daß ich nur diese für mein Product erkennen kann.

Die meisten Texte sind in den klassischen Dichtern Deutschlands geschöpft; bey einigen derselben, z. B. der Würde der Frauen, dem Troste in Thränen, dem Liede aus der Ferne, dem Liede aus Meisters Lehrjahren — traf ich in der Wahl mit sehr ausgezeichneten Tonsetzern zusammen; viele derselben wurden, so viel mir bekannt, noch nie componirt.

Was die musikalische Behandlung dieser Texte betrifft, so hatte ich dabey einen dreyfachen Zweck vor Augen: Richtige Declamation in dem Geiste der Gedichte und mit Beziehung auf alle Strophen; möglichste Klarheit und Abründung der Melodie; unabhängige Clavier=Begleitung, so viel sich dieß mit der erforderlichen Unterstützung der Stimme vereinigen ließ. Ob und in wie ferne es mir gelungen sey, die mit vorgezeichneten Gesichtspuncte zu erreichen, muß allein dem prüfenden Urtheile der Kenner und Liebhaber überlassen bleiben.

Die Verbannung der italienischen Sprache bey Angabe des Zeitmaßes und der verschiedenen Bezeichnungen, ist wohl der geringste Zoll, welchen wir in deutscher Gesangmusik unsrer überreichen Muttersprache bringen können. Das nebenstehende Verzeichniß zeigt, wie leicht und vollständig sich jene, sonst als technisch angesehenen italienischen Bezeichnungen ersetzen lassen.

Wien, im Februar 1812.

K.

Niklas Freiherr v. Krufft: Sammlung deutscher Lieder mit Begleitung des Claviers. – Erstdruck, Anton Strauß, Wien 1812 (Vorbemerkung).

Krufft, der bei Albrechtsberger studiert hatte, war eigentlich Beamter und stand ab 1815 im Dienste Metternichs, den er auch auf Reisen begleitete. „Von seinen Werken verdienen neben den in Anlehnung an Johann Sebastian Bachs Wohltemperiertes Klavier entstandenen 24 Präludien und Fugen vor allem die Liedkompositionen Aufmerksamkeit. Krufft pflegte zunächst das rokokohafte Strophenlied am Klavier, stieß aber . . . bis zum durchkomponierten Lied und zur dramatisch gestalteten Liedszene vor. In der Melodik werden galante Züge später durch Volkslied-Einflüsse stark überlagert, die Harmonik zeigt vielfach schon romantische Züge. Die im Vorwort zur Sammlung von 1812 aufgestellten Richtlinien für die Liedkomposition . . . stempeln ihn zu einem der bedeutendsten Vorläufer Schuberts" (MGG, Bd. 7, Sp. 1832 f.).

Niklas Freiherr von Krufft: 'Sammlung deutscher Lieder mit Begleitung des Claviers'. First edition, Anton Strauß, Vienna, 1812 (Preface).

Krufft, who had studied with Albrechtsberger, was actually a civil servant and from 1815 was on Metternich's staff, whom he also accompanied on journeys. "Apart from his 24 preludes and fugues, which show a dependency on Johann Sebastian Bach's 'Well-tempered Clavier', his Lieder compositions deserve particular attention. Krufft mostly cultivated the rococo strophic song with piano accompaniment, but progressed to the 'through-composed' Lied and to the song written for a dramatic scene. Touches of galant style in the melody were largely covered by influences of the folk song later on. His written instructions on the composition of Lieder . . . also place him among the most important of Schubert's predecessors" (MGG, vol. 7, p. 1832 f.).

Ignaz v. Sonnleithner, Brief fremder Hand mit eigenhändiger Unterschrift an Moritz Reichsgraf v. Fries, Wien 10. April 1821.

„Hochgeborener Reichsgraf! Ich erlaube mir dem Uiberbringer dieses Blattes, den talentvollen Tonsetzer, Franz Schubert, der Gnade Ew. Hochgeboren anzuempfehlen, welche er in jeder Hinsicht verdienet. Er hat sich durch mehrere ausgezeichnete Compositionen im Liederfache, bereits zum Liebling des gebildeteren Publicums gemacht. Er wird Euer Hochgeboren um die Erlaubniß bitten, Ihnen eine seinige kleine Arbeit widmen zu dürfen, welche er herauszugeben Willens ist, und durch die Vorsetzung Ihres in jeder Hinsicht geehrten Namens, seinem Werke mehr Credit und Eingang zu verschaffen. . . ." Dieser bei Deutsch nicht genannte Brief bezieht sich auf die Widmung des Liedes „Gretchen am Spinnrade", die Sonnleithner offenbar für Schubert vorbereitet hat.

Ignaz Sonnleithner: Letter to Moritz Reichsgraf von Fries. In an unknown hand with autograph signature.

"Most honoured Reichsgraf, I take the liberty of recommending the bearer of this missive, the talented composer Franz Schubert, to the patronage of Your Honour, of which he is in every respect most deserving. By a number of excellent compositions in the field of the Lied he has become the favourite of the more cultured sections of the public. He will be asking Your Honour for permission to dedicate to you one of his small works which he is intending to publish and to which he hopes to add the greater credit and popularity which the mention of your universally respected name will bring . . ." This letter, not listed in Deutsch, refers to the dedication of the Lied *Gretchen am Spinnrade,* for which Sonnleithner was obviously paving the way.

Schubert: Schäfer's Klagelied, Lied zweite Version D121. Eigene Handschrift.

Schubert: 'Schäfer's Klagelied', Lied – second version, D121. Autograph.

Nach ,,Gretchen am Spinnrade" schrieb Schubert eine Reihe von Goethe-Liedern (über zwanzig bis zum Herbst 1815) sowie Lieder nach Texten von Schiller, Klopstock, Theodor Körner, Ludwig Gottfried Kosegarten, Ludwig Hölty, am 7. Dezember 1814 erstmals auch ein Lied nach einem Text von Johann Mayrhofer, ,,Am See" D124. – ,,Schäfer's Klagelied" nach einem Text von Goethe existiert in zwei Versionen, wobei die zweite, eine Transposition und Bearbeitung der im November 1814 geschriebenen ersten Fassung, im Frühjahr 1818 entstanden sein dürfte. Das Lied wurde am 28. Februar 1819 im Gasthof ,,Zum Römischen Kaiser" von Franz Jäger, einem Sänger am Kärntnertor-Theater, vorgetragen. Es war dies die erste öffentliche Aufführung eines Liedes von Franz Schubert. Sie erhielt durchwegs positive Kritiken.

After *Gretchen am Spinnrade* Schubert composed a succession of Goethe-Lieder (over twenty by the autumn of 1815), as well as settings of texts by Schiller, Klopstock, Theodor Körner, Ludwig Gottfried Kosegarten, Ludwig Hölty; and on 7th December, 1814 his first setting of a poem by Johann Mayrhofer: *Am See,* D124. – *Schäfer's Klagelied,* based on a poem by Goethe, D121, exists in two versions, of which the second – a transposition and reworking of the first dating from November 1814 – was probably composed in the spring of 1818. This Lied was performed on 28th February, 1819 in the inn 'Zum Römischen Kaiser' by Franz Jäger, a singer from the Kärntnerthor Theatre. It was the first public performance of a Lied by Franz Schubert and was received favourably by the critics.

Illustration zur Ballade 'Der Liedler' D 209. Bleistiftzeichnung von Moritz v. Schwind (Dr. Leopold Cornaro, Wien).

Schubert vertonte diese Ballade Kenners in der zweiten Hälfte des Jahres 1815. Sie erschien erst 1825 bei Cappi & Co. als op. 38 mit einer Widmung an den Dichter. – Schwind schuf dazu um 1823 mehrere Bleistiftzeichnungen. Er legte seine Arbeiten im selben Jahr Joseph Kenner vor und berichtete darüber in einem Brief an Schober: ,,Über die Liedlerskizzen war er sehr erfreut und konnte mit lauter Anschaun gar nicht fertig werden" (Dokumente, S. 200).

Illustration to the ballad 'Der Liedler', D 209. Pencil drawing by Moritz von Schwind (Dr. Leopold Cornaro, Vienna).

Schubert set this ballad by Joseph Kenner in the second half of 1815. It was first published in 1825 by Cappi & Co. as opus 38 with a dedication to the author. – Schwind produced a series of pencil drawings about 1823 illustrating the contents of the poems. He showed his work to Joseph Kenner in the same year, as he wrote in a letter to Schober: "He was greatly pleased with the sketches for the 'Liedler' and could hardly get done with sheer looking . . ." (A documentary biography, p. 290).

Schubert: Die Nonne, Lied zweite Version D 212. Eigene Handschrift.

Schubert: 'Die Nonne', Lied – second version, D 212. Autograph.

,,Die Nonne. Ballade von Hölty" und ,,Den 16. Juny 815", diese beiden Anmerkungen stehen als Hinweis Schuberts im Kopftitel des Autographs. Schubert wurde lange Zeit als Balladen-Komponist mehr beachtet denn als Verfasser von Strophenliedern oder Liedern mit lyrischer Grundhaltung. Noch Jahre nach seinem Tod galten seine Balladen, neben wenigen ausgewählten Gesängen aus den großen Liederzyklen, als die besten und schönsten Werke Schuberts. – ,,Die Nonne", nach einem Gedicht von Hölty, von dem Schubert über 30 Texte vertont hat, liegt in zwei Versionen vor, die wesentlich voneinander abweichen und die beide im Spätfrühling 1815 entstanden sind (D 208 und D 212).

"Die Nonne. Ballad by Hölty" and "16th June, 1815": these two references are made by Schubert in the heading of his manuscript. For a long time Schubert was better known as a composer of ballads than as the writer of strophic or lyrical Lieder. For years after his death Schubert's ballads, together with one or two of the Lieder from the great song-cycles, were considered to represent the finest and most beautiful examples of his art. – *Die Nonne*, based on a poem by Hölty (more than thirty of whose texts Schubert set to music), exists in two versions which, though both composed in the late spring of 1815, differ radically from each other (D 208 and D 212).

Schubert: Schwangesang, Lied D 318. Eigene Handschrift.

Schubert: 'Schwangesang', Lied, D 318. Autograph.

Selten war Schubert als Liederkomponist so produktiv wie im Oktober 1815. Aufgrund der Datierungsvermerke kann vermutet werden, daß er oft an einem Tag mehrere Lieder schrieb oder begonnene fertigstellte. So wurden zwei Lieder (D 300 „Der Jüngling an der Quelle" und D 301 „Lambertine") mit 12. Oktober, acht Lieder (D 302 bis D 309, darunter „An die Geliebte" D 303, und „Die Macht der Liebe" D 308) mit 15. Oktober sowie neun Lieder mit 19. Oktober bezeichnet. Zu dieser letzten Gruppe gehören u. a. D 312 „Hektor's Abschied" nach Schiller, sowie die Lieder nach Kosegarten „An Rosa" D 315 und D 316, „Schwangesang" D 318, oder „Luisens Antwort" D 319.

Few periods in Schubert's life produced such a flood of Lieder as October of the year 1815. The dates given on the manuscript suggest that he often composed or at least completed several Lieder in a single day. Two songs, for instance, are dated 12th October: D 300, *Der Jüngling an der Quelle* and D 301, *Lambertine;* while 15th October saw the composition of eight Lieder (D 302 to D 309, amongst them *An die Geliebte,* D 303 or *Macht der Liebe,* D 308); and on 19th October nine were written. This last group includes D 312, *Hektors Abschied* to a text by Schiller and the Kosegarten settings *An Rosa,* D 315 and D 316, *Schwangesang,* D 318 and *Luisens Antwort,* D 319.

Schubert: Luisens Antwort, Lied D 319. – Erstdruck, Gesamtausgabe, Leipzig 1895.

Schubert: 'Luisens Antwort', Lied, D 319. First edition, Complete Works, Leipzig 1895.

D 319 wurde, wie die meisten im Herbst 1815 entstandenen Lieder, lange nach Schuberts Tod im Rahmen der ersten Gesamtausgabe veröffentlicht. – Viele Lieder und Chöre aus den Jahren 1815 bis 1817 sind nur als Entwurf erhalten geblieben. Es ist den Freunden Schuberts, vor allem aber Johann Leopold Ebner und Albert Stadler, zu danken, daß diese Kompositionen vollständig überliefert wurden. Sie fertigten von einer großen Anzahl Abschriften an, die sich heute im Besitz von Sammlungen der verschiedensten Länder befinden und die als Grundlage kritischer Ausgaben oft unentbehrlich sind.

D 319, like most of the Lieder composed in the autumn of 1815, was published only long after Schubert's death, in the first Complete Edition. – Many of the Lieder and choral settings from the years 1815 to 1817 exist only as sketches in manuscript form. It is only thanks to Schubert's friends – and in particular to Johann Leopold Ebner and Albert Stadler – that these works have survived in their entirety at all. They correlated a large number of copies which are today to be found in numerous collections in various parts of the world. These copies prove useful, if not indispensable, as the basis for critical editions.

157

Schubert: *Harfenspieler, (Lied aus Goethes „Wilhelm Meister")* D 325. *Eigene Handschrift.*

Schubert: *'Harfenspieler', Lied, D 325. Autograph.*

Die Gedichte aus Goethes mehrteiligem Roman „Wilhelm Meister" wurden von Schubert mehrfach vertont: die Lieder des Harfners „Wer sich der Einsamkeit ergibt" zweimal, D 325 (1815) und D 478 (1816), dort in zwei Fassungen, „An die Türen will ich schleichen" in zwei Versionen, D 479 (1816), „Wer nie sein Brot mit Thränen aß" in drei Versionen, D 480 (1816); das Lied der Mignon „Nur wer die Sehnsucht kennt" wurde 1815 (D 310, zwei Versionen), 1816 (D 359), 1816 (D 481), als Ensemble 1819 (D 656) und 1825/26 (D 877/1 und 4) komponiert. Die weiteren Gesänge aus „Wilhelm Meister" tragen die Nummern: D 149, D 161, D 321, D 469, D 726, D 727, D 877/2 und 3. – Schubert beschäftigte sich also zeit seines Lebens mit den Gedichten dieses Romans.

Schubert composed several settings of the poems from Goethe's two-part novel *Wilhelm Meister* – the songs of the harpist: *Wer sich der Einsamkeit ergibt* twice, D 325 (1815) and D 478 (1816) – the latter in two arrangements –; *An die Türen will ich schleichen* in two versions, D 479 (1816); *Wer nie sein Brot mit Thränen aß* in three versions, D 480 (1816); the song of Mignon *Nur wer die Sehnsucht kennt* was set to music in 1815 (D 310, two versions), in 1816 (D 359), again in 1816 (D 481), as an ensemble piece in 1819 (D 656) and in 1825/26 (D 877/1 and 4). The other songs from *Wilhelm Meister* are numbered D 149, D 161, D 321, D 469, D 726, D 727, D 877/2 and 3. – Schubert's involvement with this novel can thus be seen to cover his whole creative life.

Joseph v. Spaun, eigenhändiger Brief an Goethe, Wien 17. April 1816. Photographische Reproduktion.

Joseph von Spaun, Autograph letter to Goethe, dated Vienna, 17th April, 1816. Photographic reproduction.

„Die im gegenwärtigen Hefte enthaltenen Dichtungen sind von einem 19 jährigen Tonkünstler Namens Franz Schubert, dem die Natur die entschiedensten Anlagen zur Tonkunst von zartester Kindheit an verlieh ... Der allgemeine Beifall, welcher dem Künstler sowohl über gegenwärtige Lieder als seine übrigen, bereits zahlreichen Kompositionen ... zuteil wird, und der allgemeine Wunsch seiner Freunde bewogen endlich den bescheidenen Jüngling, seine musikalische Laufbahn durch Herausgabe eines Teils seiner Kompositionen zu eröffnen, wodurch sich selber, wie nicht zu bezweifeln ist, in kurzer Zeit auf jene Stufe unter den deutschen Tonsetzern schwingen wird, die ihm seine vorzüglichen Talente anweisen. ... Sollte der junge Künstler so glücklich sein, auch den Beifall desjenigen zu erlangen, dessen Beifall ihm mehr als der irgendeines Menschen in der weiten Welt ehren würde, so wage ich die Bitte, mir die angesuchte Erlaubnis [Widmung der Lieder an Goethe] mit zwei Worten gnädigst melden zu lassen." Die Sendung wurde ohne Antwort zurückgeschickt. Sie bestand aus Liedern, die Schubert für Goethe nochmals kopiert hatte und enthielt neben „Erlkönig" u. a. auch „Schäfer's Klagelied" D 121, „Gretchen am Spinnrade" D 118, „Rastlose Liebe" D 138, „Heidenröslein" D 257, und „An Schwager Kronos" D 369. Zu „Erlkönig" schrieb Schubert zu diesem Zweck eine Fassung mit vereinfachter Begleitung.

"The poems contained in the present fascicle are set to music by a musician aged nineteen, Franz Schubert by name, whom nature endowed from the tenderest childhood with the most pronounced learnings towards the art of music ... The general acclamation accorded to the young artist for the present songs as well as for his other, already numerous compositions ... together with the general desire of his friends, have at last induced the modest youth to open his musical career by the publication of part of his compositions, whereby he will doubtless shortly take his place in that rank among German composers which his pre-eminent talents assign him. ... Should the young artist be so fortunate as to obtain the approval of one whose approbation would honour him more than that of any other person in the wide world, may I request that the solicited permission [to dedicate the Lieder to Goethe] may be graciously intimated in two words" (A documentary biography, p. 56f.). – The enclosed Lieder were returned without an answer. They were copies in Schubert's own hand and included, apart from *Erlkönig*, also *Schäfers Klagelied*, D 121; *Gretchen am Spinnrade*, D 118; *Rastlose Liebe*, D 138; *Heidenröslein*, D 257; and *An Schwager Kronos*, D 369. For this occasion Schubert had written a version of *Erlkönig* with a simplified accompaniment.

Schubert: *Erlkönig*, . . . 1tes *Werk, Lied D 328. – Erstdruck, Cappi & Diabelli (,,in Comission") Wien 1821.*

Schubert: '*Erlkönig*', *Lied, D 328. First edition, Cappi & Diabelli [in commission], Vienna, 1821.*

Im Spätherbst 1815 komponierte Schubert jenes Lied, das ihn zu Lebzeiten so bekannt machte wie kein anderes und das als erstes Werk mit Opusnummer (op. 1) im Druck erschien. Der ,,Erlkönig", der nach Aussage Joseph v. Spauns in kürzester Zeit geschrieben wurde, fand allerdings zunächst keinen Verleger, sosehr die Komposition Schuberts Freundeskreis begeistert haben mochte. Spaun übersandte das Lied mit mehreren anderen Gesängen 1816 an Goethe, ohne jedoch eine Antwort zu erhalten (vgl. Kat.-Nr. 158). Es wurde 1817 vergeblich Breitkopf & Härtel angeboten, und auch die Wiener Verleger weigerten sich zunächst, den unbekannten Schubert zu drucken. Leopold v. Sonnleithner beschreibt die Bemühungen um die Veröffentlichung des Liedes. ,,Ich trug den ,Erlkönig' dem Kunsthändler Tobias Haslinger und Anton Diabelli an; allein beide verweigerten die Herausgabe (selbst ohne Honorar), weil sie wegen der Unbekanntheit des Komponisten und wegen Schwierigkeit der Klavierbegleitung keinen lohnenden Erfolg erwarteten. Durch diese Zurückweisung verletzt, entschlossen wir uns, die Herausgabe auf Schuberts Rechnung selbst zu veranstalten. Ich, [Josef] Hüttenbrenner und noch 2 Kunstfreunde [Johann Schönauer und Johann Nepomuk Schönpichler] legten die Kosten des ersten Heftes aus Eigenem zusammen und ließen im Februar 1821 den ,Erlkönig' stechen. Als mein Vater [Ignaz v. Sonnleithner] in einer Soirée bei uns mündlich ankündigte, daß der ,Erlkönig' zu haben sei, wurden an demselben Abende bei 100 Exemplare von den Anwesenden gekauft" (Erinnerungen, S. 126).

In the late autumn of 1815 Schubert composed that Lied which more than any other was to make his name during his lifetime, and which was his first work to appear in print with an opus number (opus 1). *Erlkönig,* which according to the testimony of Joseph von Spaun was written in the briefest space of time, was at first not accepted by any publisher, however enthusiastic the welcome it had been accorded by Schubert's circle of friends. In 1816 Spaun sent the Lied, with several others, to Goethe, but no reply was forthcoming (see Cat. No. 158). In 1817 it was submitted to Breitkopf & Härtel, but without success; and the Viennese publishing-houses were also initially reluctant to print a work whose composer was unknown. Leopold von Sonnleithner describes the following attempts to find a publisher for the Lied: "I offered 'Erlkönig' to Tobias Haslinger the art-dealer and Anton Diabelli; but both refused to print it (even without a fee) because they thought that, since the composer was unknown and the piano accompaniment was so difficult, they could expect to make no money out of it. Affronted by these refusals, we decided to have the work published at Schubert's own cost. I, [Josef] Hüttenbrenner and two other enthusiasts [Johann Schönauer und Johann Nepomuk Schönpichler] got together the money for the first volume out of our own pockets and had 'Erlkönig' printed in February, 1821. When, during a soirée at our house, my father [Ignaz von Sonnleithner] announced that 'Erlkönig' was on the market, some 100 copies were bought by those present that very evening" (Erinnerungen, p. 126).

BALLADE VON GOETHE.

In Musik gesetzt

Schubert: Erlkönig. Zweite Ausgabe, Diabelli und Comp., Wien.

Die zweite Ausgabe des „Erlkönig" ist, wie mehrere Zweitausgaben (z. B. „Der Wanderer" oder „Die schöne Müllerin"), im Titel mit einem sehr differenzierten Stich geschmückt. Die Abbildung für diesen Druck von op. 1 wird Franz Weigl zugeschrieben. – Die erste Aufführung des Liedes im größeren Kreis fand bei Ignaz v. Sonnleithner statt. Es sang August Ritter von Gymnich, Anna Fröhlich begleitete am Klavier. Derselbe gab den „Erlkönig" auch erstmals öffentlich am 25. Jänner 1821 im Rahmen der „8. Musikalischen Abendunterhaltung der Gesellschaft der Musikfreunde in Wien, im Gundelhof". Zahlreiche weitere Aufführungen folgten.

Schubert: 'Erlkönig'. Second edition, Diabelli & Co., Vienna.

The second edition of *Erlkönig*, like most of the second editions (such as *Der Wanderer* or *Die schöne Müllerin*), is adorned on the title-page with a strongly differentiated engraving. The illustration of this edition of opus 1 is attributed to Franz Weigl. – The first performance of this work before a larger public took place at the house of Ignaz von Sonnleithner. The singer was August Ritter von Gymnich, accompanied by Anna Fröhlich. The same singer gave the first public performance of *Erlkönig* on 25th January, 1821 in the "8th Musical Evening Entertainment of the 'Gesellschaft der Musikfreunde in Wien'" in the 'Gundelhof'. The work was subsequently performed a number of times.

Bey Cappi und Diabelli,

am Graben Nr. 1133, ist neu erschienen und zu haben:

Erlkönig.

Ballade von Göthe, in Musik gesetzt, und Sr. Excellenz dem
hochgebornen Herrn Herrn

Moritz Grafen v. Dietrichstein

ehrfurchtsvoll gewidmet von

Franz Schubert.

Preis . . . . 2 fl. W. W.

Ueber den Werth dieser Composition hat sich sowohl das Urtheil
des Publikums im, am verflossenen Aschermittwoche gegebenen
Concerte im k. k. Hofoperntheater, da es die Wiederhohlung derselben, vorgetragen von unserm gefeyerten Hofopernsänger Hrn.
Vogl, einstimmig verlangte, als auch mehrerer öffentlichen Blätter zur Ehre des jungen genialen Tonsetzers bereits so günstig und
vortheilhaft ausgesprochen, daß eine fernere Anempfehlung derselben eben so überflüssig, als deren Erscheinung und Besitz im
Stiche jedem in- und auswärtigen Kenner und Freunde des Gesanges willkommen seyn dürfte.

Im lithographischen Institut,

nächst der kaiserl. königl. Burg Nr. 2, ist zu haben

Portrait Sigismundus Antonius e Com. ab Hohenwart in Ger-
lachstein Princeps. Nach Kraft. Pr. 3 fl. W. W.

— — Anton Canova } von Rehberg, pr. Blatt 2 fl. W. W.
— — Anton Thorwaldsen }

Aus Lafontains Fabeln. 2tes Heft, mit deutsch und französischem
Text. 2 fl 30 kr. W. W.

Ansicht der Kirche von Maria Stiegen in Wien, von Carl Bschor.
Mit Ton 4 fl. Schwarzdruck 3 fl.

Ankündigung des Erlkönig in der Wiener Zeitung, 2. April 1821.

The announcement of 'Erlkönig' in the 'Wiener Zeitung', 2nd April 1821.

Der Text zu dieser Erscheinungsnotiz wurde wahrscheinlich von Josef Hüttenbrenner verfaßt, der schon in der Zeitschrift „Der Sammler" vom 31. März 1821 eine äußerst positive Rezension veröffentlicht hatte. Auffallend ist, daß in dieser Ankündigung nicht erwähnt wird, daß der neue Druck Schuberts op. 1 sei. Das von Hüttenbrenner erwähnte Konzert mit dem Vortrag Vogls hatte am 7. März 1821 stattgefunden. – Noch im selben Monat, am 30. April 1821, erschien in der Wiener Zeitung auch eine Ankündigung von „Gretchen am Spinnrade", hier mit der Bezeichnung „2tes Werk".

The text of the article announcing publication probably came from the pen of Josef Hüttenbrenner, the man who had already written a most favourable review in the magazine 'Der Sammler' on 31st March, 1821. Note that this announcement does not mention that this new publication is Schubert's opus 1. The concert Hüttenbrenner mentions, where Vogl sang, had already taken place on 2nd March, 1821. In the very same month, on 30th April, 1821, an announcement of *Gretchen am Spinnrade* also appeared in the 'Wiener Zeitung' under the designation of "2nd opus".

Musikalische Anzeige.

Bey Cappi und Diabelli auf dem Graben ist so eben erschienen: „Gretchen am Spinnrade," aus Göthe's „Faust," von Hrn. Franz Schubert. Preis: 1 fl. 30 W. W. In mehreren Privatconcerten wurde dieses Tonstück mit einstimmigem Beyfall ausgezeichnet, und jeder Gesangsfreund sah dem Erscheinen einer Composition in der Öffentlichkeit mit Begierde entgegen, welche dem Schüler der großen Meister Salieri und Vogl so viel Ehre macht.

Gretchens Zustand, in welchem die Gefühle und die Empfindungen der Liebe, des Schmerzens und der Wonne abwechseln, wird durch Schubert's Musik so ergreifend dargestellt, daß der Eindruck, den das musikalische Gemählde hinterläßt, kaum erschütternder kann gedacht werden. Außer diesem macht sich in der Composition auch die Clavierstimme, welche in dem Ausdrucke der Bewegung des Spinnrades so glücklich nuancirt wird, und die meisterhafte Durchführung des Motivs vorzüglich bemerkbar. Dem Liedchen: „Gretchen am Spinnrade," müssen wir überhaupt so viel Originalität und Unnachahmlichkeit zugestehen, als Beethoven's Adelaiden, und Mozart's Chloen und dessen Abendempfindung.

Das Werk ist dem Herrn Moriz Reichsgrafen von Fries dedizirt worden, einem Freunde der Künste, welche in ihm einen der großsinnigsten Kenner und Beschützer gefunden haben.

— n n —

„Musikalische Anzeige" (Der Sammler, Wien 1. Mai 1821).

„Der Sammler. Ein Unterhaltungsblatt" erschien im Jahr 1821 dreimal wöchentlich (Dienstag, Donnerstag, Samstag), die „Musikalischen Anzeigen" waren zumeist entgeltlich. Der Aufsatz über „Gretchen am Spinnrade" ist mit „-nn-" gekennzeichnet, dahinter verbirgt sich wahrscheinlich Josef Hüttenbrenner. Die erwähnten Lieder Beethovens und Mozarts sind op. 47 bzw. KV 523 und KV 524.

"Musikalische Anzeige" ('Der Sammler', Vienna, 1st May 1821).

'Der Sammler. Ein Unterhaltungsblatt' appeared three times a week in 1821 (on Tuesdays, Thursdays and Saturdays). The "Musikalische Anzeigen" were usually unpaid. The essay on *Gretchen am Spinnrade* is signed "-nn-", probably a cover for Josef Hüttenbrenner. The Lieder by Beethoven and Mozart which were discussed are opus 47, K. 523 and K. 524.

Johann Michael Vogl. Bleistiftzeichnung von Moritz v. Schwind, 1827 (Historisches Museum).

„. . . Nachdem Schubert das Konvikt verlassen hatte, blieb er einige Jahre im Hause seines Vaters, von da aus wurde er Vogl vorgeführt; – entzückt von dem mächtigen Talente führte Vogl Schubert in den Kreis seiner Freunde ein. Zur selben Zeit nahm auch Vogl ihn zu sich und sorgte ganz für ihn. [Ob Schubert je bei Vogl gewohnt hat, ist ungewiß.] Die ungeheure Wirkung, welche die Lieder Schuberts hervorbrachten, – das allgemeine Interesse, welches sie erregten, – veranlaßte Vogl, noch einmal in die Öffentlichkeit zu treten. . . . Schubert blieb mehrere Jahre bei Vogl; – darauf trennten sie sich. Vogl reiste nach Italien [1825]. Als Vogl von Italien zurückkam, heirateten wir: und da war es, daß Schubert oft und oft in unser Haus kam. Es war ein namenloser Genuß, ihn seine Klavierstücke spielen, seine Lieder begleiten zu hören! . . . Schubert hatte (während Vogls Abwesenheit in Italien) seiner Scheuheit wieder sehr nachgegeben; nun ließ er sich aber neuerdings bereden, die früheren Freundes-Kreise Vogls, so wie auch einige höhere Kreise, zu besuchen" (Kunigunde Vogl. Erinnerungen, S. 249 f.).

Johann Michael Vogl. Pencil drawing by Moritz von Schwind (Historisches Museum).

". . . After Schubert had left the seminary, he remained in his father's home for several years; from there he was introduced to Vogl; – delighted by his enormous talent, Vogl introduced Schubert to his circle of friends. At the same time Vogl took him in and cared for him. [It is uncertain whether Schubert ever lived with Vogl.] The tremendous effect which Schubert's Lieder produced and the general interest they excited induced Vogl to perform Schubert in public . . . Schubert stayed with Vogl for several years; – then they parted. Vogl journeyed to Italy [1825]. When Vogl returned from Italy, we married: and then Schubert often came to our house. It was an untold pleasure to hear him playing his piano pieces and accompanying his songs! . . . Schubert had become very shy during Vogl's absence in Italy; but then he allowed himself to be persuaded to visit Vogl's former friends as well as higher circles" (Kunigunde Vogl. Erinnerungen, p. 249 f.).

„*Michael Vogel* [sic] *und Franz Schubert ziehen aus zu Kampf und Sieg.*" *Bleistift-Karikatur von Franz v. Schober (Lichtdruck) (Historisches Museum).*

„Nichts hat den Mangel einer brauchbaren Singschule so offen gezeigt als Schuberts Lied. Was mußten sonst diese wahrhaft göttlichen Eingebungen, diese Hervorbringungen einer musikalischen Clairvoyance in einer Welt, die der deutschen Sprache mächtig ist, für eine allgemeine ungeheure Wirkung machen? Wie viele hätten vielleicht zum ersten Male begriffen, was es sagen will: Sprache, Dichtung in Tönen, Worte in Harmonien, in Musik gekleidete Gedanken. Sie hätten gelernt, wie das schönste Wortgedicht unserer größten Dichter, übersetzt in solche Musiksprache, noch erhöht, ja überboten werden konnte. Beispiele ohne Zahl liegen vor: ‚Erlkönig', ‚Gretchen am Spinnrade', ‚Schwager Kronos', ‚Mignon'- und ‚Harfner-Lieder', Schillers ‚Sehnsucht', ‚Pilgrim', ‚Bürgschaft' " (Aus Vogls Tagebüchern. Erinnerungen, S. 259 f.). – „Die größte Wirkung aber brachte der herrliche Sänger auf den jungen Tonsetzer selbst hervor, der sich glücklich fühlte, so lange gehegte Wünsche nun so über alle Erwartungen erfüllt zu sehen. Ein Bund der beiden Künstler, der sich immer enger schloß, bis ihn der Tod trennte, war die Folge ihres steten Zusammentreffens. Vogl öffnete mit wohlmeinendem Rate dem jungen Freunde den reichen Schatz seiner Erfahrungen, sorgte väterlich für die Befriedigung seiner Bedürfnisse, wozu damals ein Erwerb durch Kompositionen nicht ausreichte, und bahnte ihm durch den herrlichen Vortrag seiner Lieder den Weg zum Ruhme" (Joseph v. Spaun. Erinnerungen, S. 29).

"Michael Vogl and Franz Schubert marching to battle and victory." *Pencil caricature by Franz von Schober (collotype) (Historisches Museum).*

"Nothing has shown up the lack of a useful singing tutor so much as Schubert's Lied. What other effect should these truly heavenly devotions have, these revelations of a musical clairvoyance in a world capable of the German language? How many could have understood its message for the first time: language, poetry in music, words in harmony, thoughts arrayed in music. They would have learnt how the finest poem in words written by our greatest poets, translated into this language of music, could be enhanced, or even surpassed. There are countless examples: 'Erlkönig', 'Gretchen am Spinnrade', 'Schwager Kronos', 'Mignon' – and 'Harfner-Lieder', 'Sehnsucht' (text by Schiller), 'Pilgrim', 'Bürgschaft' " (From Vogl's diaries. Erinnerungen, p. 259 f.). – "The splendid singer himself had the greatest effect on the young composer who felt happy as long as he could see his cherished wishes fulfilled beyond all expectation. An affinity between the two artists, which became all the closer until death separated them, was the result of their first meeting. Vogl opened the rich treasure of his experience as well-meaning council to his young friend, in a fatherly way he saw his needs were attended to, since he was unable to make a living from his compositions, and paved the way to fame by the wonderful performances of his songs" (Joseph von Spaun. Erinnerungen, p. 29).

Schubert: Der Wanderer, Lied D 493. – Zweite Ausgabe, (Sammeldruck), Diabelli und Comp., Wien.

Schubert: 'Der Wanderer', Lied, D 493. Second edition (collection), Diabelli & Co., Vienna.

Es ist kennzeichnend, daß gerade die bekanntesten Lieder Schuberts in mehreren Versionen überliefert sind (die allerdings nicht immer wesentlich voneinander abweichen). Auch von der als op. 4/1 erschienenen Komposition „Der Wanderer", die im Mai 1821 bei Cappi & Diabelli erschien, gibt es unter D 493 eine Version für hohe und eine für tiefe Stimme sowie eine weitere unter D 489, die auch unter den Bezeichnungen „Der Unglückliche" und „Der Fremdling" bekannt wurde. Alle sind im Herbst 1816 verfaßt worden. Der Autor des Liedes, er nannte sich „Schmidt von Lübeck", war Georg Philipp Schmidt, welcher diesen Dichternamen nach seiner Heimatstadt angenommen hatte. Neben dem „Erlkönig" fand gerade „Der Wanderer" in den ersten Jahrzehnten nach Schuberts Tod besonders häufig Eingang in die Konzertprogramme. Das Lied wurde so beliebt, daß sogar Gedichte, Lobsprüche und Novellen darauf gemacht wurden. – Der Titelstich der zweiten Ausgabe stammt angeblich von Carl Schubert.

It is significant that Schubert's most popular Lieder should have been the ones to come down to us in several versions (though there are not always very important differences between them). *Der Wanderer*, published in May, 1821 by Cappi & Diabelli as opus 4/1, is a case in point: D 493 comprises two versions, one for a high voice, one for a low voice, while D 489 represents yet another version. Furthermore, these various settings became known under alternative titles: *Der Unglückliche* and *Der Fremdling*. All of them were composed in the autumn of 1816. The poet, who called himself "Schmidt von Lübeck" after his native city, was one Georg Philipp Schmidt. *Der Wanderer*, like *Erlkönig*, became a particularly frequent item in concert programs in the first decades after Schubert's death. Indeed the song acquired such popularity that it even became the subject of poems, panegyrics and short stories. – The engraving on the title-page of the second edition is said to be by Carl Schubert.

Memnon, Antigone und Oedip, von J. Mayrhofer,
und AM GRABE ANSELMO'S, von Claudius,

für eine Singstimme
mit Begleitung des Pianoforte, in Musik gesetzt
und dem Wohlgebornen
HERRN MICHAEL VOGL,
Mitglied und Regisseur des k.k. Hofoperntheaters
hochachtungsvoll gewidmet von
FRANZ SCHUBERT.
6tes Werk.
Eigenthum der Verleger.
N° 790.
Pr. 45 x C.M.
WIEN,
bei Ant. Diabelli u. Comp. Graben N° 1133.

Schubert: *Am Grabe Anselmo's, Lied D 504. – Vierte Ausgabe des Erstdrucks, Diabelli & Co., Wien*

Schubert schrieb in den Jahren 1816/17 fast 250 Lieder, darunter die beiden Mayrhofer-Gesänge ,,Memnon" D 541, und ,,Antigone und Oedip" D 542, sowie ,,Am Grabe Anselmo's" D 504, nach Matthias Claudius. Diese drei Gesänge erschienen als op. 6 erstmals 1821 bei Cappi & Diabelli und wurden Johann Michael Vogl zugeeignet. ,,Am Grabe Anselmo's", in den Entwürfen nannte Schubert das Lied auch ,,Bei dem Grabe Anselmo's" und ,,Bei Anselmo's Grabe", erschien in der vierten Ausgabe des Erstdrucks mit einer Vignette von Leopold Kupelwieser.

Schubert: *'Am Grabe Anselmo's', Lied, D 504. Fourth edition, Diabelli & Co., Vienna.*

In 1816 and 1817 Schubert wrote nearly 250 Lieder, among which are the two Mayrhofer songs *Memnon,* D 541 and *Antigone und Oedipus,* D 542, as well as *Am Grabe Anselmo's,* D 504, based on a text by Matthias Claudius. These three songs first appeared in 1821 in Cappi & Diabelli's edition as opus 6, and were dedicated to Johann Michael Vogl. *Am Grabe Anselmo's,* which Schubert also called *Bei dem Grabe Anselmo's* and *Bei Anselmo's Grabe* in the draft version, appeared in the fourth edition with a vignette by Leopold Kupelwieser.

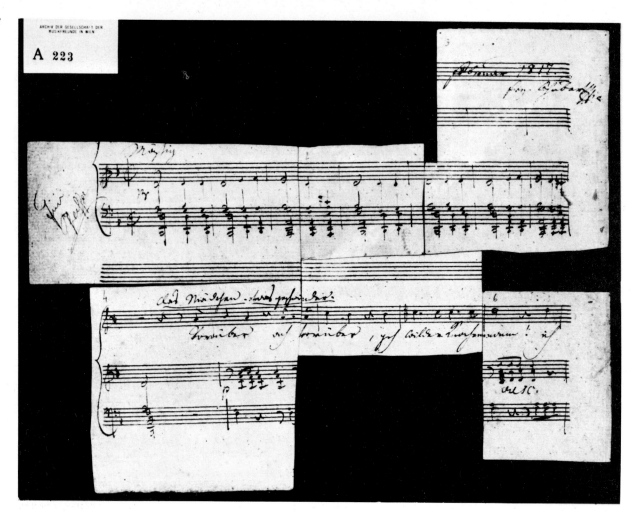

Schubert: Der Tod und das Mädchen, Lied D 531. Eigene Handschrift (Gesellschaft der Musikfreunde).

Auch dieses Lied, welches später dem Streichquartett in d-Moll D 810 seinen Namen geben sollte (Schubert verwendete Teile daraus als Variationsthema für den zweiten Satz), gehörte zu den ersten Kompositionen, die bei Cappi & Diabelli 1821 im Druck erschienen. Es wurde im Februar 1817 geschrieben und erhielt die Opuszahl 7/3. Das Manuskript des Liedes hat eine ungewöhnliche Geschichte. Andreas Schubert, der Stiefbruder Franzens, zerschnitt das Autograph in elf Teile, um Schuberts Handschrift auf diese Weise mehreren Freunden zum Geschenk machen zu können. Lediglich acht Teile der Handschrift konnten bis heute sichergestellt werden.

Schubert: 'Der Tod und das Mädchen', Lied, D 531. Autograph (Gesellschaft der Musikfreunde).

This Lied is another of that group of compositions which were among the first to be printed by Cappi & Diabelli in 1821. It later gave its name to the string quartet in D minor, D 810 (Schubert used parts of it as the theme of the variations which constitute the quartet's second movement). It was composed in February, 1817 and was given the opus number 7/3. The work's manuscript has a curious history: Andreas Schubert, Franz's step-brother, cut the autograph into eleven pieces in order to be able to make a present of Schubert's manuscript to several friends. Only eight of these pieces have so far come to light.

Schubert: Die Forelle, Lied vierte Version D 550. – Erstdruck (Beilage zur Wiener Zeitschrift für Kunst, Literatur, Theater und Mode, 1820).

Schubert: 'Die Forelle', Lied D 550, fourth version. First edition, supplement to the 'Wiener Zeitschrift für Kunst, Literatur, Theater und Mode', 1820.

Schubert verfaßte fünf Niederschriften dieses Liedes, von welchen die erste im Frühjahr 1817 komponiert wurde. Die Häufigkeit rührt daher, daß Schubert dieses Lied auch als Albumblatt bzw. als Geschenk verschiedenen Freunden gewidmet hat. Die zweite Niederschrift wurde Josef Hüttenbrenner mit folgendem Wortlaut dediziert: „Theuerster Freund! Es freut mich ausserordentlich, dß Ihnen meine Lieder gefallen. Als Beweis meiner iñigsten Freundschaft, schicke Ich Ihnen hier ein anderes, welches ich eben jetzt bey Anselm Hüttenbrenner Nachts um 12 Uhr geschrieben habe. Ich wünsche, dß ich bey einem Glas Punsch nähere Freundschaft mit Ihnen schließen könnte. Vale." (Dokumente, S. 57) – Die letzten beiden Versionen des Liedes stammen aus 1820/21, wobei die Version aus 1821 als einzige durch fünf Einleitungstakte im Klavier ergänzt wurde. Beide Versionen erschienen im Druck, jene aus 1820 erstmals als Zeitungsbeilage (9. 12. 1820), ein in diesen Jahren nicht selten beschrittener Weg für Erstveröffentlichungen.

Schubert made five copies of this Lied, the first dating from the spring of 1817. The frequent duplication is explained by the fact that he chose this song to write in souvenir-books or to give as a present to his friends. The second copy was dedicated to Josef Hüttenbrenner with the following words: "Dearest Friend, it gives me extraordinary pleasure to know that you like my songs. As a proof of my most devoted friendship I am sending you another, which I have just now written at Anselm Hüttenbrenner's at midnight. I trust that I may become closer friends with you over a glass of punch. Vale" (A documentary biography, p. 86). – The final two versions of the Lied were written in the years 1820 and 1821; the second of these is the only one which includes five bars of introduction for the piano. Both versions appeared in print, that dating from 1820 first as a newspaper supplement (9th December, 1820), a not infrequent practice with new compositions at that time.

Schubert: *Der Strom, Lied D 565. Eigene Handschrift.*

Schubert: *'Der Strom', Lied, D 565. Autograph.*

„Zum Andenken für H.[errn] Stadler" – mit solch einer Widmung verfaßte Schubert im Sommer (?) 1817 dieses Lied für tiefe Stimme nach einem Text eines unbekannten Dichters. Deutsch vermutet, daß dieser Text von Schubert selbst stammt, beweisbar ist diese Hypothese allerdings nicht. Das Lied beginnt mit den Worten „Mein Leben wälzt sich murrend fort". – Schubert hat für die Niederschrift dieser Komposition Papier aus ganz verschiedener Zeit verwendet. Begonnen wurde auf der Rückseite des früher entstandenen Gesanges „Das Grab" D 569, für die Fortsetzung nahm er ein Blatt, auf dem er 1811 eine Fuge skizziert hatte.

"As a souvenir for H.[err] Stadler." Such was the dedication which Schubert inscribed on this Lied for a low voice, written in September, 1817 to a text by an unidentified poet. Deutsch suspects that the words are by Schubert himself, but there is no proof of this. The poem begins with the words: „Mein Leben wälzt sich murrend fort" – "My life grinds on complaining." – When he copied out this work Schubert used sheets of paper dating from different stages in his life. He began on the reverse side of the earlier vocal piece *Das Grab*, D 569, and he continued on a sheet on which he had sketched out a fugue in 1811.

Franz v. Schober, An die Musik. Eigene Handschrift.

Franz von Schober, 'An die Musik'. Autograph.

Schobers Text, den Schubert 1817 in zwei Versionen vertont hat (D 547), fehlt in der gedruckten Ausgabe der Gedichte Schobers. Er ist lediglich in einer umfangreichen Gedichtsammlung enthalten, die der Autor nach Schuberts Tod aus eigenen Werken zusammengestellt hat. – Von Schuberts Komposition sind vier Niederschriften bekannt. Die zweite Version erschien 1827 bei Thaddäus Weigl als op. 88/4, wo u. a. auch „An den Mond" D 193, das „Divertissement (à la française)" für Klavier zu vier Händen D 823, oder die sogenannten „Vier Refrain-Lieder" nach Texten von Seidl D 866, herausgegeben wurden.

Schober's text, which Schubert set in two versions (D 547) in 1817, is not available in the printed edition of Schober's poetic works. It is only included in one of the anthologies which the author compiled from his own works after Schubert's death. – Four drafts of Schubert's composition are known, as he entered the Lied twice in albums. The work (second setting) was published in 1827 as opus 88/4 by Thaddäus Weigl, who also printed *An den Mond*, D 193, the *Divertissement (à la française)* for piano duet, D 823 or the so-called four *Refrain-Lieder* on texts by Johann Gabriel Seidl.

GRUPPE AUS DEM TARTARUS

von

FR. SCHILLER

SCHLUMMERLIED

von

MAYERHOFER

Zwey Gedichte in Musik gesetzt für eine Singstime mit

Pianofortebegleitung

von

FRANZ SCHUBERT

24.^s Werk.

Eigenthum der Verleger.

WIEN

Sauer & Leidesdorf, Kärnthnerstraße, N.º 941.

Schubert: Gruppe aus dem Tartarus . . . Schlummerlied, Lieder D 583 und D 527. – Erstdruck, Sauer & Leidesdorf, Wien 1823.

Dreimal komponierte Schubert jenes Gedicht von Schiller. Zuerst verfaßte er im Mai 1813 nach einem Ausschnitt aus der Dichtung einen Kanon für 2 Tenöre und Baß (D 65, gemeinsam mit den Schillerliedern D 60 bis D 64), im März 1816 folgte ein weiterer Entwurf D 396, der aber Fragment blieb, und im September 1817 komponierte Schubert dann die endgültige Version des Liedes D 583, welche 1823 als op. 24/1 im Druck erschien. „Gruppe aus dem Tartarus" wurde mehrfach in den Abendunterhaltungen der Gesellschaft der Musikfreunde vorgetragen. Schon 1821 und 1822 sind Aufführungen durch den Bassisten Joseph Preisinger nachweisbar. – Nach Schuberts Tod galt D 583 als eine der besten und ergreifendsten Kompositionen; Johannes Brahms hat das Werk instrumentiert. – Die zweite in diesem Druck veröffentlichte Komposition ist „Schlaflied", genannt „Schlummerlied", nach einem Text von Mayrhofer, und wurde 1817 komponiert.

Schubert: 'Gruppe aus dem Tartarus' – 'Schlummerlied', Lieder, D 583 and D 527. First edition, Sauer & Leidesdorf, Vienna, 1823.

Schubert composed three settings of this Schiller poem: in 1813 he used a section of the text in a canon for two tenors and bass (D 65, together with the Schiller-settings D 60 to D 64); in March, 1816 he made a sketch, D 396, but this remained unfinished; and finally, in September of the year 1817, he composed his last version, D 583, which was published in 1823 as opus 24/1. *Gruppe aus dem Tartarus* was heard a number of times in the "Evening Entertainments" of the 'Gesellschaft der Musikfreunde'. There is evidence of performances by the bass Joseph Preisinger as early as 1821 and 1822. – After Schubert's death D 583 was generally considered one of his best and most moving compositions – no lesser a personage than Johannes Brahms orchestrated it. – The second work printed in this edition is *Schlaflied* otherwise known as *Schlummerlied* – a setting of a poem by Mayrhofer, composed in 1817.

Carl Freiherr v. Schönstein. Lithographie von Joseph Kriehuber (Historisches Museum).

Ein begabter Liedersänger, wenn auch nur Amateur, war Carl Freiherr v. Schönstein, seit 1816 Praktikant in der Hofkammer in Wien. Schubert wurde mit ihm 1818 bekannt. Schönstein begleitete ihn sowohl 1818 als auch 1824 nach Zeliz zum Sommeraufenthalt bei der Gräflichen Familie Esterházy. Im Gegensatz zu Vogl sang Schönstein vornehmlich bei Abendunterhaltungen vor Mitgliedern des Adels und in privatem Kreis, wie beispielsweise bei den Musikabenden der Familie Kiesewetter. Schubert bevorzugte seine ,,edel klingende Tenorbaritonstimme" sowie seine ,,hinreichende Gesangsbildung, ästhetische und wissenschaftliche Bildung" und sein ,,feines, lebhaftes Gefühl" (Erinnerungen, S.136). – Schönstein sind die *Müllerlieder* D 795 – aus diesem Zyklus wurden *Ungeduld, Morgengruß* und *Des Müllers Blumen* eigens für ihn umgeschrieben – und *Gebet* D 815 gewidmet. Für seine Stimmlage hat Schubert auch *Rastlose Liebe* D 138 transponiert; die Reinschrift von *Der zürnenden Diana* D 707 wurde gleichfalls für den Sänger angefertigt.

Carl Freiherr von Schönstein. Lithograph by Joseph Kriehuber (Historisches Museum).

Carl Freiherr von Schönstein was a talented singer of Lieder, although only an amateur, and from 1816 assistant clerk in the Hofkammer at Vienna. Schubert became acquainted with him in 1818. Schönstein accompanied him to his summer abode with Count Esterházy and his family in 1818 and 1824. Schönstein – as opposed to Vogl – usually sang at evening entertainments held among the nobility and in private circles – such as the musical evenings arranged by the Kiesewetter family. Schubert preferred his "noble-sounding tenor-baritone" as well as his "adequate vocal training and his aesthetic and knowledgeable education" and his "sensitivity and vivacity" (Erinnerungen, p.136). – *Gebet*, D 815 and the *Müllerlieder*, D 795 (*Ungeduld, Morgengruß* and *Des Müllers Blumen* being rewritten just for him) are dedicated to Schönstein. Schubert transposed *Rastlose Liebe*, D 138 for his range; the fair copy of *Der zürnenden Diana*, D 707 was also written for this singer.

Schubert: Atys, Lied D 585. Eigene Handschrift.

Schubert: 'Atys', Lied, D 585. Autograph.

Schubert hat fast 50 Gedichte seines Freundes Johann Mayrhofer vertont. Mayrhofer, der zwischen 1818 und 1820 mit Schubert die Wohnung teilte, erinnerte sich später gerne der gemeinsam verbrachten Zeit: ,,Ich dichtete, er komponierte, was ich dichtete und wovon vieles seinen Melodien Entstehung, Fortbildung und Verbreitung verdankt." (Erinnerungen, S. 18) An anderer Stelle sagt der Dichter: ,,Mir war und blieb Schubert ein Genius, der mich mit angemessenen Melodien durch's Leben bewegt, und ruhig, räthselhaft und wechselnd, verworren und leicht, wie es ist, treulich geleitet hat" (Erinnerungen, S. 20). – ,,Atys" entstand im Herbst 1817, gemeinsam mit dem Lied ,,Elysium" nach Schiller D 584, und mit Mayrhofers ,,Erlafsee" D 586.

Schubert set to music some fifty poems by his friend Johann Mayrhofer, who shared a flat with the composer between 1818 and 1820. Looking back on the time they spent together, Mayrhofer later recalled: "I wrote poetry, while he set to music what I had written; much of my work owes its existence, its development and its circulation to his melodies" (Erinnerungen, p. 18). Elsewhere the poet writes: "For me Schubert was and still is a genial spirit who has accompanied me through life with his melodies for every time and place and has loyally guided me, calm, enigmatic and ever-changing, diffused and delicate like life itself" (Erinnerungen, p. 20). – *Atys* was written in the autumn of 1817, at the same time as the Lied *Elysium,* D 584 (to a text by Schiller), and the Mayrhofer setting *Erlafsee,* D 586.

Schubert: Am Erlaf=See, Lied D 586. – Illustrierter Erstdruck (Mahlerisches Taschenbuch, Wien 1818).

Schubert: 'Am Erlaf-See', Lied, D 586. First edition, with an illustration ('Mahlerisches Taschenbuch', Vienna 1818).

Die erste Komposition Schuberts, die auch im Druck veröffentlicht wurde, erschien im 6. Jahrgang des Almanachs „Mahlerisches Taschenbuch für Freunde interessanter Gegenden Natur- und Kunst Merkwürdigkeiten der österreichischen Monarchie" am 6. Februar 1818. Schuberts Lied „Erlafsee" (auch „Am Erlaf=See") nach einem Text von Johann Mayrhofer ist als Notenbeilage diesem Taschenbuch angeschlossen, welches noch gesondert den Text (mit der Titelbezeichnung „Der Erlaphsee") und eine Abbildung (Kupferstich) des Sees umfaßt. – Schuberts Komposition ist in diesem Druck weder datiert noch mit einer Opuszahl versehen. Das Lied wurde im September 1817 geschrieben und später auch bei Cappi & Diabelli als op. 8/3 wiederveröffentlicht. – Schubert hatte schon nahezu 350 Lieder geschrieben, als D 586 im Druck erschien. – Der Almanach enthält auch das Gedicht Mayrhofers „Auf der Donau", das Schubert ebenfalls vertont hat (D 553). Eine Anzeige zu dem Taschenbuch in der Wiener Zeitung vom 24. Jänner 1818 hebt diese beiden Gedichte besonders hervor und spricht hinsichtlich der Vertonung durch Schubert von einer „ebenso genialen als lieblichen Musik" (Dokumente, S. 57). Diese Zeitungsnotiz war die erste Anzeige eines Schubertschen Werkes.

Schubert's first composition to be published appeared in the 6th annual edition of the almanach 'Mahlerisches Taschenbuch für Freunde interessanter Gegenden, Natur- und Kunst Merkwürdigkeiten der österreichischen Monarchie' on 6th February, 1818. Schubert's song *Erlafsee* (also known as *Am Erlafsee*) from a text by Johann Mayrhofer appeared as a musical supplement to this notebook, which also includes the text *(Der Erlafsee)* and a picture (copper engraving) of the lake (in Lower Austria). In this edition Schubert's composition has neither date nor opus number. The song was written in September 1817 and later published again as opus 8/3 by Cappi & Diabelli. – Schubert had written nearly 350 Lieder when D 586 appeared in print. – The almanach also contains Mayrhofer's poem *Auf der Donau*, which Schubert likewise set to music (D 553). An announcement of the 'Taschenbuch' in the 'Wiener Zeitung' of 24th January, 1818 calls particular attention to these two poems and, referring to Schubert's setting, speaks of music "that is as ingenious as it is lovely" (A documentary biography, p. 85). This newspaper article was the first announcement of a composition by Schubert.

Schubert: *Sonett III, Lied D 630. Eigene Handschrift.*

Schubert: 'Sonett III', Lied, D 630. Autograph.

Im Spätherbst 1818 verfaßte Schubert drei Kompositionen nach Sonetten Petrarcas in der Übertragung von August Wilhelm v. Schlegel. Schubert nannte das dritte wohl irrtümlich „Sonett. Dante." – Die von Deutsch angeführte Reihenfolge dieser Sonette ist nicht zutreffend, sie entstanden vielmehr in folgender Abfolge: Sonett II D 629, Sonett I D 628, und mit zeitlichem Abstand Sonett III D 630. – Texte von August Wilhelm v. Schlegel vertonte Schubert in den folgenden Jahren noch mehrfach. Häufiger aber beschäftigte er sich mit Gedichten Friedrich v. Schlegels, von dem er 14 Werke (darunter „Abendröte" D 690, „Die Rose" D 745, oder „Fülle der Liebe" D 854) vertont hat.

In the late summer of 1818 Schubert composed three Lieder based on sonnets by Petrarch in the German translation by August Wilhelm von Schlegel. Schubert's title of the third – *Sonett. Dante* – is clearly erroneous. – The order in which Deutsch placed these works is inaccurate; the correct dating is as follows: *Sonett II,* D 629; *Sonett I,* D 628; and some time later *Sonett III,* D 630. – In subsequent years Schubert had frequent recourse to texts by August Wilhelm von Schlegel. But more numerous are his settings of poems by Friedrich von Schlegel: 14 in all (amongst them *Abendröte,* D 690; *Die Rose,* D 745; and *Fülle der Liebe,* D 854).

Schubert: *Der Jüngling am Bache, Lied dritte Version D 638. Eigene Handschrift.*

Schubert: *'Der Jüngling am Bache', Lied, third version, D 638. Autograph.*

Im Frühjahr 1819 griff Schubert abermals auf diesen Text Schillers zurück, den er schon 1812 (D 30) und 1815 (D 192) vertont hatte. D 638 besteht wiederum aus zwei tonartlich verschiedenen Fassungen der Komposition. – Waren 1818 vergleichsweise zu den vorhergegangenen Jahren nur wenige Lieder entstanden (z. B. „Einsamkeit" nach Mayrhofer D 620, oder Lieder nach Texten von Alois Schreiber), so komponierte Schubert 1819 wiederum eine größere Anzahl von Gesängen, für welche er die verschiedensten Dichter heranzog: „Hymne I–IV" von Novalis (D 659 bis 662), mehrere Lieder Mayrhofers oder „Prometheus" von Goethe (D 674). Erstmals schrieb er im März 1819 auch ein Lied nach einem Text von Franz Grillparzer, „Bertha's Lied in der Nacht" D 653.

In the spring of 1819 Schubert once again turned to this Schiller text which he had already set to music in 1812 (D 30) and in 1815 (D 192). D 638 in its turn comprises two versions in different keys. – Whereas 1818 had, by comparison with the preceding years, seen the composition of relatively few Lieder (amongst them *Einsamkeit,* D 620, to a Mayrhofer text, or settings of poems by Alois Schreiber), in 1819 Schubert produced a large quantity of vocal works, using texts by a wide variety of poets: *Hymne I–IV* (Novalis; D 659 to D 662), several Mayrhofer settings, or *Prometheus* (Goethe; D 674). In March, 1819 he also produced his first setting of a poem by Franz Grillparzer: *Berthas Lied in der Nacht,* D 653.

Schubert: *Widerschein, Lied D 639. – Erstdruck, (Taschenbuch zum geselligen Vergnügen, Leipzig 1821). (Wiener Schubertbund).*

Schubert: *'Widerschein', D 639. First edition ('Taschenbuch zum geselligen Vergnügen', music supplement, Leipzig, 1821) (Wiener Schubertbund).*

Die Veröffentlichung dieses Liedes im Almanach „Taschenbuch zum geselligen Vergnügen", der im Leipziger Verlag G. J. Göschen von Friedrich Kind herausgegeben wurde, war die erste Publikation eines Schubertschen Liedes außerhalb Wiens. Schubert hat das Gedicht „Widerschein" von Franz Xaver Schlechta v. Wssehrd erstmals um 1819 vertont (D 639), eine weitere Version des Liedes schrieb er im Mai 1828 (D 949).

The publication of this Lied in the almanach, brought out by the Leipzig firm G. S. Göschen and edited by Friedrich Kind, was the first publication of a Schubert Lied outside Vienna. Schubert wrote the first setting of the poem *Widerschein* by Franz Xaver Schlechta von Wssehrd in 1819 (D 639) and a second version in May, 1828 (D 949).

Schubert: Der Fluß, Lied D 693. Eigene Handschrift (Schluß des fragmentarischen Autographs).

Schubert: 'Der Fluß', Lied, D 693. Autograph – end of the fragment.

1820 war ein vielfältiges Jahr für Schuberts Vokalschaffen. Zwei Bühnenwerke, „Die Zwillingsbrüder" und „Die Zauberharfe", wurden öffentlich aufgeführt, Schubert arbeitete an der Kantate „Lazarus" D 689, an der großen As-Dur-Messe D 678, sowie an kleineren geistlichen Chorwerken, an der Fragment gebliebenen Oper „Sakuntala" D 701, und an mehreren Liedern (nach Texten von Mayrhofer, Schober, Schlegel, Novalis, Stadler, Schlechta u. a.). – „Der Fluss" D 693, ein Gedicht aus Friedrich v. Schlegels „Abendröte", dürfte im Mai 1820 entstanden sein.

1820 was an important year for many aspects of Schubert's vocal writing. Two of his stage-works, *Die Zwillingsbrüder* and *Die Zauberharfe* received public performances; and he was at work on the cantata *Lazarus,* D 689, on the great Mass in A flat, D 678, and some lesser religious choral works, on the opera *Sakuntala,* D 701, which remained a fragment, and on several songs (to texts by Mayrhofer, Schober, Schlegel, Novalis, Stadler, Schlechta and others). – *Der Fluß,* D 693, is a setting of a poem from Friedrich von Schlegel's *Abendröte*. It was probably composed in May, 1820.

179

Gedichte

von

Johann Mayrhofer.

Wien.
Bey Friedrich Volke.
1824.

Der zürnenden Diana.

Ja, spanne nur den Bogen mich zu tödten,
Du himmlisch Weib! im zornigen Erröthen
Noch reitzender. Ich werd' es nie bereuen:

Daß ich dich sah am buschigen Gestade
Die Nymphen überragen in dem Bade;
Der Schönheit Funken in die Wildniß streuen.

Den Sterbenden wird noch dein Bild erfreuen.
Er athmet reiner, athmet freyer,
Wem du gestrahlet ohne Schleyer.

Dein Pfeil, er traf — doch linde rinnen
Die warmen Wellen aus der Wunde:
Noch zittert vor den matten Sinnen
Des Schauens süße letzte Stunde.

Johann Mayrhofer: Gedichte (Aufgeschlagen: Der zürnenden Diana), Wien 1824.

Mayrhofer muß bereits 1824 bekannt gewesen und häufig gelesen worden sein. Aus der diesem Gedichtband beigeschlossenen Subskribentenliste, die 98 Personen umfaßt, ist es möglich, den Freundeskreis und die „Anhänger" des jungen Dichters kennenzulernen. Diese Liste ist aber auch hinsichtlich Schuberts von Interesse, da sie einen Einblick in den Umkreis Schuberts um 1824 gewährt. – Schubert hatte das Gedicht schon 1820 in zwei Versionen vertont (D 707). Es erschien 1825 bei Cappi & Co. mit dem nicht korrekten Titel „Die zürnende Diana", welcher auch im Manuskript des Liedes steht.

Johann Mayrhofer: Poems (title page and poem 'Der zürnenden Diana'), Vienna, 1824.

Mayrhofer must have been well-known in 1824 and frequently read. From the list of 98 subscribers included in the volume, it is possible to learn the young poet's friends and admirers. This list is also of interest as regards Schubert, because it throws light on Schubert's circle of friends in 1824. Schubert had already set the poem in two versions in 1820 (D 707). It was published in 1825 by Cappi & Co. with the same in correct title as the manuscript: *'Die zürnende Diana'*.

Schubert: Lob der Thränen, Lied D 711. Eigene Handschrift. *Schubert: 'Lob der Thränen', Lied, D 711. Autograph.*

Schon Deutsch legte sich bei der Datierung dieses 1822 bei Cappi & Diabelli als op. 13/2 erschienenen Liedes (Text von August Wilhelm v. Schlegel) nicht fest und vermutete das Jahr 1821 als Entstehungsdatum. Aufgrund neuerer Untersuchungen kann man diese Komposition aber bereits mit dem Frühjahr 1818 ansetzen. – Im Autograph findet sich weiters ein Vermerk Schuberts, der folgenden Wortlaut hat: ,,Spaun! Vergesse nicht auf Gahy und Rondeau." Mit dieser Aufforderung war wohl Joseph v. Spaun gemeint, der offensichtlich mit Joseph Gahy und dem Rondo D 608 zum Vierhändigspielen [?] kommen sollte.

Deutsch hesitated to date this Lied – a setting of a text by August Wilhelm von Schlegel, which was published in 1822 by Cappi & Diabelli as opus 13/2 – and tentatively suggested the year 1821. Recent research has, however, established the date of composition as much earlier: the spring of 1818. – On the manuscript there appears a note by Schubert: "Spaun! Don't forget Gahy and rondeau." This is clearly a reference to Joseph von Spaun, who must have arranged to come with Joseph Gahy, bringing with them the rondo D 608, to play piano duets [?].

Schubert: Suleika's IIter Gesang, Lied D 717. – Erstdruck, A. Pennauer, Wien 1825.

Schubert: 'Suleikas IIer Gesang', Lied, D 717. First edition, A. Pennauer, Vienna, 1825.

Beide Suleika-Gedichte, sie stammen von Marianne von Willemer und wurden von Goethe in seinen ,,West-östlichen Divan" aufgenommen, hat Schubert um das Jahr 1821 vertont: ,,Suleika II" D 717, und ,,Suleika I" D 720, welches 1822 bei Cappi & Diabelli als op. 14/1 erschien. Im Verlag Anton Pennauer publizierte Schubert neun Opera, darunter die Schiller-Lieder D 636 – D 638.

Schubert composed his settings of the two Suleika poems – they were written by Marianne von Willemer and incorporated by Goethe into his West-östlicher Divan – in or around the year 1821: Suleika II, D 717, and Suleika I, D 720. The latter piece was published in 1822 by Cappi & Diabelli as opus 14/1. The publisher Anton Pennauer printed nine opus numbers by Schubert, amongst them the Schiller-Lieder, D 636 to D 638.

Anna Mildner, eigenhändiger Brief an Schubert (mit einer Nachschrift von Schuberts Vater), Berlin 28. Juni 1825.

Anna Milder, Autograph letter to Schubert (with a postscript by Schubert's father), Berlin, 28th June, 1825.

„Geehrtester Herr Schubert! ich kann nicht unterlaßen Ihnen von einer Musikalischen Abendunterhaltung Nachricht zu geben, die den 9ⁿ dM: statt gefunden hat; ich habe doch die Suleika vor dem Publikum gesungen, und zwar bin ich dazu aufgefordert worden wie Sie sehen. Der Erlkönig und die Suleika haben unendlich gefallen, und zu meiner großen Freude kann ich Ihnen diese Zeitung schicken; ich wünsche und hoffe, daß sie Ihnen ebenfalls die Freude verursachen mögen. Man wünscht daß die Su.[leika] bald zu haben wäre, und sie wird vermutlich schon erschienen sein . . ." (Dokumente, S. 291). – Pauline Anna Milder, der „Suleika II" D 717 gewidmet ist und die einige Male mit dem Komponisten korrespondiert hat, übersandte Schubert Zeitungsausschnitte aus der Berlinischen Zeitung vom 9. und 11. Juni, die sehr positiv über die beiden genannten Lieder berichteten. Die Sängerin bestellte später auch „Der Hirt auf dem Felsen" D 965 bei Schubert (vgl. Kat.-Nr. 204). – Der Brief umfaßt auf der letzten Seite eine Nachschrift von Schuberts Vater (nicht bei Deutsch), der diesen Brief der Sängerin seinem Sohn nachschickte, ihm Grüße übermittelte und seiner Verwunderung darüber Ausdruck gab, daß Franz ‚nichts von sich hören lasse' (Schubert befand sich in Oberösterreich).

"Most honoured Herr Schubert! I cannot neglect giving news of my musical evening entertainment, which took place on the 9th inst., for I sang the 'Suleika' in public after all, and in fact I was requested to do so, as you see. The 'Erlkönig' and 'Suleika' pleased infinitely, and it gives me much pleasure to be able to send you this newspaper, which I wish and hope will give you joy also. There is a desire for 'Suleika' to be obtainable soon, and I presume that it has already appeared" (A documentary biography, p. 423). – Pauline Anna Milder, to whom *Suleika II*, D 717, is dedicated and who corresponded with Schubert on various occasions, sent him cuttings from the 'Berlinische Zeitung' dated 9th and 11th June, in which the two Lieder referred to are most favourably commented upon. The singer was later to commission from Schubert *Der Hirt auf dem Felsen*, D 965 (see Cat. No. 204). – The last page of the letter includes a postscript from Schubert's father (not referred to by Deutsch), who was sending this letter on to his son – Schubert was in Upper Austria at the time – adding his own regards and expressing his indignation at "hearing no news" from Franz.

Schubert: *Wanderers Nachtlied, Lied D 768. – Erstdruck (Beilage zur Wiener Zeitschrift für Kunst, Literatur, Theater und Mode, 1827).*

Dieses Goethe-Gedicht mit der Anfangszeile „Über allen Gipfeln ist Ruh"", welches „Wanderers Nachtlied II" genannt wird, entstand 1823. Auch „Wanderers Nachtlied I", „Der du von dem Himmel bist", hatte Schubert bereits vertont, allerdings wesentlich früher, im Juli 1815 (D 224). D 768 wurde, wie rund zehn weitere Kompositionen, erstmals in der Wiener Zeitschrift für Kunst, Literatur, Theater und Mode am 23. Juni 1827 als Beilage veröffentlicht, es erhielt erst später (1828) die Opuszahl 96/3 und wurde im Lithographischen Institut in Wien, publiziert, in welchem Franz v. Schober zeitweise beschäftigt war.

Schubert: *'Wanderers Nachtlied', Lied, D 768. First edition, published as a supplement of the Viennese 'Zeitschrift für Kunst, Literatur, Theater und Mode', 1827.*

This Goethe-setting – the poem is also known as *Wanderers Nachtlied II*; it has the first line: *Über allen Gipfeln ist Ruh'* – dates from 1823. Schubert had already set the companion-piece – *Wanderers Nachtlied I* (with the opening line: *Der du vom Himmel bist*) – to music, though considerably earlier, in July, 1815, D 224). Like others of Schubert's compositions, D 768 was first published as a supplement in the Viennese 'Zeitschrift für Kunst, Literatur, Theater und Mode' on 23rd June, 1827. Only later, in 1828, was it assigned the opus number 96/3 and published by the 'Lithographisches Institut', Vienna, where Franz von Schober was temporarily employed.

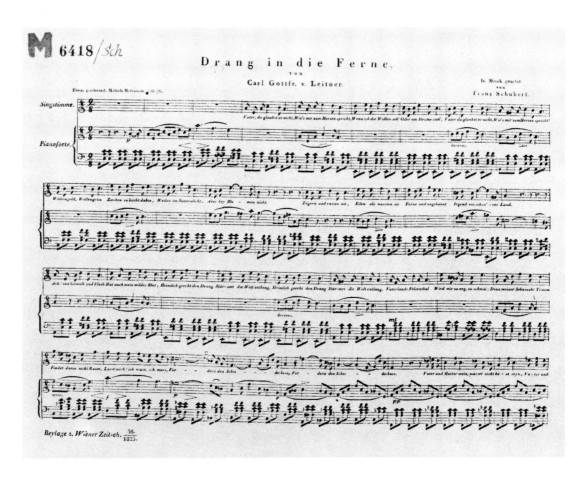

Schubert: Drang in die Ferne, Lied D 770. – Erstdruck (Beilage zur Wiener Zeitschrift für Kunst, Literatur, Theater und Mode, 1823).

Schubert: 'Drang in die Ferne', Lied, D 770. First edition. Supplement to the 'Wiener Zeitschrift für Kunst, Literatur, Theater und Mode', 1823.

„Als Laie in der Tonkunst bin ich nicht berufen, über den musikalischen Werth dieser Werke ein Urtheil zu fällen [der Autor spricht über die Vertonungen seiner Gedichte durch Schubert, insbesondere über „Drang in der Ferne"], aber abgesehen von dem Namen ihres gefeierten Autors, glaube ich schon darin eine Bürgschaft für ihre Vortrefflichkeit zu finden, daß ich bei dem jedesmaligen Anhören der Produktion dieser Tondichtungen ganz in jene Seelenstimmung versetzt werde, in welcher ich mich befand, als ich die Worte des Textes niederschrieb" (Aus einem Brief vom 24. Dezember 1881 von Karl Gottfried v. Leitner an Heinrich Schubert, Original in Privatbesitz). – Die Notenbeilage erschien am 25. März 1823, später (1827) wurde das Lied, welches um 1823 geschrieben worden ist, bei Diabelli als op. 71 wiederveröffentlicht.

"As a layman in matters of music I hardly feel qualified to pass judgement on the musical value of these works [the writer is referring to Schubert's settings of his poems – and in particular to *Drang in die Ferne*], but quite apart from the name of their celebrated composer I believe that their excellence is vouched for by the fact that, every time I listen to these songs being performed, I am transported into exactly that frame of mind in which I found myself when I wrote the words of the text." (From a letter, dated 24th December, 1881, by Karl Gottfried von Leitner to Heinrich Schubert. The original is privately owned.) – The musical supplement appeared on 25th March, 1823. Later, in 1827, the Lied, which had been composed in or around the year 1823, was reprinted by Diabelli as opus 71.

Wiener Zeitschrift
für
Kunst, Literatur, Theater
und
Mode.

Sonnabend, den 23. März 1822.

36

Von diesen Blättern erscheinen wöchentlich drey Nummern Text und ein colorirtes Modenbild, welche hier gegen Vorauszahlung zusammen viertelj. um 15 fl., halbj. um 30 fl. und ganzjährig um 60 fl. W.W. dann ohne Kupfer viertelj. um 7 fl., halbj. um 14 fl. und ganzjährig um 28 fl. W.W. bey J. Strauß (Bureau des österreichischen Beobachters) in der Dorotheergasse Nr. 1108; für Auswärtige aber durch die k.k. Postämter um 33 fl. haben und 66 fl. W.W. ganzjährig zu haben sind. Durch die Buchhandlung Carl Gerold in Wien wird diese Zeitschrift in Monatsheften mit und ohne Kupfer für das Inn und Ausland versendet.

Blick auf Schubert's Lieder.

Von Friederich von Hentl.

Indem ich es unternehme, die Schubert'schen Lieder zu beleuchten, geht meine Absicht vorzüglich dahin, den Geist, der das Ganze vereint, die Poesie, die es belebt, und den Organismus, der ihm den lebendigen Ausdruck gibt, herauszuheben. Andere werden den theoretischen Theil dieses Werks beurtheilen und darthun, in wie fern darin dem Technischen der Kunst, wo kein Mißgriff geduldet werden kann, weil die bestimmte Regel jede Willkühr ausschließt, Genüge geleistet ist. Schubert's Lieder erheben sich durch immer unbestrittene Vorzüge zu dem Range genialer Meisterwerke, die dazu geeignet sind, dem gesunkenen Geschmack wieder aufzuhelfen; denn nie hat die wahre Kraft des Genies ihre Wirkung auf die Gemüther verfehlt. Möge der Funke des Göttlichen noch so tief unter der Asche verborgen glimmen, die von dem Altare niederbrennt, worauf wir dem Götzen der Sinnlichkeit opfern, er wird auflodern zur hellsten Flamme der Begeisterung, wenn ihn der Hauch des Genies anfacht, den wir nicht beschreiben, nur tief empfinden können.

In dem genialsten Werke unsers Componisten, dem Erlkönige, ist es nicht sowohl der melodische Ausdruck, weniger die Aufeinanderfolge der Töne im Gesange, was dem Ganzen den organischen Zusammenhang gibt, als vielmehr der harmonische Ausdruck, der Ton, den die Begleitung dem Werke mittheilt. Diese ist hier die Grundlage, auf welche das Tongemälde aufgetragen ist, und zwar ganz entsprechend dem Texte, wo Nacht und Sturm und der reitende Vater mit seinem Kinde den Hintergrund bilden. Mit tief eingreifender Wahrheit charakterisirt der melodische Ausdruck das Innere der Handlung, die abwechselnden Gefühle des Vaters, des Kindes und des Erlkönigs, während das Äußere der Handlung, nämlich der Galopp des Pferdes und das Dazwischenbrausen des Sturmes, in den zweckmäßigsten Formen der Begleitung ausgedrückt ist. Diese Behandlung war hier die einzig wahre, indem der gehaltene Romanzenton des Gedichtes auch einen gleichförmig ge-

---

„Blick auf Schubert's Lieder." Von Friedrich von Hentl. (Wiener Zeitschrift für Kunst, Literatur, Theater und Mode, 23. März 1822).

Friedrich v. Hentl, der Schubert persönlich kannte, verfaßte mit diesem Aufsatz, der einen Umfang von vier Druckseiten hat, die erste ausführliche Besprechung Schubertscher Kompositionen. Der Beitrag widmet sich den ersten Opera, er wird bei Deutsch (Dokumente, S. 150 ff.) vollständig zitiert und schließt mit den Worten: „Jedermann wird in seinen Werken auf den ersten Blick den Charakter des Genies und des denkenden Künstlers entdekken, und wenn das gebildete Gemüth im Innersten ergriffen, ausspricht, daß hier vollendet wahr und schön in Tönen ausgedrückt ist, was ebenso gedichtet ward, so ist es besser, den krittelnden Verstand zu bescheiden, wenn dieser ja die Frage aufwerfen sollte, ob denn das wohl die rechte Manier sey, ob es nicht noch eine andere geben könne, ob dieser oder jener Meister so vorgegangen sey oder nicht? Jedes Genie trägt seinen Maßstab in sich selbst, und wird von einem Gefühle begeistert, welches das tiefste, innerste Bewußtseyn, die höchste Weisheit und die einzige wahre Erkenntnißquelle in Werken der schönen und erhabenen Kunst in sich schließt."

"Blick auf Schuberts Lieder." By Friedrich von Hentl ('Wiener Zeitschrift für Kunst, Literatur, Theater und Mode', 23rd March, 1822).

In this essay, which covers four sides of print, Friedrich von Hentel, who knew Schubert personally, goes into the first detailed discussion of Schubert's compositions. The article deals with the first opus numbers. It is quoted in full by Deutsch (A documentary biography, p. 214–218) and ends with the words: "His works will reveal to every one at a first glance the marks of genius and of a thinking artist, and if the cultivated mind, deeply touched, declares that here music expresses in perfect truth and beauty what has been said in the same way in poetry, it will be better to snub niggling reasoning, should it wish to put the question whether this is really the proper manner of doing it, whether there might not be another, and whether this or that master had proceeded in the same way or not. Each genius bears his own measure within himself and is inspired by feelings which pour the deepest inner consciousness, the highest wisdom and the only true sources of perception into works of great and noble art."

Schubert: Greisen=Gesang, Lied D 778. Eigene Handschrift.

Schubert: 'Greisen=Gesang', Lied, D 778. Autograph.

1822/23 schrieb Schubert fünf Lieder nach Texten von Friedrich Rückert. Zu diesen Werken zählen u. a. „Sei mir gegrüßt!" D 741, dessen Thema im letzten Satz der Fantasie für Violine und Klavier D 934, wiederkehrt, und die Lieder D 775 bis D 778, darunter „Du bist die Ruh" D 776. – Das Manuskript zu „Greisen=Gesang" (auch „Vom künftigen Alter" genannt) ist eine Reinschrift Schuberts aus dem Sommer 1822, und gehört zu einem Konvolut, das weiters auch die Lieder „Der Wanderer" D 649 (Friedrich v. Schlegel) und „Du liebst mich nicht" D 756 (August Graf Platen-Hallermünde) umfaßt. In einem Brief an Schober schreibt Anton v. Spaun am 4. Juni 1823 aus Linz: „Wir haben neulich mehrere Schubertische Lieder von Vogl in Florian [St. Florian, Oberösterreich] singen hören, unter anderm den Zwerg [D 771], Gesang des Greisen, Nacht und Träume [D 827] etc., welche wahrhaft göttliche Lieder sind" (Dokumente, S. 193 f.).

In the years 1822/23 Schubert composed five settings of poems by Friedrich Rückert. Amongst these are *Sei mir gegrüßt!* D 741, whose theme recurs in the last movement of the fantasia for violin and piano, D 934; and the Lieder, D 775 to D 778, which include *Du bist die Ruh*, D 776. – The manuscript of *Greisen-Gesang* (also entitled *Vom künftigen Alter*) is a final copy in Schubert's hand dating from the summer of 1822 and also containing the Lieder *Der Wanderer*, D 649 (text: Friedrich von Schlegel) and *Du liebst mich nicht*, D 756 (text: August Graf Platen-Hallermünde). In a letter to Schober written from Linz and dated 4th June, 1823 Anton von Spaun writes: "We have recently heard Vogl sing several Schubert songs at St. Florian [Upper Austria], among others 'Der Zwerg' [D 771], 'Gesang des Greisen', 'Nacht und Träume' [D 827] etc., which are truly divine songs."

Schubert, eigenhändiger Brief an Cappi & Diabelli. Wien 10. April 1823.

Schubert, Autograph letter to Cappi & Diabelli, Vienna, 10th April, 1823.

Schuberts außergewöhnlich scharfer Brief hatte seine Ursache darin, daß er sich vom Verlag hinsichtlich der Abrechnung und der Lieferung von Belegexemplaren der ersten Opera hintergangen fühlte. „Haben mich durch Ihr Schreiben wirklich überrascht, indem ich nach dem eigenen Ausspruch des H. v. Cappi die Rechnung gänzlich abgeschlossen wähnte. Da ich zwar schon durch das frühere Verfahren bey Herausgabe der Walzer nicht die aller redlichste Absicht meiner Verleger bemerkte, so konnte ich mir dieses zweyte Benehmen auch erklären, woraus Sie sich, meine Herren, wieder sehr natürlich erklären können werden, warum ich mit einem andern Kunsthändler [Sauer & Leidesdorf] in ein dauerndes Verhältniß getreten bin" (Dokumente, S. 188; vgl. auch Kat.-Nr. 60).

The reason for Schubert's unusually harsh letter was that he considered himself cheated by the publisher as regards the discount and delivery of author's copies of his first works. "Your letter was a surprise indeed, since according to Herr von Cappi's own statement the account appeared to me to be settled altogether. Having by no means discovered the most honest intentions in my publisher's earlier transactions on the occasion of the issue of the waltz, I was well able to understand this second procedure, from which, gentlemen, you will easily explain to yourselves my reasons for entering into a permanent arrangement with another art dealer [Sauer & Leidesdorf]" (A documentary biography, p. 272 f.; see Cat. No. 60).

Schubert: Die schöne Müllerin, ein Cyclus von Liedern D 795. – Erstdruck, Sauer & Leidesdorf, Wien 1824 (Erstes Heft).

Schubert: 'Die schöne Müllerin', Lieder-cycle, D 795. First edition, Sauer & Leidesdorf, Vienna, 1824 (Volume I).

Den ersten großen Liederzyklus, „Die schöne Müllerin", auch „Müllerlieder" genannt, komponierte Schubert innerhalb der Monate Mai bis Dezember 1823. Als Textvorlage diente die 1821 erschienene Sammlung „Gedichte aus den hinterlassenen Papieren eines reisenden Waldhornisten" von Wilhelm Müller, die auch auszugsweise von anderen Komponisten vertont worden ist. Müller, der zu dieser Zeit in Dessau lebte und schon 1827 starb, hat wahrscheinlich nie von Schuberts Vertonung seiner Gedichte erfahren. Schubert schrieb die „Müllerlieder" zum Teil im Wiener Allgemeinen Krankenhaus, wo er sich wegen seines angegriffenen Gesundheitszustandes 1823 zeitweilig aufhalten mußte. Der Verlag Sauer & Leidesdorf nahm sich sofort nach der Fertigstellung des Zyklus an und veröffentlichte diesen in fünf Heften in der Zeit von Februar bis August 1824 mit einer Widmung an den Sänger Karl Freiherr v. Schönstein als op. 25. Die Gesänge wurden rasch bekannt, eine geschlossene öffentliche Aufführung aller 20 Lieder ist bis 1828 allerdings nicht nachweisbar. – Noch zu Schuberts Lebzeiten erschien eine Ausgabe mit Gitarre-Begleitung, eine Praxis, die kurz nach dem Erscheinen der Originalausgaben mit Klavier bei vielen gedruckten Liedern Schuberts von den Verlagen geübt wurde. Weiters wurde 1829 bei Diabelli eine Ausgabe Vogls veröffentlicht, die Verzierungen, ja sogar Takteinschübe enthält. Es ist anzunehmen, daß Vogl diese mit Wissen Schuberts verfaßte.

Schubert's first great Lieder-cycle, *Die schöne Müllerin* – also known as the *Müllerlieder* – was composed between May and December, 1823. He took the text from the collection, published in 1821, "Poems from the Posthumous Papers of a Travelling Horn-Player" by Wilhelm Müller, selections of which were also set to music by other composers. Müller, who was living in Dessau at the time and who died in 1827, probably never knew of Schubert's settings of his poems. Schubert composed part of the *Müllerlieder* in the Vienna General Hospital, where his bad state of health forced him to undergo treatment for a time in 1823. The publishing-house Sauer & Leidesdorf showed an immediate interest in the cycle as soon as it was completed and published it as opus 25 in five volumes between February and August, 1824, with a dedication to the singer Karl Freiherr von Schönstein. The songs achieved rapid popularity, although there is no evidence to suggest that the complete cycle was performed publically prior to 1828. – While Schubert was still alive an edition was published with guitar accompaniment – as indeed many of his Lieder were printed in this form shortly after the appearance of the first edition with piano accompaniment. Moreover, in 1829 Diabelli brought out an edition of the cycle by Vogl which contains ornamentations and even some interpolations. It seems probable that Vogl produced this edition with Schubert's knowledge.

Wilhelm Müller. Photographie nach einer unbezeichneten Vorlage (Historisches Museum).

Wilhelm Müller stammte aus Dessau und war der Sohn eines Handwerkers. Er studierte in Berlin, beteiligte sich als Freiwilliger an den Freiheitskämpfen 1813/14, unternahm Reisen nach Griechenland, dem Orient und Italien, wo er sich längere Zeit in Rom aufhielt. 1819 wurde er als Lehrer der klassischen Sprachen und als Bibliothekar nach Dessau berufen. In sein Tagebuch schrieb er 1815 über sein Verhältnis zur Musik: „Ich kann weder spielen noch singen, und wenn ich dichte, so sing' ich doch und spiele auch. Wenn ich die Weisen von mir geben könnte, so würden meine Lieder besser gefallen als jetzt. Aber, getrost, es kann sich ja eine gleichgestimmte Seele finden, die die Weise aus den Worten heraushorcht und sie mir zurückgibt" (Dokumente, S. 227).

Wilhelm Müller. Photograph from an unsigned portrait (Historisches Museum).

Wilhelm Müller came from Dessau and was the son of a craftsman. Müller studied in Berlin, took part in the fight for freedom 1813/14 as a volunteer, travelled to Greece, the Orient and Italy, where he stayed for some time in Rome. In 1819 he was offered a post as teacher of classical languages and librarian in Dessau. In 1818 he writes in his diary of his relationship with music: "I can neither play nor sing, yet when I write verses I sing and play after all. If I could produce the tunes, my songs would please better than they do now. But courage! a kindred soul may be found who will hear the tunes behind the words and give them back to me" (A documentary biography, p. 328).

Ankündigung des Liederzyklus „Die schöne Müllerinn . . .“ 25stes Werk, erstes Heft sowie anderer bereits erschienener Kompositionen Schuberts in der Wiener Zeitung, 17. Februar 1824.

Die ersten Ankündigungen eines neuen Notendrucks in dem offiziellen Organ „Oesterreichisch Kaiserliche privilegierte Wiener-Zeitung“ gelten heute für die Musikwissenschaft als Erscheinungsdatum dieses Notendrucks. Das hier angeführte erste Heft des Liederzyklus „Die schöne Müllerin“ D 795 umfaßt allerdings nur die ersten vier Lieder. Heft 2 erschien am 24. März (Lieder Nr. 5 bis Nr. 9), die restlichen drei Hefte wurden am 24. August desselben Jahres angekündigt. Die weiters genannte „Première grande Sonate“ ist D 617, die als op. 30 schon am 30. Dezember 1823 erschienen war.

Bey **Sauer und Leidesdorf,**
Kärntnerstraße Nr. 941, ist neu erschienen:
Die schöne Müllerinn.
Ein Cyclus von Liedern, gedichtet von W. Müller.
Für eine Singstimme in Musik gesetzt mit Clavier-Begleitung
von Franz Schubert.
25stes Werk, erstes Heft. 2 fl. W. W.

Unserer Meinung getreu, daß jedes gelungene Werk die empfehlendste Lobrede in sich selbst trägt, enthalten wir uns bey diesen Liedern am liebsten aller emphatischen Anpreisung, und bemerken bloß, daß es dem rühmlich bekannten Tonsetzer in diesen Liedern in vorzüglich hohem Grade gelungen ist, die Neuheit seiner Melodien mit jener Faßlichkeit zu verbinden, wodurch ein musikalisches Kunstwerk sowohl den Kunstkenner, als auch den gebildeten Musikfreund gleich einnehmend anspricht.

Das zweyte Heft dieser Lieferung erscheint in 8 Tagen.
In Kurzem folgen diese Lieder mit Guitarre-Begleitung.

Première grande Sonate
pour Pianoforte à 4 mains,
par
François Schubert.
Oeuv. 30. 5 fl. W. W.

Ferners folgende Gesänge mit Pianoforte-Begleitung.
Schubert, Gruppe aus dem Tartarus und Schlummerlied, von Fr. Schiller. 24. Werk. 1 fl. 30 kr. W. W.
— — Die Liebe hat gelogen. Selige Welt. Schwanengesang. Schatzgräbers Begehr. 23. Werk. 1 fl. 30 kr.
— — Der Zwerg und Wehmuth. 22. Werk. 1 fl. 30 kr.
— — Auf der Donau. Der Schiffer. Wie Ulfru fischt. 21. Werk. 1 fl. 30 kr.
— — Sey mir gegrüßt. Frühlingsglaube. Hänflings Liebeswerbung. 20. Werk. 1 fl. 30 kr.
— — Dieselben für Guitarre-Begleitung. 1 fl. 15 kr.

Announcement of the Lieder cycle 'Die schöne Müllerin, Heft 1' as well as other compositions by Schubert which had already appeared, 'Wiener Zeitung', 17th February, 1824.

The first announcement of new printed music in the official publication 'Oesterreichisch Kaiserliche privilegierte Wiener-Zeitung' is nowadays considered by musicologists as the date of publication of such music. The here-mentioned first volume of the Lieder-cycle *Die schöne Müllerin*, D 795 contains only the first four Lieder, however. Volume 2 appeared on 24th March (Lieder numbers 5 to 9). The final three volumes were announced on 24th August of the same year. The *Première grande Sonate* also mentioned in the announcement is D 617, and had already appeared on 30th December, 1823, as opus 30.

191

Gitarre, angeblich aus dem Besitz von Schubert. Gebaut von Johann Georg Stauffer, Wien, nach einem Modell von Luigi Legnani (Wiener Schubertbund).

„Anton Schmid. Diese Gitare bekam ich im Jahre 1858 von meinem Musiklehrer Ferdinand Schubert als ein Vermächtnis von seinem Bruder Franz, Wien, im Juni 1870" (Text eines im Gitarrenkörper aufgeklebten handschriftlichen Zettels).

Guitar, allegedly once belonging to Schubert. Built by Johann Georg Stauffer, Vienna, after a model by Luigi Legnani (Wiener Schubertbund).

"Anton Schmid. This guitar was given to me in 1858 by my music teacher Ferdinand Schubert, being inherited from his brother Franz, Vienna, June, 1870" (Text of a hand-written slip of paper glued to the inside of the guitar).

An Schwager Kronos. An Mignon. Ganymed. Gedichte von Goethe. In Musik gesetzt für eine Singstimme mit Begleitung des Pianoforte und dem Dichter Verehrungsvoll gewidmet von Franz Schubert. 19tes Werk. Eigenthum der Verleger. N° 1800. Prz. f 15 x C.M. WIEN, bey Ant. Diabelli & Comp. Graben N° 1133.

An Schwager Kronos. An Mignon. Ganymed. Gedichte von Goethe. In Musik gesetzt für eine Singstimme mit Begleitung des Pianoforte und dem Dichter Verehrungsvoll gewidmet von Franz Schubert, Lieder D 369, D 161, D 544. – Erstdruck, Diabelli & Comp., Wien 1825.

„Euer Exzellenz! Wenn es mir gelingen sollte, durch die Widmung dieser Composition Ihrer Gedichte meine unbegränzte Verehrung gegen E. Exzellenz an den Tag legen zu können, und vielleicht einige Beachtung für meine Unbedeutenheit zu gewinnen, so würde ich den günstigen Erfolg dieses Wunsches als das schönste Ereigniß meines Lebens preisen. Mit größter Hochachtung Ihr Ergebendster Diener Franz Schubert" (Schubert an Goethe, Anfang Juni 1825. Dokumente, S. 288). – Schubert trat im Juni 1825 also ein zweites Mal an Goethe heran und übersandte ihm zwei Exemplare dieses im selben Monat erschienenen Druckes. Wie schon Spauns Brief mit Schuberts Sendung aus 1816, so blieb auch dieses Schreiben unbeantwortet. Goethe vermerkte lediglich am 16. Juni 1825 in sein Tagebuch: „Sendung von Schubert aus Wien, von meinen Liedern Compositionen" (Dokumente, S. 290).

'An Schwager Kronos' – 'An Mignon' – 'Ganymed'. Poems by Goethe, set to music for one voice with pianoforte accompaniment, and reverentially dedicated to the poet by Franz Schubert. Lieder, D 369, D 161, D 544. First edition, Diabelli & Comp., Vienna 1825.

"Your excellency. If I should succeed in giving evidence of my unbounded veneration of your excellency by the dedication of these compositions of your poems, and possibly in gaining some recognition of my insignificant self, I should regard the favourable fulfilment of this wish as the fairest event of my career. With the greatest respect, I am, your most devoted servant, Franz Schubert" (Schubert to Goethe, early June, 1825. A documentary biography, p. 420). – Schubert turned to Goethe a second time in June, 1825 and sent him two copies of this edition, which had been published in the same month. As with Spaun's letter and Schubert's package of 1816, this letter was likewise ignored. Goethe only recorded in his diary on 16th Juny, 1825: "Consignment from Schubert of Vienna, compositions of some of my songs" (A documentary biography, p. 422).

193 *Schubert. Aquarell von Wilhelm August Rieder, 1825 (Historisches Museum).*

Das Aquarell, welches später als Vorlage für eine Reihe von Schubert-Bildern und -Lithographien diente, ist nach Aussage verschiedener Freunde Schuberts eines der besten Porträts des Komponisten. Rieder hatte Schubert kurz vor 1823 kennengelernt und gehörte zeitweise dem engeren Kreis um Schubert an; er war der Sohn des Komponisten Ambros Rieder. – Ähnlich wie Leopold v. Sonnleithner (vgl. Kat.-Nr. 73), urteilte auch Joseph v. Spaun über Schuberts Aussehen und die Abbildung Rieders: ,,Schubert ist [bisher] weder in körperlicher noch in geistiger Beziehung richtig bezeichnet. Sein Gesicht wird als ein beinahe häßliches, negerartiges geschildert; wer ihn aber nur immer kannte, muß dem widersprechen. Das von Rieder gemalte und in Kupfer gestochene Portrait Schuberts ist außerordentlich ähnlich. Man besehe es und urteile, ob das Gesicht ein häßliches, negerartiges sei. Man kann ebensowenig sagen, daß Schubert schön gewesen; allein er war wohlgebildet, und wenn er freundlich sprach oder lächelte, so waren seine Gesichtszüge voll Anmut, und wenn er voll Begeisterung, glühend vor Eifer arbeitete, so erschienen seine Züge gehoben und nahezu schön" (Erinnerungen, S. 416).

Schubert. Water colour by Wilhelm August Rieder, 1825 (Historisches Museum).

The water colour, which later served as the original for a series of pictures and lithographs of Schubert, is one of the best portrait of the composer according to various friends. Rieder had met Schubert before 1823 and at times was counted among the closest of his friends; he was the son of the composer Ambros Rieder. – Joseph von Spaun gives the same opinion as Leopold von Sonnleithner (see Cat. No. 73) of Schubert's appearance and Rieder's portrait: "Schubert has [so far] only been incorrectly depicted in body and in spirit. His face is painted almost like an ugly negro's; everyone who knew him most contradict this. The portrait painted by Rieder and engraved on copperplate is extremely like him. Look and see whether his face is ugly or like a negro's. It can just as improbably be said that Schubert was beautiful; he was only well-formed, and whenever he spoke or smiled in a friendly way or was working in a burst of enthusiasm and aglow with passion, his features seemed noble and almost beautiful" (Erinnerungen, p. 416).

Schubert: *Sieben Gesänge aus Walter Scott's Fräulein vom See, Vokalquartett D 835, Lieder D 836 bis 839, D 843, D 846. – Erstdruck, Mathias Artaria, Wien 1826.*

„Es sind vorzüglich fünf 1. Ave Maria. . . . 2. Kriegers Ruhe. Einschmeichelnder Schlafgesang, . . . 3. Jägers Ruhe. Auch ein Schlummerlied, einfacher und inniger, wie mich dünkt. Die Begleitung: Hörner-Gesang, möcht' ich sagen, wie Nachklang des Jagdlieds im schönen Traume. 4. Der gefangene Jäger. . . . Begleitung – ja wie soll ich die zürnend, zuckenden, kurz abgebrochenen Akkorde bezeichnen! Fast schäme ich mich schon wieder, daß ich mir einfallen ließ, darüber zu schreiben. Und nun gar das letzte: Normans Sang. . . . Die Melodie und Begleidung [!] denke Dir. Schubert selbst hält es für das gelungendste unter den Scotischen. Vogl trägt es selbst schwer vor (auf jeder Note eine Silbe, häufig ein Wort), doch herrlich vor" (Anton Ottenwald an Joseph v. Spaun, Linz 27. Juli 1825. Dokumente, S. 303). – Schubert schrieb diese Lieder nach Walter Scott im Frühjahr und Sommer 1825. Der in zwei Heften erschienene Druck mit deutschem und englischem Text umfaßt in der Reihenfolge die Kompositionen „Bootgesang", „Coronach", „Ellens Gesang I–III" (Nr. III auch „Ave Maria" genannt), „Lied des gefangenen Jägers", „Normans Gesang".

Schubert: *'Sieben Gesänge' from Sir Walter Scott's 'Fräulein vom See': vocal quartet, D 835; Lieder, D 836 to D 839, D 843, D 846. First edition, Mathias Artaria, Vienna, 1826.*

"There are five in particular: 1. 'Ave Maria', . . . 2. 'Kriegers Ruhe', a captivating slumber song . . . 3. 'Jägers Ruhe', another slumber song, more simple and touching, I feel; in the accompaniment, the tune of horns, I should say, like the echoes of a hunting-song in a fair dream. 4. 'Der gefangene Jäger', . . . Accompaniment – ah, how shall I describe those angrily throbbing, briefly cut-off chords? I am almost ashamed again at having taken into my head to write about it. And what of the last, 'Normans Sang'. . . . The tune and the accompaniment you will have to imagine. Schubert himself regards this as the best of the Scott songs. Vogl himself interprets it heavily (a syllable, often a word to each note), but splendidly" (Anton Ottenwald to Joseph von Spaun, Linz, 27th July, 1825. A documentary biography, p. 441 f.). – Schubert composed these Lieder based on texts by Sir Walter Scott in the spring and summer of the year 1825. The two volumes of this edition, which prints both the German and the English texts, comprises the following compositions in this order: *Bootgesang, Coronach, Ellens Gesang I–III* (III also entitled *Ave Maria*), *Lied des gefangenen Jägers* and *Normans Gesang*.

Ludwig Tietze. Lithographie von Albert Decker (Historisches Museum).

Neben Vogl gehörte Ludwig Tietze zu den Sängern, die Schuberts Lieder am häufigsten auch öffentlich darboten. Tietze, dessen Namen amtlich „Titze" geschrieben wurde, kam 1821 nach Wien und wurde später Pedell an der Universität, Tenor der Hofkapelle und Mitglied des Komitees des Concert spirituel. Er trat oftmals als Sänger in den Abendunterhaltungen der Gesellschaft der Musikfreunde auf, musizierte mit Schubert (u. a. auch in einem Konzert am 29. April 1827 im Landständischen Saal) und sang in dem einzigen Schubert-Konzert vom 26. März 1828. Schubert widmete ihm das „Erste Offertorium" D 136 („Totus in corde langueo"), das 1825 bei Diabelli erschien. – Auch nach Schuberts Tod setzte sich Tietze für die Lieder, Terzette und Quartette ein, wobei bemerkenswert ist, daß er sich dabei auch den weniger bekannten und ungedruckten Kompositionen widmete. Vermutungen, die schon zu Schuberts Lebzeiten geäußert wurden und die später Josef Hüttenbrenner zu bekräftigen versucht hat, daß Tietze Schubert „feindlich gesinnt" gewesen sei, entbehren jeder sicheren Grundlage.

Ludwig Tietze. Lithograph by Albert Decker (Historisches Museum).

Apart from Vogl, Ludwig Tietze was counted among the singers who publicly performed Schubert most often. Tietze, whose name was officially written as "Titze", came to Vienna in 1821 and later became a beadle of the university, tenor in the Royal chapel and member of the committee of the 'Concert spirituel'. He frequently appeared as a singer in the evening entertainments at the 'Gesellschaft der Musikfreunde', he played music with Schubert (also including a concert on 29th April, 1827 in the 'Landstädtischer Saal') and sang in the only Schubert concert of 26th March, 1828. Schubert dedicated the *Erstes Offertorium,* D 136 *(Totus in corde langueo)* to him, published by Diabelli in 1825. – Even after Schubert's death Tietze maintained his interest in the Lieder and ensembles. It is worth noting that he dedicated himself to the less well-known and unpublished compositions. Suspicions – even expressed during Schubert's life time – which Josef Hüttenbrenner tried to enforce later, that Tietze was "opposed" to Schubert, have remained unfounded.

196

„Schubert ist einen Accord mit mir eingegangen, vermög welchen ich ihm mehrere Lieder aus englischen, spanischen, französischen und italienischen Classikern mit deutscher Uibersetzung im Metrum des Originals, liefern will, die er dann in Musik setzen, und mit dem Original Texte auflegen lassen wird. Ich selbst kann dabey nur gewinnen, zumal dies eine nahere Vereinigung zwischen uns herbeyführen dürfte die für uns beyde in jeder Beziehung von Nutzen seyn müßte. Uiberdies ist Schubert ein zu herrlicher Mensch, als daß ich nicht alles aufbiethen sollte, ihn näher an uns zu ziehen. – Auch nahm er einige neue Lieder von mir mit, die er wahrscheinlich in Musik setzen wird." – Craigher, der Textautor zu den beiden Liedern „Die junge Nonne" D 828, und „Totengräbers Heimwehe" D 842, soll schon für die Lieder D 737 („An die Leier"), D 738 („Im Haine"), D 742 („Der Wachtelschlag"), und D 767 („Willkommen und Abschied") als Übersetzer tätig gewesen sein. Eigenartigerweise hat Schubert, wie es scheint, nach dem Oktober 1825, dem Datum der Tagebucheintragung, keinen Text und keine Übersetzung Craighers mehr vertont.

"Schubert has entered into an agreement with me according to which I am supply him with a number of songs by English, Spanish, French and Italian classics with German translations in the metres of the originals, which he will then set to music and have published with the original text. I myself can only gain thereby, the more so because this may bring about a closer connection between us, which could not fail to be in every respect beneficial to us both. Besides, Schubert is too splendid a person for me not to do my utmost to draw him nearer to us. – He also took a few new songs of mine with him, which he will probably set to music" (A documentary biography, p. 470f.). Craigher, the author of the text to the two Lieder *Die junge Nonne*, D 828, and *Totengräbers Heimwehe*, D 842 must have been active as a translator for the Lieder *An die Leier*, D 737; *Im Haine*, D 738; *Der Wachtelschlag*, D 742, and *Willkommen und Abschied*, D 767. After October, 1823, the date of the diary entry, Schubert probably set no more texts or translations by Craigher.

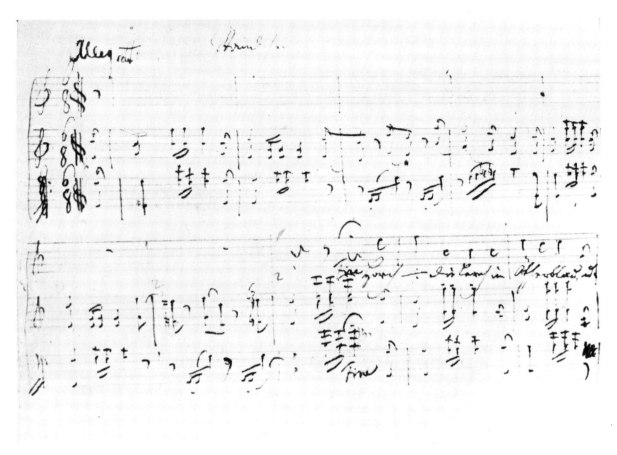

Schubert: Ständchen, Lied D 889. Eigene Handschrift. *Schubert: 'Ständchen', Lied, D 889. Autograph.*

Anfang Juli 1826 befand sich Schubert in Währing, das zu dieser Zeit noch außerhalb Wiens lag. Hier entstanden die drei Shakespeare-Lieder „Trinklied" D 888, „Ständchen" D 889, „Gesang" (genannt „An Sylvia") D 891, und „Hippolit's Lied" D 890, das nach einem Text von Friedrich Gerstenberg verfaßt wurde. Die Kompositionen schrieb Schubert in ein kleines Heft, in welchem die Notenlinien (von Schubert selbst?) mit Bleistift gezogen worden sind. – Schubert wollte in diesem Sommer eigentlich nach Oberösterreich fahren, er mußte aber aus Geldmangel in Wien bleiben. Wie aus einem Brief an Bauernfeld hervorgeht, wartete er auf das Libretto zur Oper „Der Graf von Gleichen", welches der Freund ihm versprochen hatte. „Ich kann unmöglich nach Gmunden oder irgend wo anders hin komen, ich habe gar kein Geld, u. geht mir überhaupt sehr schlecht. . . . [Es] wäre herrlich, wenn Dein Opernbuch günstig aufgenomen würde. Dann gäbe es wenigstens Geld, wo nicht gar Ehre!" (Dokumente, S. 367). – Das Lied „Ständchen" D 889, ist nicht zu verwechseln mit den Werken gleichen Titels D 920/921 (Grillparzer) und dem vierten Lied aus dem „Schwanengesang" D 957 (Rellstab).

In early July, 1826 Schubert was living in Währing – at that time still out of town. It was here that he composed the three Shakespeare-settings *Trinklied,* D 888, *Ständchen,* D 889 and *Gesang* (also entitled *An Sylvia*), D 891, as well as *Hippolits Lied,* D 890 to a text by Friedrich Gerstenberg. Schubert wrote these down in a small note-book with lines ruled in pencil (by Schubert himself?). – During this summer Schubert had actually wanted to go away to Upper Austria, but impecunity obliged him to stay in Vienna. As we discover from a letter to Bauernfeld, he was awaiting the libretto to the opera *Der Graf von Gleichen,* which his friend had promised him. "I cannot possibly get to Gmunden or anywhere else, for I have no money at all, and altogether things go very badly with me. . . . It would be splendid if your libretto were favourably received. Then at least there would be money, if not reputation as well!" (A documentary biography, p. 538 f.). – The Lied *Ständchen,* D 889, should not be confused with the other compositions of the same name: D 920/921 (text: Grillparzer) and the fourth song of the *Schwanengesang* cycle, D 957 (text: Rellstab).

Ferdinand Walcher. Lithographie von Joseph Teltscher, 1827 (Historisches Museum).

Walcher, der später den Titel „Ritter v. Uysdael" verliehen bekam, stammte aus Waidhofen an der Ybbs (Niederösterreich). Er war Jurist. Durch die Brüder Hartmann wurde er wahrscheinlich in den Schubert-Kreis eingeführt (um 1826), dort dürfte er bald Schuberts Freundschaft erworben haben. Schubert schrieb das Allegretto in c-Moll D 915 in Walchers Stammbuch mit den Begleitworten: „Meinem lieben Freund Walcher zur Erinnerung" (27. April 1827). Walcher, der eine baritonal gefärbte Tenorstimme besaß, blieb als Sänger immer Amateur. Später wurde er Kanzleivorstand im Obersthofmeisteramt des Erzherzogs Karl.

Ferdinand Walcher. Lithograph by Joseph Teltscher, 1827 (Historisches Museum).

Walcher, who later earned the title "Ritter von Uysdael", came from Waidhofen on the Ybbs (Lower Austria); he was a lawyer. He was introduced to the Schubert circle (about 1826) by the Hartmann brothers and he soon secured Schubert's friendship. Schubert wrote the Allegretto in C minor D 915 in Walcher's album with the accompanying words: "A remembrance for my dear friend Walcher" (27th April, 1827). Walcher, who had a tenor voice with a dark timbre, sang in private gatherings, he remained amateur and later became 'Hofrat' and chairman of the chancery in the 'Obersthofmeisteramt' of the archduke Karl.

Ferdinand Walcher, eigenhändiger Brief (mit Notenzitat) an Schubert, Wien 25. Jänner 1827.

„Credo in unum Deum! Du nicht! das weiß ich wohl, aber das wirst du glauben, daß Tietze heute Abend beim Vereïne deine Nachthelle*) singen wird, wozu dich N. Fröhlich mittelst der 3 mitfolgenden Billets einladet, die ich die Ehre habe dir, des großen Schnees wegen, im Wege des Kaffehauses zur lustigen Plunzen zu übermitteln. Dein wohlaffekzionirter Gȫner Walchermpia. *) Nachthelle bedeutet hier nicht Somnambulism, Clairvoyance, ausgeschlafener Rausch etc. sondern Gedicht von Seidl, Musick von Schubert für obligaten, verdam̅t hohen, Tenor, mit Chor wobei ich zum 2. Tenor engagirt bin, u mir zu dem Ende bereits ein superbes *f.* vom Baadner Bäcken bestellt habe, der die beßten machen soll. *Anmerkg des Verfassers.* NB. Sonntag Kleile nicht vergessen; u. Morgen könntest du wohl zu Kiesewetter kom̅en" (Dokumente, S. 403). – Die Anspielungen in diesem Brief beziehen sich darauf, daß Schubert in seinen Messen im Credo den Passus „Et unam, sanctam, catholicam, et apostolicam Ecclesiam" immer ausgelassen hat. „N. Fröhlich" ist Anna Fröhlich, das Kaffeehaus das Café Bogner, „Nachthelle" ist D 892, mit dem „superben *f.*" ist ein Kipferl (Hörnchen) in dieser Form gemeint. „Kleile" ist Franz Joachim Ritter v. Kleyle.

Ferdinand Walcher, Autograph letter to Schubert (with music quotation), Vienna, 25th January, 1827.

"Credo in unum Deum! Not you, I know well enough, but you will believe this – that Tietze will sing your 'Nachthelle'*) at the Little Society to-night, to which N. Fröhlich invited you by means of the 3 enclosed tickets, which I have the honour to transmit to you by way of the coffee-house of the 'lustige Plunzen' (Merry Black-Pudding), on account of the deep snow. Your very affectionate well-wisher Walcher. *) 'Nachthelle' (= 'Night's brightness') here suggests neither somnambulism, nor clairvoyance, nor slept-off hangover, etc., but a poem by Seidl with music by Schubert for a principal and damnably high tenor, with chorus, for the which I am engaged as second tenor and have, to that end, already ordered a superb *f* from the baker of Baden, who is said to make the best buns. N. B. Don't forget Kleyle, and to-morrow you might well come to Kiesewetter's" (A documentary biography, p. 597 f.). This letter alludes to the fact that in his setting of the Mass Schubert consistently omitted the words "Et unam, sanctam, catholicam, et apostolicam Ecclesiam" from the *Credo*. "N. Fröhlich" is Anna Fröhlich; the café in question is the Café Bogner; *Nachthelle* is D 892; the "superb *f*" refers to a variety of croissant made in this form; and "Kleyle" is Franz Joachim Ritter von Kleyle.

Johann Friedrich Rochlitz, eigenhändiger Brief an Schubert, Leipzig 7. November 1827.

Johann Friedrich Rochlitz, Autograph letter to Schubert, Leipzig, 7th November, 1827.

„Ew. Wohlgeb. kennen die Hochachtung und Zuneigung, die ich gegen Sie und Ihre Compositionen hege; Hr. Haslinger hat Ihnen auch meinen Dank für Ihre Musik zu jenen meinen drey Liedern, so wie meinen Wunsch, daß Sie ein größeres Gedicht durch Ihre Kunst verschönern möchten, mitgetheilt; so wie mir, Ihre Geneigtheit dazu. Erlauben Sie daher, daß ich sogleich auf diesen Gegenstand komme. Das Gedicht, welches ich im Sinne habe, ist: ‚Der erste Ton'. Sie finden es im 5ten Bande meiner gesammleten [!] Schriften, welche Hr. Haslinger besitzt. Ich will hieher setzen, wie ich mir die Musik dazu denke: nur glauben Sie ja nicht, daß ich damit eine Art Vorschrift (zu welcher ich kein Recht habe) geben wolle; . . . *Ouvertüre*. Ein einziger, kurzer, gerissener Accord ff., und nun ein möglichst lang ausgehaltener Ton < > für Klarinette oder Horn, mit Fermate. Jetzt leise beginnend und sich dunkel verwickelnd, mehr harmonisch als melodisch – eine Art Chaos, das nur allmählich sich entfaltet und lichter wird . . .‟ (Dokumente, S. 463). – Schubert hatte den Leipziger Schriftsteller und Redakteur bereits 1822 persönlich kennengelernt. Er vertonte mehrere Gedichte von ihm, darunter schon 1812 „Klaglied" D 23, dann 1827 „Alinde" D 904, und „An die Laute" D 905. Obwohl sich Schubert interessiert zeigte, das Gedicht „Der erste Ton" zu komponieren, blieb der Wunsch von Rochlitz unerfüllt.

"Sir, You know the respect and affection I have for you and your compositions; and Herr Haslinger has transmitted my thanks for your music to my three songs, as well as my desire that you may embellish a larger poem by your art; also your inclination to do so. Permit me, therefore, to come to this subject at once. The poem I have in mind is 'Der erste Ton'. You will find it in Vol. V of my collected works, which Herr Haslinger possesses. I will set down here how I imagine the music for it; but do not by any means think that I wish to dictate in any way (for I have no right to do so); . . . Overture: a single, short, plucked chord, ff, and then a note sustained as long as possible, < >, for clarinet or horn, with a pause. Now a soft opening, darkly intertwined, harmonically rather than melodically – a kind of chaos which only gradually grows clearer and lighter" (A documentary biography, p. 686 f.). – Schubert had made the personal acquaintance of the writer and editor from Leipzig in 1822. He set a number of his poems to music, amongst them *Klagelied*, D 23 – as early as 1812 – and later, in 1827, *Alinde*, D 904 and *An die Laute*, D 905. Although Schubert evinced some interest in setting the poem *Der erste Ton* to music, Rochlitz' wish was not in the end fulfilled.

Charlotte Fürstin Kinsky, eigenhändiger Brief an Schubert, Wien 7. Juli 1828.

Charlotte Fürstin Kinsky, Autograph letter to Schubert, Vienna, 7th July, 1828.

,,Empfangen Sie nochmals meinen Dank lieber Herr Schubert sowohl für den Antheil den Sie an dem Gelingen meines Concerts hatten, als für die Zueignung der letzterhaltenen Lieder welche ich mich freue den nächsten Winter zu bewundern wenn Ihre und Baron Schönstein's Gefälligkeit mir diesen Genuß verschaffen wollen. Empfangen Sie die Inlage als einen schwachen Beweiß meiner Erkentlichkeit und Sie werden sehr verbinden Ihre ergebene Charlotte Fʳˢᵗⁿ Kinsky'' (Dokumente, S. 526). – Das Konzert bei der Fürstin muß kurze Zeit zuvor stattgefunden haben, Schönstein hatte Schubert dort eingeführt. Es ist nicht bekannt, worin der ,,Beweiß der Erkentlichkeit'' bestanden hat.

"Please receive my thanks once again, dear Herr Schubert, both for the interest you took in the success of my concert and for the dedication of the songs just received, which I look forward to admiring next winter, if your and Baron Schönstein's complaisance will afford me that delight. Please accept the enclosed as a poor token of my gratitude, and thus greatly oblige your devoted Charlotte, Pncs. Kinsky" (A documentary biography, p. 790). – The concert in the residence of the Princess had presumably taken place only a short time previously. Schönstein had introduced Schubert to this circle. It is not known what constituted the "poor token of my gratitude".

Schubert: Die Wetterfahne, Lied Nr. 2 aus dem Liederzyklus Winterreise D 911. Abschrift von fremder Hand mit Eintragungen Schuberts.

Schubert: 'Winterreise', Lieder-cycle, D 911. Copy, not in Schubert's hand, but with entries by Schubert. Lied No. 2: 'Die Wetterfahne'.

„Schubert wurde durch einige Zeit düster gestimmt und schien angegriffen. Auf meine Frage, was in ihm vorgehe, sagte er nur, ‚nun, ihre werdet es bald hören und begreifen'. Eines Tages sagte er zu mir, ‚komme heute zu Schober, ich werde euch einen Zyklus schauerlicher Lieder vorsingen. Ich bin begierig zu sehen, was ihr dazu sagt. Sie haben mich mehr angegriffen, als dieses je bei andern Liedern der Fall war'. Er sang uns nun mit bewegter Stimme die ganze ‚Winterreise' durch. Wir waren über die düstere Stimmung dieser Lieder ganz verblüfft, und Schober sagte, es habe ihm nur ein Lied ‚Der Lindenbaum' gefallen. Schubert sagte hierauf nur, ‚mir gefallen diese Lieder mehr als alle, und sie werden euch auch noch gefallen' " (Joseph v. Spaun. Erinnerungen, S. 160 f.). Nach Mayrhofers Worten beweist die „Winterreise", „wie der Tonsetzer ernster geworden. Er war lange und schwer krank gewesen, er hatte niederschlagende Erfahrungen gemacht, dem Leben war die Rosenfarbe abgestreift; für ihn war Winter eingetreten. Die Ironie des Dichters, wurzelnd in Trostlosigkeit, hatte ihm zugesagt; er drückte sie in schneidenden Tönen aus" (Erinnerungen, S. 20). – Der Liederzyklus entstand während des Jahres 1827, er trägt die Opuszahl 89. Bei Tobias Haslinger erschien im Jänner 1828 das erste Heft (Nr. 1 bis 12); im Dezember, nach Schuberts Tod, der gesamte Zyklus.

"For some time Schubert's mood was gloomy, and something seemed to have got into him. To my question what was happening with him he merely replied: 'Wait. You will soon hear and understand.' One day he said to me: 'Come to Schober's today. I shall sing you a cycle of chilling songs. I am curious to know what you will say to them. They have got more inside me than any of my other songs.' And so he sang the entire 'Winterreise' through for us, in a voice which betrayed his emotion. We were utterly disconcerted at the gloomy mood of these songs, and Schober said he had liked only one, 'Der Lindenbaum'. To this Schubert merely replied: 'I like them more than any others, and you will come to like them too'" (Erinnerungen, p. 160 f., Joseph von Spaun). – According to Mayrhofer, *Die Winterreise* proved that "the composer had become more serious. He had suffered a long and serious illness, and his recent experiences had been shattering; life no longer had its rose tint: for him, winter had set in. He had identified himself with the poet's irony, born of desolation, and had translated it into the acid tones of his music" (Erinnerungen, p. 20). – The Lieder-cycle was composed in the course of the year 1827 and has the opus number 89. The first volume of the cycle (Nos. 1 to 12) was published by Tobias Haslinger in January, 1828, while the complete *Winterreise* appeared in December of the same year, after Schubert's death.

*Schubert: Die Taubenpost, Lied Nr. 14 aus dem Liederzyklus
Schwanengesang D 957. Eigene Handschrift (Erste Konzeption).*

Schubert hatte den Liederzyklus in dieser Form gar nicht geplant
gehabt. Nach Deutsch bestand vielmehr die Absicht, eine Abfolge
von Liedern mit ,,Lebensmut" D 937 (Rellstab) zu beginnen,
daran ,,Liebesbotschaft" (Nr. 1 des Zyklus), ,,Frühlingssehn-
sucht" (Nr. 3) und möglicherweise das Lied ,,Herbst" D 945
(Rellstab) anzuschließen. – Die Heine-Lieder (Nr. 8 bis 13) wurden in den ersten Monaten des Jahres 1828 entworfen, Schubert
wollte sie getrennt veröffentlichen. Ferdinand Schubert bot die
Rellstab- und Heine-Lieder noch im Dezember 1828, nicht einmal
einen Monat nach Schuberts Tod, gemeinsam mit anderen Werken
Tobias Haslinger an, der die Lieder mit ,,Die Taubenpost"
(Nr. 14, Seidl), welches für Schuberts letzte Komposition gehalten
wurde, in zwei Heften als eigenen Zyklus im Frühjahr 1829 herausgab. – Die genaue Kompositionszeit der Heine-Lieder und der
,,Taubenpost" ist nicht bestimmbar, sie dürfte sich aber über den
Sommer des Jahres 1828 hingezogen haben.

*Schubert: 'Schwanengesang', Lieder-cycle, D 957 – sketch for
No. 14, 'Die Taubenpost'. Autograph.*

Schubert never planned the Lieder-cycle in this form. According
to Deutsch, he merely envisaged a succession of Lieder which was
to begin with *Lebensmut*, D 937 (text: Rellstab), followed by
Liebesbotschaft (No. 1 in the cycle), *Frühlingssehnsucht* (No. 3)
and possibly *Herbst*, D 945 (text: Rellstab). The Heine-Lieder
(Nos. 8 to 13) were sketched out in the first months of the year
1828; but Schubert intended to publish them as a separate entity.
As early as December, 1828, not even a month after Schubert's
death, Ferdinand Schubert submitted both the Rellstab and the
Heine settings to Tobias Haslinger, who published the Lieder –
including *Die Taubenpost* (No. 14; text: Seidl), which was thought
to be Schubert's last work – as a cycle in itself. The two volumes
appeared in the spring of 1829. – The Heine-Lieder and *Die
Taubenpost* cannot be exactly dated, but they probably occupied
the composer throughout the summer of 1828.

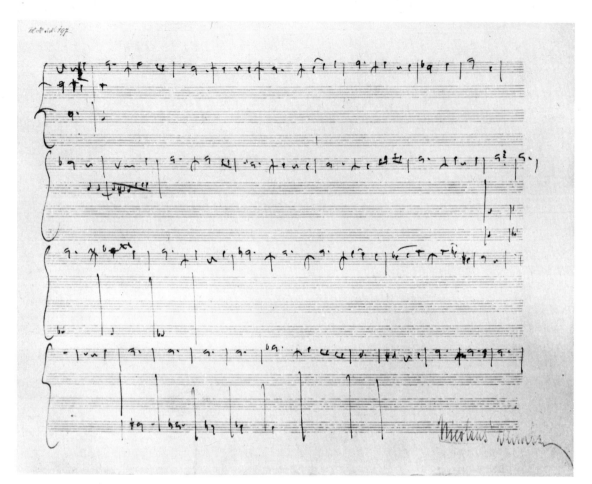

Schubert: Der Hirt auf dem Felsen, Lied für hohe Singstimme mit Klavier- und Klarinetten- (oder Violoncello-)Begleitung D 965. Eigene Handschrift (Entwurf).

1828 entstanden zwei Lieder mit Begleitung des Pianoforte und eines weiteren Instrumentes. D 943 „Auf dem Strom" nach Rellstab wurde für Hornaccompagnement geschrieben, wobei später das Horn oft durch ein Violoncello ersetzt wurde, und D 965 „Der Hirt auf dem Felsen" (bei Deutsch das letzte datierbare Lied, entstanden im Herbst 1828) für Klarinette- oder Violoncellobegleitung. Anna Mildner-Hauptmann hatte diese Komposition bei Schubert bestellt, sie erhielt allerdings erst nach dessen Tod eine Abschrift des Werkes von Ferdinand Schubert, die ihr Vogl übersandte, und aus der sie im März 1830 in Riga das Lied uraufführte. Der Text stammt aus zwei Vorlagen: Wilhelm Müllers Gedicht „Der Berghirt" und Helmina v. Chézys „Liebesgedanken".

Schubert: 'Der Hirt auf dem Felsen', Lied for soprano with piano and clarinet (or cello) accompaniment, D 965. Autograph – sketch.

1828 saw the composition of two Lieder with accompaniment for piano and one other instrument: D 943, *Auf dem Strom,* to a text by Rellstab, contains a horn part, though this has subsequently often been replaced by a cello; and D 965, *Der Hirt auf dem Felsen* (the last Lied dated by Deutsch, composed in the autumn of 1828) with a clarinet or cello accompaniment. The work had been commissioned by Anna Milder-Hauptmann, although it was only after Schubert's death that she received a copy of the score from Ferdinand Schubert, via Vogl, enabling her to give the work its first performance in Riga in March of the year 1830. The text is based on two poems: *Der Berghirt* by Wilhelm Müller, and Helmina von Chézy's *Liebesgedanken.*

Franz Schubert's Nachgelassene musikalische Dichtungen für Gesang und Pianoforte. 1ᵗᵉ Lieferung. A. Diabelli & Comp., Wien 1830 (Titelseite, gleichbleibend für die gesamte Serie, und Innentitel).

Nach Schuberts Tod bemühten sich die drei Verleger Haslinger, Czerny und Diabelli um den Nachlaß. Diabelli erwarb eine große Anzahl von Liedern, die er unter dem Titel „Nachgelassene musikalische Dichtungen" in 50 Heften von 1830 bis 1850 herausgab. Nr. 1 dieser Serie, „Die Nacht" D 534, erschien zugleich mit dem Untertitel „Ossians Gesänge, 1ᵗᵉˢ Heft"; ein falscher Vermerk, da der Text nicht den „Ossianischen Gesängen" entnommen, sondern anonymer Natur ist. Erst die folgenden Nummern wurden nach Texten James Macphersons komponiert. Dieser schottische Schriftsteller hatte die sagenhafte Gestalt des blinden Barden Ossian als Autor seiner eigenen Dichtungen ausgegeben, welche alten gälischen Liedern nachempfunden waren. Der Einfluß auf die europäische Kunst war beträchtlich. Schubert komponierte nach Übersetzungen von Harold und Hummelauer neun „Ossianische Gesänge", die Mehrzahl in den Jahren 1815 und 1816.

'Franz Schubert's Nachgelassene musikalische Dichtungen', for voice and pianoforte, 1st instalment, A. Diabelli & Co., Vienna 1830 (title page, which remained the same for the whole series, and individual title).

The three publishers Haslinger, Czerny and Diabelli tried to acquire Schubert's estate. A large number of Lieder went to Diabelli, which he published under the title of *Nachgelassene musikalische Dichtungen* in fifty books from 1830 to 1850. No. 1 of this series, *Die Nacht*, D 534, appeared simultaneously with the sub-title *Ossians Gesänge*, 1st book; this was incorrect, as the text was not taken from *Ossianische Gesänge*, but is anonymous. Only the subsequent numbers were texts by James Macpherson. This Scottish author had proclaimed the legendary figure of the blind bard Ossian as the author of his own works, which re-echoed ancient gaelic songs. The influence on European art was considerable. Schubert composed most of the nine *Ossianische Gesänge* in the translations by Harold and Hummelauer between 1815 and 1816.

Das Ständchen. Zeichnung von Moritz v. Schwind. Aus einer Kopie der sogenannten „Lachner-Rolle" (Historisches Museum).

'Das Ständchen.' Drawing by Moritz von Schwind. From a copy of the so-called 'Lachner-Rolle' (Historisches Museum).

Mehrstimmige Gesänge mit oder ohne Begleitung bilden einen nicht unbeträchtlichen Teil des Schubertschen Œuvres. Dies erklärt sich aus der Tatsache, daß im häuslichen Kreis viel musiziert und gesungen und Schubert für solche „Abendunterhaltungen" oftmals um Musik gebeten wurde. In den meisten Fällen handelt es sich um Gelegenheitskompositionen, und nur einige wenige Werke kamen in öffentlichen Produktionen zur Aufführung. Die Zusammensetzung der geselligen Runden spiegelt sich in der Besetzung der Kompositionen wider: in der Mehrzahl sind es Männer-Quartette oder -Terzette, und nicht selten tritt dazu ein begleitendes Instrument. – Schwinds Zeichnung – sie wurde aus der Erinnerung konzipiert – zeigt Schubert mit dem Sänger Johann Michael Vogl und zwei weiteren Freunden zur Feier der Errichtung eines Hauses ein Ständchen darbringend.

A substantial part of the catalogue of Schubert's works is accounted for by his part songs with or without accompaniment. There is good reason for this: domestic music-making and singing were widely fostered, and Schubert was often asked to provide music for such "evening entertainments". In most cases these were occasional compositions, and very few of such works were ever performed before a wider public. The composition of the company on these occasions is reflected in the scoring of the music, which was generally in the form of quartets or trios for men's voices, often with an accompanying instrument. – Schwind's drawing, made from memory, shows Schubert, the singer Johann Michael Vogl and two other friends singing a serenade to mark the building of a house.

Schubert: Bardengesang D147. Eigene Handschrift.

Schubert: 'Bardengesang', D147. Autograph.

„Bardengesang" nach einem Text der „Ossianischen Gesänge" ist ein Männer-Terzett ohne Begleitung. Das Manuskript zeigt das seltene Beispiel einer von Schubert selbst vorgenommenen ungewollten Fehldatierung: Das richtige Entstehungsdatum muß „Den 20. Jänner 1816" lauten. Schubert hat im übrigen für die Niederschrift ein Blatt verwendet, worauf sich bereits die Lieder D 372 und D 373 befanden.

Bardengesang, based on an Ossian text, takes the form of an unaccompanied trio for men's voices. The manuscript contains a rarity: an unintentional wrong dating by Schubert. The correct date of composition should read 20th January, 1816. For the copy of this work Schubert used a sheet of paper which already contained the Lieder D 372 and D 373.

Schubert: ‚Naturgenuß' für Männer-Quartett D 422, Stimmen. Eigene Handschrift.

Schubert: 'Naturgenuß' for male quartet, D 422, parts. Autograph.

Viele der mehrstimmigen Gesänge haben sich nur in Stimmen erhalten. Dabei ist grundsätzlich die Frage zu stellen, ob Schubert bei diesen Kompositionen überhaupt eine Partiturniederschrift angefertigt hat. Größere Korrekturen, die man in den Stimmen findet, könnten die Auffassung bestätigen, daß es häufig nur handschriftliche Stimmen gegeben hat, die für den praktischen Gebrauch auch ausreichend waren. – Deutsch setzt die Entstehung dieses Männer-Quartetts mit 1816 an und verweist darauf, daß die Begleitung erst 1822 hinzugefügt wurde. Eine Begleitstimme ist in diesem Manuskript nicht vorhanden, und zur Datierung ist richtigzustellen, daß die Niederschrift der Stimmen erst aus dem Jahre 1822 (Sommer?) stammt.

Many of the part songs have survived only in the form of copies of the parts. It is indeed possible that with compositions such as this Schubert did not make a score copy: a conjecture which is supported by the fact that the part copies themselves contain considerable revisions and that they would have been perfectly adequate for the purpose. – Deutsch gives the date of composition for this quartet as 1816 and suggests that the accompaniment was added later, in 1822. This manuscript contains no part for an accompaniment; and as far as the dating is concerned, it should be made clear that this copy of the parts derives from the summer (?) of the year 1822.

Concert.

Mit hoher Bewilligung

wird

Louis Drouet,

Kammermusikus und erster Flötenspieler Seiner Majestät des Königs von Frankreich,

Montag den 3. Juny 1822,

im großen Saale der n. ö. Herren Stände, in der Herrngasse,

eine zweyte

musikalische Akademie

zu geben die Ehre haben.

Vorkommende Stücke:

1. Ouverture zur Oper Titus, von Mozart.
2. Concert für die Flöte, componirt und gespielt von Louis Drouet.
3. Geist der Liebe, von Matthisson, in Musik gesetzt von Franz Schubert, gesungen von den Herren Barth, Titze, Nejesbe und Nestroy.
4. Andante aus Ludwig van Beethoven's 7te Symphonie in A.
5. Variationen für die Flöte, componirt und gespielt von Louis Drouet.

Eintrittskarten zu 5 Gulden W. W. sind in der Kunsthandlung des Herrn Steiner und Comp. am Graben, wie auch am Tage des Concerts an der Casse zu haben.

Der Anfang ist um halb 1 Uhr.

a) *Concert (Zweyte musikalische Akademie) des Louis Drouet am 3. Juni 1822 im großen Saale der n.ö. Herren Landstände. Programmzettel (Gesellschaft der Musikfreunde). – b) Johann Nestroy, Selbstporträt (?). Lavierte Federzeichnung mit eigenhändiger Unterschrift, Wien 2. November 1830.*

Schuberts Männer-Quartett „Geist der Liebe" D 747 wurde zu einem bevorzugten Stück in den gemischten Programmen öffentlicher Konzertproduktionen. Allein in der Zeit von Mai bis Juni 1822 wurde es dreimal öffentlich gesungen: zweimal im Rahmen von Solistenkonzerten (Jaëll und Drouet) und einmal in einer Akademie zum Vorteil der öffentlichen Wohltätigkeitsanstalten. Die Ausführenden waren Josef Barth, Ludwig Tietze, Wenzel Josef Nejesbe und Johann Nestroy. Gelangte der damals nur als Sänger bekannte Nestroy später als Theater-Dichter zu Berühmtheit, wurde Tietze einer der treuesten Schubert-Interpreten in diesem musikalischen Genre.

a) 'Concert (zweyte musikalische Akademie) des Louis Drouet am 3. Juni 1822 im großen Saale der N. Ö. Herren Landesstände.' Program sheet (Gesellschaft der Musikfreunde). – b) Johann Nestroy, self-portrait (?). Washed pen-and-ink drawing with original signature, Vienna, 2nd November, 1830.

Schubert's male voice quartet *Geist der Liebe,* D 747 became one of the favourite items in the mixed programs of public concerts. In the two months of May and June, 1822 alone it was heard three times in public: twice in solo recitals (Jaëll and Drouet) and once in an "Akademie" on behalf of public charity organizations. The performers were Josef Barth, Ludwig Tietze, Wenzel Josef Nejesbe and Johann Nestroy. While Nestroy, who was then known only as a singer, went on to make his name as a dramatist, Tietze became one of Schubert's most loyal interpreters in this musical genre.

Schubert: ,La Pastorella' für Männer-Quartett und Klavier D 513. Eigene Handschrift.

Schubert: 'La Pastorella' for male quartet and piano, D 513. Autograph.

,,La Pastorella'' gehört zu Schuberts letzten Kompositionen über einen italienischen Text. (Er schrieb 1820 noch ,,Vier Canzonen'' D 688 und 1827 ,,Drei Gesänge'' D 902 nach Metastasio.) Das Werk entstand Herbst 1816 und nicht, wie Deutsch vermutet, im Jahre 1817. Der Text stammt von Carlo Goldoni. Das Manuskript zeigt die früheste vollständige Niederschrift, in der die vier Sing-stimmen auf zwei Systemen zusammengefaßt wurden. Bei der Notierung der Begleitstimme half sich Schubert gegen Ende der Komposition mit dem Hinweis auf die Einleitung.

La Pastorella is one of Schubert's last settings of an Italian text (in 1820 he was to write the *Vier Canzonen,* D 688 and in 1827 *Drei Gesänge,* D 902 after Metastasio). The work was written in autumn 1816 and not, as Deutsch thought, in 1817. The text is by Carlo Goldoni. This manuscript is the first complete copy in which the four vocal parts have been reduced to two systems. In writing out the accompaniment, towards the end of the work Schubert took recourse to referring back to the introduction.

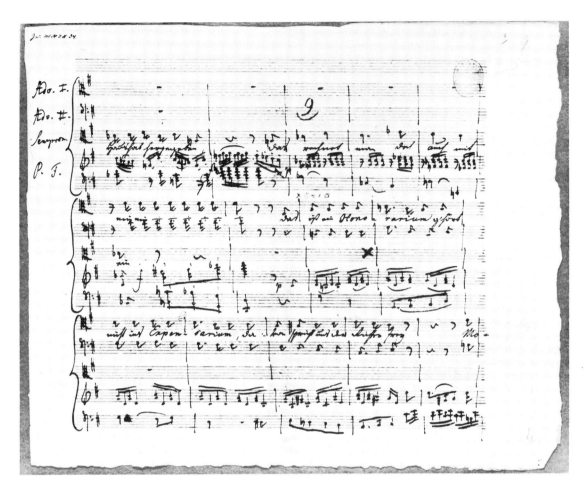

Schubert: ‚Die Advokaten‘ für Männer-Terzett und Klavier D 37. Eigene Handschrift.

Scherzkompositionen wie das vorliegende Terzett galten in der häuslichen Musikpflege als beliebte Stücke. Wohl auch aus diesem Grund hat der Verleger Diabelli sich zur Herausgabe entschlossen. Schuberts Manuskript, das als Vorlage für die Veröffentlichung diente, stammt jedoch nicht aus dem Jahre 1812, wie Deutsch verzeichnet, sondern aus dem Frühjahr 1827.

Schubert: ‘Die Advokaten’ for male trio and piano, D 37. Autograph.

Humorous compositions like the present trio enjoyed great popularity in domestic music-making – a consideration which presumably induced the publisher Diabelli to print *Die Advokaten*. Schubert’s manuscript, which provided the basis for this publication, dates not from 1812, as Deutsch states, but from the spring of 1827.

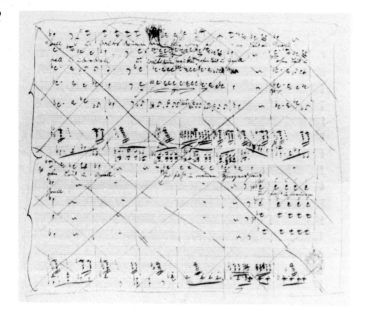

a) Schubert: ,Nachthelle' für Tenor-Solo, Männer-Quartett und Klavier D 892 (gestrichene Fassung). Eigene Handschrift. – b) Johann Gabriel Seidl. Lithographie von Joseph Kriehuber (Historisches Museum).

Im Rahmen der von der Gesellschaft der Musikfreunde veranstalteten 11. Abendunterhaltung der Saison 1826/27 kam am 25. Jänner 1827 die Komposition ,,Nachthelle'' zur ersten Aufführung. Die Niederschrift hatte Schubert erst kurz davor beendet und offensichtlich in großer Eile, wie aus dem Manuskript zu sehen ist. Ludwig Tietze sang bei dieser Vorstellung das Tenor-Solo, am Klavier soll angeblich Schuberts Freund Johann Baptist Jenger begleitet haben. – Von dem überaus produktiven ,,vaterländischen Dichter'' Seidl (wie er genannt wurde) hat Schubert mehrere Werke vertont, fand aber zusehends weniger Gefallen daran. In einem an diesen gerichteten Brief vom 4. August 1828 heißt es: ,,Beyliegend sende ich Ihnen diese Gedichte zurück, an welchen ich durchaus nichts dichterisches noch für die Musik brauchbares entdecken konnte'' (Dokumente, S. 530).

a) Schubert: 'Nachthelle' for tenor solo, male quartet and piano, D 892 (rejected version). Autograph. – b) Johann Gabriel Seidl. Lithograph by Joseph Kriehuber (Historisches Museum).

One item on the program of the 11th 'Evening Entertainment' of the 'Gesellschaft der Musikfreunde' in the season 1826/27, which took place on 25th January, 1827, was the first performance of 'Nachthelle'. Schubert completed the final copy only at the last minute, and obviously in a hurry, as the manuscript reveals. Ludwig Tietze was the soloist on this occasion, while the pianist is said to have been Schubert's friend Johann Baptist Jenger. – Schubert set to music a number of texts by the prolific "patriotic poet" Seidl – such was the name given to him. But the composer became increasingly disenchanted with Seidl's poetry, and a letter from Schubert to him, dated 4th August, 1828, contains the following sentence: "Herewith I return to you these poems, in which I could find absolutely nothing poetic nor anything serviceable for musical purposes" (Dokumente, p. 530).

Schubert: ‚Widerspruch' für Männer-Quartett und Klavier D 865. Eigene Handschrift.

Gleichfalls von Johann Gabriel Seidl stammt der Text zur Komposition „Widerspruch". Der von Schubert vertonte Text weicht erheblich von Seidls erstem dichterischen Entwurf ab (Original in der Wiener Stadtbibliothek). Nicht auszuschließen ist, daß Schubert bei der Neufassung der Vorlage seinen Einfluß geltend gemacht hat. – Die Komposition ist im übrigen nicht 1826, wie Deutsch angibt, sondern erst im Spätsommer 1827 entstanden.

Schubert: 'Widerspruch' for male quartet and piano, D 865. Autograph.

Johann Gabriel Seidl is also the author of the poem *Widerspruch*. The text which Schubert used in his setting differs significantly from Seidl's first draft (original in the Wiener Stadtbibliothek), and it is possible that Schubert here exerted some influence in the writing of the revised text. – The work was composed not in 1826 – the date given by Deutsch – but only in the late summer of 1827.

a) Irene v. Kiesewetter. Lithographie von Joseph Kriehuber (Österreichische Nationalbibliothek, Bildarchiv). – b) Schubert: Kantate zur Feier der Genesung des Fräulein Irene v. Kiesewetter D 936. Eigene Handschrift.

Unter den Gelegenheitskompositionen für den häuslichen Musizierkreis fällt die dem Fräulein Irene v. Kiesewetter gewidmete Kantate von Anfang 1828 aufgrund ihrer Besetzung auf: hier wird das Quartett durch Hinzufügung eines weiteren Basses zum Quintett erweitert, und die Begleitung ist vierhändig zu spielen. – Zum Hause des Kanzleidirektors und Musikforschers Georg Raphael v. Kiesewetter hatte Schubert engere Beziehungen, zumal dort häufig Liebhaberkonzerte veranstaltet wurden. Irene, die Tochter des Hauses, „erzählte mir öfters, daß Schubert – sowie Franz Lachner – häufig im Hause ihres Vaters . . . verkehrten, und daß sie – (eine ausgezeichnete Pianistin) – öfters Schubert accompagnirt habe, wenn er dort seine neu componirten Lieder, mit schwacher Stimme sang. Sehr häufig accompagnirte sie die Schubert'schen Lieder dem bekannten Baron Schönstein" (Graf Prokesch in einem Brief an die Wiener Stadtbibliothek vom 22. Mai 1896).

a) Irene von Kiesewetter. Lithograph by Joseph Kriehuber (Österreichische Nationalbibliothek, Bildarchiv). – b) Schubert: 'Cantate zur Feier der Genesung des Fräulein Irene von Kiesewetter', D 936. Autograph.

The cantata from early 1828, dedicated to Irene von Kiesewetter stands out among Schubert's occasional compositions written for domestic music-making by its unusual scoring: the vocal quartet is joined by an extra bass, and the accompaniment is for piano duet. – Schubert was on familiar terms with the household of the senior civil servant and musicologist Georg Raphael von Kiesewetter, where amateur concerts were often held. Irene, the daughter, "on many occasions told me that Schubert and Franz Lachner . . . were frequent visitors to her father's house and that she (an excellent pianist) many times accompanied Schubert when he sang his new Lieder with his faint voice. Very frequently she accompanied the celebrated Baron Schönstein in Lieder by Schubert" (Count Prokesch in a letter to the Wiener Stadtbibliothek, dated 22nd May, 1896).

Schubert: Ständchen, Fassung für Alt-Solo, Männerstimmen und Klavier D 920. Eigene Handschrift.

Schubert: 'Ständchen', version for contralto solo, male voices and piano. Autograph.

„Fräulein [Anna] Fröhlich war die Musiklehrerin [von] . . . Luise Gosmar . . . Um dieser ihrer Schülerin an ihrem Geburtstage eine große Freude zu machen, veranstaltete sie am 11. August 1827 eine Nachtmusik im Garten des Döblinger Landhauses. Auf Ersuchen des Fräuleins Fröhlich hatte Grillparzer hiezu das schöne Gedicht ,Ständchen' (Zögernd stille) verfaßt, und sie gab dieses Schuberten mit der Bitte, es für ihre Schwester Josefine (Mezzosopran) und einen Weiberchor als Serenade in Musik zu setzen." (Erinnerungen, S. 130). Schubert setzte es jedoch für Alt-Solo und vier Männerstimmen und schrieb es erst auf neuerliches Ersuchen von Fröhlich für Solo mit Frauenstimmen. In dieser Fassung (D 921) kam es am 24. Jänner 1828 im Rahmen der Abendunterhaltung der Gesellschaft der Musikfreunde zur Aufführung. Josefine Fröhlich sang den Solopart „aus dem Manuskript", den Chor bildeten Anna Fröhlichs Schülerinnen.

"Fräulein [Anna] Fröhlich was the music teacher [of] . . . Luise Gosmar . . . As a special birthday treat for this pupil she arranged a musical evening in the garden of the 'Döblinger Landhaus' on 11th August, 1827. At Fräulein Fröhlich's request Grillparzer had written the beautiful poem 'Ständchen' (which begins 'Zögernd stille') especially for the occasion, and she gave this to Schubert, asking him to set it to music for her sister Josefine (mezzo-soprano) and a female chorus, as a musical serenade" (Erinnerungen, p. 130). Schubert's setting, however, turned out to be for a contralto soloist and four men's voices; and it was only when Anna Fröhlich made a further appeal to him that he produced a second version for a soloist and women's voices. It was in this latter form that the work was performed, on 24th January, 1828 during the "Evening Entertainment" of the 'Gesellschaft der Musikfreunde'. Josefine Fröhlich sang the solo part "from the manuscript", while Anna Fröhlich's pupils provided the chorus.

Schubert: *Der Hochzeitsbraten, Terzett für Sopran, Tenor und Baß mit Klavierbegleitung D 930. Erstdruck, Diabelli & Comp., Wien 1829.*

Ein „komisches Terzett" nannte Schubert dieses Gesangstrio, das nach einem Text von Schober im November 1827 entstand. Das Werk wurde möglicherweise für Joseph v. Spaun verfaßt, der sich mit Franziska Roner v. Ehrenwerth verlobt hatte (er heiratete am 28. April 1828). Spauns Braut ist auch die Widmungsträgerin der „Vier Canzonen" D 688. „Der Hochzeitsbraten" erlebte seine Uraufführung wahrscheinlich in Spauns Junggesellenwohnung anläßlich der letzten „Schubertiade", von welcher Spaun berichtet (28. Jänner 1828. Erinnerungen, S. 117f.). – Die Komposition erschien posthum, 1829 fand auch die öffentliche Erstaufführung im Josephstädter Theater statt. – Die Titelvignette des Druckes stammt von Moritz v. Schwind.

Schubert: 'Der Hochzeitsbraten', trio for soprano, tenor and bass with piano accompaniment, D 930. First edition, Diabelli & Co., Vienna, 1829.

Schubert called this vocal trio, based on a text by Schober and composed in November, 1827, a "komisches Terzett". It was possibly written for Joseph von Spaun, who had become engaged to Franziska Roner von Ehrenwerth (they married on 28th April, 1828). Spaun's financée is also the dedicatee of the *Vier Canzonen*, D 688. *Der Hochzeitsbraten* was in all probability first performed in Spaun's bachelor apartments on the occasion of the last 'Schubertiade', which Spaun describes (28th January, 1828. Erinnerungen, p.117f.). – The work was published posthumously in 1829 and also received its first public performance in the same year, in the Josefstadt Theatre. – The vignette on the title-page of the edition is by Moritz von Schwind.

Schubert: ‚Mirjam's Siegesgesang' für Sopran-Solo, Chor und Klavier D 942. Eigene Handschrift (Erste Konzeption).

Schubert: 'Mirjams Siegesgesang' for soprano solo, chorus and piano, D 942. Autograph (first draft).

Den Text zu „Mirjam's Siegesgesang" schrieb Franz Grillparzer angeblich im Auftrag Schuberts, der eine Widmungskomposition für die Schwestern Fröhlich wünschte. In Breunigs Aufzeichnungen „Aus Grillparzers Wohnung" heißt es dazu: „[Mirjam's Siegesgesang] hat er [Schubert] eigentlich für die Pepi [Josefine], oder besser gesagt, für uns vier Schwestern gemacht; denn auch die Kathi hat gesungen, aber nur eine schwache Stimme gehabt, während die Betti [Barbara] eine schöne Stimme hatte" (Erinnerungen, S. 291). Das Werk – im übrigen Schuberts letzte Komposition dieser Gattung – war für Solo, Chor und Orchester gedacht, Schubert konnte aber nur mehr die Gesangstimmen mit Klavierbegleitung ausführen. – Die Anfänge der Komposition sind, wie die Skizze zeigt, bereits mit Anfang 1828 zu datieren.

The text of *Mirjams Siegesgesang* is by Franz Grillparzer, written allegedly at the request of Schubert, who wanted a work to dedicate to the Sisters Fröhlich. In Breunig's account "Aus Grillparzers Wohnung" we read: "['Mirjams Siegesgesang'] was actually written for Pepi [Josefine], or rather for all four of us sisters; for even Kathi had a singing voice – though only a faint one – while Betti [Barbara] sang beautifully" (Erinnerungen, p. 291). The composition – it was to be Schubert's last in this genre – was intended to be scored for solo voice, chorus and orchestra, but Schubert only got as far as writing out the vocal parts with a piano accompaniment. – As the sketch shows, Schubert began work on it in early 1828.

Tanzmusik

Schubert: Zwölf Wiener=Deutsche für Klavier D 128. Eigene Handschrift.

Schubert: Twelve 'Wiener Deutsche' for piano, D 128. Autograph.

Unter „Deutscher Tanz" – auch „Deutscher" und später „Wiener Deutscher" – verstand man im 18. und beginnenden 19. Jahrhundert einen raschen Drehtanz in ungeradem Takt, der aus mehreren Einzelnummern, die zumeist aus Tanz und Trio bestanden, zusammengesetzt war. Zunächst wurde noch nicht genau zwischen den Bezeichnungen „Deutscher", „Walzer", „Ländler" etc. unterschieden, auch die Besetzung variierte. – Schuberts weit über 100 Tanzkompositionen dieser Art, die fast ausschließlich für Klavier geschrieben sind, stehen den Werken Haydns, Mozarts, Beethovens, später Lanners, Strauß' und der Wiener Tanzkapellmeister der ersten zwanzig Jahre des 19. Jahrhunderts gegenüber, welche vorwiegend für kleines Orchester oder für bestehende Kapellen in alternierender Besetzung komponiert wurden. – D 128 entstand, entgegen den Angaben von Deutsch, schon 1813. Schubert nannte diese Sammlung von 12 Klavierstücken „Wiener=Deutsche". Die Reihenfolge im Autograph stimmt nicht mit jener des Druckes überein. Schubert stellte nachträglich noch verschiedene Nummern um, das Autograph weist auch Eingriffe von fremder Hand auf.

In the 18th and early 19th centuries the term *Deutscher Tanz* – also known as *Deutscher* and later as *Wiener Deutscher* – signified a fast revolving dance in uneven time, consisting of a succession of individual pieces, generally in the form of dance and trio. Initially the designations *Deutscher, Walzer* and *Ländler* were used indiscriminately, and the specified instrumental combinations varied. – Schubert wrote well over 100 works of this type, almost exclusively for piano by contrast with the corresponding compositions by Haydn, Mozart and Beethoven, and later Lanner, Strauß and the leaders of the Viennese dance-orchestras in the first twenty years of the 19th century, who tended to write for small orchestra or for the available instrumental forces in varying combinations. – Deutsch dates D 128 wrongly: it was composed as early as 1813. Schubert entitled this collection of twelve piano pieces *Wiener Deutsche*. The order in which they appear in the autograph does not correspond to that of the published edition. Schubert reordered some of the pieces later. The autograph also contains alterations in a different hand.

Schubert: Elf Ländler für Violine D 374. Eigene Handschrift.

Schubert: Eleven 'Ländler' for violin, D 374. Autograph.

Lediglich die Violinstimme blieb zu dieser etwa Ende 1815 entstandenen Sammlung erhalten, und es ist ungewiß, ob die fehlenden Stimmen ausgeschrieben worden sind, ob sie verlorengingen oder ob, was allerdings unwahrscheinlich ist, diese Ländler von Schubert für eine „Violine Solo" geschrieben worden sind. Im Autograph ist jedenfalls nur die Bezeichnung „Violino" vorhanden. Die Nummern 1 bis 3, 4 und 7 wurden auch für Klavier gesetzt und in die mit „Den 13. Febr. 1816" datierte Ländlerfolge D 378 aufgenommen. – Schubert schrieb über 50 Ländler, darunter die 1827 bei Diabelli unter dem Titel „Hommage aux belles Viennoises. Wiener Damen-Ländler" erschienene Sammlung von 16 Ländlern mit zwei Ecossaisen für Klavier D 734.

Only the violin part has survived of this collection composed around the end of 1815. It cannot be ascertained whether the missing parts were ever written out at all, whether they were lost or whether these *Ländler* were composed for solo violin in the first place – although this latter explanation seems improbable. At all events, the autograph contains only the indication "Violino". Nos. 1 to 3, 4 and 7 were also arranged for piano and incorporated into the set of *Ländler*, D 378, with Schubert's own dating given as "13th Febr., 1816". – Schubert composed over fifty of these dances, amongst them the collection of 16 *Ländler* with two *écossaises* for piano, D 734, which was published in 1827 by Diabelli under the title *Hommage aux belles Viennoises. Wiener Damen-Ländler.*

a) Johann Strauß – b) Joseph Lanner. Lithographien von Joseph Kriehuber (a, b Historisches Museum).

Obwohl Schubert bis 1828 eine größere Anzahl von Tänzen, Walzern, Ländlern, Märschen etc. geschrieben und verlegt hatte, übertraf ihn der Ruhm der beiden jungen „Walzer-Dioskuren" schon zu diesem Zeitpunkt bei weitem. Zunächst gemeinsam im Quartett und in Tanzorchestern spielend, darunter in jenem von Michael Pamer, dem wohl vielseitigsten und interessantesten Wiener Vorgeiger und Tanzkapellmeister der Zeit Schuberts, trennten sie sich 1825, um mit eigenen Kapellen zu wetteifern. Man übertreibt nicht, wenn man von einem ungeheuren und auf dem Gebiet der Tanzmusik von einem vergleichslosen Erfolg von Strauß und Lanner spricht, der auch darin begründet war, daß ihre Musik von allen Volksschichten gehört und rezipiert wurde. Hatte Schubert seine Tänze fast ausschließlich für das Klavier geschrieben, so komponierten Strauß und Lanner ihre Werke immer für bestehende Ensembles. Aufführungsprobleme waren für sie daher nie vorhanden. In verschiedenen (heute zum Teil in keinem Exemplar mehr vorhandenen) Sammelwerken von Tänzen erscheinen Werke von Schubert bzw. von Strauß und Lanner gemeinsam in einem Heft. Es ist nicht belegbar, ob Schubert die beiden Komponisten je getroffen hat.

a) Johann Strauß. – b) Joseph Lanner. Lithographs by Joseph Kriehuber (a, b Historisches Museum).

Although Schubert had written and published a large number of waltzes, Ländler and marches etc. by 1828, the fame of the two great masters of the waltz surpassed him by far even at this time. Playing together in quartets and in dance orchestras, including that of Michael Pamer, the versatile and most interesting of Vienna's fiddlers and dance capellmeisters, they separated in 1825 to compete with their own bands as each other's rivals. It is no exaggeration to speak of Strauß' and Lanner's gigantic and in the field of dance music incomparable success as being founded on the fact that their music was heard and received by all classes of society. If Schubert had written his dances almost exclusively for piano, Strauß and Lanner always composed their works for the ensembles that were available. Problems of performance were non-existent for them. Works by Schubert appeared in various collections of dances (a few in no single known copy in existence today) together with Strauß and Lanner in the same album. Whether Schubert met the two composers remains unproven.

Schubert: Deutscher mit zwei Trio und Coda fürs Pianoforte auf vier Hände D 618. Eigene Handschrift.

Schubert: 'Deutscher Tanz' with two trios and coda for piano duet, D 618. Autograph.

Viele Deutsche Tänze Schuberts sind nur schwer oder auch gar nicht zu datieren. Dies liegt sowohl daran, daß Schubert diese relativ kleinen Werke (das Wort „Gelegenheitskompositionen" wäre unzutreffend) selten mit Datumsvermerken versehen hat. – Ungewöhnlich ist die Anlage von D 618. Das Werk besteht aus einem Deutschen Tanz mit zwei Trios und Coda, das erste Trio ist identisch mit der Nr. 7 der sogenannten siebzehn „Ländler" D 366; im Autograph folgen auf diese Komposition noch zwei weitere Deutsche Tänze, die wohl zur selben Zeit entstanden sind. Der Klaviersatz zu vier Händen und der Vermerk Schuberts am Titelblatt „Zeléz" ließen Deutsch vermuten, daß dieser Tanz im Sommer 1818 während des ersten Aufenthalts im Hause Esterházy entstanden sein mochte; eine Zuordnung dieser Reinschrift mit Herbst 1818 ist wahrscheinlicher.

Many of Schubert's Deutsche Tänze can only approximately be dated, if at all. The reason for this is to be sought in the fact that Schubert did not bother to add a date to the autographs of these relatively small-scale works – the description "occasional compositions" is not appropriate here. – The structure of D 618 is unusual, consisting as it does of a German dance with two trios and a coda. The first trio is identical with No. 7 of the so-called seventeen Ländler, D 366. In the autograph this composition is immediately followed by two further German dances, presumably composed at the same time. The fact that the work is written for piano duet, and also that Schubert added the name "Zeléz" to the title-page, led Deutsch to believe that D 618 had been composed in the summer of 1818, during Schubert's first visit to the Esterházy household. But the autumn of 1818 seems a more plausible date.

Schubert: Valses Sentimentales für Klavier D 779. Eigene Handschrift (Beginn des Autographs mit dem Titel „Deutsche" = achter Walzer des Drucks).

Schubert: Valses sentimentales for piano, D 779. Autograph ('Deutsche', beginning of the autograph – eighth waltz in the published edition).

Die Anordnung der Walzer im Autograph stimmt selten mit jener der Druckfassung überein. Dies rührt daher, daß die Verleger die Abfolge oft umnumerierten, manche Walzer strichen oder in neue Tanzfolgen zusammenfaßten. So sind beispielsweise die Tänze D 146, D 779, D 783 und D 975 zum größten Teil nur in zwei Manuskripten überliefert. Auch die sogenannten „Ersten Walzer", 36 Originaltänze D 365 (entstanden zwischen 1816 und 1821, Erstausgabe 1821), oder die 17 Deutsche Tänze („Ländler") D 366 wurden nicht als Sammelwerke in der dann gedruckten Abfolge komponiert. Es darf solch eine Verlagspraxis allerdings nicht überraschen, da sich gerade in dieser Zeit die Herausgabe mehr am möglichen Verkaufserfolg, denn an der Anordnung eines Manuskriptes orientierte. Sammelbände mit Einzeltänzen oft verschiedener Komponisten waren daher durchaus keine Seltenheit, sondern vielmehr die Praxis. – Die Bezeichnung „Valses Sentimentales" stammt, wie die meisten anderen Überschriften zu gedruckten Tanzfolgen Schuberts, nicht von ihm selbst (vgl. hiezu auch D 969 „Valses nobles" und D 924 „Graetzer-Walzer", aber auch die verschiedenen Einzelbenennungen, wie „Trauerwalzer" D 365/2, „Atzenbrugger Deutsche" D 365/29–31, „Wiedersehen-Deutscher" D 783/9.

The order of Schubert's waltzes in the autograph seldom corresponds to that of the printed version. Publishers were in the habit of renumbering the pieces submitted to them in manuscript form, leaving some of them out altogether or combining them in new sets of dances. Thus, the dances, D 146, D 779, D 783 and D 975, for instance, largely derive from only two manuscripts. Similarly, the so-called "First Waltzes", 36 original dances, D 365 (completed between 1816 and 1821, first edition 1821), or the seventeen German dances *(Ländler)*, D 366 were not written as consecutive sets 'in the order which subsequently appeared in print. Such practices on the part of the publishers were not uncommon: particularly at this time it was customary to plan the lay-out of an edition by reference more to marketing considerations than to the original disposition of the manuscript. Consequently, miscellaneous collections with individual dances by various composers were more the rule than the exception. – The designation *Valses sentimentales* is not Schubert's own, and this is the case with most of the printed headings for sets of dances by the composer (see in this connection D 969: *Valses nobles;* D 924: *Graetzer Walzer;* but also the various individual titles, such as *Trauerwalzer,* D 365/2, *Atzenbrugger Deutsche,* D 365/29 to 31, or *Wiedersehen-Deutscher,* D 783/9).

GALOPPE UND ECOSSAISEN
für das
Piano=Forte,
Aufgeführt
in den Gesellschafts=Bällen im Saale zu den 7 Churfürsten in Pesth,
im Carneval 1826.

Componirt
von
FRANZ SCHUBERT

N° 2072.

WIEN,
bei Ant. Diabelli und Comp Graben N° 1133

PESTH,
in Carl Lichtl's Musikalienhandlung, Kunst u. Industrie Comptoir

---

Schubert: Galoppe und [acht] Ecossaisen für das Piano=Forte D 735. – Zweite Auflage (deutsch), Diabelli & Co., Wien 1825.

Eine Ecossaise war ursprünglich ein schottischer Volkstanz, der, über Frankreich kommend, als geradtaktiger, im raschen Tempo stehender Tanz weite Verbreitung fand. Schubert komponierte während seines ganzen Lebens Ecossaisen, die sowohl als Einzelwerke wie auch als Teile von Tanzsammlungen erschienen sind. – D 735 hat eine bewegte Geschichte: Die zweite, mit deutschem Titel versehene Auflage (die erste erschien in französischer Sprache im November 1825) war nach Deutsch (Dokumente, S. 325) für die Pester Nobelbälle orchestriert worden, die im „Saale zu den 7 Churfürsten" stattfanden, wo sie dann während des Faschings 1826 als Tanzmusik gespielt wurden. Nun druckte ein anderer Pester Musikalienhändler, Karl Theodor Müller, den Galopp allein, ohne Schuberts Namen anzugeben und ohne Verlagsbezeichnung auf einem einzelnen Blatt nach. Diabelli strengte daraufhin einen Prozeß an, der mit einer Verwarnung Müllers endete. Schubert hat wahrscheinlich nie von diesem Streit um ein Werk seiner Komposition erfahren.

Schubert: Galop and eight écossaises for piano, D 735. Second impression (German), Diabelli & Co., Vienna, 1825.

An *écossaise* was originally a Scottish country dance which achieved widespread popularity first in France and then on the rest of the Continent as a fast dance in even time. Schubert wrote *écossaises* throughout his creative life; they were published both as separate pieces and as items in sets of dances. – D 735 had a colourful history: according to Deutsch (A documentary biography, p. 476), the second impression with its title in German (the first appeared in French in November, 1825) had been orchestrated for the aristocratic balls in Pest, which took place in the 'Hall of the Electoral Princes', where they were played as dance music throughout the carnival season of 1826. A music-shop proprietor from Pest, one Karl Theodor Müller, took the opportunity of bringing out a pirated single-sheet copy of the galop alone, without quoting Schubert's name or his own on the sheet. Diabelli thereupon sued Müller, and the court case ended with the latter being reprimanded. It is unlikely that Schubert ever learned of the contention which broke out over one of his compositions.

Gesellschaftsspiel der Schubertianer in Atzenbrugg. Aquarell von Leopold Kupelwieser, 1821 (Historisches Museum).

Es gehörte scheinbar zu den beliebten Unterhaltungen der Schubertianer, lebende Bilder in Form von Charaden darzustellen. Kupelwieser hielt in diesem Aquarell solch ein lebendes Bild fest, das den „Sündenfall" darstellt. Dieses Bild ist das an Personen aus dem Freundeskreis reichste, das aus Schuberts Lebenszeit überliefert ist. Es zeigt hinter dem Klavier (lehnend) Philipp Karl Hartmann, Schubert am Klavier, Franz v. Schober als Schlange, Leopold Kupelwieser als Baum der Erkenntnis, Johann Baptist Jenger als Adam, Jeanette Cuny de Pierron als Cherub, rechts vorne sitzend Joseph v. Spaun und unter ihm stehend Anton Freiherr v. Doblhoff.

Party Game of the Schubertians at Atzenbrugg. Water colour by Leopold Kupelwieser, 1821 (Historisches Museum).

Apparently one of the favourite forms of entertainment of the Schubertians was charades representing living tableaux. In this water colour Kupelwieser portrayed one such living tableau, intended to show the "Fall of Man". Note the large number of friends gathered round Schubert here: more people are in this picture than in any other painted in his lifetime. It shows Philipp Karl Hartmann behind the piano (leaning on it), Schubert at the piano, Franz von Schober as the snake, Leopold Kupelwieser as the tree of the knowledge of good and evil, Johann Baptist Jenger as Adam, Jeannette Cuny de Pierron as a cherub, Joseph von Spaun, seated, at the front on the right, and Anton Freiherr (Baron) von Doblhoff standing behind him.

CARNEVAL

1823

Samlung original deutscher Tänze für das

Piano-Forte

von

C. Czerny, Horzalka, Leidesdorf, Pamer, Payer, Pensel, Piris, Preisinger, Schoberlechner, Schubert, Stein, Worzischeck.

Heft. N.° 2

N.° 240.241. — Eigenthum der Verleger. — Preis f. 1. C.M.

Wien
Sauer & Leidesdorf,
Kärntnerstrasse N.° 941.

Carneval 1823. Samlung original deutscher Tänze für das Piano=Forte. – Erstdruck, Sauer & Leidesdorf, Wien 1823.

Drei Deutsche Tänze Schuberts (D 971) enthält diese in zwei Heften im Jänner 1823 erschienene Sammlung. Die Tänze sind im zweiten Heft als Nr. 13–15 gedruckt. – „Es war, besonders in Wien, Sitte geworden, zum Karneval besondere Sammelhefte von Tänzen und als Neujahrsgebinde Hefte gemischten Inhalts herauszugeben. Alle diese Hefte sind äußerst selten geworden, weil sie im starken Gebrauch zugrunde gingen. . . . Dieses war das erste von 17 Wiener Sammelwerken, in denen Schubert durch Original-Beiträge oder Nachdrucke vertreten war. Einige davon sind spurlos verschwunden" (Dokumente, S. 181). Die Autoren dieser beiden Hefte waren, wie Schubert, keineswegs ausschließlich nur Komponisten von Tanz- und Unterhaltungsmusik. Karl Czerny, Johann Evangelist Horzalka, Maximilian Joseph Leidesdorf sind in dieser Sammlung ebenso vertreten wie die Kapellmeister Michael Pamer oder Johann Pensel.

'Carneval 1823': Collection of original German dances for the pianoforte. First edition, Sauer & Leidesdorf, Vienna, 1823.

This collection, which appeared in two volumes in January, 1823, contains three German dances by Schubert (D 971), numbers 13 to 15 in the second volume. – "It had become the fashion, especially in Vienna, to issue as New Year gifts special collections of dances for the carnival as well as music-books of varied contents. All these books have now become extremly rare, the reason being that dance music easily deteriorated in use. . . . This was the first of seventeen Viennese collective works in which Schubert was represented either by original contributions or by reprints. Several of them have disappeared without a trace" (A documentary biography, p. 263). The other composers represented in these two volumes were, like Schubert, by no means only composers of dances and light music. Karl Czerny, Johann Evangelist Horzalka and Maximilian Joseph Leidesdorf rub shoulders here with the two capellmeister Michael Pamer and Johann Pensel.

Halt's enk zsamm. Samlung Original Oesterreichischer Ländler für das Piano=Forte. 2. Heft. – Erstdruck, Sauer & Leidesdorf, Wien 1824.

In drei Heften brachte der Verlag Sauer & Leidesdorf Anfang 1824 und im Jänner 1825 diese Tänze verschiedener Komponisten heraus (u. a. auch mit Kompositionen von Maximilian Joseph Leidesdorf oder Leopold Czapek), die nicht zuletzt auch aufgrund der Ausgaben für verschiedene Besetzungen großen Erfolg verzeichneten. Zwei Tänze Schuberts, D 366/6 und D 146/2, sind im zweiten Heft als Nr. 1 und Nr. 5 enthalten. – Die Vignette des Titelblattes stammt von Moritz von Schwind, der sich darüber in einem Brief vom 31. 12. 1823 Schober gegenüber äußert: ,,Für Leidesdorf habe ich tanzende Paare radiert so wie einen Tanzsaal. . . . Auf der Vignette der Schubertschen Walzer . . . erscheint Huber oben auf dem Orchester, die Trompete blasend." ,,Huber" ist der Konzeptspraktikant und Freund Schuberts, Joseph Huber, dessen Körpergröße und Nase in dieser Radierung Schwinds karikiert werden.

'Halt's enk zsamm. Sammlung Original-Österreichischer Ländler' for the pianoforte, 2nd book. First edition, Sauer & Leidesdorf, Vienna, 1824.

The firm Sauer & Leidesdorf published this collection of dances by various composers at the beginning of 1824 and in January, 1825 (including works by Maximilian Joseph Leidesdorf or Leopold Czapek). The edition was a great success because the settings were for different kinds of instrumental ensembles. Two dances by Schubert, D 366/6 and D 146/2 are contained in the second book as No. 1 and No. 5. – The vignette on the title-page is by Moritz von Schwind, who writes the following remark to Schober in a letter of 31st December, 1823: "I have etched some dancing couples and a dance-hall for Leidesdorf . . . Huber appears on the vignette for the Schubert waltzes right at the back of the orchestra, blowing his trumpet". "Huber" is Joseph Huber, the probationer and Schubert's friend whose corpulence and nose are caricatured in Schwind's etching.

NEUE KRÄHWINKLER TÄNZE
für das
Piano=Forte

Eine Krähwinkler Dame eröffnet den Ball mit einem Deutschen

Eigenthümer Verleger
Wien bey Sauer & Leidesdorf.

Neue Krähwinkler Tänze für das Piano=Forte. – Erstdruck, Sauer & Leidesdorf, Wien 1826.

Diese Sammlung von 12 Walzern, die im Dezember 1826 als Fortsetzung von „Halt's enk zsamm" erschien, enthält als Nr. 1 und als Nr. 11 zwei Walzer Schuberts (D 980). Das Titelbild des Drucks, eine Lithographie, stammt angeblich von Moritz von Schwind (diese Überlieferung ist allerdings nicht belegt). „Krähwinkler" war die Bezeichnung für die Bewohner einer imaginären Kleinstadt (vergleichbar etwa mit Schilda), die ob ihrer Einfalt oder Spießbürgerlichkeit verspottet wurden. Die „Neuen Krähwinkler Tänze" umfassen u. a. auch Kompositionen von Maximilian Joseph Leidesdorf, Joseph Fischhof, Ignaz Lachner und Benedikt Randhartinger.

'Neue Krähwinkler Tänze' for piano. First edition, Sauer & Leidesdorf, Vienna, 1826.

This collection of 12 waltzes, published in December, 1826 as a continuation of *Halt's enk zsamm*, contains two waltzes by Schubert (D 980) as numbers 1 and 11. The illustration on the title-page, a lithograph, is said to be by Moritz von Schwind (although there is no conclusive evidence for this supposition). 'Krähwinkler' was the name given to the inhabitants of an imaginary small town (something like Democrites' Abdera), whose obtuseness and provincial petty-mindedness were proverbial. The *Neue Krähwinkler Tänze* include works by Maximilian Joseph Leidesdorf, Joseph Fischhof, Ignaz Lachner and Benedikt Randhartinger.

Gar leicht sind Herz und Hand vermählt,
Wenn Väterchen die Thaler zählt.

Moderne Liebes=Walzer für das Piano=Forte. – Erstdruck, Sauer & Leidesdorf, Wien 1826.

Zugleich mit den ,,Neuen Krähwinkler Tänzen'' erschien auch diese Sammlung ,,Moderner Liebes=Walzer''. Ein Klavierwalzer Schuberts, D 979, bildet die Nr. 1 der Ausgabe, weiters enthält der Druck u. a. Werke von Ignaz Lachner, Joseph Fischhof, Franz Lachner und Albert Sowinsky. Das Titelbild mit den beiden scherzhaften Verszeilen stellt angeblich (stehend) Franz Schubert in einer Karikatur dar. Diese Hypothese ist allerdings nicht beweisbar.

'Moderne Liebes=Walzer' for the Piano-Forte. First edition, Sauer & Leidesdorf, Vienna, 1826.

This collection with the title *Moderne Liebes=Walzer* appeared at the same time as the *Neue Krähwinkler Tänze*. A waltz for piano by Schubert, D 979, is the first item in a miscellany which includes works by Iganz Lachner, Joseph Fischhof, Albert Sowinsky and others. The illustration on the title-page with two humorous lines of verse is said to be a caricature of Schubert (standing), although this hypothesis cannot be proved.

Orchestermusik

Schubert: Ouverture in D-Dur D 26, Partitur. Eigene Hand-schrift.

Schubert: Overture in D, D 26, score. Autograph.

Aus Schuberts Konviktzeit stammt die noch Ende 1811 begon-nene und am 26. Juni 1812 beendete Ouvertüre in D-Dur, im üb-rigen eine von fünf Ouvertüren aus den Jahren 1811 bis 1813, die alle in der Tonart D-Dur stehen. Das Werk war wahrscheinlich für das Konviktorchester bestimmt, in dem Schubert seine ersten Erfahrungen in der Orchesterpraxis sammelte. – Das Manuskript zeigt zwei verschiedene Fassungen, d. h., daß das Werk wohl un-ter dem Eindruck einer Aufführung Ende 1812 bzw. Anfang 1813 wesentlich umgearbeitet wurde. Nicht auszuschließen ist, daß auch Salieri verschiedene Änderungen und Korrekturen veranlaßt hat.

This overture was begun in late 1811 and completed on 26th June, 1812 and thus belongs to a time when Schubert was still an inmate of the choir school. It is one of five overtures composed in the years 1811 to 1813, all of them in the key of D major. It was probably written for the school orchestra, in which Schubert gained his first experience of orchestral practice. – The manuscript contains two different versions, which would suggest that the work underwent a significant revision after Schubert had heard it performed in late 1812 or early 1813. It is also possible that some alterations and corrections were made to it at Salieri's instigation.

Schubert: I. Symphonie in D-Dur D 82, Partitur. Eigene Handschrift (Gesellschaft der Musikfreunde).

Schubert: Symphony No. 1 in D, D 82, score. Autograph (Gesellschaft der Musikfreunde).

Nach einem ersten Versuch auf dem Gebiet der Symphonie, der mit 1811 zu datieren ist (D 997), arbeitete Schubert im Oktober 1813 an seiner I. Symphonie. Dieses Werk schuf er wohl unter dem Eindruck der Aufführungen von Symphonien Haydns, Mozarts u. a. durch das Studentenorchester im Stadtkonvikt, in dem Schubert die Viola spielte, gelegentlich aber auch Proben leiten durfte. Die I. Symphonie wurde im Stadtkonvikt uraufgeführt. – In den folgenden Jahren entstanden dann in kurzen Abständen weitere Symphonien, die alle noch dem konventionellen Symphonietypus verhaftet sind.

After one earlier attempt in the symphonic field (D 997, written in 1811) Schubert composed his first symphony in October, 1813. There are unmistakable traces here of the performances of symphonies by Haydn, Mozart and others, given by the choir school orchestra, in which Schubert played the viola (although on occasions he was allowed to conduct rehearsals). The symphony No. 1 received its first performance in the seminary. – At regular intervals in the years which followed Schubert composed a succession of further symphonies, all of them conforming to the conventional symphonic mould.

Schubert: Ouverture in B-Dur D 470, Partitur. Eigene Handschrift.

Schubert: Overture in B flat, D 470, score. Autograph.

Eine bemerkenswert kleine Besetzung weist die Ouvertüre in B-Dur auf, die im September 1816 komponiert wurde. Schubert hat dieses Werk ohne Klarinetten und Posaunen ausgeführt. Möglicherweise handelt es sich überhaupt nur um eine erweiterte Fassung einer ursprünglich für Streicher gedachten Komposition, worauf ein erhalten gebliebenes Fragment der Ouvertüre in dieser Besetzung hindeutet (D 601). In der hier vorliegenden Form wurde das Werk mehrmals in Abendunterhaltungen bei Privatgesellschaften aufgeführt, wobei Ferdinand Schubert sich als Dirigent auszeichnete.

The overture in B flat, composed in September, 1816, is conspicuous for the modest orchestral forces for which it is scored. The work has no trombone or clarinet parts, and it is possibly no more than an expanded version of a composition originally written for strings. This view is reinforced by the existence of a fragment which shows the overture scored for the latter forces (D 601). In its present form the overture was performed several times in the evening concerts of private societies, on which occasions Ferdinand Schubert made a favourable impression as a conductor.

a) *„Gasthof zum römischen Kaiser", Freyung. Unbezeichneter Druck (Historisches Museum). – b) Musikalisch-declamatorische Privatunterhaltung von C. F. Müller am 12ten März 1818 im Saale des Hotels zum römischen Kaiser. Programmzettel.*

Auf dem Programm stand eine Ouvertüre im italienischen Stil von Schubert. Es wird sich um jene in C-Dur handeln (D 591), die nach den zweifellos verläßlichen Berichten von Leopold v. Sonnleithner im November 1817 für den von Otto Hatwig geförderten privaten Orchesterverein geschrieben worden war (Erinnerungen, S. 391). Schubert hatte im selben Jahr die Ouvertüre für Klavier vierhändig gesetzt, und in dieser Besetzung – jedoch auf zwei Klavieren mit Verdopplung des jeweiligen Parts – wurde das Werk im „Gasthof zum römischen Kaiser" von Anselm Hüttenbrenner, Schubert und den Schwestern Therese und Babette Kunz gespielt. Über das Konzert berichtete Franz v. Schlechta in der Wiener Allgemeinen Theaterzeitung vom 24. März 1818.

a) *The inn 'Zum römischen Kaiser', Freyung. Unsigned print (Historisches Museum). – b) Musical-declamatory private entertainment given by C. F. Müller on 12th March, 1818 in the hall of the 'Hotel zum römischen Kaiser'. Program sheet.*

The program names an overture in the Italian style by Schubert – presumably that in C major (D 591), which (according to the undoubtedly reliable evidence of Leopold von Sonnleithner) had been composed for the private orchestral society sponsored by Otto Hatwig (Erinnerungen, p. 391). In the same year Schubert had arranged the overture for piano duet and it was in this form – though with two pianos, which meant the parts being doubled where appropriate – that it was played in the inn 'Zum römischen Kaiser' by Anselm Hüttenbrenner, Schubert and the sisters Therese and Babette Kunz. Franz von Schlechta wrote an account of this concert in the 'Wiener Allgemeine Theaterzeitung' of 24th March, 1818.

233

a) Otto Hatwig. Reproduktion nach einer Photographie. – b) Der Gundelhof, Innenansicht. Aquarell von Elias Hütter (Historisches Museum).

Von öffentlichen Aufführungen von Symphonien Schuberts ist zu seinen Lebzeiten nichts bekannt. Hingegen hatte sich seit 1815 bei dem Violinspieler und Dirigenten Otto Hatwig ein Orchester zusammengefunden, in dem auch Schubert mitwirkte. Hatwig wohnte anfangs im Schottenhof, und dort wurde 1816 Schuberts V. Symphonie zum erstenmal gespielt. Die 1818 beendete VI. Symphonie (die sogenannte kleine C-Dur-Symphonie) soll laut Sonnleithners Aussage für diesen Verein geschrieben worden sein. Sie erlebte ihre Uraufführung auch in diesem privaten Kreis, und zwar noch 1818, jedoch nicht im Schottenhof, sondern im Gundelhof am Bauernmarkt, wohin Hatwig seine Wohnung verlegt hatte. – Im Orchester waren oft namhafte Musiker zu finden: So saßen am ersten Pult der Violinen gelegentlich Eduard Jaëll und Ferdinand Schubert, am zweiten Josef Prohaska, und zu den Bläsern gesellten sich Josef Doppler, die Brüder Nentwich u. a.

a) Otto Hatwig. Reproduction after a photograph. – b) The Gundelhof – interior. Water colour by Elias Hütter (Historisches Museum).

There is no evidence to suggest that Schubert's symphonies were performed in public during his lifetime. On the other hand, since 1815 an orchestra had assembled around the violinist and conductor Otto Hatwig, and Schubert also played here. At first Hatwig had lived in the Schottenhof, and it was here, in 1816, that Schubert's fifth symphony was first performed. The sixth symphony (known as the "little C major symphony"), which was completed in 1818, is said by Sonnleithner to have been composed for this orchestral society. It was first played by them in a private performance, in the year of its completion, but in a new setting: Hatwig had left the Schottenhof and had taken up residence in the Gundelhof on the Bauernmarkt. – The orchestra often included a number of well-known players: on occasions the first violin desk was occupied by Eduard Jaëll and Ferdinand Schubert, the second by Josef Prohaska; while the wind section counted Josef Doppler, the Brothers Nentwich and others among their company.

Schubert: Klavierskizze zu einer Symphonie in D-Dur (1. Satz) D 615. Eigene Handschrift.

Schubert: Piano sketch for a symphony in D major (first movement), D 615. Autograph.

Unmittelbar nach Beendigung der VI. Symphonie begann Schubert im Mai 1818 mit einer Symphonie in D-Dur. Dabei kam er über eine Klavierskizze nicht hinaus und ließ auch die beiden ersten Sätze – die einzigen, die sich zu dieser Symphonie erhalten haben – unvollendet. Offensichtlich hat Schubert an eine Ausführung dieser Skizzen nicht gedacht: Nach 1818 trat eine Krise in seinem symphonischen Schaffen ein, und eine Zäsur ist nicht zu übersehen. Was Schubert beabsichtigte, war die Abwendung von der traditionellen Form. Die in den nächsten Jahren folgenden Symphoniefragmente sind nur Anzeichen einer Entwicklung, die Schubert hin zur großen Symphonie führen sollte.

Immediately after completing his sixth symphony, in May, 1818, Schubert embarked on a symphony in D major. He got no further than a piano draft, and the first two movements – the others are lost – he left unfinished. Schubert clearly had no intention of continuing work on these sketches: after 1818 he went through a crisis in his symphonic writing, and the hiatus is unmistakable. What Schubert had in mind was a break with the traditional form. The symphonic fragments which date from the next few years are symptomatic of a development which was to take Schubert along the path which led to the large-scale symphony.

Ludwig van Beethoven: IV. Symphonie in B-Dur op. 60 D Anhang II/8, Partitur. Abschrift von Schuberts Hand.

Ludwig van Beethoven: Symphony No. 4 in B flat, opus 60, score. Copy in Schubert's hand.

1819 – genauer: Ende 1819 – hat Schubert an der Abschrift von Beethovens IV. Symphonie gearbeitet. Das Fragment zeigt nur die Anfangstakte der Einleitung. Es ist bemerkenswert, daß diese Abschrift, die wohl nur zu Studienzwecken entstanden ist, in jene Zeit fällt, in der von Plänen zu einer eigenen Symphonie nichts bekannt ist. Offensichtlich unzufrieden mit seinem bisherigen symphonischen Schaffen, orientierte Schubert sich nun stärker an Beethoven.

Around 1819 – or more exactly at the end of that year – Schubert was at work copying out Beethoven's fourth symphony. The fragment shows only the opening bars of the introduction. Interestingly enough, this copy, obviously intended only for the purposes of study, was made at a time when nothing is known of any plans for symphonies of his own. Schubert was clearly dissatisfied with his achievements in this field to date and was now drawing closer to Beethoven's sphere of influence.

Zweytes Gesellschafts-Concert [im Saal der Gesellschaft der Musikfreunde] am 18. November 1821. Programmzettel (Gesellschaft der Musikfreunde).

In diesem öffentlichen Konzert wurde neben Beethovens VII. Symphonie auch eine Ouvertüre von Schubert gespielt, und zwar handelte es sich nach einem handschriftlichen Programmvermerk um jene in e-Moll aus dem Jahre 1819 (D 648). Dies war einer der seltenen Fälle, daß Schubert in einem öffentlichen Konzert mit einem Orchesterwerk Beachtung fand. Die Aufnahme der Ouvertüre in das Programm hatte Schubert seinem Gönner Leopold v. Sonnleithner, dem Dirigenten der Aufführung, zu verdanken.

'Zweytes Gesellschafts-Concert' in the hall of the 'Gesellschaft der Musikfreunde' on 18th November, 1821. Program sheet (Gesellschaft der Musikfreunde).

The program of this public concert included, besides Beethoven's seventh symphony, an overture by Schubert – identified by a hand-written entry on the program as that in E minor from the year 1819 (D 648). This was one of the rare occasions on which an orchestral work by Schubert was received with enthusiasm at a public concert; for which Schubert had only the conductor of the performance, Leopold von Sonnleithner, to thank.

Schubert: Klavierskizze zu einer Symphonie in D-Dur (1. Satz) D deest, Neues D 708 A. Eigene Handschrift.

Schubert: Piano sketch for a symphony in D major (first movement), D deest, New Deutsch Catalogue 708 A. Autograph.

Im oder nach dem Frühjahr 1821 – die Datierung ist nur aufgrund der Handschrift und des verwendeten Papiers möglich – arbeitete Schubert nach einer dreijährigen Pause wieder an einer Symphonie. Alle vier Sätze wurden skizziert, doch keiner vollständig ausgeführt. Was Schubert bewogen hat, die Komposition nicht zu Ende zu führen, kann heute nicht mehr geklärt werden. – Die Existenz dieser Symphonie ist der Schubert-Literatur gänzlich unbekannt gewesen; bisher hatte es nur die falsche Hypothese über eine Symphonie mit sieben Sätzen aus dem Jahr 1818 gegeben (vgl. dazu Kat.-Nr. 234).

In or after the spring of 1821 – the date can be arrived at only on the basis of the handwriting and the type of paper used – Schubert was again at work on a symphony, having neglected this genre for three years. He sketched out all four movements but did not complete the scoring of any of them. It is impossible to ascertain why Schubert failed to finish the work. – Until now nothing was known of the existence of this symphony; though the erroneous hypothesis was put forward that a seven-movement symphony had been composed in 1818 (see Cat. No. 234).

Schubert: Symphonie in h-Moll („Unvollendete") D 759, Partitur. Eigene Handschrift (Gesellschaft der Musikfreunde).

Schubert: Symphony in B minor ("Unfinished"), D 759, score. Autograph (Gesellschaft der Musikfreunde).

Die sogenannte „Unvollendete" – den Titel hat das Werk erst gegen Ende des 19. Jahrhunderts erhalten, und seit dieser Zeit datieren auch die verschiedenen Legenden über das Werk – wurde im Oktober 1822 in Partitur ausgeführt. Schubert hat nur zwei Sätze vollständig instrumentiert, der dritte ist ein Torso geblieben. Die Diskussionen, ob Schubert zu dieser Symphonie alle vier Sätze konzipiert hat (in Form einer Klavierskizze), sind noch lange nicht abgeschlossen. Es gibt auch tatsächlich keine stichhaltigen Beweise, weder für noch wider die Existenz einer Skizze zum letzten Satz. – Den Worten Anselm Hüttenbrenners hat man bisher Glauben geschenkt, daß Schubert diese Symphonie dem Steiermärkischen Musikverein als Gegengabe für das ihm im Frühjahr 1823 verliehene Ehrendiplom überreicht habe. Dagegen spricht, daß sich ein fragmentarisches Werk als offizielles Geschenk kaum eignen konnte. – Die Symphonie fügt sich als ein musikalisch höchst auffallendes Werk in die Reihe der Fragmente ein, über die Schubert zur großen Symphonie gefunden hat.

October, 1822 saw the scoring of the so-called "Unfinished Symphony" – a title which the work acquired only towards the end of the 19th century, the time from which the various legends surrounding the symphony also originate. The instrumentation of only the first two movements was completed, while the third remained a torso. The controversies over the question whether Schubert ever planned all four movements (as a piano draft) will no doubt continue unabated. There is no conclusive evidence which either proves or disproves the existence of a sketch for the last movement. Until now Anselm Hüttenbrenner's statement – to the effect that Schubert presented this symphony to the Styrian 'Musikverein' as a gesture of gratitude for the honorary diploma bestowed on him in the spring of 1823 – has generally been accepted. On the other hand, one can hardly imagine that a fragmentary composition would have made a particularly fitting gift. – This symphony stands out as a musically conspicuous landmark in the succession of fragments that eventually led Schubert to the mastering of large-scale symphonic form.

Schubert: Symphonie in C-Dur D 944, Partitur. Eigene Handschrift (Gesellschaft der Musikfreunde).

Schubert: Symphony in C major, D 944, score. Autograph (Gesellschaft der Musikfreunde).

Seit Anfang der zwanziger Jahre war Schubert bemüht, sich „den Weg zur großen Symphonie zu bahnen" (Brief an Kupelwieser, Dokumente, S. 235). Nach mehreren Fragment gebliebenen Arbeiten (vgl. Kat.-Nr. 237, 238) kam es schließlich zur Niederschrift der großen Symphonie in C-Dur, deren Kompositionsbeginn man bisher fälschlich mit März 1828 datiert hat. Aus der Korrektur des Datums auf der ersten Seite des Manuskripts und nach Untersuchungen des Papiers und der Schriftzüge konnte festgestellt werden, daß Schubert mit der Partiturskizze zur Symphonie bereits im März 1825 begonnen hat. Die Fertigstellung (Instrumentierung und Umarbeitung) hat sich über zwei Jahre erstreckt. – Die „große C-Dur", wie sie gemeinhin genannt wird, unterscheidet sich schon vom Aufbau her von den übrigen vollendeten Symphonien Schuberts. Die außerordentliche Länge des ersten, aber auch des dritten Satzes hat Orchester und Dirigenten lange Zeit von einer Aufführung abgehalten. Erst 1839 erlebte die Symphonie unter Mendelssohn-Bartholdy ihre Uraufführung, aber nur in verstümmelter Form, da einschneidende Kürzungen vorgenommen worden waren.

Since the early 1820's Schubert had been trying "to find the way towards the large-scale symphony" (letter to Kupelwieser. A documentary biography, p. 339). After several attempts which remained fragments (see Cat. Nos. 237, 238) he finally completed the great symphony in C. Until now it was thought that Schubert had begun work on this composition in March, 1828, but the corrected date on the first manuscript page, and the paper and handwriting, prove that he embarked on the sketch for the score as early as March, 1825. It was another two years before the remaining work on the symphony (instrumentation and revision) was completed. – The "Great C major Symphony", as it is commonly known, represents a new departure in Schubert's symphonic writing even in its structure. The exceptional dimensions of the first – and also the third – movement long discouraged orchestras and conductors alike from performing the work, so that it had to wait until 1839 for its first performance, conducted by Mendelssohn-Bartholdy; and even then it was heard only in a mutilated form, with drastic cuts.

Das alte Gebäude der Gesellschaft der Musikfreunde. Unbezeichneter Druck (Historisches Museum).

Die große Symphonie in C-Dur hat Schubert der Gesellschaft der Musikfreunde gewidmet, die ihm dafür ein Honorar von 100 Gulden ausbezahlte. In Schuberts Widmungsschreiben heißt es: „Von der edlen Absicht des Österr. Musik-Vereins, jedes Streben nach Kunst auf die möglichste Weise zu unterstützen, überzeugt, wage ich es, als ein vaterländischer Künstler, diese meine Sinfonie demselben zu widmen und sie seinem Schutze höflichst anzuempfehlen. Mit aller Hochachtung Ihr ergebener Fr. Schubert" (Dokumente, S. 380). Deutsch setzt dieses Schreiben in Zusammenhang mit der sogenannten „Gasteiner Symphonie" an der Schubert nach eigenen Berichten im Sommer 1825 gearbeitet hat und nicht mit der Symphonie in C-Dur. Wie in Kat.-Nr. 239 ausgeführt wurde, wird es sich um ein und dasselbe Werk handeln.

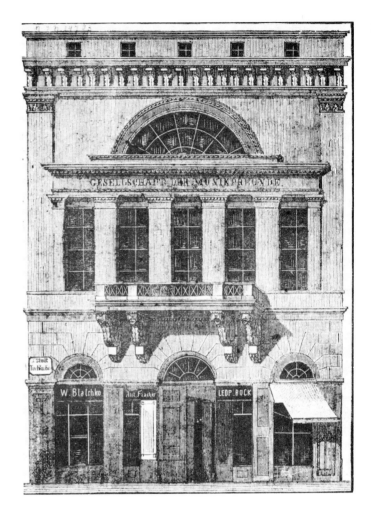

The old building of the 'Gesellschaft der Musikfreunde'. Unsigned print (Historisches Museum).

Schubert dedicated the great C major symphony to the 'Gesellschaft der Musikfreunde', receiving in return a fee of 100 guilders. The text of the dedication reads: "Convinced of the Austrian Musical Society's noble intention to support any artistic endeavour as far as possible, I venture, as a native artist, to dedicate to them this, my symphony, and to commend it most politely to their protection. With all respect, your devoted Fr. Schubert" (A documentary biography, p. 559). Deutsch assumes this text to refer to the so-called "Gastein Symphony" and not to that in C major. But as explained in Cat. No. 239, these are in fact one and the same work.

Schubert: Klavierskizze zu einer Symphonie in D-Dur D deest, Neues D 936 A (1. Satz). Eigene Handschrift.

Schubert: Piano draft of a symphony in D major (first movement), D deest, New Deutsch Catalogue 936 A. Autograph.

Nach Beendigung der Komposition der Symphonie in C-Dur konzipierte Schubert ein weiteres symphonisches Werk und dieses gleichfalls im Sinne einer großen Symphonie. Die Entstehungszeit wird man nach den Kriterien der Schriftzüge und der verwendeten Papiersorte mit 1828 – und vermutlich nach dem Sommer dieses Jahres – ansetzen müssen. Von dieser unvollendet gebliebenen letzten Symphonie – eine Tatsache, die der Schubert-Forschung bisher entgangen ist – hat Schubert nur drei Sätze entworfen, wobei im Scherzo auch das Trio fehlt. Sowohl zum ersten als auch zum dritten Satz gibt es verschiedene Fassungen, die man auch als Vorstudien bezeichnen könnte. Die Skizze zeigt an mehreren Stellen Instrumentationshinweise. Für Schubert war diese Art der Aufzeichnung zugleich das Particell, nach dem in der Regel die Partitur angefertigt wurde. Bei dieser Symphonie kam Schubert nicht über das Stadium des Particells hinaus.

Having completed the C major symphony, Schubert planned a further symphonic work, again on a large scale. The handwriting and the type of paper used suggest 1828, and apparently after the summer of this year, as a probable date. The existence of this unfinished last symphony – only three movements were planned out, and the scherzo also has no trio – has until now been completely overlooked. There are various versions of both the first and the third movements, and these can be seen as preliminary drafts. Several passages of the sketches contain indications of the instrumentation. Schubert treated this kind of sketch as the particell and generally used it as the basis for writing out the full score. But here Schubert got no further than the particell stage with this symphony.

Kammermusik, Klaviermusik

242

Schubert: Streichquartett in verschiedenen Tonarten D18. Eigene Handschrift (Wiener Männergesangverein).

Schubert: String quartet in mixed keys, D18. Autograph (Wiener Männergesangverein).

Streichquartette zu schreiben, gehörte zu den ersten größeren Kompositionsversuchen des 12- bis 14jährigen Schubert. Die Hausmusikpflege im Familienkreis bildete dafür eine gute Voraussetzung. Vor allem wurden Divertimenti und Streichquartette von Mozart und Haydn aufgeführt (vgl. Kat.-Nr. 243). – Das fünfsätzige Streichquartett D18 entstand Ende 1809 oder Anfang 1810 und gilt in der Zählung als erstes Werk dieses Genres. Es sind noch weitere Manuskripte aus den frühen Jahren erhalten geblieben (D 2, D 3, D 8), und es kann angenommen werden, daß Schubert noch andere Quartette verfaßt hat, die verlorengegangen sind.

Between the ages of 12 and 14 Schubert's early attempts at composition included a number of string quartets. He enjoyed the advantage of having a home where domestic music-making was fostered; especially divertimenti and string quartets by Mozart and Haydn were performed (see Cat. No. 243). – The five-movement string quartet D18 was written in late 1809 or early 1810. It is thought to the first in this genre, although other manuscripts from these early years have survived (D 2, D 3 and D 8), and it is likely that Schubert wrote further quartets that have been lost.

Ferdinand Schubert, „„Skizzen zu Ferd. Schubert's Biographie"",
Wien 7. September. Eigene Handschrift (Hermine Unger, Wien).

Ferdinand Schubert, "Sketches for a biography of Ferd. Schubert",
Vienna, 1841. Autograph (Hermine Unger, Vienna).

„„Ein vorzüglicher Genuß war es für ihn [Ferdinand], mit seinem Bruder Franz in Gesellschaft des Vaters und des Bruders Ignaz Quartetten vorzutragen. Dieß geschah größtentheils in den Ferial-Monathen, als Franz noch im k. k. Convicte war, oder weñ dieser von 14 Tag zu 14 Tag nach Hause zum Vater kam. Wie entzückt waren alle, weñ er selbst componirte Musik mitbrachte; wie freute sich da jeder auf die neuen Ideen, und wie enthusiastisch wurden da diese Quartetten prima vista aufgeführt!""

"It was a great pleasure for [Ferdinand] to play quartets with his brother Franz in the company of his father and his brother, Ignaz. This mostly occurred in the holiday months, when Franz was still in the seminary; or when he came home to his father at the end of every fortnight. How delighted they all were when he brought music he had composed himself; how everybody looked forward to his new ideas, and how enthusiastically these quartets were performed at first sight!"

*Schubert: Streichquartett in B-Dur D 36. Eigene Handschrift (Ge-
sellschaft der Musikfreunde).*

*Schubert: String quartet in B flat, D 36. Autograph (Gesellschaft
der Musikfreunde).*

Mehr als zwei Jahre trennen das Streichquartett in B-Dur von jenem „ersten" D 18; dazwischen liegt noch ein Fragment gebliebe-
ner Entwurf zu einem Streichquartett in C-Dur D 32. Die kom-
positorische Entwicklung des jungen Komponisten Franz Schubert ist aber an jenem Werk durchaus festzustellen. Wenn auch
Joseph Haydns sogenanntes „Quintenquartett" (Hob: III/76) für
den ersten Satz Pate gestanden haben mochte, so zeigt D 36 doch
bereits eine Reihe Schubertscher Eigentümlichkeiten, die im
Quartett des Vorbildes kaum denkbar wären: eine Modulation
nach ces-Moll in einem B-Dur-Satz, Tremoli wie im letzten
Streichquartett D 887, eine Unisono-Rückführung des Trios zur
Wiederholung des Menuettsatzes. – Das Autograph trägt den
Vermerk des Kompositionsbeginns, „19. Nov. 1812".

Between D 18, Schubert's "first" string quartet, and the quartet in
B flat, D 36, more than two years elapsed (during this intervening
period Schubert made a sketch for a string quartet in C major,
D 32, but this remained a fragment). Nevertheless, the young
Schubert's development as a composer can be measured by a
comparison of the two works. Even if the influence of Joseph
Haydn's so-called *Quintenquartett* (Hob. III/76) is unmistakable
in the first movement of D 36, a number of typical Schubertean
features can still be detected in this work which would have been
unthinkable in Haydn: a modulation to C flat minor in a B flat
movement, tremoli similar to those in Schubert's last quartet,
D 887, or the unisono transition from the trio to the minuet
repeat. – On the autograph Schubert has dated the beginning of
composition as "19th November, 1812".

Schubert: Streichquartett in C-Dur D 46. Eigene Handschrift.

Schubert: String quartet in C major, D 46. Autograph.

Im März 1813 entstand das nächste große Streichquartett. Schubert stellte in diesem Werk schon größere technische Anforderungen an die Interpreten, mochten diese sich nun aus dem Familienkreis zusammensetzen – die Quartette der ersten Schaffensjahre wurden wahrscheinlich durchwegs im Elternhaus uraufgeführt – oder aus Konviktsfreunden bestehen. – Dies gilt auch für das nächstfolgende zweisätzige und wahrscheinlich Fragment gebliebene Werk in B-Dur D 68, die beiden Streichquartette in D-Dur D 74 und D 94, und auch für das an Mozart orientierte Quartett in Es-Dur D 87. – Die Streichquartette des Sommers und Herbstes 1813 entstanden unter der Aufsicht Salieris, der Schubert ermuntert haben soll, die Werke im Druck herauszugeben. Tatsächlich erschienen aber alle frühen Quartette posthum.

The next full-scale string quartet dates from March, 1813. Here Schubert makes greater technical demands on his players, who were either members of the family – probably all of Schubert's early quartets were first performed at home – or friends of Schubert's at the seminary. – Greater technical difficulty is also a feature of the work which immediately followed D 46, the quartet in B flat, D 68, of which only two movements survive and probably ever existed; and the same applies to the two D major quartets, D 74 and D 94, and to the E flat quartet, D 87, which clearly shows the influence of Mozart. – The quartets which date from the summer and autumn of the year 1813 were written under the guidance of Salieri, who is reported to have encouraged Schubert to have them published. In fact, none of his early quartets appeared in print until after his death.

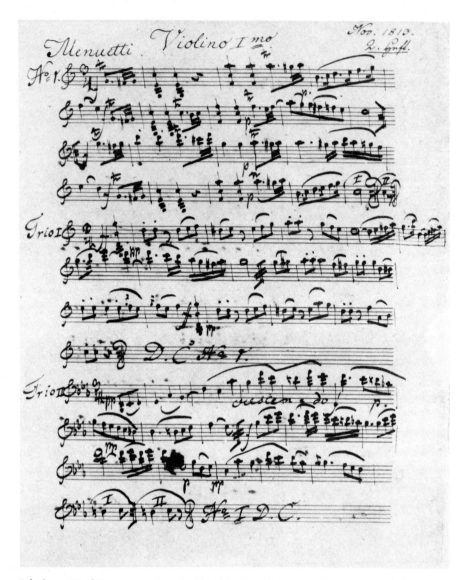

Schubert: Fünf Menuette mit sechs Trios für Streichquartett D 89. Eigene Handschrift (Stimme der 1. Violine).

Schubert: Five minuets with six trios for string quartet, D 89. Autograph.

Die „strenge" klassische Form durchbrach Schubert nicht nur in der Klaviermusik. Auch im Streichquartett wandte er sich früh den Tänzen zu und schrieb im November 1813 zwei große Sammlungen für diese Besetzung, deren Reinschrift er allerdings mehreren Revisionen unterzogen hat. Nach den verlorengegangenen „12 Menuetten mit Trios für Klavier" D 22, von denen Spaun berichtet, und den Menuetten für Klavier D 41 wandte sich Schubert hier einer Musik zu, die ihn später berühmter machen sollte als seine Opern oder Sonaten: den Menuetten D 89 und den zur selben Zeit entstandenen Deutschen Tänzen D 90.

It was not only in his piano music that Schubert went beyond the tenets of "strict" classical form: early in his career he also turned to the dance-form in his writing for the string quartet and in 1813 composed two extensive collections of music for this medium, later carrying out several revisions of the completed manuscript. After the "Twelve minuets and trios for piano", D 22 – now lost, though referred to by Spaun – and the minuets for piano, D 41, Schubert turned to a musical form which was often to bring him greater renown as a composer than the operas or sonatas: the minuets, D 89 and the *Deutsche Tänze,* D 90 which date from the same time.

Schubert: Streichquartett in D-Dur D 94. Eigene Handschrift.

Schubert: String quartet in D, D 94. Autograph.

Nach dem Abschluß seiner ersten Symphonie D 82, beschäftigte sich Schubert mehrere Monate hindurch mit der Oper „Des Teufels Lustschloß" D 84, und schrieb an den Quartetten in Es-Dur D 87, in B-Dur D 112, dessen ersten Satz er laut Partiturvermerk „in 4½ Stunden" verfertigt hat, sowie an einer Reihe von Tänzen und Fragment gebliebenen Stücken für Streichquartett. – Man hat bisher allgemein angenommen, daß das Quartett D 94 zu dieser Gruppe von Quartetten aus 1813 und 1814 gehört; die Folge war, daß vieles an diesem Quartett als Rückschritt anmutete. Die Reprise des ersten Satzes beginnt in C-Dur, das Andante con moto und das Schlußpresto wirken mehr als Haydn- und Mozart-Kopien denn als eigenständige Kammermusiksätze. Aufgrund der Handschrift ist aber sicher anzunehmen, daß dieses Quartett schon 1811 begonnen wurde. Schubert dürfte das Werk später Salieri vorgelegt haben, von welchem Korrekturen im Autograph vorhanden sind.

Having completed his first symphony, D 82, Schubert spent the next few months working on the opera *Des Teufels Lustschloß*, D 84; on the string quartets in E flat, D 87, and in B flat, D 112, whose first movement, according to an entry on the score, was completed "in 4½ hours"; and finally on a number of dances and pieces for string quartet which remained fragments. – It was hitherto generally supposed that the quartet, D 94 belongs to this group of quartets from the years 1813 and 1814; and in view of this the work was seen as something of a step backwards. The first-movement recapitulation begins in C major, while the andante con moto and the presto finale sound more like imitations of Haydn or Mozart than original compositions. But the manuscript proves that Schubert began to work on this quartet as early as 1811. Later he obviously submitted it to Salieri, whose corrections can be seen on the autograph.

Schubert: Streichquartett in g-Moll D173. Eigene Handschrift (Gesellschaft der Musikfreunde).

Schubert: String quartet in G minor, D173. Autograph (Gesellschaft der Musikfreunde).

Einen Tag nach Beendigung seiner zweiten Symphonie in B-Dur D 125, am 24. März 1815, begann Schubert mit der Niederschrift eines Streichquartetts, das in der parallelen Moll-Tonart steht. Schon am 1. April desselben Jahres war die viersätzige Komposition abgeschlossen und wurde wohl, wie auch die vorhergegangenen Quartette, in Schuberts Elternhaus erstmals zur Aufführung gebracht. Nicht nur die Verwandtschaft der Tonarten, sondern auch die Themenähnlichkeiten der zweiten Sätze und die Übereinstimmungen im Charakter der dritten zeigen die Nähe zur Symphonie. Dennoch, die späteren umfangreicheren Streichquartette nicht ausgenommen, stand Schubert dem Vorbild Beethoven selten so nahe, war Schubert durch dessen Werk dergestalt beeinflußt gewesen. Insbesondere die Beethovenschen Streichquartette op. 18/2 und op. 18/4 scheinen die Komposition von D 173 beeinflußt zu haben. Während sich bei Beethoven die Kompositionen in Moll-Tonarten allerdings zumeist im letzten Satz nach Dur wenden, verbleibt Schubert auch hier in g-Moll und läßt damit die klassischen Vorbilder hinter sich.

On the very next day after completing his second symphony in B flat, D 125 – on 24th March, 1815 – Schubert embarked upon the composition of a string quartet in the parallel minor key. By 1st April of the same year this four-movement work was already finished and, like the quartets which had preceded it, was presumably first performed at home in the Schuberts' house. The quartet's proximity to the symphony mentioned above is felt not simply in the close relationship of their keys, but further in the similarity of the themes in the two second movements and the affinity in the character of both third movements. Yet nowhere else – not even in the later, more ambitious string quartets – did Schubert so closely emulate Beethoven as here, where the older composer's influence – and in particular the influence of his string quartets opus 18/2 and opus 18/4 – is felt most clearly. But while Beethoven's minor key works tend in the last movement to end in the major key, Schubert retains the key of G minor to the end, thus transcending the classical precedents.

Schubert: Allegro in c-Moll für Streichquartett, genannt „Quartettsatz" D 703. Eigene Handschrift (Gesellschaft der Musikfreunde).

Schubert: Allegro in C minor for string quartet, known as 'Quartettsatz', D 703. Autograph (Gesellschaft der Musikfreunde).

Es ist nicht bekannt, ob Schubert dieses im Dezember 1820 komponierte Quartett unvollendet ließ oder ob die restlichen Sätze fehlen. Überliefert wurden nur der vollständige erste Satz (Allegro assai), nach dem das Werk dann auch den Namen „Quartettsatz" erhielt, und ein Andante-Entwurf in As-Dur, welcher nur wenige Takte umfaßt. – Sieht man von vereinzelten Zwischenarbeiten ab, so begann Schubert, sich erst nach einer fünfjährigen Pause hier wieder mit der Form des Streichquartetts zu beschäftigen; auch dieser unvollendet gebliebenen Arbeit folgte eine Unterbrechung von dreieinhalb Jahren. – Es kann nur vermutet werden, daß dieses Werk zu Schuberts Lebzeiten im privaten Rahmen aufgeführt worden ist. Die hohen technischen Anforderungen, insbesondere im Part der ersten Violine, lassen es allerdings fraglich erscheinen, ob der „Quartettsatz" vor seiner ersten öffentlichen Produktion im Jahr 1867 durch das Hellmesberger-Quartett geeignete Musiker oder Dilettantenensembles gefunden hätte.

It is not known whether Schubert left this quartet – composed in December, 1820 – incomplete, or whether the other movements have been lost. Only the first movement is extant in complete form – hence the work's name: 'Quartettsatz' – while a few bars of the sketch for an andante in A flat have also survived. – If we disregard a few intermediate excursions into this field, the *Quartettsatz* represents the first time in five years that Schubert had sat down to write a string quartet; and this incomplete work was, in its turn, to be the last for three-and-a-half years. – It seems probable that the *Quartettsatz* was performed privately during Schubert's lifetime. In view of the considerable technical demands which the work makes, in particular on the first violinist, it remains another question whether such amateur performances can have done full justice to the piece. It received its first public performance by the Hellmesberger Quartet in 1867.

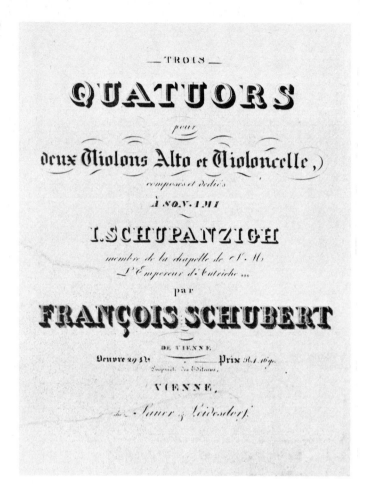

TROIS

QUATUORS

pour

deux Violons Alto et Violoncelle,)

composés et dédiés

À SON AMI

I. SCHUPANZIGH

membre de la chapelle de S. M.,

L'Empereur d'Autriche ...

par

FRANÇOIS SCHUBERT

DE VIENNE

Oeuvre 29 N°.   Prix f. 1. 10 y.

Propriété des Éditeurs.

VIENNE,

chez Sauer & Leidesdorf.

Schubert: Streichquartett in a-Moll D 804. – Erstdruck (in: Trois Quatuors pour deux Violins Alto et Violoncelle . . . Oeuvre 29), Sauer & Leidesdorf, Wien 1824.

Die ersten Monate des Jahres 1824 standen ganz im Zeichen der Kammermusik. Schubert komponierte die Variationen für Flöte und Klavier nach dem Lied „Trockne Blumen" aus dem kurz zuvor entstandenen Zyklus „Die schöne Müllerin" D 802, das Oktett D 803 und die beiden Streichquartette D 804 und D 810 (die Komposition des letzteren dauerte allerdings mehrere Jahre). In einem Brief vom 6. März 1824 schreibt Schwind an Schober: „Schubert ist schon recht wohl. . . . Er lebt noch immer einen Tag von Bananderl, den andern von einem Schnitzel und trinkt schwelgerisch Thee, dazu geht er öfters baden und ist unmensch-

lich fleißig. Ein neues Quartett wird Sonntags bei Zupanzik [Schuppanzigh] aufgeführt, der ganz begeistert ist und besonders fleißig einstudiert haben soll. Jetzt schreibt er schon an einem Oktett mit dem größten Eifer" (Dokumente, S. 229). Ignaz Schuppanzigh, dem das Werk gewidmet ist, führte das Quartett erstmals am 14. März 1824 in einem Subskriptionskonzert im Saal der Gesellschaft der Musikfreunde auf. Es war dies die erste öffentliche Produktion eines Streichquartetts von Schubert. Auch der Erstdruck des Werkes war eine Premiere: Es erschien als op. 29/1 und als erste gedruckte Kammermusik Schuberts überhaupt. Ursprünglich waren für op. 29 drei Quartette vorgesehen gewesen, es folgte jedoch nur eines, D 810. – Das Thema des zweiten Satzes von D 804 hat Schubert noch zweimal verwendet: im dritten Entr'acte zu „Rosamunde" D 797, und im dritten Impromptu D 935.

Schubert: String quartet in A minor, D 804. First edition, Sauer & Leidesdorf, Vienna, 1824.

The first few months of 1824 were devoted to chamber music. It was during this time that Schubert composed the variations for flute and piano (D 802) on the song *Ihr Blümelein alle* from the Lieder-cycle *Die schöne Müllerin*, which he had only recently completed; further, the octet, D 803 and the two string quartets, D 804 and D 810 (though the composition of the latter covered a period of several years). In a letter dated 6th March, 1824, Schwind writes to Schober: "Schubert is pretty well already. . . . He still lives one day on panada and the next on cutlets, and lavishly drinks tea, goes bathing a good deal besides and is superhumanly industrious. A new quartet is to be performed at Schuppanzigh's, who is quite enthusiastic and is said to have rehearsed particularly well. He has now long been at work on an octet, with the greatest zeal" (A documentary biography, p. 331). Ignaz Schuppanzigh, the work's dedicatee, was responsible for its first performance, on 14th March, 1824 in a subscription concert in the hall of the 'Gesellschaft der Musikfreunde'. This was the first occasion on which a string quartet by Schubert had been performed before the general public. The first edition of this work was also a début: it was published as opus 29/1, the first of Schubert's chamber music to appear in print. The opus number 29 was originally intended to comprise three quartets, but in the end only this and one other, D 810, were completed. – The theme of the second movement recurs in two subsequent works by Schubert: in the third entr'acte of the incidental music to *Rosamunde*, and in the third impromptu, D 935.

Ignaz Schuppanzigh. Lithographie von Wilhelm Rolling nach Jo-seph Danhauser (Historisches Museum).

Kein Geiger setzte sich zu Lebzeiten Schuberts so für dessen Werk ein wie Ignaz Schuppanzigh. Schubert wußte die Förderung durch den berühmten Geiger wohl zu schätzen, das Streichquartett in a-Moll D 804 trägt die Widmung: „Composés et dediés à son ami I. Schupanzigh . . . par François Schubert." Schuppanzigh war in den zwanziger Jahren nicht nur ein bekannter Solist und Kapellmeister, sondern wohl auch der bedeutendste Kammermusiker Wiens. Beethoven vertraute ihm eine Reihe seiner späten Quartette zur Uraufführung an.

Ignaz Schuppanzigh. Lithograph by Wilhelm Rolling from a portrait by Joseph Danhauser (Historisches Museum).

No other violinist furthered Schubert's music more during his lifetime than Ignaz Schuppanzigh. Schubert knew how to show his appreciation for these efforts on the part of the famous violinist very much; the string quartet in A minor, D 804 bears the dedication: "Composés et dediés à son ami I. Schuppanzigh . . . par François Schubert." In the 1820s Schuppanzigh was not only a well-known soloist and capellmeister, but the most important chamber musician in Vienna. Beethoven entrusted the first performance of a series of his late quartets to him.

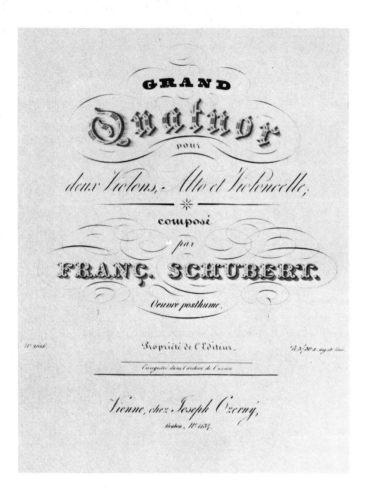

Schubert: *Grand Quatuor (d-Moll) pour deux Violons, Alto et Violoncelle („Der Tod und das Mädchen") D 810. – Erstdruck, Joseph Czerny, Wien 1831.*

An diesem Streichquartett, begonnen im März 1824, arbeitete Schubert fast zwei Jahre. Noch während der Proben zur Erstaufführung im privaten Rahmen durch das Quartett der Brüder Hakker im Jänner 1826 korrigierte oder änderte Schubert verschiedene Teile. Das Streichquartett trägt seinen Namen aufgrund des Themas des zweiten Satzes (Andante con moto), welches dem Lied „Der Tod und das Mädchen" D 531, Text von Matthias Claudius, entnommen ist. Dieser Satz besteht aus Thema und fünf Variationen. – In einem Brief an Leopold Kupelwieser spricht Schubert über seine Kammermusikkompositionen aus dem Frühjahr 1824: „In Liedern habe ich wenig Neues gemacht, dagegen versuchte ich mich in mehreren Instrumental-Sachen, denn ich componirte 2 Quartetten . . . u. ein Octett, u. will noch ein Quartetto schreiben, überhaupt will ich mir auf diese Art den Weg zur großen Sinfonie bahnen" (Dokumente, S. 235). Das von Schubert erwähnte dritte Quartett, das letzte innerhalb einer Reihe mit der Opuszahl 29, die nur aus dem a-Moll-Quartett bestehen sollte, wurde nie geschrieben.

Schubert: *String quartet in D minor, known as 'Der Tod und das Mädchen', D 810. First edition, Joseph Czerny, Vienna, 1831.*

The composition of this string quartet, begun in March, 1824, was to occupy Schubert for almost two years. Even while the rehearsals were going on for the first – private – performance by the quartet led by the Brothers Hacker in January, 1826 Schubert was correcting or altering various passages. The quartet owes its name to the theme of the second movement (andante con moto), which derives from the Lied *Der Tod und das Mädchen*, D 531, a setting of a poem by Matthias Claudius. This movement is made up of the theme and five variations. – In a letter to Leopold Kupelwieser Schubert writes of the chamber music he has been composing during the early part von 1824: "Of songs I have not written many new ones, but I have tried my hand at several instrumental works for I wrote two quartets . . . and an octet, and I want to write another quartet, in fact I intend to pave my way towards a grand symphony in that manner" (A documentary biography, p. 339). The third quartet mentioned here by Schubert was never written. It was to have been the last of a planned set to be grouped under the opus number 29, which eventually comprised only the A minor quartet.

Schuberthaus, Technikerstraße 9. Aquarell von Leo Diet (Historisches Museum).

Vom Frühjahr 1825 bis zum Sommer 1826 wohnte Schubert, den Sommer 1825 ausgenommen, den er in Oberösterreich und Salzburg verbrachte, in diesem Haus, welches zu dieser Zeit noch in der Wiener Vorstadt Wieden lag und die Nr. 100 trug. Das Haus befand sich bei der Karlskirche und nahe dem sogenannten „Mondscheinhaus", der Wohnung der Familie Schwind. Schubert wohnte im zweiten Stock bei Georg Kellner. Er vollendete hier das Streichquartett „Der Tod und das Mädchen" D 810 und begann die Komposition der „Gesänge aus Wilhelm Meister" D 877.

'Schuberthaus', Technikerstrasse No. 9. Water colour by Leo Diet (Historisches Museum).

From the spring of 1825 to the summer of 1826 – apart from the summer of 1825, which he spent in Upper Austria and Salzburg – Schubert lived in house No. 100 situated at the time on the outskirts of Vienna in Wieden. The house was to be found next to the 'Karlskirche', near the so-called 'Mondscheinhaus', the home of the Schwind family. Schubert lived on the second floor with Georg Kellner. Here he completed the string quartet *Der Tod und das Mädchen*, D 810, and began the composition of the *Gesänge aus Wilhelm Meister*, D 877.

Schubert: Streichquartett in G-Dur D 887. Eigene Handschrift (Österreichische Nationalbibliothek, Musiksammlung).

Schubert: String quartet in G major, D 887. Autograph (Österreichische Nationalbibliothek, Musiksammlung).

Schuberts letztes und umfangreichstes Streichquartett entstand im Juni 1826 innerhalb kürzester Zeit; in diesem Sommer beendete Beethoven sein vorletztes Streichquartett, in cis-Moll op. 131. Das viersätzige Schubertsche Streichquartett dauert etwa 45 Minuten und gehört auch in technischer Hinsicht zu den anspruchsvollsten Kompositionen dieses Genres. Schubert bot das G-Dur-Quartett gemeinsam mit dem d-Moll-Quartett am 21. Februar 1828 dem Verlag B. Schott's Söhne zum Druck an, der diese aber nicht akzeptierte. D 887 erschien erst 1851 als op. 161 bei Diabelli. – Es ist ungeklärt, ob das Werk oder Teile daraus jemals zu Schuberts Lebzeiten öffentlich gespielt worden sind. Die erste Nummer des einzigen Schubert-Konzertes am 26. März 1828, die laut Programmvermerk ,,Erster Satz eines neuen Streich-Quartetts" lautete (vgl. Kat.-Nr. 86), soll der erste Satz dieses Quartetts gewesen sein. Diese Ansicht ist allerdings eine Hypothese, da es sich ebenso auch um den ersten Satz des d-Moll-Quartetts gehandelt haben könnte.

Schubert's last and largest-scale string quartet was written in the briefest space of time, during June of the year 1826. It was in the course of this same summer that Beethoven completed his penultimate quartet, that in C sharp minor, opus 131. The four movements of the quartet by Schubert last some 45 minutes in performance and constitute one of the technically most demanding works in this genre. On 21st February, 1828, Schubert submitted the G major quartet, together with the D minor quartet, to the publishing-house, B. Schott's Söhne, but they were turned down, and D 887 did not appear in print until 1851, when it was published by Diabelli as opus 161. – It has never been established whether the work as a whole, or even parts of it, were performed publically during Schubert's lifetime. The first item in the one and only Schubert concert, which took place on 26th March, 1828, was given in the program as "the first movement from a new string quartet" (see Cat. No. 86). It is generally supposed that the quartet in question was that under consideration here, though this assumption remains hypothetical, since the reference might equally have been to the first movement of the quartet in D minor.

Beethoven: *Grand Quatuor En Ut dière mineur* . . . Œuvre 131.
– B. Schott's Söhne, Mainz–Paris (um 1827, späterer Abzug der
Erstausgabe der Stimmen).

„Franz Schubert wünschte sehr, das cis-Moll-Quartett des Meisters [Beethovens] . . . zu hören. Die Herren [Karl] Holz, Karl
Groß, Baron König spielten es ihm zuliebe. . . . Schubert kam in
solche Entzückung, Begeisterung und ward so angegriffen, daß
alle für ihn fürchteten. Ein kleines Übelbefinden, das vorherge-
gangen und noch nicht gründlich behoben war, steigerte sich rie-
sig, ging in Typhus über, und Schubert war nach fünf Tagen tot.
Das cis-Moll-Quartett war die letzte Musik, die er gehört!"
(Ludwig Nohl. Erinnerungen, S. 344).

Beethoven: *String quartet in C sharp minor, opus 131, B. Schott's
Söhne, Mainz–Paris, 1827 (later proof-sheet of the first edition of
the parts).*

"Franz Schubert's greatest wish was to hear the maestro's
[Beethoven] C sharp minor quartet. Messrs [Karl] Holz, Karl
Groß and Baron König played it to please him. Schubert was so
enchanted and enthusiastic, and was so moved, that he gave
everyone a fright. A slight indisposition had passed, but Schubert
had not completely recovered. It worsened drastically and turned
to typhoid. In five days Schubert was dead. The C sharp minor
quartet was the last music he heard!" (Ludwig Nohl.
Erinnerungen, p. 344).

Schubert: Klaviertrio in B-Dur D 28. Eigene Handschrift.

Schubert: Piano trio in B flat, D 28. Autograph.

Das Trio, welches im Autograph im Kopftitel die Bezeichnung „Sonate" trägt und welches mit „27. July 1812" und „28. August 1812" von Schubert selbst datiert wurde, entstand in drei Arbeitsetappen und enthält eine Anzahl von Korrekturen, die wohl über Anregung Salieris ausgeführt wurden. Wie häufig in frühen Werken, hat Schubert auch hier Teile der Hauptstimme mit Bleistift vorgezeichnet und diese Skizzen mit Tinte nachgezogen. Es besteht daher die Möglichkeit, daß der autographe Datierungvermerk nicht den tatsächlichen Kompositionsbeginn nennt. – Das Werk ist ein einsätziges Allegro und, obwohl eine Studienarbeit, wie die frühen Quartette, dennoch ein vollständiges und gültiges Werk.

The autograph of this trio uses the term "sonata" in the heading. Schubert himself dates the manuscript "27th July, 1812" and "28th August, 1812", although the work was completed in three stages. The autograph contains several revisions, presumably made at the instigation of Salieri. As in a number of other early works, Schubert here sketched in passages of the leading part in pencil and inked them in only later. It is therefore possible that the date given on the autograph for the beginning and end of composition is misleading. – The work is in one movement only, an allegro. Like the early quartets, it is a study work but nonetheless an integral composition and deserves to be taken seriously.

Schubert: Menuett und Finale in F-Dur für Bläseroktett D 72.
Eigene Handschrift (letzte Seite des Autographs).

Schubert: Minuet and finale in F major for wind octet, D 72.
Autograph – last page.

„Fine. Den 18. August 1813 F. Sch." Schubert datierte sein Oktett für zwei Oboen, zwei Klarinetten, 2 Fagotte und 2 Hörner mit diesem Vermerk im Autograph. Das Werk wurde nicht vollständig überliefert. Es liegen lediglich ein Menuett mit zwei Trios und ein Finalsatz (Allegro) fertig vor, vom ersten Satz existieren rund 100 Takte des Schlusses, zum zweiten Satz möglicherweise eine Skizze. Schubert verfaßte in diesem Autograph auch ein humoristisches Postskript mit folgendem Wortlaut: „Fine mit'n Quartett, welches gecomponiret hat Franzo: Schubert Kaplmaster der Kais. chinesischen Hofkapppehle zu Nanking, der weltberühmten Residenz von Sʳ. Chinesischen Mayestät. Geschrieben zu Wien in an Datum, das i nit waß, in an Jahr, das an 3 am End hat, u. an Anser (1) im Anfang, u. nachher an Ochter u. wieder an Anser: Heißet also: 1813."

"Fine. 18th August, 1813 F. Sch." With this entry on the autograph Schubert dated his octet for two oboes, two clarinets, two bassoons and two horns. The work has not, however, survived in its entirety: only a minuet with two trios and a finale (allegro) are extant in completed form, while some 100 bars of the end of the opening movement and what is possibly a sketch for the second have been preserved. The autograph also includes a humorous postscript by the composer: "Finished wi' th' Quartet, the which has been composéd by Franzᵒ Schubert, Chapel Master to the Imp. Chinese Court Chappppelll at Nanking, the world-famous residence of His Chinese Majesty. Written in Vienna, on a date I can't tell, in a year which has a 3 at the end, and a oner at the beginning, and then an eight, and another oner: that is to say – 1813" (A documentary biography, p. 32).

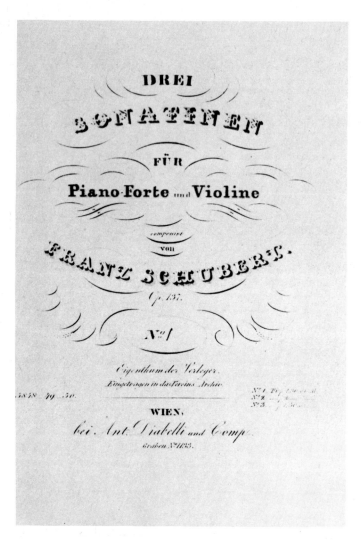

wie das „Konzertstück" für Violine und Orchester D 345, die Polonaise für Violine und Orchester D 580, die Sonate (Duo) für Violine und Klavier D 574, das Rondo für Violine und Klavier D 895, oder die Variationen für Streich- und Blasinstrumente und Klavier können kaum als eigenes Genre innerhalb des Schubertschen Œuvres angesehen werden. Daß Schubert keine großen Klavier-, Violin- oder Bläserkonzerte geschrieben hat, die etwa jenen Mozarts, Beethovens, Hummels etc. vergleichbar wären, ist sicher bedauerlich, als Erklärung dafür könnte aber lediglich die mangelnde Aufführungsmöglichkeit geltend gemacht werden. Da in den Quellen zu Schuberts Leben kein Hinweis darüber enthalten ist, ob Schubert beabsichtigt hat, sich jemals mit dieser Form zu beschäftigen, wären alle anderen Vermutungen nur Spekulation.

Schubert: Three sonatinas for pianoforte and violin, opus 137, D 384, D 385, D 408. First edition, Diabelli & Co., Vienna, 1836.

In 1836 Diabelli published these works for piano and violin as opus 137. Although all three date from the spring of 1816, it is doubtful whether Schubert had really intended them as a unified set. At all events, the designation "sonatina" is not Schubert's own. In the autograph the three works are headed as follows: No. 1 – "Sonata for pianoforte with violin accompaniment"; No. 2 – "Sonate II pour le Pianoforte et Violon"; No. 3 – "Sonata III". – Works for two different instruments or for a solo instrument with accompaniment are a rarity in Schubert's œuvre. Compositions like the *Konzertstück* for violin and orchestra, D 345, the polonaise for violin and orchestra, D 580, the sonatina (duo) for violin and piano, D 574, the rondo for violin and piano, D 895 or the variations for piano, strings and wind instruments can hardly be considered to belong to the same genre. It is, of course, regrettable that Schubert composed no great piano, violin or wind concerti to stand beside those of Mozart, Beethoven, Hummel and others. The explanation may lie simply in the fact that he lacked the opportunities for having such works performed. Since the biographical sources provide no clue as to whether Schubert ever contemplated coming to terms with the medium of the concerto, any attempt at further explanation must remain pure speculation.

Schubert: Drei Sonatinen für Piano-Forte und Violine . . . op. 137 D 384, D 385, D 408. – Erstdruck, Diabelli & Co., Wien 1836.

1836 gab der Verlag Diabelli als op. 137 diese Werke für Klavier und Violine heraus. Obwohl sie alle im Frühjahr 1816 entstanden sind, ist es fraglich, ob Schubert beabsichtigt hat, eine Sammlung von drei zusammengehörenden Werken zu schreiben. Die Bezeichnung „Sonatine" ist jedenfalls nicht original. Im Autograph wurden die Kompositionen folgendermaßen benannt: Nr. 1 „Sonate fürs Pianoforte mit Begleitung der Violine", Nr. 2 „Sonate II pour le Pianoforte et Violon", Nr. 3 „Sonate III". – Kompositionen für zwei verschiedene Instrumente oder für ein konzertierendes Instrument mit Begleitung sind bei Schubert selten. Werke

Schubert: Streichtrio in B-Dur D 581. Eigene Handschrift (Stimme der Violine).

Schubert schrieb zwei Trios für Violine, Viola und Violoncello, von welchen das erste, D 471, im September 1816 geschrieben, Fragment blieb (ein vollständiger erster Satz, der zweite Satz, ein Andante sostenuto, bricht schon in Takt 39 ab). Das Streichtrio D 581 entstand im Sommer 1817 (die Stimmen wurden allerdings nicht vor Ende 1817 ausgeschrieben) in unmittelbarer Nachbarschaft zu D 580, der Polonaise für Violine und Streichorchester, einem der wenigen Konzertstücke Schuberts. D 581 wurde erst im Rahmen der alten Gesamtausgabe der Werke Schuberts veröffentlicht, wobei das Manuskript in wesentlichen Punkten von dieser Publikation abweicht, so daß man hier fast von einer zweiten Version sprechen kann. Im Druck fehlen beispielsweise im ersten Satz mehrere Takte, es finden sich auch Änderungen in der Stimmführung, namentlich in der Viola und im Violoncello. Das Werk hat vier Sätze.

Schubert: String trio in B flat, D 581. Autograph – violin part.

Schubert composed two trios for violin, viola and cello. The first, D 471, was written in September, 1816 and remained unfinished (the first movement is complete, but the second, an andante sostenuto, breaks off at bar 39). The string trio, D 581 dates from the summer of 1817 – though the parts were not written out before the autumn of the year – and thus belongs to the same time as the polonaise for violin and string orchestra, D 580, one of the few concertante works by Schubert. D 581 did not appear in print until it was published in the old Complete Edition; but here there are such striking discrepancies between the published form and the manuscript that it is almost justified to speak of a second version. In the Complete Edition, for instance, several bars are missing from the first movement, and in places the viola and cello parts have been altered. The work has four movements.

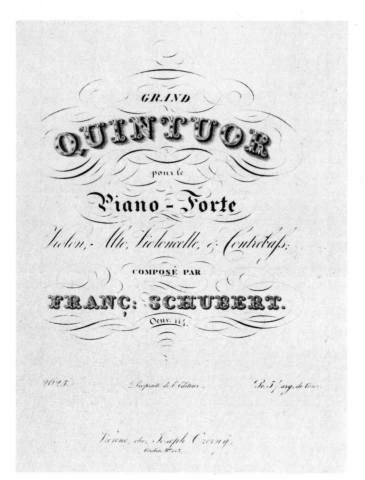

Schubert: Grand Quintuor (A-Dur) pour le Piano-Forte, Violon, Alto, Violon-Celle & Contrebass . . . Œuv. 114 („Forellenquintett") D 667. – Erstdruck, Joseph Czerny, Wien 1829 (Stimmenausgabe).

„Lieber Mayrhofer! Wenn es dir so gut geht, wie mir, so bist du recht gesund. . . . In Steyr hab ich mich und werd' mich noch sehr gut unterhalten. Die Gegend ist himmlisch, auch bey Linz ist es sehr schön" (Schubert an Johann Mayrhofer, 19. August 1819. Dokumente, S. 84). Während seines ersten Aufenthaltes in Oberösterreich mit Johann Michael Vogl komponierte Schubert über Auftrag von Sylvester Paumgartner, der ein Amateur-Cellist war, dieses Quintett mit der ungewöhnlichen Besetzung für Klavier, Violine, Viola, Violoncello und Kontrabaß. Ungewöhnlich ist auch der Aufbau des Werkes, es hat fünf Sätze, deren vierter, ein Variationensatz, das Lied „Die Forelle" D 550, zum Thema hat und deren fünfter einen Sonatensatz ohne Durchführung bildet. Das Autograph zu dieser Komposition, die zu den bekanntesten Schuberts zählt, ist verschollen. Im Druck erschienen posthum im Jahr 1929 gleichzeitig die Stimmenausgabe und eine Bearbeitung für Klavier zu vier Händen.

Schubert: Piano quintet in A major, known as the 'Trout quintet', D 667. First edition, Joseph Czerny, Vienna, 1829 (set of parts).

"Dear Mayrhofer, If you are as well as I am, you must be in the best of health. . . . At Steyr I had an excellent time, and shall again. The country is heavenly, and near Linz too is lovely" (Schubert to Johann Mayrhofer, 19th August, 1819. A documentary biography, p.124). It was during his first stay in Upper Austria with Johann Michael Vogl that Schubert composed this quintet with its unusual scoring for piano, violin, viola, cello and double bass, commissioned by Sylvester Paumgartner, himself an amateur cellist. No less unusual is the work's structure: it is in five moments, of which the fourth, a set of variations, derives its theme from the Lied *Die Forelle*, D 550 and the fifth is in sonata form, but with the development section missing. The autograph of this composition, one of Schubert's most popular, has disappeared. The work was published posthumously in 1829 both as a set of parts and at the same time in an arrangement for piano duet.

Schubert: Introduktion und Variationen in e-Moll über ein eigenes Thema für Flöte und Klavier D 802. Eigene Handschrift (Thema, dritte Autographenseite).

Wahrscheinlich über Auftrag des Flötisten Ferdinand Bogner schrieb Schubert im Jänner 1824 sieben Variationen für Flöte und Klavier über das Thema des Liedes Nr. 18 aus den „Müllerliedern" D 795, „Trockne Blumen ", die von einer langsamen Einleitung eingeführt werden. Wie das Manuskript zeigt, entstanden die Variationen nicht in der später fixierten Abfolge. Für einzelne Abschnitte komponierte Schubert zwei Fassungen der Flötenstimme, die sehr virtuos gehalten ist.

Schubert: Introduction and variations in E minor on a original theme for flute and piano, D 802. Autograph – theme: page three of the autograph.

It was probably in response to a commission by the flautist Ferdinand Bogner that, in January of the year 1824, Schubert composed seven variations for flute and piano on the theme of the eighteenth song from the Lieder-cycle *Die schöne Müllerin* (D 795), *Trockne Blumen*. In the variations, the theme is ushered in by a slow introduction. As is evident from the manuscript, the variations were not composed in the order in which they were later to be arranged. For various sections of the work Schubert wrote alternative versions of the flute part, which makes virtuoso demands on the performer.

Schubert: Octett in F-Dur D 803. Eigene Handschrift.

Schubert: Octet in F major, D 803. Autograph.

Das Oktett in der Besetzung zwei Violinen, Viola, Violoncello, Kontrabaß, Klarinette, Horn und Fagott ist ein Auftragswerk für den Grafen Ferdinand Troyer, der bei der Uraufführung im Frühjahr 1824 in seiner Wohnung (Spielmannsches Haus, heute Wien I, Graben 13) den Klarinettenpart interpretierte. Die erste öffentliche Aufführung fand erst im April 1827 unter der Leitung von Ignaz Schuppanzigh statt. Das Oktett Schuberts lehnt sich in formaler und thematischer Hinsicht stark an Beethovens Septett op. 20 an, wobei aber für beide sechssätzigen Werke die Wurzeln im Aufbau des Divertimentos zu suchen sind. Beethovens Septett beginnt, wie das Oktett von Schubert, mit einer Adagio-Einleitung, die beiden zweiten Sätze stehen ebenfalls im Adagio und beginnen mit einem Thema in der Klarinette, die vierten Sätze sind Variationensätze im Andante, die beiden verbleibenden Mittelsätze jeweils ein Scherzo und ein Menuett. Die Schlußsätze des Septetts und des Oktetts beginnen mit einer langsamen Einleitung. Darüber hinaus lassen sich auch viele Parallelen im Themenaufbau und in der kompositorischen Weiterführung nachweisen.

The octet, scored for two violins, viola, cello, double bass, clarinet, horn and bassoon, was commissioned by Count Ferdinand Troyer, who played the clarinet part on the occasion of the work's first performance in the spring of 1824 in the Count's apartments ('Spielmannsches Haus', today Vienna I, Graben No. 13). The octet had to wait until April, 1827 for its first public performance, directed by Ignaz Schuppanzigh. In its form and thematic material Schubert's octet borrows heavily from Beethoven's septet opus 20, although the structural origins of both six-movement compositions can be traced back to the divertimento. Beethoven's septet and Schubert's octet begin alike with an adagio introduction; both second movements are likewise adagios and open with a theme announced by the clarinet; the fourth movement of both works is an andante variation movement; the remaining two middle movements are in both cases a scherzo and a minuet respectively; while the closing movement in either case begins with a slow introduction. Over and above this, one can point to a large number of similarities in the thematic structure and the development of the thematic material.

Ludwig van Beethoven: Septetto pour Violon, Alto, Clarinette, Corno, Basson, Violoncelle et Contre-Basse . . . Œuvre 20. – Erstdruck, Hoffmeister & Comp., Wien-Leipzig 1802 (Stimmenausgabe).

Beethovens Septett für Violine, Viola, Violoncello, Kontrabaß, Klarinette, Horn und Fagott entstand in den Jahren 1799/1800 und wurde zu Lebzeiten des Komponisten eines seiner bekanntesten und meistgespielten Werke. Dies beweist auch die ungewöhnlich große Fülle an Transkriptionen für andere Instrumente, von welchen eine, für Klaviertrio, von Beethoven stammt (op. 38). Schubert kannte das Septett und benützte es als Vorlage zu seinem im Frühjahr 1824 entstandenen Oktett D 803 (vgl. Kat.-Nr. 262).

Ludwig van Beethoven: Septet in E flat, opus 20. First edition, Hoffmeister & Co., Vienna/Leipzig, 1802 (set of parts).

Beethoven's septet for violin, viola, cello, double bass, clarinet, horn and bassoon was written in the years 1799/1800 and during the composer's lifetime proved one of his most popular and most-heard works; a fact which is illustrated by the unusually large number of arrangements made of this composition for other instrumental combinations – one of them (for piano trio) is by Beehoven himself (opus 38). Schubert was familiar with this septet and modelled his own octet, D 803, written in early 1824, on it (see Cat. No. 262).

Ostermontag den 16. April 1827
wird
das letzte
Abonnement = Quartett
des
Ignaz Schuppanzigh,

unter den Tuchlauben, zum rothen Igel (im kleinen Ver=
ein=Saale) Nachmittags von halb 5 bis halb 7 Uhr,
Statt haben.

Vorkommende Stücke:

1. Neues großes Octett für 5 Saiten= und 3 Blas=Instrumente,
   von Herrn Schubert.

2. An die ferne Geliebte. Ein Liederkreis für eine Singstimme
   und Clavier=Begleitung, von Beethoven.

3. Großes Clavier=Concert (aus Es dur), von Louis van
   Beethoven, arrangirt für zwey Pianoforte und Quartett=Beglei=
   tung, gefälligst vorgetragen von Herrn Carl Czerni und Herrn
   von Pfaller.

Eintrittskarten sind auf dem Graben, in der Kunsthandlung des Herrn
T. Haslinger (vormahls Steiner & Comp.) zu haben.

Das Letzte Abonnement=Quartett des Ignaz Schuppanzigh, unter den Tuchlauben, zum rothen Igel, 16. April 1827. Programmzettel.

Als eines der wenigen Kammermusikwerke wurde das Oktett auch in einem öffentlichen Konzert gespielt. „Hrn. *Schuberts* Komposition ist dem anerkannten Talente des Autors angemessen, lichtvoll, angenehm und interessant. . . . Wenn auch in den Thematen einige ferne Anklänge an bekannte Ideen mahnen sollten, so sind sie doch mit individueller Eigenthümlichkeiten verarbeitet, und Hr. *Schubert* hat sich auch in dieser Gattung als ein wackerer und glücklicher Tonsetzer erprobt" (Wiener Allgemeine Theaterzeitung, 26. April 1827. Dokumente, S. 423). Andere positive Besprechungen des Konzerts erschienen auch in der Leipziger und der Berliner Allgemeinen Musikalischen Zeitung. – Der „Rothe Igel" ist das Gebäude des Musikvereins.

'*Das Letzte Abonnement=Quartett des Ignaz Schuppanzigh, unter den Tuchlauben, zum rothen Igel*', Program, Vienna 16th April, 1827.

The octet, D 803 was one of the few pieces of chamber music also played at a public concert. "Herr Schubert's composition is commensurate with the author's acknowledged talent, luminous, agreeable and interesting . . . If the themes do not fail to recall familiar ideas by some distant resemblances, they are nevertheless worked out with individual originality, and Herr Schubert has proved himself, in this genre as well, as a gallant and felicitous composer" ('Wiener Allgemeine Theaterzeitung', 26th April, 1827; A documentary biography, p. 629). Other favourable reviews of the concert appeared in the 'Leipziger' and 'Berliner Allgemeine Musikalische Zeitung'. – The 'Rother Igel' is the 'Musikverein' building.

Schubert: Sonate für Arpeggione und Klavier in a-Moll D 821. – Erstdruck, J. P. Gotthard, Wien 1871.

Schubert: Sonata for arpeggione and piano in A minor, D 821. First edition, J. P. Gotthard, Vienna, 1871.

Das Arpeggione, eine Gitarre d'amour, wurde 1823 von dem Instrumentenbauer Johann Georg Stauffer als ein der Gitarre ähnliches Streichinstrument entwickelt, das wie ein Violoncello zu handhaben ist. Es hat sechs Saiten, die nach Art der Gitarre gestimmt sind: E A d g h e′. Für dieses neue Instrument schrieb Schubert im November 1824 eine dreisätzige Sonate, die von Vinzenz Schuster, einem der wenigen Arpeggione-Spieler und Verfasser einer Schule für das Arpeggione, wahrscheinlich noch im selben Jahr in Wien uraufgeführt wurde. Das Instrument geriet rasch wieder in Vergessenheit, und Schuberts Sonate blieb das einzige bedeutende Werk für das Arpeggione. Die Erstausgabe, die 1871 erschienen ist, legte daher auch zugleich Transkriptionen für Violine und Violoncello vor. – Heute existieren nur noch wenige Instrumente dieses Typus.

The arpeggione, a guitar d'amour, was introduced by the instrument-maker Johann Georg Stauffer in 1823. It is a string instrument similar to the guitar but played like a cello; its six strings are tuned like those of a guitar: E A d g b e[1]. It was for this instrument that, in November, 1824, Schubert wrote a three-movement sonata which was probably given its first performance in Vienna in the same year by Vinzenz Schuster, one of the few arpeggione-players and the later author of a school of arpeggione-playing. However, the instrument soon fell into disuse, and Schubert's sonata remains the only work of any significance ever composed for it. As a result, the first edition, which appeared in 1871, added transcribed versions for violin and for cello. – Only a very few of these instruments exist today.

Domenico Artaria. Unbezeichnetes Ölgemälde (Dr. Hans Urbanski, Wien).

,,Anfang 1827: Aufführung des ‚Rondo brillant' in h-Moll op. 70 (D 895) durch Karl Maria v. Bocklet (Klavier) und Josef Slawjk (Violine) bei Domenico Artaria in Gegenwart Schuberts. – Domenico Artaria . . . war Inhaber der 1770 gegründeten Firma Artaria & Co., die bis zur Mitte des 19. Jahrhunderts eine führende Rolle im Wiener Musik-, dann im Kunstleben spielte und erst um 1935 aufgelöst worden ist. Sie hatte mit Mozart, Haydn und Beethoven in sehr guten Beziehungen gestanden" (Dokumente, S. 404). – Neben D 895, das im April 1827 erschien, veröffentlichte der Verlag (wahrscheinlich als erstes posthum erschienenes Werk) das Rondo in A-Dur D 951 im Dezember 1828 (Titel der Erstausgabe ,,Grand Rondeau").

Domenico Artaria. Unsigned oil painting (Dr. Hans Urbanski, Vienna).

"Performance of the 'Rondo brillant' in B minor, op. 70, D 895, by Karl Maria von Bocklet (pianoforte) and Josef Slawjk (violin), at Domenico Artaria's in Schubert's presence, early 1827. – Domenico Artaria, born in 1775 at Blevio on Lake Como, was the proprietor of the firm Artaria & Co., founded in 1770, which up to the middle of the nineteenth century played a leading part in Vienna's musical life, afterwards in its art, and was liquidated only in 1934. It was on excellent terms with Mozart, Haydn and Beethoven" (A documentary biography, p. 599). – As well as D 895, which appeared in April, 1827, the firm published the rondo in A major, D 951 in December, 1828 (probably the first work to appear posthumously; title of the first edition: *Grand Rondeau*).

Schubert: Premier grand Trio (B-Dur) pour Piano-Forte, Violon et Violoncelle . . . Œuvre 99 D 898. – Erstdruck, Diabelli & Co., Wien 1836.

Im Jahr 1827 schrieb Schubert zwei große Trios für Klavier, Violine und Violoncello; er verfaßte insgesamt vier Werke für diese Besetzung (D 28 entstand schon 1812, ein weiteres einsätziges Trio D 897, das später „Notturno" genannt wurde, entstand ebenfalls um 1827). Während sich bei den beiden großen Trios jenes in Es-Dur D 929, mit November 1827 datieren läßt, kann die Arbeitszeit am Klaviertrio in B-Dur nicht festgelegt werden, da das Autograph verschollen ist. Ungewiß ist auch, ob das Trio in B-Dur jemals zu Schuberts Lebzeiten gespielt worden ist. Weder die Dokumente aus Schuberts Leben noch die zahlreichen Erinnerungen seiner Freunde sprechen von diesem Werk. Es erschien 1836 als op. 99 im Druck, doch die Opuszählung stimmt hier, wie so oft bei Werken Schuberts, nicht mit der Entstehungszeit oder mit der Reihenfolge des Erscheinens überein. Das viel früher publizierte Es-Dur-Trio trägt beispielsweise die Opuszahl 100.

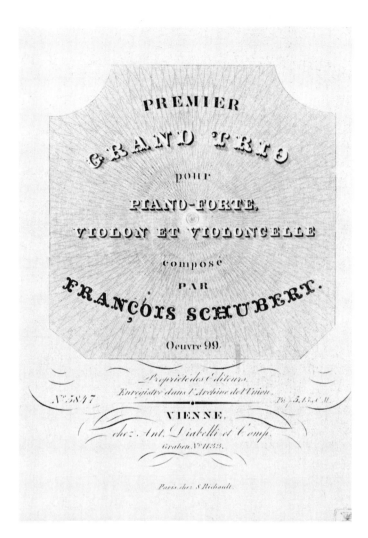

Schubert: Piano trio in B flat, D 898. First edition, Diabelli & Co., Vienna, 1836.

The year 1827 saw the composition of Schubert's two great piano trios, bringing the number of his works for this instrumental combination up to four (D 28 had been written as early as 1812, while the one-movement trio, D 897, later known as *Notturno*, also dates from 1827 or thereabouts). Whereas the E flat trio, D 929, can be assigned to November, 1827, its companion-piece in B flat cannot be dated with any accuracy, because the autograph is lost. It is furthermore uncertain whether the work was performed during Schubert's lifetime. No mention is made of this great trio either in the documents pertaining to Schubert's life or in the numerous recorded reminiscences of his friends. In 1836 it appeared in print as opus 99, but here, as so often with Schubert's compositions, the opus numbering corresponds neither to the date of composition nor to the order of publication. The E flat trio, for instance, bears the opus number 100, although it was published at a considerably earlier date.

Schubert: Klaviertrio in Es-Dur, D 929. Eigene Handschrift (Skizzen) (Gesellschaft der Musikfreunde).

Schubert: Piano trio in E flat, D 929. Autograph – sketches (Gesellschaft der Musikfreunde).

Dieses Klaviertrio ist das einzige kammermusikalische Werk, das zu Schuberts Lebzeiten außerhalb Österreichs erschienen ist. Es wurde durch den Verlag H. A. Probst in Leipzig im Oktober oder November 1828 publiziert. Der große Erfolg des Werkes bei der ersten öffentlichen Aufführung am 26. Dezember 1827 und bei dem Schubert-Konzert vom 26. März 1828 durch Ignaz Schuppanzigh hatte Schubert wohl ermutigt, an den ausländischen Verleger heranzutreten. Es entspann sich dann im Todesjahr noch eine umfangreichere Korrespondenz zwischen Wien und Leipzig, da Schubert hoffte, noch einige Kammermusikwerke bei Probst veröffentlichen zu können. – Vom Trio in Es-Dur gibt es zwei Versionen, deren erste, mit einem bedeutend längeren Finalsatz, im Rahmen der alten Gesamtausgabe gegen Ende des 19. Jahrhunderts veröffentlicht wurde. Das Thema des 2. Satzes (Andante con moto) beruht angeblich auf einem schwedischen Volkslied, das Schubert 1827 durch den Sänger Isaak Albert Berg kennengelernt haben soll. – Der frühe Druck und die Bekanntheit des Werkes durch die öffentlichen Produktionen hatten auch zur Folge, daß D 929 in den ersten Jahren nach 1828 weit häufiger gespielt wurde als das B-Dur-Trio, ja als die meisten anderen Kammermusikwerke Schuberts.

This piano trio was the only work by Schubert to have appeared in print outside Vienna during the composer's lifetime. In October or November of the year 1828 it was published by H. A. Probst in Leipzig. Schubert had been encouraged to approach this publisher by the warm reception accorded to the work at its first public performance on 26th December, 1827 and at the Schubert concert on 26th March, 1828, on both of which occasions Ignaz Schuppanzigh was the violinist. The year of Schubert's death saw a lengthy correspondence between Vienna and Leipzig, Schubert nursing hopes of having several more chamber works published by Probst. – There are two versions of the E flat trio, the first of which, with a considerably longer last movement, was printed in the old Complete Edition towards the end of the 19th century. The theme of the second movement (andante con moto) is said to derive from a Swedish folk-song which Schubert reportedly came across through the singer Isaak Albert Berg. – Because D 929 appeared so promptly in print and became known through the public performances, it was played much more often in the first years after Schubert's death than the B flat trio or indeed most of his other chamber music.

Heinrich Probst, eigenhändiger Brief an Schubert, Leipzig 18. Juli 1828.

Heinrich Probst, Autograph letter to Schubert, Leipzig, 18th July, 1828.

„Herrn Franz Schubert Tonkünstler und Compositeur Wohlgeboren, in Wien. Erst heute habe ich Ihr Werthes vom 10 Mai nebst dem Trio erhalten und es darf Sie, werther Freund, nicht befremden, wenn demnach dieses Werk etwas später herausgegeben wird als Sie vielleicht erwarteten. Es ist indeß sogleich in Arbeit genommen worden und kann binnen 6 Wochen ca fertig seyn. Bis dahin ersuche ich Sie noch, mir: 1) den Titel nebst etwaiger Dedication und ferner 2) die Opus No: gefälligst anzugeben, weil ich dieser Hinsicht gern mit möglichster Genauigkeit Ihren Wünschen gemäß verfahren möchte" (Dokumente, S. 527). Das Trio, welches die Opuszahl 100 erhielt, wurde keiner Person zugeeignet. Probst hielt sein Versprechen bezüglich des raschen Druckes allerdings nicht, und Schubert bekam das fertige Werk trotz mancher Nachfragen bei Probst wahrscheinlich nicht mehr zu sehen.

"Franz Schubert, Esq., musician and composer in Vienna. Not until to-day did I receive your favour of 10th May with the trio, and you must therefore not be surprised, my valued friend, if this work is published somewhat later than perhaps you expected. However, work on it has started immediately, and it may be ready within about six weeks. In the meantime I would ask you further to let me know 1. the title as well as the dedication, if any, 2. the opus number, as I should like to proceed as nearly possible in accordance with your wishes in this respect" (A documentary biography, p. 793). The trio which was assigned the opus number 100 bears no dedication. Probst did not keep his promise to hurry the printing through, with the result that, in spite of several enquiries, Schubert probably never saw the work in print.

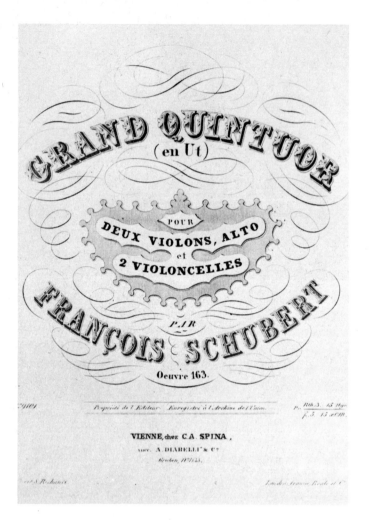

Schubert: *Grand Quintuor (en Ut) pour deux violons, alto et 2 violoncelles . . . Œuvre 163 D 956. – Erstdruck, C. A. Spina, Wien 1853 (Stimmenausgabe).*

Schuberts letztes Kammermusikwerk hat die Besetzung: zwei Violinen, Viola und zwei Violoncelli; es weicht daher von den Mozartschen Vorbildern ab, die zwei Violen benötigen. Das Streichquintett entstand in den ersten Monaten der zweiten Jahreshälfte 1828, eine genauere Datierung läßt sich aufgrund des Fehlens eines Autographs nicht anstellen. Schubert schrieb lediglich am 2. Oktober an den Verleger Probst nach Leipzig: „Ich habe unter anderen . . . ein Quintett für 2 Violinen, 1 Viola u. 2 Violoncello verfertigt. . . . das Quintett wird dieser Tage erst probiert" (Dokumente, S. 540). Eine Aufführung des Werkes kam allerdings nicht zustande, es lassen sich nicht einmal die von Schubert genannten Proben genauer nachweisen. Wie viele große Kompositionen für Kammerensemble und umfangreiche Klavierwerke, wurde auch das Streichquintett erst in der zweiten Hälfte des 19. Jahrhunderts bekannt. Das Manuskript war nach Schuberts Tod an Diabelli gegangen, publiziert wurde es erst durch dessen Nachfolger C. A. Spina im Jahr 1853 als op. 163.

Schubert: *String quintet in C major, D 956. First edition, C. A. Spina, Vienna, 1853 (set of parts).*

Schubert's last chamber music composition is scored for two violins, viola and two celli and thus diverges from its obvious predecessors, the Mozart string quintets, which had been written for two violas. The Schubert string quintet was written in the first few months of the second half of 1828, although in the absence of an autograph it cannot be dated more exactly than this. The only clue we have is a letter by Schubert to the Leipzig publisher Probst, from 2nd October, in which he writes: "I have . . . turned out a quintet for 2 violins, 1 viola and 2 violoncellos. . . . the quintet will be tried out only during the coming days" (A documentary biography, p. 810 f.). The work was, however, not performed at this time, and indeed there is no evidence to confirm that the rehearsals to which Schubert refers ever took place. Like many of the other great chamber works and a number of the more extended compositions for piano, the string quintet remained virtually unknown until the second half of the 19th century. After Schubert's death the manuscript was sent to Diabelli, but it did not appear in print until the latter's successor, C. A. Spina, published it in 1853 as opus 163.

Hammerklavier, aus dem Besitz von Ignaz Schubert, gebaut in der Werkstatt von Benignus Seidner (Privatbesitz).

Schubert hat nicht immer ein Klavier besessen. Es ist anzunehmen, daß in seinem Elternhaus zeitweise ein Instrument, wahrscheinlich ein Tasteninstrument, vorhanden gewesen ist. 1814 soll Schubert von seinem Vater ein fünfoktaviges Klavier aus der Werkstatt von Konrad Graf zum Geschenk erhalten haben, welches er 1818 seinem Bruder Ferdinand überließ. Den Berichten aus Schuberts Umkreis kann weiters entnommen werden, daß ihm während seiner Wohnungen bei Freunden, in Steyr, in der Vorstadt Wieden und im Haus „Zum blauen Igel" ein Klavier zur Verfügung stand. Das Klavier von Ignaz Schubert, sowie ein Instrument aus dem Besitz von Barbara Fröhlich und ein drittes, welches dem Maler August Wilhelm Rieder gehörte, soll Schubert mehrfach benutzt haben.

Hammerklavier owned by Ignaz Schubert, constructed in the workshop of Benignus Seidner (Private collection, Vienna).

Schubert was not always the owner of a piano. It can be supposed that a keyboard instrument was available at home from time to time. In 1814 Schubert is said to have received from his father the present of a five octave piano from the workshop of Conrad Graf, which he passed on to his brother Ferdinand in 1818. Reports from Schubert's friends further confirm that he had a piano during his sojourns with his friends in Steyr, in the suburb of Wieden and in the house 'Zum blauen Igel'. Ignaz Schubert's piano, as also an instrument which belonged to Barbara Fröhlich and a third belonging to the painter August Wilhelm Rieder, are said to have been used by Schubert several times.

Schubert: Menuette mit Trios für Klavier D 41. Eigene Hand-schrift.

Schubert: Minuets with trios for piano, D 41. Autograph.

Die erste größere Sammlung von Klavierstücken wurde für Schuberts älteren Bruder Ignaz geschrieben. Von den ursprünglichen 30 Einzelnummern sind allerdings nur 20 erhalten geblieben. Die Reinschrift stammt aus dem Spätfrühjahr 1813, möglicherweise hat Schubert aber schon früher an dieser Sammlung gearbeitet. – In der Form dieser Menuette mit Trio lehnte sich Schubert an die großen Vorbilder Beethoven, Mozart, Haydn, aber auch an die Tanz- und Unterhaltungsstücke der Zeit an. – In den Jahren 1812/13 entstanden noch eine Reihe weiterer Klavierkompositionen (Tänze, Übungsstücke verschiedenen Charakters, Stücke für Klavier zu vier Händen) sowie Kontrapunktstudien für Klavier. Die erste Auseinandersetzung mit der großen Form der klassischen Klaviersonate erfolgte erst später, in den Jahren 1815/16.

The first collection of piano pieces of any size was composed for Schubert's older brother Ignaz. It originally comprised 30 items, but of these only 20 have survived. The final copy dates from the late spring of 1813, but it is possible that Schubert had written some of the pieces in this collection at an earlier date. – In form these minuets and trios derive from Schubert's senior contemporaries, Beethoven, Mozart and Haydn, but also from the popular and dance music of the time. – The years 1812 and 1813 saw the composition of a number of further piano pieces (dances, practice-pieces of various kinds, works for piano duet) and contrapuntal studies for piano. It was only later, in the years 1815 and 1816, that Schubert made his first attempts to come to terms with the great medium of the classical piano sonata.

Schubert: Fantasie in c-Moll für Klavier zu vier Händen (,,Grande Sonate'') D 48. Eigene Handschrift.

Schubert: Fantasia in C minor for piano duet, known as 'Grande Sonate', D 48. Autograph.

Die ersten Klavierkompositionen waren meist Werke für vier Hände. Die bei Deutsch mit der Nummer 1 angeführte Fantasie in G-Dur aus dem Jahr 1810 ist hierbei ebenso zu nennen wie D 9, eine Fantasie in g-Moll. Die Fantasie in c-Moll D 48, ist mit ,,Aprill 1813'' und ,,Den 10. Juny 813'' datiert, sie liegt in zwei Fassungen vor; die Bezeichnung ,,Fantasie'' stammt von Schubert. Das sechssätzige Werk (in zweiter Fassung), dessen letzter Satz (Allegro maestoso) eine Fuge darstellt, ist durch die reiche Verwendung chromatischer Themen gekennzeichnet, ein Umstand, der bei einer Reihe von Kammer- und Klaviermusikkompositionen dieser ersten Jahre auffällt. Als ein Grund dafür kann wohl der Kontrapunkt- und Generalbaßunterricht angenommen werden, den Schubert im Konvikt erhielt. – Klaviermusik für vier Hände, die einen wesentlichen Teil von Schuberts Kompositionen für dieses Instrument umfaßt, schrieb er sein ganzes Leben. Neben einer großen Anzahl von Tänzen, Rondos, Märschen und Divertissements komponierte Schubert auch zwei große Sonaten für diese Besetzung (D 617 und D 812) sowie im Frühjahr 1828 eine Fantasie in f-Moll (D 940).

Most of Schubert's early piano compositions are for four hands: one might mention in this context the fantasia in G major dating from 1810, which Deutsch lists as No. 1, or the fantasia in G minor, D 9. This C minor fantasia, D 48, is dated on the autograph "April, 1813" and "10th July, 1813". The designation *'Fantasie'* is Schubert's own. There exist two versions of this work. The six movements (in the second version), of which the last (allegro maestoso) is a fugue, are characterised by the wide use of chromatic themes – a feature which is encountered frequently in the chamber and piano music of Schubert's early years. A probable explanation is to be found in the instruction which Schubert received in counterpoint and thorough bass while he attended the seminary. – Schubert's preoccupation with music for piano duet, which accounts for a significant proportion of his writing for this instrument, spanned his entire creative life. Apart from the numerous dances, rondos, marches and divertissements, he also composed two great sonatas, D 617 and D 812, and, in the spring of 1828, a fantasia in F minor, D 940, for piano duet.

274

Schubert: Klaviersonate in E-Dur (Fragment) D 154. Eigene Handschrift.

Seine erste Klaviersonate begann Schubert im Februar 1815, zu einer Zeit, als er bereits eine große Anzahl von Tänzen für Klavier, weit über zehn Streichquartette und Teile seiner zweiten Symphonie geschrieben hatte. In diesem fruchtbaren Jahr (es entstanden weiters drei Singspiele sowie fast 150 Lieder) setzte sich Schubert mit jener Form auseinander, für welche Beethoven das große Vorbild, damit aber auch ein Hemmschuh sein mochte. Für den ersten Satz entstanden zwei Fassungen: D 154, ein Allegro in E-Dur, welches für die endgültige Fassung der Sonate, der Deutsch die Nummer 157 gibt, durch einen anderen Satz in gleicher Tonart ersetzt wurde. Es ist allerdings auffallend, daß beide E-Dur-Sätze vom Thema und der Verarbeitung her starke Ähnlichkeiten aufweisen. Die Sonate D 157 blieb dennoch Fragment, wie auch die zweite in diesem Jahr entstandene Klaviersonate in C-Dur D 279, welche im Kopftitel die Bezeichnung „Sonate I." trägt. Beiden Werken fehlt der Schlußsatz.

Schubert: Sonata in E for piano, D 154. Autograph.

Schubert embarked upon his first piano sonata in February, 1815, at a time when he already had a large number of dances for piano, well over ten string quartets and parts of his second symphony to his name. 1815 was itself an enormously fertile year: it saw the composition, amongst other things, of three 'Singspiele' and nearly 150 Lieder. When Schubert turned to the medium of the piano sonata, Beethoven was bound to be the predominant influence, but as such he inevitably had an inhibiting effect on the young Schubert's early attempts in this field. The first movement of the sonata, D 157 was composed in two versions. D 154, an allegro in E, was originally intended to be the opening movement, but in the sonata's final form, to which Deutsch assigns the number 157, it was replaced by another movement in the same key. There is, however, a strikting affinity between these two pieces in E, both in their thematic material and in the way it is developed. However, the sonata, D 157 remained a fragment, a fate shared by the other piano sonata composed in the same year, that in C major, D 279, whose title-heading reads *Sonate I*. Both works have no finale.

Schubert: *Klaviersonate in E-Dur (,,Fünf Klavierstücke") D 459. Eigene Handschrift (Entwurf des letzten Stückes).*

Schubert: *Piano sonata in E, known as 'Fünf Klavierstücke', D 459. Autograph – sketch of the last piece.*

,,Fünf Klavierstücke" nannte der Verlag C. A. Klemm, Leipzig, diese Folge von Klaviersätzen, welche 1843 erstmals im Druck erschien und die auch noch in der ersten Gesamtausgabe unter diesem Namen publiziert wurde. Die Bezeichnung ,,Sonate in E-Dur", unter welcher dann Deutsch diese Klaviersätze in das Werkverzeichnis aufnahm, ist aber ebenso unzutreffend wie jene des Erstdrucks. Es handelt sich bei dieser willkürlich zusammengestellten Sammlung wohl um Teile zu zwei verschiedenen Klaviersonaten, deren erstes Stück (Allegro moderato), das im August 1816 begonnen wurde, auch mit ,,Sonate" bezeichnet ist. Das fünfte und letzte Stück, welches die seltene Vorschreibung ,,Allegro patetico" trägt, entstand aber erst im Sommer 1817, nach der Klaviersonate in a-Moll D 537. Auch die ungewöhnliche Satzverteilung dieser ,,Fünf Klavierstücke", die eher einer Phantasie oder einem Divertimento entspricht (die Mittelsätze sind: Scherzo–Adagio–Scherzo mit Trio), läßt eine Zusammengehörigkeit dieser Stücke unwahrscheinlich erscheinen.

Fünf Klavierstücke was the title given to this succession of movements by the publisher C. A. Klamm, Leipzig when it first appeared in print in 1843. And the first Complete Edition retained the title when it printed the pieces. But the designation *Sonate in E*, under which Deutsch listed them in his catalogue, is equally misleading. The pieces have been put together quite arbitrarily and actually represent parts of two independent sonatas. The first piece (allegro moderato), begun in August, 1816, is in fact headed *Sonate*. The fifth and last piece, with the unusual tempo-marking allegro patetico, was probably not written until the summer of 1817 and thus follows the piano sonata in A minor, D 537. A further argument against the theory that these pieces belong together is the unwonted succession of movements which would be more appropriate to the form of a fantasia or a divertimento than of a sonata (the central movements are: scherzo – adagio – scherzo and trio).

Schubert: Klaviersonate in Des-Dur D 567. Eigene Handschrift (Hermine Unger, Wien).

Schubert: Piano sonata in D flat, D 567. Autograph (Hermine Unger, Vienna).

Der Sommer 1817 war durch die Kompositionen einer Reihe von Klaviersonaten und Klavierstücken gekennzeichnet. Es entstanden die Sonate in e-Moll D 566, Scherzo und Allegro D 570, das Allegro in fis-Moll D 571, oder die Klaviersonate in H-Dur D 575. Im Juni dieses Jahres verfaßte Schubert zunächst eine Klaviersonate in Des-Dur, die nur dreisätzig blieb. Wohl aufgrund der Lesbarkeit, die solch eine Tonart für den Pianisten mit sich bringt, schrieb er noch im selben Monat eine zweite Version dieser Sonate, diesmal in Es-Dur, die durch einen Menuettsatz ergänzt wurde (D 568). Das Trio dieses Menuetts wurde von Schubert nochmals im zweiten der beiden Scherzi D 593 verwendet. Beide Versionen der Klaviersonate (Des-Dur und Es-Dur) tragen den Titel „Sonate II.".

The summer of 1817 saw the composition of a number of piano sonatas and individual movements: the sonata in E minor, D 566; the scherzo and allegro, D 570; the allegro in F sharp minor, D 571; the sonata in B, D 575; and in June a sonata originally in the key of D flat, of which Schubert completed three movements. Presumably because this key would present the pianist with difficulties in reading, he wrote a second version of this sonata in the same month, this time in E flat and complete with a minuet movement, D 568. The trio from this minuet did service again in the second of the two scherzi, D 593. Both versions of the piano sonata (D flat and E flat) are headed *Sonate II*.

Schubert: Klavierstück in A-Dur („Andante für Klavier") D 604. Eigene Handschrift.

Schubert: Piano piece in A major, known as 'Andante für Klavier', D 604. Autograph.

Dieses Klavierstück trägt auch im Autograph keine nähere Tempobezeichnung, „Andante" ist daher nur eine Charakterisierung des Werkes. Das Manuskript dieses Klavierstückes, welches auch noch ein Fragment eines Streichquartettsatzes in B-Dur (D 601) umfaßt, ist undatiert und gab zu verschiedenen Spekulationen Anlaß. So wurde vermutet, daß die Komposition schon 1816 entstanden sei, daß sie eigentlich den langsamen Satz der Klaviersonate D 850 bilden sollte oder daß sie als Einzelwerk konzipiert worden ist. Den Schriftzügen nach zu schließen, kann man als Entstehungszeit wohl Herbst 1817 angeben und vermuten, daß es sich um einen langsamen Satz einer nicht weiter ausgeführten Sonate handelt. – Schubert arbeitete in den folgenden Jahren mehrfach an Klaviersonaten. Aus 1818 sind ein Fragment einer C-Dur-Sonate D 613, ein Fragment einer f-Moll-Sonate D 625, sowie verschiedene Klaviersätze überliefert. 1819 schrieb Schubert dann in Steyr die Klaviersonate in A-Dur D 664.

The autograph of this piece contains no precise tempo-marking, so that the name *Andante* is to be understood as no more than a characterisation of the music. The manuscript – which also contains the fragment of a string quartet movement in B flat, D 601 – is undated and has given rise to a wide range of speculation. It has, for instance, been suggested that the piece was written as early as 1816, that it was originally the slow movement of the piano sonata, D 850, or conversely that it was written as a self-contained piece. The handwriting makes the autumn of 1817 the most probable date of composition; while it seems most plausible to see the work as the slow movement of a sonata which never came to be written beyond that stage. – In the years that followed, Schubert was much preoccupied with the composition of piano sonatas: 1818 saw the production of a sonata in C major, D 613, and one in F minor, D 625, both fragmentary, and of various individual sonata movements. And in 1819, during his stay in Steyr, Schubert composed the A major sonata, D 664.

Schubert: Variation in c-Moll über einen Walzer von Anton Diabelli für Klavier, D 718. – Erstdruck, Diabelli & Co., Wien 1824 (Nr. 38).

Schubert: Variations in C minor on a waltz by Anton Diabelli for piano, D 718. First edition, Diabelli & Co., Vienna, 1824 (No. 38).

„Die unter der neuen Firma: A. Diabelli und Komp. beginnende Kunsthandlung schätzt sich glücklich, ihre Laufbahn mit der Ausgabe eines Tonwerkes eröffnen zu können, das in seiner Art einzig ist, und es seiner Natur nach auch bleiben wird. Alle vaterländischen jetzt lebenden und bekannten Tonsetzer und Virtuosen auf dem Fortepiano, fünfzig an der Zahl, hatten sich vereint, auf ein und dasselbe ihnen vorgelegte Thema, jeder eine Variation zu komponieren . . . Wie interessant muß es daher sein, wenn alle andern Tonkünstler, die gegenwärtig auf Österreichs klassischem Boden blühen, über dasselbe Motiv ihr Talent entwickeln" (Dokumente, S. 241). Unter dem Titel „Vaterländischer Künstlerverein" legte der Verlag im Juni 1824 zwei Hefte mit Variationen über das von Diabelli komponierte Thema vor. Das erste Heft umfaßt die „33 Veränderungen" op. 120 von Beethoven, das zweite 50 weitere Variationen verschiedener Komponisten. Schuberts Version ist die Nummer 38, sie entstand im Frühjahr 1821. Unter den weiteren Autoren finden sich Namen wie Ignaz Aßmayr, Karl Czerny, Johann Nepomuk Hummel, Franz Liszt, Ignaz Moscheles, Simon Sechter, Abbé Stadler u. a.

"The art establishment opening under the name of A. Diabelli & Co. esteems itself fortunate to inaugurate its career with the publication of a new musical work which is unique in its kind and will, according to his nature, remain so. All the well-known indigenous living composers and pianoforte virtuosi, to the number of fifty, were brought together to write each one variation upon one and the same theme submitted to them . . . How interesting must it be, therefore, if all the other musical artists who at present flourish on Austria's classic soil develop their talents on this same subject" (A documentary biography, p. 349). Under the title 'Vaterländischer Künstlerverein' the publisher subsequently brought out, in June, 1824, two volumes containing variations on the theme by Diabelli. The first volume comprised Beethoven's *33 Veränderungen* opus 120, while volume II consisted of fifty more variations by other composers. Schubert's contribution is No. 38 and dates from the spring of 1821. The list of contributors also includes such names as Ignaz Aßmayr, Karl Czerny, Johann Nepomuk Hummel, Franz Liszt, Ignaz Moscheles, Simon Sechter and the Abbé Stadler.

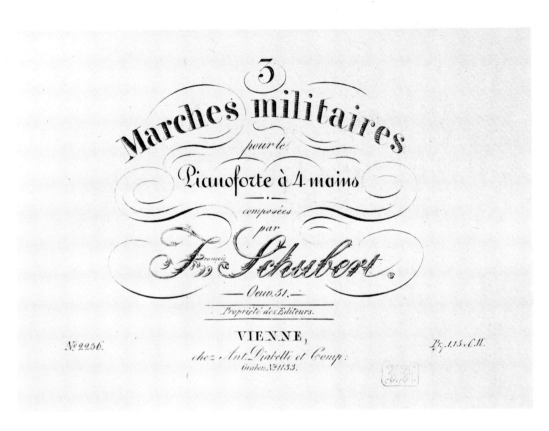

*Schubert: Trois Marches militaires pour le Pianoforte à 4 mains
. . . Œuv. 51 D 733. – Erstdruck, A. Diabelli & Co., Wien 1826.*

An Vorbildern fehlte es nicht für die große Anzahl verschiedener Marschkompositionen, die Schubert ab etwa 1818 verfaßte. Durch die Französische Revolution und die Napoleonischen Kriege war diese Form, die als Militärmarsch eine schon jahrhundertealte Tradition besaß, zum Orchester- oder Klavierstück, zum Marschlied und schließlich zur Tanzkomposition geworden. Die französische und italienische Oper, Mozart, Beethoven, aber auch Johann Strauß (Vater), müssen in diesem Zusammenhang hervorgehoben werden. – Schubert beschäftigte sich mit verschiedenen Marschgattungen, die er allerdings stets in der Besetzung für Klavier zu vier Händen komponierte: Marches heroïques (D 602), Marches militaires (D 733), Grandes marches (D 819), Marches charactéristiques (D 886). Die Märsche erschienen durchwegs noch zu seinen Lebzeiten in Druck, was auch für die Beliebtheit dieser Klaviermusik in den zwanziger Jahren des 19. Jahrhunderts spricht.

Schubert: Three marches militaires for piano duet, D 733. First edition, A. Diabelli & Co., Vienna, 1826.

There was no lack of precedents for the wide variety and considerable quantity of marches which Schubert composed from the year 1818 onwards. While the military march could boast a tradition going back over centuries, the French Revolution and Napoleonic Wars had popularised it in the orchestral and piano repertoires as a marching song and finally as a dance. Noteworthy exponents of the new form were the French and Italian operatic composers, Mozart, Beethoven and also Johann Strauß the Elder. – Schubert tried his hand at various march forms, though always for piano duet: *marches héroïques*, D 602, *marches militaires*, D 733, *grandes marches*, D 819 and *marches caractéristiques*, D 886. Virtually all of Schubert's marches were published during his lifetime, a fact which illustrates the popularity of this form of piano music in the 1820's.

Schubert: Fantaisie pour le Piano=Forte . . . Œuvre 15 („Wandererfantasie") D 760. – Erstdruck, Cappi & Diabelli, Wien 1823.

Schubert: Fantasia for piano in C major, known as the 'Wanderer Fantasia', D 760. First edition, Cappi & Diabelli, Vienna, 1823.

Im Herbst 1822, während der Arbeit an der h-Moll-Symphonie, der sogenannten „Unvollendeten" D 759, schrieb Schubert eine „Fantasie pour le Piano=Forte" (Titel der Erstausgabe), die als viersätziges Werk eigentlich eine monothematische Klaviersonate darstellt und die als op. 15 bereits im darauffolgenden Jahr veröffentlicht wurde. Der Titel „Wandererfantasie" wurde erst nach Schuberts Tod gebräuchlich. Die Bezeichnung kommt daher, daß der zweite Satz (Adagio) nach der Melodie des Liedes „Der Wanderer" D 493 komponiert wurde. Obwohl es keine Berichte gibt, daß diese Fantasie zu Schuberts Lebzeiten große Verbreitung gefunden hat (die technischen Schwierigkeiten und die Länge des Werkes verhinderten dies wohl, und erst durch Franz Liszt wurde das Werk allgemein bekannt), erhielt sie bei ihrem Erscheinen im Druck hervorragende Kritiken. „Die vorliegende Fantasie steht den ähnlichen Werken der ersten Tonsetzer würdig zur Seite, und verdient daher in jeder Hinsicht die Aufmerksamkeit aller Künstler und Kunstfreunde" (Wiener Zeitung, 24. Februar 1823). – Die „Wandererfantasie" hat Schubert dem Gutsbesitzer Emanuel Edler v. Liebenberg de Zsittin gewidmet, der nach Aussage seines Sohnes (Adolf Ritter v. Liebenberg in einem Brief vom 16. Mai 1896) auch mit Beethoven, Clementi und Hummel in Kontakt gestanden ist.

In the autumn of the year 1822, while he was at work on the symphony in B minor – known as the "Unfinished", D 759 –, Schubert composed a *Fantaisie pour le Piano=Forte* (title-heading of the first edition). The four-movement work, in fact a monothematic sonata, was already published in the following years as opus 15. The name *Wandererfantasie*, which is not Schubert's own and became attached to the work only after his death, derives from the melody in the second movement (adagio) which is borrowed from the Lied *Der Wanderer*, D 493. There is no evidence to suggest that this work achieved any great popularity during Schubert's lifetime – its technical difficulty and its sheer length would have stood in the way of this, and it owed its eventual popularisation to Franz Liszt. But when the fantasia first appeared in print it was accorded an enthusiastic welcome by the critics: "This fantasia can proudly take its place beside the equivalent works of our leading composers and is in every respect worthy of consideration by every artist and music-lover" ('Wiener Zeitung', 24th February, 1823). – Schubert dedicated the *Wandererfantasie* to the country squire Emanuel Edler von Liebenberg de Zsittin, who, according to the testimony of his son (Adolf Ritter von Liebenberg in a letter dated 16th May, 1896), was also acquainted with Beethoven, Clementi and Hummel.

Schubert: Momen[t]s musicales D 780. – Erstdruck, M. J. Leidesdorf, Wien 1828.

Schubert schuf mit dieser Sammlung verschiedener Klavierstücke sowie mit den acht Impromptus D 899 und D 935 eine musikalische Gattung, die zwar auf Beethoven (Bagatellen), v. Weber, Czerny und bis in die Barockzeit zurückreicht, die aber erst in seinen und dann in den Werken Schumanns, Mendelssohns und insbesondere Chopins zur Blüte entwickelt worden ist. Schubert hat die Bezeichnungen „Moments musicaux" und „Impromptus" allerdings nie selbst gebraucht, diese Titel stammen von den Verlegern. Die Sammlung D 780, welche sechs Nummern umfaßt, erschien im Juli 1828, die Kompositionszeit der einzelnen Stücke liegt aber zum Teil schon wesentlich früher. Nr. 3 (Allegro moderato) wurde bereits 1823 in einem „Album musical" bei Sauer & Leidesdorf als „Air russe" publiziert, Nr. 6 (Alegretto) war bereits zweimal, 1824 und 1825, als „Plaintes d'un Troubadour" gedruckt worden. Die fehlerhafte Schreibweise des Titels hielt sich noch in mehreren Auflagen nach dieser Erstausgabe, wo im Titel „Momens Musicals", im Innentitel „Momens Musicales" steht.

Schubert: 'Momen[t]s musicaux' for piano, D 780. First edition, M. J. Leidesdorf, Vienna, 1828.

With this collection of miscellaneous piano pieces and the eight impromptus, D 899 and D 935, Schubert created a musical genre which, though its origins can be traced back to Beethoven (*Bagatellen*), Weber, Czerny and indeed to the Baroque period, only reached maturity in the work of Schubert and later of Schumann, Mendelssohn and – most notably – Chopin. The designations *moment musical* and *impromptu* were never used by Schubert; they were added by the publishers. The collection D 780, comprising six numbers, was published in July, 1828, though the various pieces had all been composed very much earlier. No. 3 (allegro moderato) had appeared in print as early as 1823 under the title *Air russe* in an *Album musical* issued by Sauer & Leidesdorf; while No. 6 (allegretto) had already appeared twice, in 1824 and again in 1825, in the guise of *Plaintes d'un Troubadour*. The incorrect spelling of the title in the first edition – *Momens Musicals* in the front-page heading and *Momens Musicales* on the title-page – continued through a number of subsequent reprints.

Schubert: Divertissement à la hongroise in g-Moll für Klavier zu vier Händen D 818. – Erstdruck, Mathias Artaria, Wien 1826.

Schubert: 'Divertissement à la hongroise' in G minor for piano duet, D 818. First edition, Mathias Artaria, Vienna, 1826.

Schuberts zweiter Aufenthalt in Zseliz im Sommer 1824 und die darauffolgenden Monate sind hauptsächlich durch Kompositionen für das Klavier gekennzeichnet. Vierhändige Werke, die wohl auch – wie schon 1818 – für Unterricht und Hausmusik der Familie Esterházy geschrieben worden sind, sowie Tänze und Ländler für Klavier (vgl. etwa D 814, D 816 und D 820) entstanden in dieser Zeit. Im Juni 1824 komponierte Schubert das sogenannte „Grand Duo" D 812, eine Sonate für Klavier zu vier Händen, von der später vermutet worden ist, daß sie die Klavierfassung der sogenannten „Gasteiner-Symphonie" sei (Joseph Joachim orchestrierte das Werk sogar 1855), und im September dieses Jahres die „Ungarische Melodie" für Klavier D 817, die dann, in vierhändiger Fassung, den dritten Satz des „Divertissements à la hongroise" bildete. Dieser dritte Satz wurde später von Franz Liszt, ohne D 817 zu kennen, wieder für Klavier zu zwei Händen arrangiert und in dieser Fassung mit großem Erfolg gespielt. Es ist nicht auszuschließen, daß Schuberts Werk Liszt bei der Komposition seiner „Ungarischen Rhapsodien" beeinflußt hat.

Schubert's second stay in Zseliz during the summer of 1824, and the months which followed, saw the composition very largely of piano music. From this time date the works for piano duet which – as earlier, in 1818 – were designed to serve also pedagogic and domestic purposes in the Esterházy household – as well as dances and *Ländler* for piano (see for instance D 814, D 816 or D 820). In June, 1824 Schubert composed the so-called *Grand Duo*, D 812, a sonata for piano duet which was later thought perhaps to be the piano arrangement of the "Gastein Symphony" (in 1855 Joseph Joachim even orchestrated the work); and in September of the same year Schubert wrote the *Ungarische Melodie* for piano, D 817, which was later, in an arrangement for piano duet, to become the third movement of the *Divertissement à la hongroise*. This third movement was later once again arranged for piano solo, this time by Franz Liszt, who did not know D 817, and it achieved considerable success in this form. It is possible that the Schubert composition exerted an influence on Liszt's "Hungarian Rhapsodies".

Schubert: Klaviersonate in C-Dur („Reliquie") D 840. Eigene Handschrift.

Schubert: Piano sonata in C major, known as 'Reliquie', D 840. Autograph.

Die Klaviersonate in C-Dur blieb Fragment. Der letzte Satz dieses im Frühjahr 1825 entstandenen Werkes bricht innerhalb der Durchführung ab. 1861 wurde der vorliegende Notentext mit der Bezeichnung „Reliquie. Letzte Sonate (unvollendet)" veröffentlicht, nachdem der zweite Satz (Andante) schon 1839 in der Neuen Zeitschrift für Musik, Leipzig, publiziert worden war (wahrscheinlich auf Betreiben Robert Schumanns, der das Autograph von Ferdinand Schubert zum Geschenk erhalten hatte). Das Autograph trägt auch auf der ersten Seite einen handschriftlichen Vermerk Robert Schumanns: „Bruchstücke einer Sonate von Franz Schubert von Schuberts Bruder, Ferdinand, zum Geschenk erhalten Wien im J.[ahre] 1839. Robert Schumann." – In den Jahren 1823 bis 1825 entstanden noch zwei weitere große Klaviersonaten: a-moll D 784, und wiederum a-Moll D 845, die beide vollendet wurden. Trotzdem ist es bemerkenswert, daß gerade im Bereich der Klaviersonaten so viele Werke nur fragmentarisch überliefert worden sind, wobei durchaus angenommen werden kann, daß mehrere davon von Schubert nicht vollendet wurden (rund sechs Klaviersonaten und eine Reihe von Klavierstücken).

This C major piano sonata remained a fragment. Composed in the spring of 1825, it breaks off in the development section of the last movement. In 1861 the present manuscript was published under the title *Reliquie. Letzte Sonate (unvollendet);* while the second movement (andante) had already appeared in 1839, when – probably at the instigation of Robert Schumann, who had received the manuscript as a present from Ferdinand Schubert – it was published in the 'Neue Zeitschrift für Musik', Leipzig. The first page of the autograph contains an entry in Schumann's hand: "Fragments of a sonata by Franz Schubert, donated by Schubert's brother Ferdinand, in Vienna in 1839. Robert Schumann." – Between 1823 and 1825 Schubert composed two more great piano sonatas, D 784 and D 845, both in A minor, and both completed. Nevertheless, it is remarkable how many of Schubert's piano sonatas have come down to us only as fragments (six sonatas and a large number of single movements); we may assume that in many cases this was because Schubert left them incomplete.

Schubert: Klaviersonate in D-Dur D 850 (Österreichische Natio-nalbibliothek, Musiksammlung).

„Sonate für's Pianoforte" bezeichnete Schubert dieses Werk, welches im August 1825 in Gastein entstand und im April 1826 bei Mathias Artaria verlegt wurde. D 850 ist dem Pianisten Karl Maria v. Bocklet gewidmet, der auch noch in den Jahren nach Schuberts Tod als einer der wenigen Pianisten sich der Klavier- und Kammermusik Schuberts angenommen hat. Der Komponist erhielt für das Werk, welches als op. 53 erschien, und für das „Divertissement à la hongroise" D 818, ein nicht nur für seine Begriffe hohes Honorar: 300 Gulden Wiener Währung.

Schubert: Piano sonata in D major, D 850 (Österreichische Nationalbibliothek, Musiksammlung).

Sonate für's Pianoforte was the title which Schubert gave to this work, composed in 1825 in Gastein and published in April of the following year by Mathias Artaria. D 850 is dedicated to the pianist Carl Maria von Bocklet, who was one of the few performers to continue promoting Schubert's piano and chamber music even after the composer's death. For this work, which was published as opus 53, together with the *Divertissement à la hongroise,* D 818, Schubert received the sum of 300 guilders in Viennese currency, a fee which was generous by any standards.

Karl Maria v. Bocklet. Nach einer Photographie aus 1873 (Öster-
reichische Nationalbibliothek, Bildarchiv).

Der in Prag geborene Pianist kam um 1817 nach Wien und war
zunächst auch als Geiger tätig, später bildete er sich zum Klavier-
virtuosen aus und begründete eine Privatschule für vierhändiges
Klavierspiel. Er war Widmungsträger der Klaviersonate D 850
und dürfte Schubert schon vor 1825 kennengelernt haben. Die
Verbindung der beiden muß sehr freundschaftlich gewesen sein,
und Bocklet spielte in den Jahren 1827/28 häufig Schuberts Werke
auch in öffentlichen Konzerten, darunter in jenem Schubert-
Abend vom 26. März 1828. Joseph v. Spaun berichtet eine Bege-
benheit, die sich im Sommer 1828 zugetragen haben mochte:
,,Bocklet spielte ein Trio mit Schuppanzigh und Linke und sodann mit Schubert vierhändige Variationen über ein eigenes Thema, letztere mit solchem Feuer, daß alles entzückt war und Bocklet seinen Freund jubelnd umarmte. Wir blieben bis nach Mitternacht fröhlich beisammen. Es war der letzte solche Abend" (Erinnerungen, S. 161).

Karl Maria von Bocklet. From a photograph of 1873
(Österreichische Nationalbibliothek, Bildarchiv).

This pianist, who was born in Prague, came to Vienna in 1817.
He began as a violinist, but became a virtuoso pianist and founder
of a private school for piano duets. The piano sonata, D 850 was
dedicated to him and Schubert must have known him even before
1825. The relationship between the two must have been very
friendly; Bocklet often played Schubert's works even in public
concerts in 1827/28, including the Schubert concert of 26th
March, 1828. Joseph von Spaun reports an event which might
have taken place in the summer of 1828: "Bocklet was playing a
trio with Schuppanzigh and Linke and then the variations on his
own theme for piano duet with Schubert with such enthusiasm
that everyone was delighted and Bocklet embraced his friend in
jubilation. We stayed together until midnight. It was the last
evening of this kind" (Erinnerungen, p. 161).

Schubert: *Fantasie, Andante, Menuetto und Allegretto für das Piano=Forte allein (,,Fantasie")* D 894. – Erstdruck, Tobias Haslinger, Wien 1827.

Schubert: *Piano sonata in G major, known as 'Fantasie, Andante, Menuetto und Allegro', D 894. First edition, Tobias Haslinger, Vienna, 1827.*

,,Der Komponist, der sich durch nicht wenige ausgezeichnete Gesänge ein zahlreiches Publikum erworben hat, kann sich ein gleiches auch durch Klavierstücke erwerben. . . . Sind wir bei dieser Komposition länger verweilt . . . so halten wir uns für gerechtfertigt dadurch, daß sie selbst keineswegs eine gewöhnliche ist und daß sie von einem noch jungen Künstler herrührt, der durch mehrere seiner bisherigen Arbeiten die erfreulichsten Hoffnungen erregt" (Allgemeine Musikalische Zeitung, Leipzig 26. Dezember 1827). ,,Das Werk ist den guten Klavier-Kompositionen, welche nicht etwa als bloße Tanzschulen für die Finger zu betrachten sind – mit Fug und Recht beizuzählen" (Wiener Zeitschrift für Kunst, Theater, Literatur und Mode, 29. September 1827). – Das 1826 entstandene Werk, welches unter dem Titel ,,Fantasie, Andante, Menuetto und Allegretto" erschien, im Manuskript wurde es von Schubert als ,,IV Sonate" bezeichnet, ist Joseph v. Spaun gewidmet. Dieser berichtet, daß ihm Schubert die Komposition mit den Worten ,,Gefällt dir die Sonate, so soll sie auch dein sein, ich möchte dir ja so viel Freude machen, als ich nur kann" dedizierte (Erinnerungen, S. 159).

"The composer, who has gained a wide public for himself by his numerous excellent vocal compositions, can reasonably hope to do so again with his piano pieces . . . If we have dealt with this composition at length . . . then we believe that there is every justification for doing so, because it is undoubtedly an unusual work and its creator is a young artist whose compositions to date give rise to the liveliest anticipation" ('Allgemeine Musikalische Zeitung', Leipzig, 26th December, 1827). "The work is indisputably entitled to take its place beside those piano compositions of substance which can claim to be more than mere dancing-schools for the fingers" ('Wiener Zeitschrift für Kunst, Theater, Literatur und Mode', 29th September, 1827). – This sonata, composed in 1826, appeared in print under the title *Fantasie, Andante, Menuetto und Allegretto*, whereas Schubert had described it in the manuscript as *IV Sonate*. The dedicatee is Joseph von Spaun, who reports that Schubert made the dedication with the words: "If you like it, then it shall be yours, for I would like to make you as happy as I can" (Erinnerungen, p. 159).

Schubert: Klavierstück in c-Moll D deest, Neues D 916 C. Eigene Handschrift (Seite 5 des Autographs).

Erst während der Vorbereitungsarbeiten zu dieser Ausstellung wurden in den Skizzen zur Oper „Der Graf von Gleichen" D 918 zwei Lagen Notenpapiers gefunden, auf die zwei bislang unbekannte Klavierstücke skizziert sind. Es handelt sich dabei um ein Werk in C-Dur im Umfang von 127 Takten und um ein Klavierstück in c-Moll, von welchem 181 Takte niedergeschrieben worden sind. Beide Werke blieben unvollendet. Während das erste unvermittelt innerhalb einer Phrase abbricht und man aufgrund seiner Entwicklungsform auf die endgültige geplante Gestalt nicht mehr schließen kann, läßt sich die Anlage des Klavierstücks in c-Moll insofern rekonstruieren, als dieses Sonatenform besitzt und mit dem ersten Akkord der Reprise abbricht. Die Entstehungszeit der beiden Kompositionen ist die zweite Hälfte des Jahres 1827, eine Zeit also, in welcher auch die beiden Impromptu-Sammlungen D 899 und D 935 geschrieben worden sind. Es kann daher angenommen werden, daß Schubert plante, noch weitere Impromptus in einer neuen Sammlung herauszugeben. Die Klavierstücke wurden 1978 im Verlag Doblinger, Wien, publiziert.

Schubert: Piano piece in C minor, D deest, New Deutsch Catalogue 916c. Autograph – page 5.

It was only in the course of the preparatory research for this exhibition that two folios of music paper were discovered amongst the sketches for the opera *Der Graf von Gleichen,* D 918. They contain rough drafts of two previously unknown piano pieces: a composition in C major which runs to 127 bars, and a piano piece in C minor, of which 181 bars exist. Both compositions are incomplete. While the first piece breaks off abruptly in the middle of a phrase and there are no internal structural clues which might allow conjectures as to how the piece was planned to continue, the C minor piece can approximately be reconstructed in outline because it is in sonata form and only breaks off with the first chord of the recapitulation. Both works date from the second half of 1827, a time which also saw the composition of the two collections of impromptus, D 899 and D 935. It thus seems justified to suppose that Schubert was contemplating publishing a further set of compositions in this genre. The piano pieces were published in 1978 by Doblinger in Vienna.

288

Schubert: Vier Impromptu's für Klavier D 935. – Erstdruck, A. Diabelli & Co., Wien 1839.

Schubert schrieb insgesamt acht Impromptus, D 899 und D 935; aufgrund von jüngst aufgefundenen Entwürfen kann aber angenommen werden, daß er noch die Komposition weiterer diesbezüglicher Klavierstücke geplant hat. Die Entstehungszeit der Impromptus ist die zweite Hälfte des Jahres 1827, D 935 wurde erst im Dezember geschrieben, D 899 wahrscheinlich drei bis vier Monate vorher. Schubert beabsichtigte zunächst, jenen vier Stükken die Opuszahl 101 zu geben. – Lange Zeit wurde vermutet, daß die Impromptus D 935 eigentlich eine viersätzige Klaviersonate darstellen sollten, die von Schubert nur aus Gründen des besseren Verkaufs als einzelne Klaviersätze bezeichnet worden sind. Robert Schumann war der erste, der diese These, die wohl unhaltbar ist, formuliert hat.

Schubert: Four impromptus for piano, D 935. First edition, A. Diabelli & Co., Vienna, 1839.

Schubert wrote eight impromptus in all, D 899 and D 935; but recently discovered sketches suggest that he was planning to compose more pieces in this genre. The impromptus date from the second half of 1827; D 935 was written as late as December of that year; D 899 probably three or four months earlier. Schubert's original intention was to publish these four pieces as opus 101. – It was thought for a long time that the impromptus, D 935 in fact constituted a four-movement piano sonata which Schubert had broken up into four separate pieces to make them more easily marketable. The first man to put forward this – clearly untenable – hypothesis was Robert Schumann.

Schubert: Klaviersonate in c-Moll D 958. Eigene Handschrift (Erste Konzeption).

Schubert: Piano sonata in C minor, D 958. Autograph – first draft.

„Ich habe unter andern 3 Sonaten für's Pianoforte allein componirt, welche ich Hummel dediciren möchte. . . . Die Sonaten habe ich an mehreren Orten mit vielem Beyfall gespielt!" (Schubert an Heinrich Probst, 2. Oktober 1828. Dokumente, S. 540). – Schuberts letzte große drei Klaviersonaten (D 958, D 959, D 960) liegen in mehreren Fassungen vor, wobei die frühesten Entwürfe streckenweise wesentlich von der späteren Reinschrift abweichen. Die Aussage von Deutsch, daß sie im September 1828 geschrieben worden sind, muß daher revidiert werden und trifft wohl nur für die Reinschrift der Sonaten zu. Die erste Konzeption der c-Moll-Sonate fällt in den Mai 1828, folglich noch in die Zeit der Arbeit an den „Drei Klavierstücken" D 946. Das viersätzige Werk wurde in der Reinschrift als „Sonate I" bezeichnet und sollte, wie auch die beiden anderen Klaviersonaten, nach Schuberts Wunsch Johann Nepomuk Hummel gewidmet sein. Tatsächlich erschienen die Sonaten aber erst 1839 bei Diabelli als „Franz Schubert's Allerletzte Compositionen" und wurden Robert Schumann dediziert. – Auffallend an D 958 ist die Länge des letzten Satzes (Allegro), der 717 Takte umfaßt und dessen Tarantella-artiges Thema an den vierten Satz des Streichquartetts in G-Dur D 887 erinnert. Auch der Beginn des ersten Satzes hat vielfach Reminiszenzen zu anderen Komponisten geweckt und die Schubert-Literatur beschäftigt. Ob Schubert allerdings bei diesem Allegro in c-Moll von Beethovenschen Vorbildern beeinflußt gewesen ist, kann quellenmäßig nicht belegt werden.

"I have composed, among other things, 3 Sonatas for pianoforte solo, which I should like to dedicate to Hummel. . . . The sonatas I have played with much success in several places" (Schubert to Heinrich Probst, 2nd October, 1828. A documentary biography, p. 810 f.). – Schubert's last three great piano sonatas (D 958, D 959 and D 960) exist in several versions, whereby there are fundamental deviations in some sections between the first sketches and the final manuscript. Deutsch is therefore wrong in maintaining that the sonatas were composed in September, 1828; this date applies only to the last revision. The first draft of the C minor sonata dates from May, 1828 and is thus contemporary with the three piano pieces, D 946. The four-movement work is entitled *Sonata I* in the final copy and, like the other two sonatas, was intended to be dedicated to Johann Nepomuk Hummel. In the end, however, these sonatas did not appear in print until 1839, when they were published by Diabelli as "Franz Schubert's last compositions", with a dedication to Robert Schumann. – A striking feature of D 958 is the length of the last movement (allegro), which runs to 717 bars. The tarantella-like theme of this movement is reminiscent of the G major string quartet, D 887; while the opening of the first movement contains echoes of other composers, a fact which has given rise to much discussion in the literature on Schubert. There is, however, no evidence in the source material to throw light on the question of whether Schubert was really influenced by Beethovenean precedents in this C minor allegro movement.

Schubert: Klaviersonate in A-Dur D 959. Eigene Handschrift (Erste Konzeption).

Schubert: Piano sonata in A major, D 959. Autograph – first draft.

Wesentliche Abweichungen zwischen Entwurf und Reinschrift treten in dieser Klaviersonate auf. Insbesondere der zweite (Andantino) und der vierte (Rondo Allegretto) Satz erfuhren bis zur Endfassung mehrere Modifikationen, wobei auffallend ist (und dies gilt durchwegs für alle drei Klaviersonaten der letzten Monate), daß der Entwurf oder die Skizzen streckenweise harmonisch und rhythmisch differenzierter sowie technisch schwieriger konzipiert wurden, als dies dann in der endgültigen Reinschrift niedergelegt wurde. – Die Komposition der A-Dur-Sonate dürfte gleichzeitig mit jener in B-Dur erfolgt sein, wobei festzustellen ist, daß Schubert zunächst das Scherzo und den Schlußsatz der B-Dur-Sonate konzipiert hat. Daran schlossen sich der Entwurf des Scherzos der A-Dur-Sonate und der Beginn des Rondos dieses Werkes, daran wieder der zweite Satz der Klaviersonate in B-Dur. Es folgten der erste Satz von D 959, dann der erste Satz von D 960. An letzter Stelle ist offensichtlich der zweite Satz der A-Dur-Sonate entstanden. Vor der endgültigen Niederschrift von D 959 begann Schubert noch eine weitere Fassung dieser Klaviersonate, die wohl schon als Reinschrift gedacht war, die aber nicht zur vollständigen Ausführung gelangte, da Schubert noch weitere Änderungen eingefügt hat.

There are considerable divergences between the first draft and the final copy of this sonata. In particular the second movement (andantino) and the fourth (rondo allegretto) underwent several changes before they assumed their final form; the early draft and sketches reveal in many passages a greater harmonic and rhythmic discrimination and a higher degree of technical difficulty than the final copy – a feature which applies generally to all three of the sonatas written in Schubert's last months. – Schubert was probably working on the A major sonata and the B flat sonata at the same time, and the order of composition would have been as follows: first came the scherzo and the last movement of the B flat sonata, then the sketch for the scherzo of the A major sonata and the opening of the rondo of the same work, followed by the second movement of the sonata in B flat; then the two opening movements, first that of D 959, then of D 960; and the last to be composed was obviously the second movement of the A major sonata. Before he gave the sonata, D 959 its definitive form Schubert made a further version which was presumably intended to be the final copy, though this was never completed, since he added further modifications to it.

Schubert: Klaviersonate in B-Dur D 960. Eigene Handschrift (Erste Konzeption, Beginn des zweiten Satzes).

Schubert: Piano sonata in B flat, D 960. Autograph – first draft, beginning of second movement.

Am 26. September 1828 wurde laut Manuskriptvermerk Schuberts die Reinschrift dieser Sonate vollendet. Auch ihr waren Entwürfe vorausgegangen, die stellenweise auffallend von der heute bekannten Version abweichen. – Schuberts letzte drei Klaviersonaten gaben oft Anlaß zu verschiedensten Vermutungen und Interpretationen. Die Sonaten seien „auffallend anders" (Schumann), mit dem „Stempel der Reife und Gediegenheit versehen" (Heinrich Kreißle v. Hellborn), von „himmlischer Länge" (Otto Vriesländer), ein „Einbruch in die Sphäre des Kommenden" (Walter Vetter), „stupendous enough in itself, but it seems superhuman . . ." (Maurice Brown), die „historische Pflicht" . . . die Sonatenform „fortzuführen" (Alfred Einstein) usw. Diesen Interpretationen steht lediglich die Tatsache gegenüber, daß Schuberts Sonaten schon kurz nach ihrem Entstehen das Interesse der Verleger fanden. Tobias Haslinger erwarb nicht einmal einen Monat nach Schuberts Tod die Manuskripte dieser Klavierwerke, er zeigte diesen Erwerb sogar in den Zeitungen an, doch kümmerte er sich dann wenig um die Sonaten, die 1839 erschienen. Auch nach diesem Jahr ist eine öffentliche Aufführung lange Zeit nicht nachzuweisen, wie es auch, trotz Schuberts Brief (vgl. Kat.-Nr. 289) ungewiß ist, ob und wann diese Werke von oder im Beisein Schuberts gespielt worden sind.

According to Schubert's entry on the manuscript, the final copy of this sonata was completed on 26th September, 1828. In this case too there had been a succession of preliminary sketches which in places vary strikingly from the version we are familiar with today. – Schubert's last three piano sonatas have provoked the most varied speculations and interpretations. They are "conspicuously different" (Schumann), they bear "the stamp of maturity and fine craftsmanship" (Heinrich Kreißle von Hellborn), are of "celestial dimensions" (Otto Vriesländer), a "raid on the sphere of things to come" (Walter Vetter), "stupendous enough in itself, but it seems superhuman . . ." (Maurice Brown), the "historical obligation . . . to extend" sonata form (Alfred Einstein), and so on. From a more practical point of view, the sonatas aroused the interest of the publishers almost as soon as they were completed. Tobias Haslinger gained possession of the manuscripts not even a month after Schubert's death, although he took little enough interest in them then, and they were not published until 1839. And for some time after 1828 there is no evidence that the sonatas were performed in public; as indeed it is unclear, despite the composer's letter (see Cat. No. 289), when and if at all they were played by Schubert himself or in his presence.

Freunde und Gönner

Joseph v. Spaun. Bleistiftzeichnung von Moritz v. Schwind (Historisches Museum).

Joseph v. Spaun war seit 1805 Zögling des k. k. Konvikts. Mit Schubert kam er unmittelbar nach dessen Eintritt in dieses Institut im Jahre 1808 in Berührung. Musikalisch interessiert, war er bald auf die auffallende Begabung des jungen Schubert aufmerksam geworden und förderte sie nach seinen Kräften. Durch Spaun wurde Schubert später mit Johann Mayrhofer, Franz v. Schober u. a. bekannt. Als er 1821 nach Linz übersiedelte, blieb der Kontakt mit Schubert weiterhin bestehen. „Seine Freundschaft blieb mir immer treu, von ihm getrennt, schrieb er mir sehr liebe Briefe, und er dedizierte mir zwei seiner schönsten Kompositionen [D 517, D 524]" (Erinnerungen, S. 410).

Joseph von Spaun. Pencil drawing by Moritz von Schwind (Historisches Museum).

Joseph von Spaun was a boarder in the I. & R. seminary from 1805 onwards. He came into contact with Schubert as soon as he came to the seminary in 1808. As he was interested in music he soon noticed the young Schubert's remarkable talent and encouraged him as much as he could. Through Spaun Schubert later met Johann Mayrhofer, Franz von Schober and others. When Spaun moved to Linz in 1821 he still kept in touch with Schubert. "He was always a faithful friend to me. When we were separated he wrote me delightful letters, and he dedicated two of his most beautiful compositions to me [D 517, 524]" (Erinnerungen, p. 410).

Albert Stadler. Reproduktion nach einer Photographie.

Noch in der Konviktzeit machte Schubert die Bekanntschaft mit Albert Stadler. Dieser Freund Schuberts, der 1817 Wien verließ und zunächst nach Steyr und dann nach Linz übersiedelte, hat sich insofern Verdienste erworben, als er eine Reihe von frühen Kompositionen von Schubert kopierte und sie damit vor Verlust bewahrte. 1819 traf Schubert während seines Aufenthaltes in Steyr wieder mit Stadler zusammen, und gemeinsam waren sie an den dort abgehaltenen musikalischen Veranstaltungen beteiligt.

Albert Stadler. Reproduction from a photograph.

Schubert met Stadler as early as his days in the seminary. This friend of Schubert's left Vienna in 1817 and moved first to Steyr and then to Linz: he did a great service by copying a series of early compositions by Schubert and thus prevented them being lost. In 1819, during his stay in Steyr, Schubert again met Stadler, and together they took part in the musical evenings held there.

Franz v. Schober. Ölgemälde von Leopold v. Kupelwieser, 1822 (Historisches Museum).

Franz v. Schober lernte Schubert 1815 durch Joseph v. Spaun kennen. Aus dieser Begegnung entwickelte sich eine dauerhafte Freundschaft. Als Dichter und Schauspieler war Schober höchst empfänglich für die Musik, und seine Denkweise blieb nicht ohne Einfluß auf Schubert. „Es wird mir eine ewig erhebende Empfindung bleiben, diesen unsterblichen Meister vom Schulzwange befreit und auf die ihm prädestinierte Bahn freier geistiger Schöpfung gebracht zu haben und bis an seinen letzten Lebenshauch in treuer, innigster Freundschaft mit ihm verbunden gewesen zu sein", schrieb Schober später über Schubert an dessen Neffen Heinrich (Erinnerungen, S. 239). In einem an Schober gerichteten Brief Schuberts findet sich wiederum die Textstelle: „Übrigens hoffe ich meine Gesundheit wieder zu erringen und dieses Gut wird mich so manches Leiden vergessen machen, nur Dich, lieber Schober, Dich werd' ich nie vergessen, denn was Du mir warst, kann leider niemand anderer sein" (Dokumente, S. 207).

Franz von Schober. Oil painting by Leopold von Kupelwieser, 1822 (Historisches Museum).

Franz von Schober met Schubert in 1815 through Joseph von Spaun. A lasting friendship developed from this meeting. As a poet and actor Schober was particularly receptive to music and his way of thinking was not without influence on Schubert. "I shall always feel it of great moment that I freed this immortal maestro from the constraints of school and put him on the path of free intellectual creativity predestined for him and was bound to him in faithful and intimate friendship till his last breath", Schober later wrote of Schubert to Schubert's nephew Heinrich (Erinnerungen, p. 239). Again, in a letter from Schubert to Schober we find the passage: "For the rest, I hope to regain my health, and this recovered treasure will let me forget many a sorrow; only you, dear Schober, I shall never forget, for what you meant to me no one else can mean, ala!" (A documentary biography, p. 301).

Johann Mayrhofer. Kreidezeichnung von Ludwig Michalek nach Moritz v. Schwind (Historisches Museum).

Johann Mayrhofer hatte Jura studiert und wurde später Revisor im Zentral-Bücher-Revisionsamt. Seine Neigung galt der Dichtkunst. Schubert hatte 1814 sein Gedicht „Am See" D 124 komponiert, und diese Vertonung vermittelte – über Joseph v. Spaun – die persönliche Bekanntschaft. „Mayrhofer sang und pfiff den ganzen Tag Schubertsche Melodien, und Dichter und Tonsetzer waren bald die besten Freunde. Später [1818] bezog Schubert auch die Wohnung Mayrhofers und lebte durch ein paar Jahre mit ihm auf einem Zimmer unter der Obsorge der trefflichen Witwe Sanssouci, welche die beiden etwas unpraktischen Herren in Ordnung zu erhalten suchte. Mayrhofers Gedichte begeisterten Schubert zu herrlichen Liedern, die wohl zu den schönsten gehören. Mayrhofer versicherte oft, seine Gedichte seien ihm erst lieb und klar, wenn Schubert sie in Musik gesetzt" (Erinnerungen, S. 151 f.).

Johann Mayrhofer. Crayon drawing by Ludwig Michalek after Moritz von Schwind (Historisches Museum).

Johann Mayrhofer studied law and later became a revisor at the central book censorship office. He had inclinations to poetry. In 1814 Schubert had set his poem *Am See,* D 124 to music and this led – via Joseph von Spaun – to personal acquaintance. "All day long Mayrhofer sang and whistled Schubert's tunes, and poet and composer were soon the best of friends. Later (1818) Schubert moved into Mayrhofer's flat and for a few years lived with him in one room under the wings of the admirable widow Sanssouci, who attempted to keep these two rather unpractical gentlemen tidy. Mayrhofer's poems inspired Schubert to wonderful Lieder, which must belong to his most beautiful. Mayrhofer often maintained that he only appreciated and understood his poems when Schubert put them to music" (Erinnerungen, p. 151 ff.).

Joseph Wilhelm Witteczek. Reproduktion nach einem unbezeichneten Gemälde.

Mit Joseph Wilhelm Witteczek, späterer Hofrat im Finanzministerium, wurde Schubert über Joseph v. Spaun bekannt. Spaun zog 1816 mit Witteczek in das Haus des Professors Watteroth, wohin später auch der Dichter Johann Mayrhofer übersiedelte. Witteczek zeigte nach Aussagen v. Spaun „außerordentlich viel Sinn für Musik" (Erinnerungen, S. 411). Es war das besondere Verdienst dieses Freundes, daß er alle gedruckten und ungedruckten Werke Schuberts sammelte sowie auch Rezensionen und damit viele der Originalwerke Schuberts überhaupt erhalten geblieben sind.

Joseph Wilhelm Witteczek. A reproduction from an unsigned painting.

Schubert met Joseph Wilhelm Witteczek, later 'Hofrat' in the Treasury, through Joseph von Spaun. In 1816 Spaun moved with Witteczek into the house of Professor Watteroth, where the poet Johann Mayrhofer also moved later. According to Spaun, Witteczek displayed "an exceptional feeling for music" (Erinnerungen, p. 411). A particular debt is owed to this friend for collecting all Schubert's printed and unprinted works, as well as reviews, thus making possible the survival of many of Schubert's pieces.

Heinrich Watteroth. Ölgemälde von Leopold v. Kupelwieser (Pussy Mautner-Markhof, Wien).

Heinrich Watteroth, Professor der politischen Wissenschaften, bewohnte ein geräumiges Haus an der Landstraße. Als Kunst- und Musikfreund führte er ein gastliches Haus, in dem auch musikalische Abendunterhaltungen stattfanden. Schubert war häufig Gast bei Watteroth, als Spaun, Witteczek und Mayrhofer dort wohnten. Watteroth gab die Anregung zur Komposition der Kantate „Prometheus" D 451, die 1816 in dem zum Wohnhaus gehörenden Garten auf der Landstraße uraufgeführt wurde.

Heinrich Watteroth. Oil painting by Leopold von Kupelwieser (Pussy Mautner-Markhof, Vienna).

Heinrich Watteroth, professor of political science, lived in a spacious house on the Landstraße. As an art and music enthusiast he entertained widely and arranged musical soirées in his own home. Schubert was a frequent guest during the time when Spaun, Witteczek and Mayrhofer lived here. It was Watteroth who suggested to Schubert the composition of the cantata *Prometheus*, D 451 which was first performed in 1816 in the garden of the house adjoining the Landstraße.

298

Ein besonderer Verehrer der Muse Schuberts war Moritz Graf v. Dietrichstein, der den Posten eines k. k. Hofmusikgrafs bekleidete. Dietrichstein hat seine Achtung vor dem Genie Schubert nicht verhehlt, wie seine dem Sänger Vogl gegenüber gemachte Äußerung bestätigt: „Ich bitte Sie, lieber Freund, dies [Zeugnis?] dem wackren Schubert gütigst zu übergeben. Möchte es ihm einigen Vorteil gewähren, denn seitdem ich das Genie dieses jungen, kräftigen, ungemein viel versprechenden Tonsetzers ergründet, gehört es zu meinen sehnlichsten Wünschen, sub umbra alarum tuarum für ihn zu wirken, so sehr ich es vermag. Guten Morgen, liebster Freund, rara avis in terra, oder vielmehr rarissima" (Dokumente, S. 115).

An especial admirer of Schubert's muse was Moritz Count Dietrichstein, who held the post of an I. & R. court musical Count. Dietrichstein did not conceal his respect for Schubert's genius, as is confirmed by his remark to Vogl, the singer: "I request you, dear friend, kindly to hand this to honest Schubert. May it prove of some advantage to him, for ever since I have fathomed the genius of this young, vigorous, extraordinarily promising composer, it is among my dearest wishes to work for him sub umbra alarum tuarum, in so far as it is in my power. Good morrow, dear friend, rara avis in terra, or rather rarissima" (A documentary biography, p. 161 f.).

Johann Michael Vogl. Zinkätzung nach der Bleistiftzeichnung von Leopold v. Kupelwieser (Historisches Museum).

„Unter denen, welche Schuberts Genius früh erkannt und gefördert haben, steht ohne Zweifel Michael Vogl in der ersten Reihe. Was musikalische Deklamation betrifft, so verdankt Schubert gewiß seinem Vortrage und Rate vieles. Vogl hat ihn auch mit Kunstmäzenen und Künstlern bekannt gemacht, ihn auf Reiseausflüge öfters mitgenommen, besonders aber durch den Vortrag seiner Lieder in gesellig musikalischen Kreisen viel zu seiner Anerkennung beigetragen. Vogl war als Künstler eine edle Natur, er hatte die Rechte absolviert und auch außerdem Bildung erhalten . . . und hatte daher . . . einen günstigen Einfluß auf Schubert" (Erinnerungen, S. 130).

Johann Michael Vogl. Reproduction after a pencil drawing by Leopold von Kupelwieser.

"Amongst those who at an early stage recognised and encouraged Schubert's genius one of the most prominent must be Johann Michael Vogl. It is to his manner of performance and his advice that Schubert owes much of his understanding of musical declamation. Vogl introduced him to artists and patrons of the arts, he often took him with him on excursions, but above all by singing his Lieder at musical gatherings he contributed greatly to Schubert's renown. As an artist Vogl possessed refinement, he had studied law and acquired a general cultivation beyond this . . . and so exerted a healthy influence on Schubert" (Erinnerungen, p. 130).

Carl Freiherr v. Schönstein. Zeichnung von Ludwig Michalek nach Moritz v. Schwind (Historisches Museum).

Carl Freiherr v. Schönstein, von Sonnleithner „einer der besten, vielleicht der beste Schubertsänger" genannt (Erinnerungen, S. 136), kam mit Schubert im Sommer 1818 in Verbindung. Nach Schönsteins Aussage erweckten in ihm erst „Schuberts Lieder die Liebe zum deutschen Liedergenre, welchem ich von da an, insbesondere aber den Schubertschen Liedern, fast ausschließlich mich widmete. Schubert hatte mich liebgewonnen, machte gern und viel mit mir Musik, er gestand mir wiederholt, daß er von da ab bei seinen Liedern meist nur meine Stimmlage berücksichtigte" (Erinnerungen, S. 117).

Carl Freiherr von Schönstein. Drawing by Ludwig Michalek after Moritz von Schwind (Historisches Museum).

Carl Freiherr von Schönstein, described by Sonnleithner as "one of the best, and perhaps the best, Schubert singer" (Erinnerungen, p. 136) came into contact with Schubert in the summer of 1818. According to Schönstein, it was Schubert's Lieder, which first "inspired [his] love for the German Lied, to which – and in particular to Schubert's Lieder – I have since then almost exclusively devoted myself. Schubert took a liking to me, gladly and often made music with me and repeatedly confessed to me that from then onwards he composed most of his Lieder only with my vocal range in mind" (Erinnerungen, p. 117).

Josef v. Gahy. Reproduktion nach einer Karikatur-Zeichnung von Moritz v. Schwind.

Josef v. Gahy, in der Hofkammer beschäftigt, war nicht nur ein Kunstliebhaber, sondern auch ein ausgezeichneter Pianist, mit dem Schubert viel vierhändig spielte. Darüber berichtet Gahy selbst: „Die Stunden, die ich mit Schubert im Zusammenspiel verlebte, gehören zu den genußreichsten meines Lebens . . . Nicht nur, daß ich bei solchen Gelegenheiten viel Neues kennenlernte, so gewährte mir das reine geläufige Spiel, die freie Auffassung, der bald zarte, bald feurig energische Vortrag meines kleinen, dicken Partners große Freude, welche dadurch noch erhöht wurde, daß sich gerade bei diesen Anlässen Schuberts Gemütlichkeit in ihrem vollen Glanze entfaltete und er die verschiedenen Kompositionen durch launige Einfälle, mitunter auch durch sarkastische, aber immer treffende Bemerkungen zu charakterisieren pflegte" (Erinnerungen, S. 203).

Josef von Gahy. Reproduction after a caricature drawn by Moritz von Schwind.

Josef von Gahy, who was employed in the 'Hofkammer', was not merely an art enthusiast, but also an excellent pianist who spent much time playing piano duets with Schubert. Gahy himself writes: "The hours which I passed playing together with Schubert were amongst the most enjoyable of my life . . . Not only did I learn many new things on such occasions, but also the neat, fluent playing of my small, plump partner, his flexibility of interpretation and his ability to change from delicacy to aggressive passion gave me a pleasure which was only heightened by the fact that Schubert's genial temperament used then to unfold in all its splendour, and he would characterise the various compositions with witty ideas and occasionally also with sarcastic but unfailingly apt comments" (Erinnerungen, p. 203).

Johann Ladislaus Pyrker. Lithographie von Joseph Kriehuber (Historisches Museum).

„Schubert lebte zumeist von seinen Liedern, die ihm nach und nach besser honoriert wurden, und sonst von Bestellungen der Kunsthändler. Unter seinen besonderen Gönnern gehörte Ladislaus Pyrker, früher Patriarch in Venedig, in der Folge Abt in Lilienfeld" (Erinnerungen, S. 270). Schubert hatte Pyrker, der selbst dichtete, um 1822 kennengelernt. Die Lieder „Wanderers Nachtlied" D 224, „Der Wanderer" D 493 und „Morgenlied" D 685 sind Pyrker gewidmet.

Johann Ladislaus Pyrker. Lithograph by Joseph Kriehuber (Historisches Museum).

"Schubert lived largely from his Lieder, for which he gradually received better fees, and otherwise from commissions from music-dealers. One of his most prominent patrons was Ladislaus Pyrker, formerly Patriarch in Venice and subsequently abbot in Lilienfeld" (Erinnerungen, p. 270). It was in or around 1820 that Schubert had made the acquaintance of Pyrker, himself a poet. The Lieder *Wanderers Nachtlied*, D 224; *Der Wanderer*, D 493 and *Morgenlied*, D 685 are dedicated to Pyrker.

Anna Fröhlich. Kreidezeichnung von Heinrich Thugut (Historisches Museum).

Mit den Schwestern Fröhlich scheint Schubert um 1820 bekannt geworden zu sein. Schubert verkehrte in ihrem Wohnhaus in der Singerstraße Nr. 893 und hat dort auch musiziert. Für Anna Fröhlich, die seit 1819 an dem erst zwei Jahre davor gegründeten Konservatorium der Gesellschaft der Musikfreunde unterrichtete, verfaßte Schubert den „23. Psalm" D 706 und „Gott in der Natur" D 757. In ihrem Auftrag entstand auch die „Hymne zur Genesung des Herrn Ritter" D 763. Nach Sonnleithners Worten hatte Anna sich in diesen Jahren durch „ihre ausgezeichneten musikalischen Kenntnisse einen großen Ruf erworben" (Erinnerungen, S. 129).

Anna Fröhlich. Crayon drawing by Heinrich Thugut (Historisches Museum).

Schubert seems to have made the acquaintance of the Fröhlich sisters about 1820. He visited them at their home in the Singerstrasse No. 893 and made music there. He wrote the 23rd Psalm, D 706 and *Gott in der Natur,* D 757 for Anna Fröhlich, who taught from 1819 at the conservatory of the 'Gesellschaft der Musikfreunde', which had been founded two years previously. She also commissioned the *Hymne zur Genesung des Herrn Ritter,* D 763. During these years Anna had obtained a great reputation for her "excellent musical knowledge" (Leopold von Sonnleithner. Erinnerungen, p. 129).

Leopold v. Sonnleithner. Reproduktion nach einem unbezeichneten Ölgemälde.

Sonnleithners eigenen Aufzeichnungen – von ihm liegt eine kleine Schubert-Biographie vor – entnimmt man, welche Wirkung namentlich Schuberts Liedkompositionen auf gewisse musikalisch interessierte Kreise ausübten: ,,Ich lernte früher Schuberts Lieder kennen als seine Person in näherem Umgange; einige meiner Schulfreunde erhielten von Konviktisten, mit denen Schubert zusammen studierte, Abschriften seiniger Lieder. Wir erkannten bald die Vortrefflichkeit derselben, und ich schrieb mir mehrere Hefte derselben zusammen, worunter besonders die Goethischen, und unter diesen ,Erlkönig', den ersten Platz einnahmen. Bei meinem Vater . . . Ignaz Edlen v. Sonnleithner . . ., fanden durch eine Reihe von Jahren jeden Winter alle 14 Tage an Feiertagen musikalische Abendunterhaltungen für geladene Freunde statt, deren Anordnung und Leitung ich allein besorgte. Die vorzüglichsten hiesigen Kunstfreunde und Künstler nahmen daran teil . . . Die Zahl der Zuhörer betrug stets 120 . . . Bald faßte ich den Entschluß, Schuberts Lieder in diesem Kreis bekannt zu machen . . .'' (Erinnerungen, S. 125). Im Rahmen dieser Veranstaltungen fand dann die erste Aufführung des ,,Erlkönig'' statt. Sonnleithner war es dann zu danken, daß Schuberts Bekanntheit rasch zugenommen hat und erstmals von ihm auch Werke im Druck erschienen.

Leopold von Sonnleithner. Reproduction from an unsigned oil painting.

From Sonnleithner's own words (he wrote a short Schubert biography) we can conclude what effect Schubert's Lieder compositions in particular had on certain musically interested circles: "I got to know Schubert's Lieder well before Schubert himself; some of my school friends received copies of his Lieder from pupils who studied together with Schubert. We soon realized how excellent they were and I myself copied several books full giving preference to the Goethe Lieder in particular, including the 'Erlkönig'. For several years musical evenings for invited guests took place once a fortnight which I organized on my own at my father's home, Ignaz Edlen von Sonnleithner. The best artists and friends of the arts in Vienna took part . . . The number of listeners was always about 120 . . . I soon decided to make Schubert's Lieder known to this circle . . ." (Erinnerungen, p. 125). Within the framework of these evenings, the first performance of *Erlkönig* took place. It was thanks to Sonnleithner that Schubert became known so quickly and that first editions of his works appeared.

Moritz v. Schwind, Selbstbildnis. Original-Federzeichnung (Historisches Museum).

,,Das Verhältnis zwischen den beiden [Schubert und Schwind] war eigen und einzig. Moritz Schwind, eine Künstlernatur durch und durch, war kaum minder für Musik organisiert als für Malerei. Das romantische Element, das in ihm lag, trat ihm nun in den Tonschöpfungen seines älteren Freundes zuerst überzeugend und zwingend entgegen . . . Und so neigte er sich auch dem Meister mit seiner ganzen jugendlichen Innigkeit und Weichheit zu, er war völlig in ihn verliebt, und ebenso trug Schubert den jungen Künstler, den er scherzweise seine Geliebte nannte, im Herzen seines Herzens. Er hielt große Stücke auf Schwinds musikalisches Verständnis, und jedes neue Lied oder Klavierstück wurde dem jungen Freunde zuerst mitgeteilt" (Erinnerungen, S. 273).

Moritz von Schwind, Self-portrait. Original ink drawing (Historisches Museum).

"The relationship between the two [Schubert and Schwind] was unique. Moritz Schwind, an artist through and through, was just as musically orientated as he was for painting. The romantic element within him drew him to the musical compositions of his older friend and then held him in their grasp . . . And so he inclined towards the maestro with all his youthful devotion and gentleness, he was completely in love with him and Schubert also took this young artist, whom he jokingly calles his mistress, into his heart of hearts. He rated Schwind's understanding of music very highly and showed his young friend every new song or piano piece first" (Erinnerungen, p. 273).

Leopold v. Kupelwieser. Bleistiftzeichnung von Josef Tunner, 1817 (Dr. Gerheid Widrich, Salzburg).

Es war wiederum Joseph v. Spaun, der Schubert mit Leopold v. Kupelwieser, einem begabten Aquarellisten, zusammenführte, und Schubert scheint diesem bald ein besonderes Vertrauen entgegengebracht zu haben. Nur so erklärt es sich, daß der aus einer tiefen Depression heraus verfaßte Brief vom Frühjahr 1824 gerade an Kupelwieser gerichtet ist, dem Schubert in diesem Schreiben den Charakterzug „gut und bieder" gibt, und zwar mit dem Hinweis „Du wirst mir gewiß manches verzeihen, was mir andere sehr übel nehmen würden" (Dokumente, S. 234). – Schubert war auch mit Leopold Kupelwiesers Bruder Josef gut bekannt, der das Textbuch zur Oper „Fierabras" verfaßt hat.

Leopold von Kupelwieser. Pencil drawing by Josef Tunner, 1817 (Dr. Gerheid Widrich, Salzburg).

It was again Joseph von Spaun who brought Schubert and Leopold von Kupelwieser, a gifted painter of water-colours, together and Schubert soon seems to have had especial affection for him. This can be the only explanation for the letter of spring of 1824 written to Kupelwieser in a state of deep depression. Kupelwieser's character Schubert describes here as "good and solid", with the remark that "you will be sure to forgive many things which others might take in very bad part from me" (A documentary biography, p. 338f.). – Schubert was also well acquainted with Leopold von Kupelwieser's brother, Josef, who wrote the libretto to the opera *Fierabras*.

Eduard v. Bauernfeld. Lithographie von Franz Stöber nach einem Entwurf von Moritz Michael Daffinger (Historisches Museum).

Eduard v. Bauernfeld, der bereits im Frühjahr 1821 den Wunsch geäußert hatte, Schubert kennenzulernen, begegnete ihm erstmals im Jänner 1821 bei einer Abendgesellschaft des Theologie-Professors Vincentius Weintridt. Die Freundschaft vertiefte sich aber erst ab Mitte der zwanziger Jahre. Aus Bauernfelds Tagebuchaufzeichnungen und Mitteilungen erfährt man viele Details über Schubert und Schuberts Freundeskreis und darüber hinaus über Schuberts Arbeit an der Oper ,,Der Graf von Gleichen'', zu der Bauernfeld das Libretto verfaßt hat.

Eduard von Bauernfeld. Lithograph by Franz Stöber from a sketch by Moritz Michael Daffinger (Historisches Museum).

Eduard von Bauernfeld, who had expressed the wish to become acquainted with Schubert as early as the spring of 1821, met him for the first time in January, 1821 at an evening party held by Vincentius Weintridt, professor of theology. The friendship became deeper only after the mid 1820's. From Bauernfeld's diary and notes we learn many details of Schubert and his friends as well as Schubert's work on the opera *Der Graf von Gleichen,* whose libretto was written by Bauernfeld.

308

Franz Lachner. Lithographie nach einem Entwurf von Delle (Historisches Museum).

,,Wir waren [seit 1823] die intimsten Freunde, spielten einander des Vormittags unsere Kompositionen vor und tauschten unsere Ansichten darüber mit größter Offenheit aus, wobei wir beide lernten; des Nachmittags machten wir unsere Ausflüge in das nahe Grinzing, Klosterneuburg etc. und oft erst um Mitternacht trennten wir [uns], um uns am andern Morgen wieder zu sehen'' (Lachner an Franz Dingelstedts Vater, Erinnerungen, S. 225). Lachner war 1823 von München nach Wien zurückgekehrt, wo er die Organistenstelle an der evangelischen Kirche erhalten hatte, und blieb Schubert bis ans Lebensende eng verbunden.

Franz Lachner. Lithograph from a sketch by Delle (Historisches Museum).

"We were the most intimate friends [since 1823], we would play each other our compositions in the morning and quite frankly exchange ideas about them, so that we both learned something; in the afternoon we went on excursions to Grinzing, Klosterneuburg and soon and seldom parted before midnight in order to meet again the next morning" (Franz Lachner to Franz Dingelstedt's father. Erinnerungen, p. 225). Lachner had returned to Vienna in 1823 from Munich, where he had held an administrative post in the Evangelical church. He remained in close contact with Schubert right up to his death.

Schober del. *Schwind staf.* *Mohn fc.*

Ballspiel in Atzenbrugg. Radierung von Ludwig Mohn nach einer Zeichnung von Franz v. Schober (Graphische Sammlung Albertina, Wien).

A ball game in Atzenbrugg. Etching by Ludwig Mohn from a drawing by Franz von Schober (Graphische Sammlung, Albertina, Vienna).

Gesellige Runden mit Spielen und Musik waren eine beliebte Form der Unterhaltung im Schubertkreis, und dies sowohl in Wien als auch auf Ausflügen, die die Freunde unternahmen. Neben den sogenannten „Schubertiaden", die einen durchaus ernsthaften Teil beinhalteten, nämlich zumeist Schuberts neueste Kompositionen und vor allem Lieder, gab es gemeinsame Ballspiele, „Würstelbälle" u. ä. Schubert war zumeist der musikalische Mittelpunkt: „Da mußte nun unser ‚Bertl', wie er im Schmeichelton bisweilen genannt wurde, seine neuesten Walzer spielen und wieder spielen, bis ein endloser Kotillon sich abgewickelt hatte . . . Kein Wunder, daß er uns bisweilen ausriß und sogar manche ‚Schubertiade' ohne Schubert stattfinden mußte, wenn er just nicht gesellig gestimmt war" (Erinnerungen, S. 262). – Schubert ist auf der Abbildung vorne rechts in der sitzenden Dreiergruppe zu sehen.

In Schubert's circle of friends group activities with games and music were a favourite form of entertainment in Vienna as well as on excursions outside the city. Besides the so-called 'Schubertiaden', consisting of a thoroughly serious part, which usually included Schubert's latest compositions especially, his Lieder, there were group games, such as 'Würstelbälle' ('sausage balls') and others. The musical focus was usually Schubert himself, "So our 'Bertl', as he was sometimes affectionately called, had to play his latest waltzes again and again, so that a non-stop cotillon took place . . . It was hardly surprising that he sometimes disappeared and even that many 'Schubertiaden' had to take place without Schubert, if he was not feeling sociable at that particular moment" (Erinnerungen, p. 262). In the illustration Schubert can be seen on the right of the group of three sitting in the foreground.

Ballspiel der Linzer Freunde bei Fritz v. Hartmann. Federzeichnung von Moritz v. Schwind (Stadtmuseum, Linz).

Durch Spaun und Albert Stadler wurden Schubert und Vogl im Juli 1823 bei der musikbegeisterten Familie Hartmann in Linz eingeführt. Mit den Söhnen Fritz und Franz schloß Schubert nach deren Übersiedlung nach Wien engere Freundschaft. Fritz und Franz v. Hartmann führten über ihren Wiener Aufenthalt ein Tagebuch, und diese Aufzeichnungen wurden zu einer wichtigen Quelle für die Schubert betreffenden Ereignisse (Schubertiaden u. a. m.). Anläßlich seiner Reisen nach Oberösterreich war Schubert ein gerngesehener Gast im Hartmannschen Haus in Linz.

A ball game of the friends in Linz at the house of Fritz von Hartmann. Pen-and-ink drawing by Moritz von Schwind (Stadtmuseum, Linz).

It was through Spaun and Albert Stadler that in July, 1823 Schubert and Vogl were introduced to the Hartmanns in Linz, a family of music enthusiasts. After the two sons Fritz and Franz had come to live in Vienna, a close friendship sprang up between them and Schubert. The two Hartmanns kept a diary of their life in Vienna, and this has become an important source of background material on Schubert (the 'Schubertiaden' etc.). When Schubert travelled to Upper Austria he was always a welcome guest at the Hartmanns' house in Linz.

Johann Baptist Jenger, Anselm Hüttenbrenner und Schubert. Farbdruck nach einem Aquarell von Josef Teltscher (Historisches Museum).

Johann Baptist Jenger, Anselm Hüttenbrenner and Schubert. Colour print from a water colour by Josef Teltscher (Historisches Museum).

Zu Schuberts Grazer Freunden zählten zunächst die Brüder Hüttenbrenner. Anselm war ein Schüler Salieris und wurde schon um 1812 (?) mit Schubert bekannt. Um 1818 vertiefte sich diese Freundschaft, und um dieselbe Zeit lernte Schubert auch den jüngeren Bruder Josef kennen. Beide Hüttenbrenners waren ebenso wie Johann Baptist Jenger, der Schubert im Sommer 1827 zu einer Reise nach Graz veranlaßte und ihn dort im Hause Karl und Marie Leopoldine Pachlers einführte, bemüht, Schubert in Graz einen Kreis von Freunden zu schaffen und seine Werke dort bekanntzumachen.

The first to be counted among Schubert's Grazer friends were the Hüttenbrenner brothers. Anselm was a pupil of Salieri and knew Schubert as early as 1812 (?). This friendship deepened in about 1818 and at the same time Schubert got to know Hüttenbrenner's younger brother Josef. Both brothers made efforts to establish a circle of friends around Schubert in Graz and to make his works known there; the same is true of Johann Baptist Jenger, who arranged a journey to Graz in the summer of 1827 for Schubert and introduced him there to the family of Karl and Marie Leopoldine Pachler.

Josef Hüttenbrenner. Reproduktion nach einem Aquarell von Josef Danhauser (?).

Josef Hüttenbrenner war ein Amateursänger und in bescheidenem Maße Komponist. Er sah sich selbst als ,,Schuberts Prophet, Sänger, Freund und Schüler'' (Dokumente, S. 58), wurde aber in den zwanziger Jahren mehr und mehr zu Schuberts Faktotum. – Hüttenbrenner fertigte nicht nur mit Billigung Schuberts Arrangements von mehreren Werken an, wie z. B. von der I. Symphonie D 82 (die er angeblich vierhändig mit Schubert spielte), von Teilen der Oper ,,Die Freunde von Salamanka'' D 326 und von der Ouvertüre zur ,,Zauberharfe'' D 644, sondern wurde auch zu anderen Arbeiten und Diensten herangezogen: eine Zeitlang führte er für Schubert die Kasse.

Josef Hüttenbrenner. Reproduction after a water colour by Josef Danhauser (?).

Josef Hüttenbrenner was an amateur singer and, within modest limits, a composer. He regarded himself as ''Schubert's prophet, singer, friend and pupil'' (A documentary biography, p. 86), though in the course of the 1820's he in fact increasingly functioned as Schubert's factotum. – With the composer's consent he produced arrangements of various compositions such as the first symphony, D 82 (which he is reputed to have played as a piano duet with Schubert), parts of the opera *Die Freunde von Salamanka*, D 326 and the overture to *Die Zauberharfe*, D 644. But he was also employed in other functions: for some time, for instance, he managed Schubert's financial affairs.

Persönliches

313

Schuberts Haarlocke (Wiener Schubertbund).

Das hier gezeigte Kopfhaar Schuberts wurde bei der ersten Exhumierung vom Schädel abgelöst. Andreas Schubert, der vierte überlebende Sohn aus zweiter Ehe Franz Theodor Schuberts, hat es 1867 dem Wiener Schubertbund gewidmet.

Lock of Schubert's hair (Wiener Schubertbund).

The lock of Schubert's hair on display was taken from his skull during his first exhumation. Andreas Schubert, the fourth surviving son of Franz Theodor Schubert's second marriage, dedicated it in 1867 to the Vienna Schubertbund.

314

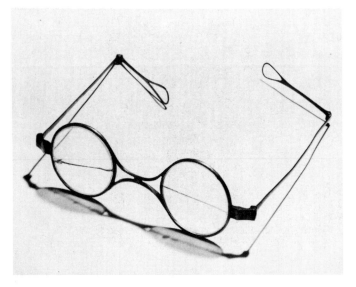

Schuberts Brille (Historisches Museum).

Schubert wurde auf den meisten zeitgenössischen Darstellungen mit Brille abgebildet. Seine Freunde wollten beobachtet haben, daß er die Brille sogar nachts trug.

Schubert's glasses (Historisches Museum).

In most contemporary pictures Schubert was given glasses. His friends maintain that he even were glasses at night.

Schöpflöffel aus dem Besitz der Familie Schubert (Privatbesitz, Wien).

Der Schöpflöffel stammt aus dem Jahre 1826 und trägt die Initialen F[ranz?] Sch[ubert].

Soup ladle owned by Schubert's family (Private collection, Vienna).

The soup ladle was made in 1826 and bears the initials F[ranz?] Sch[ubert].

Kaffeetasse mit Bild Schuberts (Georg Strnad, Wien).

Die einzige bekannte zeitgenössische Kaffeetasse mit einer Abbildung Schuberts stammt aus dem Jahr 1822. Offensichtlich diente dafür als Vorlage die 1821 skizzierte Bleistiftzeichnung von Leopold Kupelwieser.

Coffee cup with Schubert's picture (Georg Strnad, Vienna).

The only contemporary coffee cup known to have a picture of Schubert on it was made in 1822. The model for it was the pencil drawing by Leopold von Kupelwieser sketched in 1821.

Nachbemerkung

Die Herausgeber haben für den Ausstellungskatalog die Form eines Bildkataloges gewählt, um erstmals seit 1913, dem Jahr des Erscheinens von „Franz Schubert. Sein Leben in Bildern" (herausgegeben von O. E. Deutsch), Schuberts Leben und Werk wieder als Bilddokumentation darzustellen. Neben Porträts, Dokumenten und Bildern u. a. wird darin mit Absicht das Schriftbild Schuberts in seinen Werken in den Mittelpunkt gerückt: Liebhabern wie Forschern sollte in größerem Maße als bisher und unabhängig von Ausstellungen, Archiven und Sammlungen Einblick in die Arbeitsweise des Komponisten gewährt werden. – Die Abschnitte Leben, Bühnenwerke und Kirchenmusik, Mehrstimmige Gesänge, Orchestermusik, Freunde und Gönner sowie Persönliches wurden von Ernst Hilmar bearbeitet, die Kapitel Lied, Kammermusik, Klaviermusik, Tanzmusik und schließlich (unter Mithilfe von Ernst Hübsch) die Register verfaßte Otto Brusatti. – Für die Mitarbeit am Katalog danken die Herausgeber vor allem Herrn Paul Catty, in dessen Händen der überwiegende Teil der englischen Übersetzung lag, aber auch Frau Dr. Rosemary Hilmar und Herrn Beverley Spilman, die die englische Fassung mitbetreuten. (Für die englische Fassung der zitierten „Dokumente" wurde die Veröffentlichung aus 1946 herangezogen; sie ist zwar lückenhaft wie mangelhaft, hat sich aber im englischsprachigen Raum eingebürgert. Nicht berücksichtigt wurde hingegen – und dies beabsichtigt – die englische Ausgabe der „Erinnerungen" von 1958. Die Grundlage für diesen Katalog bildet die deutsche Neuausgabe von 1966, und die daraus entnommenen Zitate wurden neu übersetzt.) Zu danken haben sie dann aber auch den Kollegen in der Musik- und Handschriftensammlung der Wiener Stadt- und Landesbibliothek, und namentlich neben Herrn Dr. Walter Obermaier den Herren Peter Peschek und Hans Ziegler sowie Ernst Hübsch und Karl Misar, die zum Gelingen dieser Veröffentlichung wesentlich beigetragen haben.

E. H.   O. B.

Postscript

The present publication takes the form of an illustrated catalogue and is thus the first attempt to present Schubert's life and work as a pictorial documentation since the appearance in 1913 of "Franz Schubert. Sein Leben in Bildern" (edited by O. E. Deutsch). Alongside the portraits, documents and pictures, considerable space has been devoted to original manuscripts in Schubert's hand: in this way it is hoped that the interested layman and the researcher will be able to gain a greater insight into the composer's methods than his hitherto been possible, and this independently of exhibitions, archives and collections. – The sections Schubert's life, his stage works and sacred music, the ensemble settings and orchestral compositions, friends and patrons, and personal are by Ernst Hilmar, while Otto Brusatti wrote the sections on the Lied, chamber and piano music, dance music and finally, with the assistance of Ernst Hübsch, the indices. – For their help in the production of this catalogue the editors would like to thank Paul Catty, who was responsible for the greater part of the English translation, and also Rosemary Hilmar and Beverley Spilman, who contributed to the English version. (In the English text the quotations from the "Dokumente" have been taken from the version published in 1946: this latter is incomplete and unsatisfactory but has acquired a certain traditional acceptance in the English speaking world. In the case of the "Erinnerungen", on the other hand, the English edition of 1958 has – intentionally – not been used. Here, the new German version from the year 1966 was taken as a basis, and the quotations were newly translated into English.) – The editors' thanks are due also to their colleagues in the music and manuscript collection of the Wiener Stadt- und Landesbibliothek: Dr. Walter Obermaier, Peter Peschek and Hans Ziegler, Ernst Hübsch and Karl Misar, all of whom provided invaluable assistance in the compilation of this publication.

E. H.   O. B.

Werkregister

XXVII

XXX

Franz Schubert

Bärenreiter | 150. Todestag am 19. November '78

Franz Schubert. Neue Ausgabe sämtlicher Werke („Neue Schubert-Ausgabe"). Herausgegeben von der Internationalen Schubert-Gesellschaft. 8 Serien, etwa 75 Bände, von denen bereits 15 vorliegen. Gesamt- und Teilsubskription einzelner Serien zur Zeit noch möglich.

Fantasie C-dur (Grazer Fantasie) für Klavier D 605 A. Erstausgabe. Herausgegeben von Walther Dürr. 19 101, DM 13.—

Werke für Klavier zu vier Händen, Band 2: Sonate C-dur (Grand Duo) op. post. 140, D 812 / Variationen op. 35, D 813 / Divertissements op. 54, D 818; op. 63 und op. 84, D 823. Vorgelegt von Christa Landon. BA 5514, Leinen DM 94.—

Märsche und Tänze für Klavier zu vier Händen. Vorgelegt von Christa Landon. BA 5507, Leinen DM 94.—

Sonaten für Violine und Klavier: Sonatinen op. post. 137 Nr. 1—3 (D-dur D 384, a-moll D 385, g-moll D 408) und Sonate A-dur op. post. 162, D 574. Herausgegeben von Helmuth Wirth. 19 120, DM 16.—

Klaviertrios. Herausgegeben von Arnold Feil. Heft 1: Trio B-dur D 28 / Trio Es-dur op. 100, D 929. 19 126, DM 24.—

Heft 2: Trio B-dur op. 99, D 898 / Trio Es-dur (Notturno) op. post. 148, D 897. 19 127, DM 18.—

Streichquintett C-dur für zwei Violinen, Viola und zwei Violoncelli op. post. 163, D 956. Herausgegeben von Martin Chusid. 19 121, DM 24.—

Lieder. Auswahl in 17 Heften (Bärenreiter / G. Henle). Originallage und Transposition. Herausgegeben von W. Dürr.

Heft 1: Die schöne Müllerin op. 25, D 795. Hoch BA 7000, mittel BA 7001, je DM 16.—

Heft 3: Lieder nach Texten von Goethe op. 1—3, 5, 12, 14 und 19. Hoch BA 7004, mittel BA 7005, je DM 16.—

Heft 2: Winterreise op. 89, D 911. Hoch BA 7002 und mittel BA 7003 erscheinen 1978.

Mehrstimmige Gesänge für Männerstimmen ohne Begleitung. Auswahl von acht Sätzen, vorwiegend vierstimmig (TTBB). Herausgegeben von Dietrich Berke. 19 311, DM 9.50

Lied im Freien D 572 für Männerstimmen (TTBB). Herausgegeben von Dietrich Berke. 19 318, DM 3.—

Das stille Lied D 916 für Männerstimmen (TTBB). Erstausgabe. Herausgegeben von Walther Dürr. 19 317, DM 3.—

Franz Schubert. Thematisches Verzeichnis seiner Werke in chronologischer Folge von Otto Erich Deutsch. Neuausgabe in deutscher Sprache. Bearbeitet und herausgegeben von der Editionsleitung der Neuen Schubert-Ausgabe und Werner Aderhold. Etwa 800 Seiten, Leinen, Subskriptionspreis (bis 31. 12. 1978) ca. DM 200.—, danach ca. DM 240.—. Erscheint im November 1978.

Ernst Hilmar: Verzeichnis der Schubert-Handschriften in der Musiksammlung der Wiener Stadt- und Landesbibliothek. Ca. 280 Seiten, DM 85.—. Erscheint im Juni 1978.

Dietrich Fischer-Dieskau: Auf den Spuren der Schubert-Lieder. Werden, Wesen, Wirkung. Durchgesehene Taschenbuchausgabe (Bärenreiter/dtv). 371 Seiten, DM 7.80

Gerald Moore: Schuberts Liederzyklen. Gedanken zu ihrer Aufführung. Aus dem Englischen übersetzt von Else Winter. Durchgesehene Taschenbuchausgabe (Bärenreiter/dtv). 292 Seiten. DM 7.80

Winterreise op. 89, D 911. Faksimile-Wiedergabe nach der Originalhandschrift. 37 und 3 Blatt, DM 78.—

Drei Symphonie-Fragmente D 615, 708 A, 936 A. Faksimile-Druck der Originalhandschriften. Herausgegeben von der Wiener Stadt- und Landesbibliothek. Nachwort von Ernst Hilmar. 16 Blatt, DM 40.—. Erscheint im Juni 1978.

Weitere Ausgaben im Sonderprospekt „Franz Schubert" von Bärenreiter.

WIENER URTEXT EDITION

Der Katalog umfaßt ein breites Programm der Standardwerke der Musikliteratur des 18. und 19. Jahrhunderts

J. S. Bach
Kleine Präludien und Fughetten (Dehnhard)
Inventionen und Sinfonien (mit Kommentaren zur Ornamentik und zu den Formprinzipien) (Füssl, Ratz, Jonas)
Inventionen und Sinfonien (ohne Kommentar) (Füssl, Ratz, Jonas)
Zwei Sonaten für Violine und Basso continuo (Kehr, Stolze)
Sechs Sonaten für Violine und Cembalo (Stockmann, Müller, Kehr, Neumayer), 2 Bände
Das wohltemperierte Klavier (Dehnhard, Kraus), 2 Bände
Italienisches Konzert (Engler/Stein)

Beethoven
Klavierstücke (Brendel)
Alla ingharese („Die Wut über den verlorenen Groschen"), op. 129 (Brendel)
Für Elise (Brendel)
Bagatellen (Brendel)
Variationen für Klavier (Ratz, Holl, Seidlhofer), 2 Bände
Variationen über Volksweisen für Klavier (mit Flöte ad lib.) (Jarecki)

Brahms
Walzer op. 39 (Erl. Fassung) (Höpfel)
Zwei Rhapsodien, op. 79 (Stockmann, Kaul)
Drei Intermezzi, op. 117 (Müller, Eschenbach)
Klavierstücke op. 118 und op. 119 (Fellinger, Kraus), 2 Bände
Sonaten für Klavier und Violine, G-Dur, op. 78 · A-Dur, op. 100 · d-moll, op. 108 (Stockmann, Kehr, Demus)
Sonaten für Klavier und Violoncello, e-moll, op. 38 · F-Dur, op. 99 (Müller, Boettcher, Kraus)
Sonaten für Klarinette (oder Bratsche) und Klavier, f-moll, op. 120 Nr. 1, Es-Dur, op. 120 Nr. 2 (Müller, Michaels, Seiler)

Chopin
Etudes, op. 10 (Badura-Skoda)
Etudes, op. 25 und Trois Nouvelles Etudes (Badura-Skoda)
24 Préludes, op. 28 (Hansen, Demus)
Impromptus, op. 29, 36, 51 (Ekier)

Haydn
Sonaten für Klavier (Chr. Landon, Jonas), 4 Bände
Klavierstücke (Eibner, Jarecki)

Mozart
Sonaten für Klavier (Füssl, Scholz), 2 Bände
Klavierstücke (Auswahl) (Müller, Kann)
Variationen für Klavier (Müller, Seemann), 2 Bände

Schubert
Sämtliche Tänze für Klavier (Weinmann, Kann), 2 Bände
Impromptus, Moments musicaux, Drei Klavierstücke (op. post. 142) (Badura-Skoda)
Impromptus (op. 90) (Badura-Skoda)
Impromptus (op. post. 142) (Badura-Skoda)
Moments musicaux, op. 94 (Badura-Skoda)
Fantasie C-Dur („Wanderer-Fantasie") (Badura-Skoda)
Sonaten (Sonatinen) für Klavier und Violine (Holl, Oistrach, Kann)

Schumann
Papillons, op. 2 (Müller, Puchelt)
Kinderszenen, op. 15 (Goebels)
Fantasiestücke, op. 12 (Müller, Puchelt)
Arabeske op. 18, Blumenstück op. 19 (Draheim, Ludwig)

Weitere Informationen finden Sie im Wiener Urtext Editions Katalog, der von den Verlegern B. Schott's Söhne, Mainz, und Universal Edition, Wien, oder durch jede gute Musikalienhandlung erhältlich ist.